La Conferencia de Puebla

Pontificia Comisión para América Latina

Pontificio Comité de Ciencias Históricas

La Conferencia de Puebla

Actas del Congreso Internacional

Roma, 2-4 de octubre de 2019

Gianni La Bella
(coordinador)

© Ediciones Mensajero, 2025
Grupo de Comunicación Loyola
Padre Lojendio, 2
48008 Bilbao – España
Tfno.: +34 944 470 358
info@gcloyola.com
gcloyola.com

Diseño de cubierta:
Vicente Aznar Mengual, SJ

Fotografía de la cubierta:
© L'Osservatore Romano

Fotocomposición:
Marín Creación, S. C. – Burgos /
www.marincreacion.com

Impreso en España / Printed in Spain

ISBN: 978-84-271-5025-6
Depósito legal: BI-1740-2024

Índice

PREFACIO

La Conferencia de Puebla: una hora de gracia

Del 26 de enero al 14 de febrero de 1979, los obispos de América Latina se reunieron en la ciudad de Puebla de los Ángeles (México) para celebrar su III Conferencia General. Un encuentro que sin duda abrió, como reconoce unánimemente la historiografía, un nuevo período en la vida eclesial de la región: "una hora de gracia, marcada por el paso del Señor y por una presencia y acción muy especiales del Espíritu Santo", como afirmó Juan Pablo II en su discurso inaugural del 28 de enero de 1979. Por ello, me complace que la Pontificia Comisión para América Latina, actualmente presidida por el Cardenal Robert F. Prevost, O.S.A., haya decidido publicar las actas del Congreso Internacional, celebrado en Roma del 2 al 4 de octubre de 2019, con ocasión del 40 aniversario de la "Conferencia de Puebla".

No pretendo volver sobre los complejos temas abordados por las numerosas ponencias, sino sólo subrayar cómo este volumen representa una preciosa herramienta a disposición de quien desee acercarse a los acontecimientos de la Iglesia latinoamericana contemporánea, permitiendo una lúcida comprensión de su compleja dinámica. Agradezco a quienes fueron responsables de la organización del Congreso Internacional y que presidían con tino la Pontificia Comisión para América Latina en aquel entonces: el Cardenal Marc Ouellet y el Prof. Guzmán Carriquiry. Así mismo se contó con la pertinente y profunda asesoría del historiador Gianni La Bella y con la cordial colaboración del P. Bernard Ardura del Pontificio Comité de Ciencias Históricas.

El volumen que tenemos entre manos reúne un cualificado equipo de especialistas que han reconstruido las diversas etapas de la preparación, el desarrollo y las repercusiones que la Conferencia de Puebla ha tenido en la vida del catolicismo latinoamericano postconciliar, del que emergen algunos de los rasgos característicos que guiarán la vida de la Iglesia, incluso en la actualidad: comunión, participación, opción preferencial por los pobres y reivindicación de una liberación integral de las personas y de los pueblos, entre otros.

Si miramos con atención, la Conferencia de Puebla representó un momento decisivo en la formulación de ese pensamiento teológico latinoamericano postconciliar, que el Papa Francisco ha descrito repetidamente como un don destinado a enriquecer a la Iglesia universal, fruto de una síntesis vital *"nova et vetera"*. En otras palabras, "Puebla" señala la dirección de un adecuado «resurgimiento católico latinoamericano» –como solía decir Alberto Methol Ferré– caracterizado, por una parte, por una necesaria descolonización de ciertos europeísmos, y por otra, por la recuperación de la consciencia de que existe una identidad latinoamericana que funge como sustrato religioso y cultural transversal en toda la región. Este sustrato no es una esencia inmutable sino el resultado dinámico de un proceso de inculturación gradual del evangelio a través de la presencia providencial de la Virgen María en las periferias del mundo. Inculturación que en buena medida es la responsable de una novedosa síntesis que ya no es puramente indígena, ni puramente europea, sino una realidad novedosa, barroca, con tensiones evidentes, pero llena de diversidad y de belleza.

A este respecto, no puedo dejar de recordar unas breves palabras del Documento de "Puebla":

"Con deficiencias y a pesar del pecado siempre presente, la fe de la Iglesia ha sellado el alma de América Latina, marcando su identidad histórica esencial y constituyéndose en la matriz cultural del continente, de la cual nacieron los nuevos pueblos. El Evangelio encarnado en nuestros pueblos los congrega en una originalidad histórica cultural que llamamos América Latina. Esa identidad se simboliza muy luminosamente en el rostro mestizo de María de Guadalupe que se yergue al inicio de la Evangelización. Esta religión del pueblo es vivida preferentemente por los «pobres y sencillos» (EN 48), pero abarca todos los sectores sociales y es, a veces, uno de los pocos vínculos que reúne a los hombres en nuestras naciones políticamente tan divididas"[1].

Así mismo, la Conferencia de Puebla fue un momento decisivo dentro de la compleja metamorfosis que el Pueblo de Dios experimentó, de "Iglesia-reflejo" a "Iglesia-fuente", tal como intuyó Henrique Cláudio de Lima Vaz SJ, y que hoy tiene como uno de sus frutos más importantes, el Pontificado del Papa Francisco, primer latinoamericano en ocupar la Sede de Pedro.

Confío en que este volumen ayude a muchos a penetrar en una página decisiva de la Iglesia del "Nuevo Mundo", en la que los obispos latinoamericanos, con audacia de profetas y prudencia evangélica de pastores, supieron escribir un texto de relevancia histórica que se volvió experiencia y movimiento. "Puebla", sin duda, expresa una vida que se manifestó en un lenguaje compartido, en una preocupación pastoral generalizada, y en un "caminar juntos". Y todo ello, me parece, se continúa creativamente hasta el momento actual. Quisiera terminar destacando, a este respecto, un pequeño detalle que suele pasar desapercibido y que nos vincula con nuestro actual Pontífice. Las últimas palabras del parágrafo final del documento de "Puebla" dicen que "sólo en Cristo el hombre encuentra su alegría perfecta"[2]. Con esta misma idea, el Papa Francisco, inicia su Encíclica *Evangelii gaudium:* "La alegría del Evangelio llena el corazón y la vida entera de los que se encuentran con Jesús"[3]. Es este encuentro irreductible, el que también hoy, da fuerza y esperanza al caminar de la Iglesia en América Latina y el que permitirá, que más allá de ideologías de un signo o de otro,

---

[1] III Conferencia General del Episcopado Latinoamericano: *"La evangelización en el presente y en el futuro de América Latina"*, Puebla, 1979, nn. 445-447.

[2] Ibidem, n. 1309.

[3] Francisco, *Encíclica "Evangelii gaudium"*, 24 de noviembre 2013, n. 1.

todos podamos recomenzar una y otra vez el propio camino personal y comunitario, con fe firme y esperanza cierta.

Rodrigo Guerra López
Secretario
Pontificia Comisión para América Latina
Ciudad del Vaticano, 21 de febrero de 2025

PRESENTACIÓN

El presente volumen recoge las Actas del Congreso Internacional celebrado en Roma del 2 al 4 de octubre de 2019, titulado: "A los 40 años de la III Conferencia General del Episcopado Latinoamericano de Puebla", promovido por la Comisión Pontificia para América Latina y el Comité Pontificio de Ciencias Históricas. Esta III Conferencia General del Episcopado Latinoamericano, celebrada en la ciudad mexicana del 28 de enero al 13 de febrero de 1979, querida por el Papa Pablo VI y confirmada por su sucesor Juan Pablo II, que viajará a Puebla para inaugurar sus trabajos, representa sin duda un hito en la historia del catolicismo latinoamericano del siglo XX, que señala la madurez de esta Iglesia, como ha subrayado unánimemente la historiografía, el paso a su "edad adulta". En Puebla se definirán sistemáticamente los rasgos característicos y "carismáticos" que guiarán el camino de esta Iglesia en los próximos decenios, tales como: la opción preferencial por los pobres, la reivindicación de una liberación integral de los hombres y de los pueblos, la relación entre fe y cultura, la centralidad de la religiosidad popular, como trasfondo creador y regenerador de esta porción del Pueblo de Dios. Rasgos de identidad que marcarán el estilo eclesial, la praxis pastoral, el pensamiento teológico y la predicación de este catolicismo en los años venideros. En Puebla la Iglesia latinoamericana realiza una inculturación "integral" y "creativa" de las intuiciones del Concilio, señalando a los católicos del Nuevo Mundo un camino para el futuro. Puebla fue ciertamente el fruto de la vida y de las experiencias maduradas por el catolicismo latinoamericano desde la Conferencia de Medellín, celebrada en la ciudad colombiana del 26 de agosto al 27 de septiembre de 1968, pero fue sobre todo el resultado de una nueva y creativa irrupción del Espíritu, que dio lugar a un método y a un contenido pastoral fundamental para la Iglesia en esas latitudes.

Puebla, como se ha afirmado en varias ocasiones, no defraudó las expectativas de Medellín, no solo las confirmó, sino que los obispos se preocuparon por darles un contenido más positivo y constructivo. Puebla, por lo tanto, más que una meta, fue una etapa ulterior y más avanzada en el camino abierto por Medellín. Una Conferencia que inauguró una nueva perspectiva de la evangelización en América Latina, centrada en el diálogo con las culturas y no con las ideologías, en el esfuerzo, como reconoce el Documento final, de trabajar en una nueva mediación, capaz de asumir lo positivo de cada cultura, pero abriéndola a un humanismo planetario. En Puebla el catolicismo latinoamericano dio dos pasos significativos, al precisar los contenidos para una correcta interpretación de la Doctrina Social de la Iglesia y de la teología de la liberación. Con respecto a esta última, el Documento conclusivo firmado por el episcopado no quiso expresar juicios, ni condenas, con respecto a una u otra corriente de esta escuela teológica. Pero recurriendo a una precisa clarificación teológica y a una vigorosa cristología, reconoció la legitimidad de este camino teológico, con la condición que la liberación no se reduzca a un mero acontecimiento económico, político, sociocultural, sino a una liberación integral, capaz de trascender estos aspectos y de abrirse a una dimensión espiritual y trascendente: solo Cristo es la salvación del hombre. En Puebla la Iglesia latinoamericana redescubrió una perspectiva de comunión, y experimentó una significativa participación eclesial.

Este Congreso ha querido conmemorar y reconstruir, más allá de las puras intenciones celebrativas, a través de lecturas científicas innovadoras, realizadas sobre la base de nuevas fuentes archivísticas, el contexto histórico y eclesial, la génesis, el desarrollo, los temas y las repercusiones de este importante acontecimiento, que marcó la vida de la Iglesia latinoamericana, y representó también un punto de referencia para la V Conferencia del Episcopado Latinoamericano, celebrada en Aparecida del 13 al 31 de mayo de 2007. El Papa Francisco al recibir, el 3 de octubre de 2019, a un grupo de participantes al Congreso, recordó cómo en aquellos años, cuando era provincial de la Compañía de Jesús, siguió "con gran atención e interés todo el intenso y apasionado proceso de preparación de esta III Conferencia" y cómo Puebla "sentó las bases y abrió caminos hacia Aparecida". Esta Conferencia para el Papa "fue un pilar" que es necesario redescubrir no solo para conmemorarlo, sino para proyectarlo "hacia nuestro presente eclesial".

A finales de los años 70, el catolicismo latinoamericano que esperaba la llegada del nuevo Papa polaco, elegido hace unos pocos meses, estuvo atravesado, por fuertes laceraciones, contrastes internos y un doble asedio traído por la secularización y las sectas. En algunos países la Iglesia era respetada, en otros rechazada, y en otros era perseguida. La década que precedió a la Conferencia de Puebla, de 1968 a 1978, vio a todo el subcontinente y a su Iglesia sacudirse por la turbulencia, la violencia y los graves conflictos políticos, sociales y eclesiales. En el ámbito político, algunos acontecimientos de fuerte impacto habían condicionado tanto la reflexión teológica como la práctica pastoral. Fue un período caracterizado por una intensa violencia y la propagación del terrorismo de Estado. Una década definida por la historiografía latinoamericana como la "década de sangre y esperanza", dominada por la confrontación y la radicalización política e ideológica. Cuando Juan Pablo II llega al Nuevo Continente se enfrenta a una Iglesia dominada por la lógica del enfrentamiento entre los partidos llamados progresistas y conservadores, y severamente marcada por el conflicto con el poder civil. El discurso con el que Juan Pablo II abre la III Conferencia del continente es esperado con impaciencia por la opinión pública internacional y percibido como una primera "prueba" de la orientación política y doctrinal del nuevo pontificado. El discurso del Papa es uno de los más importantes de su ministerio y es el fruto de la reflexión de un hombre que desde joven ha meditado sobre los aspectos morales de la violencia revolucionaria como respuesta a la injusticia social. El discurso, de gran profundidad teológica, se inspira en la *Evangelii nuntiandi*, considerada por el Papa como el manifiesto programático de la Iglesia post-conciliar, y se centra en tres grandes pilares: la verdad sobre Cristo, la verdad sobre la misión de la Iglesia, la verdad sobre el hombre. Palabras que guiarán el trabajo de la Conferencia y que representarán un punto de referencia para los obispos.

Es necesario recordar que se trata de un acontecimiento mediático internacional, seguido con atención por más de mil comunicadores sociales, incluidos periodistas de radio y televisión, más de 3600 acreditaciones fueron emitidas para los días del viaje papal. En la I Conferencia de Río de Janeiro no hubo periodistas, mientras que en Medellín, en 1968, no superaron los doce. Puebla representó un acontecimiento eclesial de importancia universal, que hizo que el catolicismo del Nuevo Mundo tomara conciencia de cómo la Providencia le confió una misión de importancia decisiva para el futuro de la Iglesia y de la humanidad. Considero necesario subrayar cómo la opción fundamental de Puebla fue privilegiar la elección a favor del hombre. Los obispos quisieron definirlo con las palabras utilizadas por Juan Pablo II en su discurso de apertura, subrayando así la decidida contribución del nuevo Papa al cambio de rumbo de la Iglesia latinoamericana. "La Iglesia, escriben los prelados, en el n. 551, quiere mantenerse libre frente a los opuestos sistemas, para optar sólo por el hombre. Cualesquiera sean las miserias o sufrimientos que aflijan al hombre, no será a través de la violencia, de los juegos de poder, de los sistemas políticos, sino mediante la verdad sobre el hombre, como la humanidad encontrará su camino hacia un futuro mejor. Sobre la base de este humanismo, los cristianos obtendrán aliento para superar la porfiada alternativa y contribuir a la construcción de una nueva civilización, justa, fraterna y abierta a lo trascendente". En este sentido, el Documento final de esta Conferencia representó durante mucho tiempo un texto de referencia original e innovador del Magisterio Episcopal Latinoamericano, confirmado por el Santo Padre, que inspiró la vida y la acción pastoral del catolicismo del Nuevo Mundo, permitiendo a la Iglesia Latinoamericana consolidar su misión profética.

No es tarea de esta introducción repasar o analizar el contenido de los numerosos ensayos que componen este volumen. El lector tendrá la oportunidad, aventurándose en la lectura, de encontrar aspectos y dimensiones de su interés particular y específico. La Conferencia de Puebla tuvo consecuencias muy significativas para la

Iglesia latinoamericana que representa un antes y un después en la historia y la vida del catolicismo al otro lado del Atlántico que no se puede ignorar si se quiere, en cierto sentido, comprender por qué hoy en el trono de Pedro se sienta un arzobispo del "fin del mundo", heredero y protagonista de esta tradición histórica.

Gianni La Bella

DISCURSO DEL SANTO PADRE FRANCISCO A LOS PARTICIPANTES EN UN CONGRESO INTERNACIONAL CON OCASIÓN DEL 40 ANIVERSARIO DE LA III CONFERENCIA GENERAL DEL EPISCOPADO LATINOAMERICANO EN PUEBLA

Sala del Consistorio
Jueves, 3 de octubre de 2019

Hermanos y hermanas, bienvenidos:

Agradezco al Reverendo Padre Bernard Ardura, Presidente del Comité Pontificio de Ciencias Históricas, sus amables palabras –y viéndolo así parece el vice-papa– me congratulo con el Comité y con la Comisión Pontificia para América Latina de haber querido conmemorar, con el Congreso que tiene lugar ahora en Roma, los 40 años de la III Conferencia General del Episcopado Latinoamericano en Puebla de los Ángeles.

Me alegra poder encontrarme, aunque sea brevemente, con los relatores y organizadores de este evento. Les aseguro que me hubiera gustado tener más tiempo y compartir tantas vivencias y experiencias con ustedes.

Si me permiten algún recuerdo personal, por entonces era Provincial de la Compañía de Jesús en Argentina, y seguí con mucha atención e interés todo el intenso y apasionado proceso de preparación de esa tercera Conferencia. Tuve presente tres hechos sobresalientes que, sin duda, iban a encaminar el evento.

El primero de ellos fue la decisión de San Juan Pablo II de realizar su primer viaje apostólico precisamente a México y de pronunciar el discurso inaugural de la Conferencia, que indicó con claridad los caminos para su desarrollo. Fue como la inauguración de su largo, itinerante y fecundo pontificado misionero.

El segundo hecho que me pareció fundamental desde el principio de la preparación de la Conferencia fue tomar la Exhortación apostólica *Evangelii nuntiandi* de San Pablo VI como telón de fondo y fuente de referencia para toda su realización. *Evangelii nuntiandi* es el mejor documento pastoral del post-concilio y hoy todavía tiene vigencia. Y una cosa personal: cuando me tuve que quedar en Roma, por razones ajenas a mi voluntad, pedí que me trajeran muy pocos libros, muy pocos, no más de siete, y entre ellos estaba el texto primero que yo tuve de *Evangelii nuntiandi* subrayado, *Redemptoris Mater* de san Juan Pablo II con todos los papeles que yo había tomado para dar retiros espirituales, y el documento de Puebla totalmente evidenciado en diversos colores. Esto para decirles como seguí de cerca en aquel momento todo esto. No pocas veces he repetido que, para mí, la *Evangelii nuntiandi* es un documento decisivo, de gran riqueza, en el camino post-conciliar de la Iglesia. Más aún *Evangelii gaudium* es un elegante plagio de *Evangelii nuntiandi* y del documento de Aparecida. Saben, salto de ahí. Siguiendo su estela y junto con el Documento de Aparecida, vino la Exhortación apostólica *Evangelii gaudium*.

El tercer hecho importante fue tomar como punto de partida las intuiciones y opciones proféticas de la Conferencia de Medellín para, en Puebla, dar un paso más adelante en el camino de la Iglesia latinoamericana hacia su madurez.

Sé que ustedes están estudiando con proyección los contenidos de la Conferencia de Puebla. Recuerdo algunos de los más significativos: la novedad de una autoconciencia histórica de la Iglesia en América Latina; una buena eclesiología que retoma la imagen y el camino del pueblo de Dios en el Concilio Vaticano II; una mariología bien inculturada; los capítulos más ricos y creativos sobre la evangelización de la cultura y de la piedad popular en América

Latina; esto de la evangelización de las culturas, Puebla puso fundamentos muy serios para ir adelante: la crítica valiente del desconocimiento de los derechos humanos y libertades en aquellos tiempos que se vivían en la región y las opciones por los jóvenes, los pobres y los constructores de la sociedad.

Muchos de ustedes lo vivieron de cerca, y tenemos a "l'enfant terrible" de aquella época que supo profetizar y llevar adelante las cosas.

Se puede decir que Puebla sentó las bases y abrió caminos hacia Aparecida. Curioso que de Puebla se salta a Aparecida. Santo Domingo, que tiene sus méritos, pero quedó ahí. Porque Santo Domingo estuvo muy condicionada por los compromisos. Y el santo Obispo de Mariana, que fue el redactor ahí, tuvo que negociar con todos para que saliera; algo sirve, que es bueno, pero no tiene la convocatoria ni de Puebla ni de Aparecida. Bueno, son los vaivenes de la historia, sin disminuir la calidad de Santo Domingo, pero Puebla fue un pilar y salta a Aparecida. Bastaría afirmar sólo esto para destacar la buena oportunidad de conmemorar sus 40 años, no sólo mirando hacia atrás, sino proyectándola hasta nuestros días eclesiales.

Y sigan trabajando por favor en estas cosas, en estos documentos del episcopado latinoamericano que tienen mucho jugo, mucho meollo, mucho jugo. Y que son capaces de llevar adelante riquezas muy grandes de América latina, sobre todo su piedad popular. Algunos en Argentina preguntaban: pero ¿por qué es tan rica la piedad popular? Porque no fue clericalizada. Como a los curas no les importaba, el pueblo se organizó a su manera. Es verdad que san Pablo VI, en el número 48 de *Evangelii nuntiandi*, tiene que decir: "bueno, algunas cosas hay que purificar", pero después de alabar el movimiento y de cambiar el nombre. Antes era religiosidad popular, ahora es piedad popular, él cambió el nombre, Aparecida va más allá y habla de espiritualidad popular. Gracias por todo lo que están haciendo. Juntos los invito a rezar a la Virgen de Guadalupe y pedir su bendición.

Primera parte

América Latina y la "década de sangre"

1

HACIA EL OCASO DE LOS SETENTA: AMÉRICA LATINA EN EL ESCENARIO INTERNACIONAL

Massimo De Giuseppe (Italia)
*Profesor asociado de Historia contemporánea
de la Università IULM*

Introducción: Puebla al crepúsculo de una década turbulenta

«En esta nueva celebración de la transfiguración del Señor, la claridad de esta fiesta ilumina, nuevas situaciones del país y de la Arquidióce-sis que conviene proyectar sobre nuestra vida. En el país nuevas for-mas de sufrimiento y atropellos han empujado nuestra vida nacional por caminos de violencia, venganza y resentimiento. Son –describe el Documento de Puebla– "angustias y frustraciones que han sido causa-das, si las miramos a la luz de la fe, por el pecado que tiene dimensio-nes personales y sociales tan amplias". Pero también sentimos, gracias a Dios, que en nuestra realidad nacional hay "esperanzas y expectati-vas de nuestro pueblo que nacen en su profundo sentido religioso y de su riqueza humana" (n. 73). La Iglesia, por su parte, ha vivido en este año situaciones nuevas que la capacitan mejor para acompañar, desde su propia identidad, a este pueblo hecho de "angustias y esperanzas, de frustraciones y expectativas". Sobresale entre todas estas circuns-tancias la III Conferencia General del Episcopado Latinoamericano, celebrada en Puebla a principios de este año. Ese "nuevo Pentecostés" de nuestro continente recogió la rica herencia de nuestra historia y empujó la Iglesia hacia un nuevo siglo…»[1].

Con estas palabras, poco más de seis meses después del cierre de la III Conferencia General del CELAM, celebrada en Puebla, México, hogar de una de las diócesis más antiguas de América[2], Monseñor Romero presentó los motivos de su cuarta y última carta pastoral, *Misión de la Iglesia en medio del país*. Un documento largo y doloroso, publicado en el día nacional de la fiesta patria de El Salvador, exactamente un año después de la carta escrita a cuatro manos con Monseñor Rivera y Damas (el obispo destinado a sucederlo) dedicada a las organizaciones populares; un documento articulado que no había sido bien recibido por las autoridades políticas y militares del gobierno presidido por Carlos Humberto Romero[3].

En esa densa cuarta Carta pastoral de 1979, el Arzobispo se enfrentó con valor y en términos evangélicos directamente a los conflictos más fuertes que sacudían a su iglesia y a su país: la escalada de violencia, las necesidades de la reconciliación, las violaciones en contra de los derechos de la persona y la vida misma, la opción preferencial por los pobres. El arzobispo, en una contingencia tan delicada y peligrosa, trataba de presentar, sobre la base de los documentos magisteriales y de la propia experiencia pastoral, el papel y la misión de la Iglesia local en los nuevos tiempos de la Iglesia universal, de la política nacional, del contexto continental, en un mundo que percibía vivir una transformación turbulenta. Tres semanas antes de la publicación de esta última carta pastoral, el 17 de julio, el Frente

---

[1] *Misión de la Iglesia en medio de la crisis del país*, Cuarta Carta Pastoral de Mons. Óscar Arnulfo Romero, Arzobispo de San Salvador. Fiesta de la Transfiguración, 6 agosto de 1979. También en *Cartas Pastorales y Discursos de Monseñor Óscar A. Romero*, CMR, UCA, San Salvador, 2007, pp. 109-110 (107-170).

[2] *La Iglesia y las organizaciones políticas populares*, Tercera Carta Pastoral de Monseñor Óscar A. Romero, Arzobispo de San Salvador. Primera de Monseñor Arturo Rivera Damas, Obispo de Santiago de María, Fiesta de la Transfiguración, 6 agosto de 1978, ibid, pp. 67-106.

[3] M. De Giuseppe (ed.), *Oscar Romero. Storia, memoria, attualità*, EMI, Bologna, 2006; R. Morozzo della Rocca, *Primero Dios. Vita di Oscar Romero*, Milano, Mondadori, 2005, *Oscar Romero. Un vescovo tra guerra fredda e rivoluzione*, San Paolo, Cinisello B. 2014.

Sandinista de Liberación Nacional había derrocado al régimen autoritario de Somoza en el vecino Nicaragua. Dos meses después, el 15 de octubre, en San Salvador una junta cívico-militar también se haría cargo de su homónimo, el presidente Humberto Romero, para durar solo hasta el 9 de enero, cuando un nuevo ejecutivo militar de extrema derecha tomaría el control en lugar de la primera Junta Revolucionaria de Gobierno[4].

En esa perspectiva, en el umbral de 1979, año crucial para los destinos del pequeño país de El Salvador, de la región centroamericana y en general de América Latina y de los escenarios planetarios, la Conferencia de Puebla se convirtió en un punto de apoyo esencial: no solo en la construcción del documento que se suponía destinado a guiar a los episcopados y católicos latinoamericanos[5], sino como una herramienta magisterial destinada a motivar las acciones del Arzobispo hasta su trágico y simbólico asesinato que tuvo lugar solo siete meses después. De hecho, esa carta pastoral final de Mons. Romero se colocaba en medio del camino turbulento y profético que lo llevó desde la III Conferencia General del Episcopado (27 de enero - 13 de febrero de 1979) en Puebla hasta el fatídico 24 de marzo de 1980 en San Salvador: la fecha de su asesinato en la iglesia del Hospitalito de la Divina Providencia. Una fecha simbólica, exactamente cuatro años después del golpe militar en Argentina (24 de marzo de 1976) que había derrocado al inestable gobierno de Isabelita Perón; una fecha destinada a irrumpir en un ideal calendario católico incluso antes de la beatificación (23 de mayo de 2015) y la canonización (14 de octubre de 2018) de Mons. Romero por parte del Papa Francisco. Una fecha, finalmente, elegida también (desde diciembre de 2010) por las Naciones Unidas como Día Mundial del derecho a la verdad en relación con violaciones graves de los derechos humanos y por la dignidad de las víctimas[6].

---

[4] E: Ching, *Stories of Civil War in El Salvador: A Battle over Memory*, University of North Carolina Press, Chapel Hill 2016, M. Krämer, *El Salvador. Unicornio de la Memoria*, Museo de la Palabra y la Imagen, San Salvador 1998.

[5] Documento final III Conferencia General del Episcopado Latinoamericano, Puebla 27 de enero – 13 de febrero 1979, http://www.celam.org/doc_conferencias/Documento_Conclusivo_Puebla.pdf

[6] https://www.un.org/en/observances/right-to-truth-day

En los documentos de Puebla, evocados repetidamente en la citada Carta pastoral, Romero reconocía la compleja y profunda pluralidad de la Iglesia latinoamericana posconciliar, abriéndola al diálogo con el contexto social y político de su país y su diócesis, avanzando a lo largo de una frontera cada vez más sutil entre la fe, su «*sentire cum Ecclesia*», y los desafíos sociales y políticos que intentaba resolver en la fórmula de una pastoral de acompañamiento o, mejor, una pastoral continua que involucraba también la acción de denuncia en defensa de los derechos humanos violados, especialmente de los más vulnerables. «No podemos hablar –escribió en su última carta pastoral– de una pastoral politizada sino de una pastoral que debe orientar evangélicamente las conciencias cristianas en un ambiente politizado»[7].

Los tres años en que Romero fue arzobispo de San Salvador coincidieron con una temporada difícil, de rupturas y polarizaciones, marcada por una escalada constante y silenciosa de la acción represiva del ejército y las formaciones paramilitares de extrema derecha, especialmente en el campo, frente a una creciente movilización y agresividad de las guerrillas izquierdistas, aún fragmentadas[8]. Sus iniciativas de reconciliación se volvieron incómodas no solo porque fueron promovidas por un obispo que antes de su llegada a la capital disfrutaba de una reputación de moderado, lejos de la educación y la cultura de las propuestas radicales de renovación eclesiológica de los teólogos de la liberación, sino también debido a la profunda tensión entre la lealtad a una Iglesia en movimiento y la comprensión gradual de un mundo plural y contradictorio. Todo esto sucedió justo cuando América Central se preparaba para transformarse en una de las zonas más calientes de la nueva guerra fría global[9]. En el corazón de la tormenta

---

[7]   M. De Giuseppe. *Romero. Giustizia e pace come pedagogia pastorale*, La Scuola, Brescia 2010.

[8]   J. Juárez Ávila (ed.), *Historia y debates sobre el conflicto armado salvadoreño y sus secuelas*, Universidad de El Salvador, Fundación Friedrich Ebert, San Salvador, 2014, R. Sprenkels, *Stories Never to Be Forgotten: Eyewitness Accounts from the Salvadoran Civil War*, Arizona State University Press, Phoenix 2015; R. Menjívar Ochoa, *Tiempos de locura. El Salvador 1979-1981*, FLACSO, San Salvador 2008.

[9]   R. Crandall, *The United States in El Salvador 1977-1982*, Cambridge University Press, Cambridge 2016.

a comienzos de la década, el arzobispo aspiraba a una reconciliación nacional que presupusiera una mayor justicia social; al mismo tiempo esperaba un equilibrio intra-eclesial, entre la iglesia universal y local, entre religiosos y laicos, incluso entre las corrientes espiritualistas y progresistas, abriendo un diálogo hasta con los grupos más radicales. Una tesis que se inspiraba, con el intento de adaptarlo al polarizado contexto salvadoreño, al modelo de una figura clave de la iglesia latinoamericana de los años Setenta, el argentino Eduardo Francisco Pironio, secretario (1968-1972) y luego presidente (1972-1975) del CELAM en el post-Medellín, obispo de La Plata y cardenal consagrado por Pablo VI en 1976[10].

Sin embargo, si nos movemos idealmente desde el pequeño El Salvador, en el corazón de Centroamérica, al más amplio escenario subcontinental y de allí al internacional, la universalidad de esa experiencia aparentemente periférica es sorprendente. De hecho, la historiografía ha definido la década de los Setenta como una difícil temporada de transición, marcada a nivel mundial por crisis económicas, sociales y financieras, conflictos, dictaduras militares, guerrillas y acciones terroristas, y al mismo tiempo transformada por la revolución cibernética y el gradual abandono del capitalismo keynesiano templado que había contribuido a la reconstrucción después de la Segunda Guerra Mundial[11]. Un proceso contextual, en América Latina, a la aceleración del abandono del campo y a la aceleración de la urbanización incontrolada. Una temporada que, a nivel planetario, después de la explosión del «largo '68», ha transportado el mundo de las utopías y experimentos de los años Sesenta, que las Naciones Unidas habían definido «la primera década del desarrollo»[12], a los nuevos paradigmas económicos, sociales y laborales de la «segunda década». Todo esto acompañado por los cambios a nivel mediático, cultural y sociológico destinados a definir la entrada a los años Ochenta, marcados por las políticas

---

[10] G. La Bella, *L'umanesimo di Paolo VI*, Rubbettino, Soveria Mannelli 2015.

[11] G. Formigoni, *La politica internazionale dal XX al XXI secolo*, il Mulino, Bologna 2018, D. Hellema, *The Global 1970s: Radicalism, Reform, and Crisis*, Routledge, London 2018.

[12] http://research.un.org/en/docs/dev/1960-1970

de desregulación de la administración Reagan, por la «década perdida» latinoamericana, pero también por los vientos de la «nueva guerra fría» que habrían culminado en la implosión del bloque soviético y el comienzo del surgimiento del socialismo de Mercado chino (anticipado ya a fines de 1978 por la teoría de Deng Xiaoping de las «cuatro modernizaciones»)[13].

En este escenario, jugaron un papel absolutamente decisivo, el entrelazamiento entre la dinámica Este-Oeste, marcada por una bipolaridad cada vez menos monolítica de las superpotencias, y la del Norte-Sur, en la fase de la divergencia entre el Tercer y Cuarto mundo y con la creación del G7 y el Club de Roma, así como la introducción de los programas de ajuste estructural por parte del Banco Mundial y las instituciones de Bretton Woods (que de hecho ya había cerrado una fase histórica con la reforma monetaria de la administración Nixon). En cierto sentido, en esa década también aumentó la sensación de vivir en un mundo cada vez más *«global»*, en el que no solo la presencia de la guerra fría en los diversos escenarios regionales y estatales, sino también las nuevas tensiones cruzadas terminaron por fortalecer la dimensión transnacional de las relaciones internacionales; todo esto dentro de un proceso que también afectó las formas de radicalización ideológica y las conciencias personales y colectivas[14].

Paradójicamente, lo que se ha visto durante mucho tiempo como una temporada de distensión entre Moscú y Washington, a raíz de la derrota simbólica de los Estados Unidos en Vietnam, el fin del colonialismo en África (con las últimas independencias de Mozambique y Angola), los acuerdos nucleares SALT I y II sobre los misiles antibalísticos (1972-1979) y el Acta final de Helsinki de la Conferencia sobre Seguridad y Cooperación en Europa (1975), en realidad vio un brote de violencia casi sin precedentes en los escenarios regionales o periféricos: en el Oriente Medio, cada vez más en el centro de las tensiones geopolíticas (desde la guerra de Kippur hasta la guerra civil

---

[13] E. F. Vogel, *Deng Xiaoping and the Transformation of China*, Belknap University Press, Cambridge (MA) 2013.

[14] T. Bosterlman, *The 1970s: A New Global History from Civil Rights to Economic Inequality*, Princeton University Press, Princeton 2011

libanesa y la revolución chiita en Irán), en Asia (de Sri Lanka a Afganistán) y, naturalmente, en América Latina. Una temporada que llevó las repercusiones ideológicas, estratégicas y económicas de la guerra fría global al extremo, tal como lo definió el historiador noruego Odd Arne Westad[15].

En los años Setenta el continente americano experimentó su «década de sangre» en una temporada marcada por el ciclo revolucionario, impulsado por Cuba, y contrarrevolucionario, a menudo con intervención directa o al menos monitoreado por la CIA, a través de una larga serie de golpes militares[16]. Un ciclo abierto (seis años después de Brasil) del triple golpe boliviano de 1969-1971 (con la sucesión de dos regímenes de derecha por Ovando Candia y Hugo Banzer, intercalados con el experimento efímero de una junta de izquierda inspirada en el Perú de Velasco Alvarado, con Juan José Torres), seguido de Uruguay con el peculiar auto-golpe de Juan María Bordaberry (27 de junio de 1973); luego el caso quizás más emblemático y estudiado, el Chile de Augusto Pinochet (11 de septiembre de 1973), el Ecuador de Rodríguez Lara (enero de 1976) para culminar en el golpe argentino del 24 de marzo de 1976, con la junta militar de Jorge Rafael Videla, Eduardo Massera y Orlando Ramón Agosti[17].

Una etapa histórica caracterizada por una creciente legitimación de la violencia, política, ideológica y militar, marcada por el radicalismo y formas cada vez más sistemáticas de penetración de una cultura del terror, como las implementadas dentro de la actividad represiva transnacional establecida por las redes del Plan Cóndor. Una red clandestina interamericana, que unió regímenes militares

---

[15] A.O. Westad, *The Global Cold War: Third World Interventions and the Making of Our Times*, Cambridge University Press, Cambridge 2005. Vedasi anche A.O. Westad, La *Guerra Fría: una historia mundial*, Galaxia Gutenberg, Barcelona 2018.

[16] T. Harmer, *Foreign Policy at the Periphery: The Shifting Margins of US International Relations Since World War II*, University of Kentucky Press, Lexington 2016.

[17] M. Roitman Rosenthal, *Por la razón o la fuerza: Historia de los golpes de Estado, dictaduras y resistencia en América Latina*, Siglo XXI, México 2019, T.C. Field, S. Krepp, V. Pettinà, *Latin America and the Global Cold War*, University of North Carolina Press, Chapel Hill 2020.

sudamericanos para eliminar la disidencia y que produjo una larga serie de víctimas anónimas y famosas, entre las cuales el general chileno Carlos Prats (asesinado en Buenos Aires en 1974), el ex ministro de Allende, Orlando Letelier (1976), y el analista de la Cepal Carmelo Soria (1976). Una temporada trágica que tuvo su clímax y punto de no retorno en el incendio centroamericano y en las políticas de la tierra arrasada en pueblos y comunidades rurales de Guatemala y El Salvador que explotó con enorme virulencia en la entrada a los Ochenta[18].

Una era que quizás marcó la culminación de las dictaduras latinoamericanas y las violaciones sistemáticas de los derechos humanos a través de formas de terrorismo de estado, contrapuestas a la violencia revolucionaria (rural y urbana); una década marcada también por las experiencias del exilio y la construcción de redes de movilización transnacional, atravesada por el activismo político, en constante re-adaptación a los escenarios, por parte de Cuba. El régimen castrista pudo en esa temporada moverse en las dos mesas, del Este Oeste y del Norte Sur, mezclando Foquismo y Tricontinental, internacionalismo revolucionario y alianza con la URSS brezneviana, capitalizando y adaptando a diferentes contextos el mito (globalizado después del 1968) del «Che»[19]. Una década marcada también por el crecimiento exponencial de la exportación de drogas, hacia los cada vez más masivos y ricos mercados norteamericanos y europeos, a través de rutas gestionadas y controladas por el crimen organizado, a su vez más globalizado y transnacional en los años de la «Pizza Connection» y de la explosión de las infiltraciones en el mundo de «cuello blanco», a través de los paraísos financieros y fiscales y las operaciones de lavado de dinero[20].

En un mundo que estaba transformándose de manera disruptiva, desde todos los puntos de vista, económico, social, ideológico,

---

[18] G. Grandin, *The Last Colonial Massacre: Latin America in the Cold War*, University of Chicago Press, Chicago 2004.

[19] V. Oikón Solano, E. Rey Tristán e M. López (a cura di), *El estudio de las luchas revolucionarias en América Latina (1959-1996). Estado de la cuestión*, USC, Santiago de Compostela 2014.

[20] A. Inzunza e J. Pardo, *Narcoamerica. De Los Andes a Manhattan, 55 mil kilómetros tras el rastro de la cocaína*, Madrid, Planeta, 2015, S. Alexander, *The Pizza Connection: Lawyers, Money, Drugs*, Gove Press, New York 1988.

cultural, tecnológico, del entretenimiento, los procesos y las dinámicas de esa transición compleja, tocaron también a la Iglesia posconciliar, marcada a lo largo de la década (a nivel intra y extra eclesial) por el debate sobre la teología de la liberación y la teología popular, el tercermundismo, el diálogo con el marxismo por un lado y las relaciones con los sistemas dictatoriales que se autodenominaban cristianos por el otro; pero sobre todo empeñada en la construcción de nuevas formas de pastoral social, del compromiso laico y de reflexión en torno a la larga y compleja cuestión de la inculturación[21].

América Latina y el mundo: el cambio socio-económico de los años Setenta

En el volumen colectivo *Shock of the Global*[22], los historiadores Niall Ferguson, Charles Maier, Erez Manela y Daniel Sargent, definieron los años Setenta como una década de polarizaciones políticas, choques culturales, violencia generalizada, tramas secretas, pero sobre todo revoluciones económicas. Con la introducción de herramientas financieras y tecnológicas que definitivamente habían abierto las puertas al concepto de globalización, rompiendo cada vez más la lógica del bipolarismo. En este escenario de transformación planetaria, una región grande y articulada como América Latina desempeñó un papel absolutamente original y solo en apariencia periférico, con respecto a los intereses, estrategias y movimientos de las superpotencias y sus aliados regionales.

América Latina en los años Setenta se ha colocado en el centro de lecturas a menudo esquemáticas, como las tomadas tiempo después por Samuel Huntington en la elaboración de su idea del *Clash*

---

[21] S. Andes, J. Young, *Local Church, Global Church: Catholic Activism in Latin America from Rerum Novarum to Vatican II*, Catholic University of America Press, 2016, M. De Giuseppe, *L'altra America. I cattolici italiani e l'America latina*, Morcelliana, Brescia 2017, J. Meyer, *Historia de los cristianos en América Latina. Siglos XIX y XX*, Vuelta, México 1989.

[22] N. Ferguson, C.S. Maier, E. Manela, D.J. Sargent, *The Shock of the Global. The 1970s in Perspective*, Belknap Press 2011

of Civilization [23] que, manifestando un miedo oculto a la idea del mestizaje, tendía, como también subrayó el poeta mexicano Homero Aridjis, a eliminar a América Latina del horizonte occidental que en esta década estaba apenas empezando a experimentar la llamada revolución cibernética. El subcontinente se erigió de hecho como el símbolo supremo de las reinterpretaciones ideológicas, tanto de la extrema izquierda, que lo convirtió en el lugar simbólico de la revolución global, como de la extrema derecha, de aquellos que elogiaron los regímenes militares y hasta de cierto mundo conservador que prefirió no mirar a la violencia y el terrorismo de estado para detenerse en los supuestos éxitos macroeconómicos de los gobiernos autoritarios. La población civil, sobre todo la más vulnerable, y el propio mundo católico posconciliar, en cierto sentido fueron aplastados dentro de esta dialéctica extrema.

Desde cualquier perspectiva se mire, en esa década América Latina representó indudablemente un laboratorio extremo de dinámicas políticas, sociales, movimientistas, populares, económicas, laborales, urbanísticas, comerciales, ecológicas. Una región marcada por una dinámica trágica de violación de los derechos humanos y ambientales, pero también colocada en una encrucijada de proyectos, utopías y opciones de vanguardia, que en otras latitudes se habrían experimentado solo a fines de la temporada post-bipolar de la década de 1980 o con la globalización financiera de la década de 1990.

Con esta perspectiva, me gustaría detenerme brevemente aquí solo en algunos elementos que pueden ayudarnos a tratar de ubicar idealmente la historia de los países y la región de América Latina (marcada por una tensión constante entre la dinámica nacional y los elementos comunes, como recordó recientemente Guzmán Carriquiry) [24] en el escenario más amplio de la historia planetaria, para comprender mejor las evoluciones disruptivas de los años Setenta. El primer punto, en el que enfocaré mi atención, se refiere a la esfera

---

[23] S. Huntington, *The Clash of Civilizations. A Debate?*, Simon & Schuster, New York 1996.

[24] G. Carriquiry Lecour, *¿Qué es lo que está pasando en América Latina?*, https://www.vaticannews.va/es/vaticano/news/2020-01/guzman-carriquiry-que-esta-pasando-en-america-latina.html

económica, el segundo a los cambios en la omnipresencia de la guerra fría, que inevitablemente se asoció con las relaciones cambiantes entre política, medios, sociedad y tecnología; finalmente, una referencia al tema de los derechos humanos y la violencia, que habría experimentado una especie de escalada generalizada en los últimos tres años de la década, a las puertas de la Segunda Guerra Fría.

En cuanto a la dimensión económica, el primer paso de la década, destinado a desempeñar un papel crucial en los cambios en los escenarios mundiales, fue sin duda la reforma monetaria lanzada por la administración de Nixon en EE. UU. Mientras buscaba una estrategia de salida de Vietnam, preocupada por la pobre tendencia de la balanza de pagos, el aumento del desempleo y la inflación, así como por la crisis monetaria que golpeó al dólar estadounidense y la libra esterlina en los primeros meses de 1971, Washington decidió adoptar una solución drástica que pasó a la historia como «Nixon Shock». La administración republicana lanzó una serie de medidas con el secretario del Tesoro, John Bowden Connally, que culminó en agosto de 1971 en el gran golpe a la economía mundial: la suspensión unilateral de la convertibilidad del dólar en oro[25].

El abandono del patrón oro y la libre fluctuación del dólar tuvieron un impacto inmediato a nivel continental y planetario. La medida de la Casa Blanca rompió el pacto tácito de Bretton Woods entre monetaristas y keynesianos que había sido el arquitrabe del sistema económico y financiero sobre el que se habían construido las políticas de desarrollo no solo para la reconstrucción europea de la posguerra sino también para la «nueva frontera» de Kennedy. Un pacto que acompañó, a través de las tesis de Galbraith y otros, los intentos de fortalecer el multilateralismo en la larga ola postcolonial de los años Sesenta[26]. El dólar perdió valor pero en el mediano plazo se recuperó, gracias también a las políticas de intervención

---

[25] D. Yergin, J. Stanislaw, *The Commanding Heights: The Battle between Government and the Marketplace that Is Remaking the Modern World*, Simon & Schuster, New York 2002.

[26] M.D. Bordo, B. Eichengreen, *A Retrospective on the Bretton Woods System: Lessons for International Monetary Reform*, National Bureau of Economic Research & University of Chicago Press, Chicago 1993.

de la *Federal Reserve*; en cambio la decisión estadounidense provocó la muerte de la idea de una moneda anclada en oro que fuera válida para la venta y compra de todas las principales materias primas internacionales, que había garantizado una estabilidad sustancial desde el final de la Segunda guerra mundial, cuestionando todos los principios de la economía mundial. De hecho la reforma afectó a las instituciones de Bretton Woods, el sistema de las Naciones Unidas y el Consejo Económico y Social (ECOSOC)[27], así como la estructura del comercio internacional resultante del GATT, entonces en el pleno de un proceso de transformación gracias a la acción de la UNCTAD. Al mismo tiempo la Casa blanca se descomprometía, desencadenando una nueva competencia entre los productores de productos básicos y los países consumidores, generando los primeros pasos del llamado deterioro de los términos de intercambio, redefiniendo los márgenes de acción de la industria extractiva, las reglas comerciales, la misma lógica que movía grandes instituciones financieras internacionales que ciertamente no eran suelo políticamente neutral.

Sin embargo, ese punto de inflexión no solo cuestionó los principios mismos del capitalismo templado que habían marcado la historia internacional (con la excepción de los países del bloque soviético) de las últimas décadas, generando una reacción en cadena compuesta, sino que aceleró el impulso para una revisión no solo del modelo de producción fordista, sino de la misma idea de la centralidad del trabajo en las economías occidentales. Se abría así el camino a una revolución en el equilibrio entre el sector público y privado que explotaría definitivamente con la desregulación de la década de 1980. Los efectos de esos movimientos habrían marcado toda la década en profundidad. Después de los dos viajes de Kissinger a China en 1971, la admisión de la República Popular de China en la ONU (con la resolución 2758 de la Asamblea General del 25 de octubre de 1971), después de años de mediaciones sin éxito desarrolladas a través del Secretario General U Thant; con la reunión simbólica entre Nixon y Mao en Beijing en febrero de 1972 y la resolución de la

---

[27] P. Kennedy, *El parlamento de la humanidad. Una historia de las Naciones Unidas*, Debate, Madrid 2007.

crisis vietnamita, los principales jugadores cambiaron en el tablero de ajedrez internacional[28].

La misma crisis petrolera de octubre de 1973 (un mes después del golpe de estado en Chile), destinada a afectar al mundo (en los dos bloques), se coloca en este escenario en rápida transformación. La decisión de la Organización de los Países Árabes Productores de Petróleo (OAPEC)[29] de elevar los precios e imponer un embargo que duraría hasta marzo de 1974[30], como reacción al apoyo de Estados Unidos a Tel Aviv en la guerra de Kipur, estuvo profundamente vinculado a la más general disputa que enfrentaban los países exportadores de materias primas y las economías avanzadas. Un juego que ya se había abierto claramente con ocasión de la III sesión de la Conferencia de las Naciones Unidas sobre Comercio y Desarrollo (UNCTAD)[31], celebrada en Santiago de Chile (aún bajo el gobierno de la Unidad Popular) del 13 de abril al 21 de mayo de 1972 y que reverberaría en diferentes términos también en las dos sesiones posteriores, en Nairobi en mayo de 1976 y en Manila en mayo de 1979; una secuencia atravesada por la segunda crisis petrolera de 1977 que golpeó duramente los sistemas económicos occidentales[32].

Las crisis no solo afectaron a Europa y las economías avanzadas[33], sino también a los países en desarrollo y a la propia América Latina. Un pasaje interesante de la conferencia de la UNCTAD de 1972 en Santiago, celebrada casi en conjunto con el discutido Primer Congreso de los Cristianos por el Socialismo (13-20 de

---

[28] C. Tudda, *A Cold War Turning Point: Nixon and China, 1969–1972*, Louisiana State University Press, Baton Rouge 2012.

[29] OAPEC estaba compuesto por los países árabes que son miembros de la OPEP (Organización de Países Productores de Petróleo), Arabia Saudita, Irak, Kuwait, Qatar, Libia, Emiratos Árabes Unidos, Argelia, además de Siria y Egipto. Irán, Venezuela, Indonesia, Nigeria y, hace unos meses, también Ecuador formaban parte de la OPEP.

[30] G. Garavini, F. Romero, E. Bini (eds.), *Oil Shock: The 1973 Crisis and its Economic Legacy*, Tauris, London 2016.

[31] https://unctad.org/en/pages/MeetingsArchive.aspx?meetingid=22968

[32] B. Shwadran, *Middle East Oil Crises Since 1973*, Routledge, London 2019.

[33] L. Warlouzet, *Governing Europe in a Globalizing World: Neoliberalism and its Alternatives following the 1973 Oil Crisis*, Routledge, London 2017.

abril)[34] al cual participó el obispo de Cuernavaca, Sergio Méndez Arceo, se refiere precisamente a la sesión que habría dado lugar al tercer volumen de las actas: simbólicamente titulado *Financing and Invisibles*, un trabajo donde se razonaba sobre el impacto social, urbanístico y sobre la economía informal en relación a las nuevas recetas financieras y monetarias[35].

De hecho, los efectos de esos cambios globales pronto se sentirían incluso en las reformas radicales aplicadas a las lógicas de intervención del Fondo Monetario Internacional y del Banco Mundial, dirigido durante toda la década por Robert McNamara (1968-1981); bajo la dirección del ex secretario de Estado de Kennedy y Johnson, desde 1975 el Banco Mundial introdujo los primeros prototipos de lo que se habría conocido como planes de ajuste estructural[36], a través de la creación de una «tercera ventana» que condicionaba los préstamos multilaterales de desarrollo a una serie de criterios macroeconómicos establecidos por las instituciones de Bretton Woods y que el informe de la Comisión Brandt habría cuestionado por su impacto social a fines de la década[37].

Al mismo tiempo, surgieron nuevas instituciones económicas intergubernamentales fuera del paraguas de la ONU, como el G7, promovido por el Secretario del Tesoro de los Estados Unidos, George Shultz, que incluía las siete economías más avanzadas según el FMI (Estados Unidos, Japón, Alemania, Francia, Gran Bretaña, Italia y Canadá), que se reunió por primera vez en el castillo francés de Rambouillet en noviembre de 1975. Paralelamente, David Rockefeller inauguró la Comisión Trilateral, como organización

---

[34] *Encuentro latinoamericano de cristianos por el socialismo: 23-30 de abril*, Santiago de Chile. Documento final, Secretariado cristianos por el socialismo, Santiago 1972.

[35] *Actas de la Conferencia de las Naciones Unidas sobre Comercio y Desarrollo. Tercer período de sesiones, Santiago de Chile, 13 de abril - 21 de mayo de 1972* https://unctad.org/es/Docs/td180vol1_sp.pdf

[36] P.A. Sharma, *Robert McNamara's Other War: The World Bank and International Development*, University of Pennsylvania Press 2018. https://www.worldbank.org/en/about/archives/history/past-presidents/robert-strange-mcnamara

[37] W. Brandt, *North-south: a Programme for Survival: Report of the Independent Commission on International Development Issues*, Pan books, London 1980

no gubernamental, con el fin de mejorar las relaciones económicas y financieras entre Estados Unidos, Canadá y Europa occidental y Japón (que fue sede de la organización lugar desde la primera cumbre anual en 1973)[38].

Este cambio de escenario, por supuesto, tuvo efectos y repercusiones muy fuertes también en los países latinoamericanos, tanto aquellos más directamente dependientes del sistema del dólar, como también aquellos en los que la industria de extracción de materias primas (el petróleo venezolano y mexicano, el gas natural boliviano, el cobre chileno, la plata peruana, el oro brasileño y colombiano...). Todos estos, así como los países donde prevalecían las exportaciones de productos agroalimentarios y la cría extensiva de las grandes estancias ganaderas, parecían particularmente vulnerables a las nuevas reglas de los mercados y trabajo, y a la nueva lógica de crecimiento y desarrollo. De hecho, América Latina habría sido totalmente interesada por esas reformas globales, en un contexto paradójicamente marcado por la polarización política, por el estancamiento de las políticas fiscales, redistributivas y de bienestar social y por una gran presencia estructural de la economía informal, territorialmente representada por la explosión urbana de las grandes *favelas, barrios bravos, villas miserias.*

Un primer ejemplo emblemático de los cambios que se estaban produciendo provino de la consolidación del modelo de la industria maquiladora en el norte de México, una especie de vanguardia de las nuevas reglas de la economía global, lanzada ya en 1965 con el *Programa de Industrialización Fronteriza* (BIP) que reemplazó el antiguo *Programa Bracero* para regular los flujos de trabajadores agrícolas entre México y los Estados Unidos. La creación de áreas especiales, con impuestos preferenciales, bajos costos laborales y poca sindicalización (o en algunos casos totalmente a-sindicalizados) se convirtió en el primer paso de las futuras políticas de reubicación industrial. Al mismo tiempo, se abrían profundas incertidumbres sobre la capacidad de gestionar la atracción de inversiones extranjeras de

---

[38] D. Knudsen, *The Trilateral Commission and Global Governance: Informal Elite Diplomacy, 1972-82*, Routledge, London 2016.

manera equilibrada y la creación de formas de desarrollo socioeconómico por parte de los Estados y las élites económicas. El impacto del modelo de las maquiladoras en el norte de México, a nivel de protección económica, migratoria, social y de derechos, habría cambiado entre los años Setenta y Noventa, cruzando toda la *década perdida*, para llegar a los años de los tratados de libre comercio. La industria maquiladora, en sus varias aplicaciones, se habría transformado de un experimento local fronterizo a un modelo regional a subcontinental de parques industriales, destinados a ser exportados a otros continentes, a Asia, África y, después del fin del bipolarismo, en áreas del antiguo bloque soviético y en la propia Unión Europea (el caso irlandés)[39].

Uno de los primeros actores en darse cuenta rápidamente del impacto de las revoluciones económicas de los años Setenta en el escenario latinoamericano, tanto en términos de producción y dinámica comercial, como del impacto en el sector laboral, sobre la migración y la urbanización acelerada, fue sin duda CEPAL. La organización de la ONU, en el transcurso de la década, de hecho no solo habría monitoreado las tendencias de los procesos de transformación económica nacionales y transnacionales dentro del área latinoamericana, sino también la capacidad de los países y, en general, de la región para ubicarse en los equilibrios y relaciones cambiantes de un sistema global cada vez más interdependiente. Una especial atención en este sentido fue puesta en las políticas de desarrollo y para estimular la cooperación multilateral, considerando insuficiente la experiencia (empezada en 1969) del Pacto Andino entre Bolivia, Colombia, Ecuador y Perú. Este enfoque se hizo aún más marcado en la temporada en la que, en diferentes términos, el PNUD, el Club de Roma, la propia Comunidad Económica Europea y otros organismos y grupos de expertos se preguntaban

---

[39] M.H. Sable, *Las Maquiladoras. Assembly and Manufacturing Plants on the United States-Mexico Border*, London, Routledge, 1989, J. Pérez Sáinz, *From The Finca To The Maquila: Labor And Capitalist Development In Central America*, Perseus-Routledge, New York 2018, K. Middlebrook, E. Zepeda (eds.), *La industria maquiladora de exportación: ensamble, manufactura y desarrollo económico*, Universidad Autónoma Metropolitana, México 2006.

sobre las formas y los tiempos del crecimiento económico en la región[40].

En 1972, en medio de la ola causada por el shock monetario de la administración Nixon en los países latinoamericanos, el liderazgo de la CEPAL pasó del mexicano Carlos Quintana al economista uruguayo de origen español Enrique Valentín Iglesias García, ex director del Banco Central de Montevideo. Este dirigiría la comisión hasta 1985, cuando, en medio de la *década perdida*, dejó la secretaría al argentino Norberto González, para pasar a la presidencia del Banco Interamericano de Desarrollo. A pesar de redefinición de las teorías de la dependencia y el desarrollo templado apoyada por su más conocido predecesor, el argentino Raúl Prebisch (secretario ejecutivo de la CEPAL de 1950 a 1963), González no produjo rupturas drásticas; el organismo de las Naciones Unidas demostró ser una estructura valiosa durante la década de 1970 no solo para monitorear el desempeño de las economías latinoamericanas sino también para capturar tendencias y procesos de transformación en perspectiva y evaluar su impacto social e, incluso, político[41].

Es significativo, por ejemplo, que el informe de la séptima sesión extraordinaria de la CEPAL con el Consejo Económico y Social de las Naciones Unidas (ECOSOC), celebrada en Nueva York del 16 al 18 de enero de 1973, con motivo del terremoto que afectó a Nicaragua, además de abordar el caso específico, se invitaron a los países latinoamericanos a colaborar y no solo para crear un grupo de trabajo para abordar conjuntamente los desastres naturales en el subcontinente[42]. Un llamamiento en línea con la lectura de Prebisch que en dos de sus trabajos publicados por la CEPAL en ese mismo año solicitó a los gobiernos latinoamericanos (e indirectamente a la Organización de los Estados Americanos) a asumir una mayor responsabilidad en la revitalización del multilateralismo, teniendo en cuenta la vulnerabilidad

---

[40] L.H. Meadows, D.L. Meadows, J. Randers; W.W. Behrens III, *The Limits to Growth*, Roma 1972. Vedasi ora L.H. Meadows, D.L. Meadows; J. Randers, *Limits to Growth. The 30 Years Update*, Earthscan, London 2004.

[41] https://biblioguias.cepal.org/CEPAL70/decada70

[42] https://repositorio.cepal.org/bitstream/handle/11362/15175/Ecn12AC64-3_en.pdf?sequence=14

del panorama de los contextos nacionales a nivel monetario y de bienestar y mirando, por supuesto, a la experiencia de la Comunidad Económica Europea (CEE)[43]. Desde el bienio 1974 a 1975, los informes cepalinos habrían prestado especial atención a dos temas que se consideraron emergentes y centrales: la mala distribución del ingreso en los países latinoamericanos, contextual a la fragilidad de los sistemas tributarios y la vulnerabilidad de las clases medias, en comparación con la presencia de grandes áreas de marginados, la explosión urbana y el impacto de la crisis financiera en los sistemas bancarios nacionales[44].

Existe una rica historiografía sobre el impacto de las reformas económicas de corte liberal en Chile, después del golpe de estado del 11 de septiembre de 1973, y en la temporada del régimen de Augusto Pinochet, quien se apresuró a cancelar las nacionalizaciones introducidas por el gobierno de Unidad Popular de Salvador Allende, comenzando con la más estratégica (en el comienzo de la revolución cibernética): la industria del cobre. En poco tiempo Chile se convirtió en un laboratorio de experimentación avanzada para recetas monetaristas e hiperprivadas elaboradas por Milton Friedman y Arnold Harberger y sus estudiantes en el Departamento de Economía de la Universidad de Chicago, muchos de los cuales provenían del Departamento de Economía de la Universidad Pontificia[45]. Un proyecto que se había ya propuesto en el programa electoral del candidato de derecha, Jorge Alessandri, en las elecciones de 1970 («el ladrillo») y que luego fue implementado por el régimen militar[46]. Los llamados

---

[43] R. Prebisch, *Problemas teóricos y prácticos del crecimiento económico*, CEPAL, Santiago 1973, https://repositorio.cepal.org/handle/11362/2958 e *Desarrollo económico, planeamiento y cooperación internacional. Economic development, planning and international co-operation*, Cepal, Santiago, 1973, https://repositorio.cepal.org/handle/11362/14667

[44] Ver entre los muchos documentos, *La distribución de la riqueza en Argentina* y *Crisis y reforma del sistema bancario chileno* https://www.cepal.org/es/publicaciones/10851-la-distribucion-ingreso-argentina-1974-2000 y Crihttps://www.cepal.org/es/publicaciones/5298-liberalizacion-financiera-crisis-reforma-sistema-bancario-chileno-1974-1999

[45] G. Valdés, *Pinochet's Economists: The Chicago School of Economics in Chile*, Cambridge University Press, Cambridge 1995.

[46] T. Harmer, *Allende's Chile and the Inter-American Cold War*, Chapel Hill, University of North Carolina Press, 2014.

«Chicago Boys», como Pablo Baraona (ministro de economía de 1976 a 1979), Jorge Causas (ministro de finanzas de 1975 a 1977) o José Piñera, hermano mayor del actual presidente chileno Sebastián y ministro de trabajo (1978-1980), así como ministro de minas (1980-1981), establecieron una serie de reformas radicales de libre mercado que en muchos casos anticiparon las recetas de la temporada neoliberal de los años Ochenta y Noventa.

Se lanzó una serie de intervenciones desregularizadoras, recortes de impuestos, libre comercio, privatización de servicios, reducción drástica del gasto público, reforma de pensiones y escuelas, flexibilidad del mercado laboral, fin de los planes de industrialización como un paso de desarrollo y, sobre todo, máxima apertura a inversiones extranjeras. Se trata de reformas que hicieron hablar a los defensores del plan de un «milagro chileno»[47] y que, por el contrario, fueron leídas por los economistas más críticos, como Amartya Sen o el propio Prebisch, como una carretera abierta para los intereses de las grandes corporaciones con escaso éxito en términos de estabilidad, y por los teóricos marxistas como el prototipo de una sociedad de clase extrema (paradójicamente en uno de los países latinoamericanos con las clases medias más sólidas)[48]. Un tema que también surgió en la mesa durante la Conferencia Mundial Tripartita sobre Empleo, Distribución de Ingresos y Progreso Social y la División Internacional del Trabajo, convocada por la Organización Internacional del Trabajo (OIT), en junio de 1976 en Ginebra.

La paradoja del estado dictatorial a nivel político, represivo y violador de los derechos humanos y civiles fundamentales, controlador de todo, pero que se vuelve «muy ligero» en economía, encuentra un prototipo particularmente evidente en el caso chileno, destinado a alimentar intentos de imitación en varios otros contextos latinoamericanos. En esta etapa las reglas y lógicas de los mercados globales, del crecimiento de los sistemas financieros que acercaban las nuevas

---

[47] J. Piñera et al., Un legado de libertad: Milton Friedman en Chile, Fundación para el Progreso Jean Gustave Courcelle-Seneuil, Santiago 2013.

[48] P. O'Brian, J. Roddick, *Chile: The Pinochet Decade: The Rise and Fall of the Chicago Boys*, Monthly Review Press, New York 1983, N. Klein, The Shock Doctrine. The Rise of Disaster Capitalism, Penguin Random House, Canada 2010.

élites de militares y tecnócratas, parecían abandonar definitivamente el camino del desarrollismo clásico y el proteccionismo industrial (también modificando genéticamente las matrices de los populismos), adaptándose a los diferentes contextos nacionales y haciendo del subcontinente un laboratorio de otro tipo. De Centroamérica a Perú, donde en el verano de 1975 el general Francisco Morales-Bermúdez Cerruti cerró con otro golpe, después de siete años y medio y en plena crisis económica, la experiencia estatalista del régimen militar izquierdista y nacionalista de Juan Velasco Alvarado.

Por lo tanto, se cerraba el camino a las «terceras vías», tanto de izquierda como de derecha, borrando los modelos inspirados al peronismo clásico o al desarrollismo de los Cincuenta-Sesenta, para abrazar los dictados de lo que años después el economista John Williamson habría definido el Washington Consensus[49]. Incluso la Argentina de la dictadura militar de 1976 trató de emular el modelo chileno mediante la introducción de políticas radicales de privatización y liberalización, de acuerdo con las recetas del ministro de economía elegido por el general Videla, José Alfredo Martínez de Hoz, ex CEO de la empresa siderúrgica Acindar. En sus cuatro años de administración del ministerio, su objetivo oficial era abrir el país a la economía internacional, tanto que a fines de la década el secretario era acreditado como uno de los partidarios más firmes de la lógica de la desregulación lanzada por la nueva primera ministra británica Margaret Thatcher. Sin embargo, los resultados (que ya habían manifestado sus fallas en el caso chileno) fueron extremadamente contradictorios y exacerbaron las debilidades estructurales del país, especialmente en el ámbito financiero, en una década que habría marcado un ciclo recesivo para toda América Latina, acompañado de un aumento del desempleo, la informalidad y las pobreza en grupos marginales[50].

---

[49] J. Williamson (ed.), *Latin American Readjustment: How Much has Happened, Peterson Institute for International Economics*, Washington 1989. *«Washington Consensus»*, Center for International Development, Harvard Kennedy School of Government. April 2003.

[50] M. Novaro, V. Palermo, Historia argentina. La dictadura 1976-1983. Del golpe de estado a la restauración democrática, Paidós, Buenos Aires 2003.

Todos estos elementos entraron indirectamente en el debate de la Conferencia del CELAM en Puebla en enero de 1979, en particular en la primera parte, *Visión pastoral de la realidad latinoamericana*[51], donde reverberaban muchos elementos de la *Evangelii nuntiandi* del Papa Pablo VI[52]. También en los días de Puebla se percibían los otros dos puntos que mencioné anteriormente: la violencia que afectaba a muchas poblaciones de la región y las transformaciones profundas en la sociedad y los medios. No me detengo aquí en estos puntos porque la «década de sangre» ya es parte de otros ensayos, pero me limito a recordar un segundo elemento que me parece interesante, relacionado con el impacto iridiscente de la omnipresencia de la guerra fría en el subcontinente.

Las nuevas formas de la guerra fría global en Latinoamérica

En los cambios generales de la guerra fría, con la entrada de la República Popular de China en la ONU, dirigida desde el junio de 1972 por el político austriaco Kurt Waldheim, el fin del conflicto vietnamita y la creciente esclerotización de la URSS brezneviana, los Setenta registraron de hecho una creciente tensión regional en áreas estratégicas específicas. Oriente Medio, en primer lugar, marcado no solo por las consecuencias de la crisis del petróleo y la guerra de Kippur, sino también por la expansión de la cuestión palestina en la región (con efectos particularmente complejos en Jordania y Líbano, país destinado a experimentar una larga y trágica guerra civil), por la escalada de las acciones terroristas y la maduración del cambio de alianzas estratégicas del Egipto de Sadat (que culminó con los acuerdos de Camp David con Israel del 17 de septiembre de 1978). La región del Himalaya permaneció marcada por las continuas tensiones entre India (que se unió al club atómico en 1974 con la operación *Smiling Buddha*) y Pakistán, mientras que el sudeste asiático experimentó el extremismo radical del régimen Khmer Rouge en la

---

[51] http://www.celam.org/doc_conferencias/Documento_Conclusivo_Puebla.pdf

[52] http://www.vatican.va/content/paul-vi/es/apost_exhortations/documents/hf_p-vi_exh_19751208_evangelii-nuntiandi.html

República de Kampuchea (1975-1979), derrotado al final de la década por la intervención militar vietnamita. Luego África, salpicada de una sucesión de guerras civiles, en el Zaire pro-occidental de Mobutu, Angola y Mozambique liderados por partidos pro-soviéticos, en el breve conflicto entre Tanzania y Uganda, en la República Centroafricana, transformada en un imperio por Bokassa, en el Cuerno de África. Todos elementos que amenazaban la capacidad de acción de la Organización de la Unidad Africana y la resistencia de los sistemas de partido único nacidos de los procesos de descolonización. Estas tensiones regionales se combinaban con el debilitamiento del Grupo de los 77, después de la temporada de liderazgo argelino, entre la Declaración de Lima de noviembre de 1971, la Declaración de Manila de febrero de 1975 y las negociaciones de Arusha de febrero de 1979[53]. En el trasfondo de esta disputa global y con el lanzamiento de las nuevas directrices económicas del G7 y la revolución cibernética (en la década de las computadoras y la revolución de IBM y Hewlett Packard) todos estos elementos habrían desafiado la lógica de la distensión entre las dos superpotencias, como se percibió claramente en la última parte de la década[54].

En este contexto, América Latina, en su compleja articulación, representaba cada vez más un área potencial de crisis de la distensión. Si, de hecho, Moscú permaneció tendencialmente estática, después del golpe chileno, sin embargo el activismo de Cuba tuvo un papel protagónico en todo el transcurso de la década. La acción castrista se desarrolló de hecho en varias direcciones, moviéndose en distintos ámbitos a través del internacionalismo militante de la Tricontinental: desde el apoyo simbólico al movimiento de las Panteras Negras en EE. UU., al diálogo con la Organización para la Liberación de Palestina de Yasser Arafat, de la causa republicana de Irlanda del Norte a las misiones médicas y educativas en África, hasta las intervenciones foquistas en apoyo de grupo de guerrilla

---

[53] *The Group of 77 at the United Nations*, Oxford University Press, Oxford, 2011-2014.

[54] F. Romero, Storia *della guerra fredda: L'ultimo conflitto per l'Europa*, Einaudi, Torino 2014.

o movimientos revolucionarios latinoamericanos: desde América Central hasta Argentina, con la excepción de México, donde la guerra sucia de los años Setenta no habría registrado presencias cubanas, sobre la base de un acuerdo diplomático tácito[55].

A pesar de las dificultades económicas de la isla, bajo el embargo estadounidense, la estrategia del experto Ministro de Relaciones Exteriores, Raúl Roa García, en el cargo desde la revolución de 1959, había asociado a la acción foquista una gran atención a la propaganda revolucionaria en contextos rurales (desde Guatemala hasta la región andina) y urbanos, a través de redes internacionalistas y transnacionales, culturales y universitarias, que se había extendido a grupos y movimientos también de origen no marxista. Un tema que también tocó las divisiones intra-eclesiales que surgieron dentro y fuera del CELAM en el transcurso de la década. La visita histórica a la isla en 1974 por parte de Mons. Agostino Casaroli, entonces Secretario del Consejo de Asuntos Públicos de la Iglesia, preludio de la promoción a nuncio apostólico del delegado Mons. Zacchi, demostró que la *Ostpolitik* del Vaticano de Pablo VI era muy consciente del papel continental que desempeñaba La Habana[56]. Sin embargo, el nuevo canciller cubano, desde diciembre de 1976, Isidoro Malmierca Peoli, tuvo que manejar una situación cada vez más incandescente, a raíz de la escalada de violencia que comenzaba a tomar forma en la región centroamericana y que culminaría, después de la revolución sandinista en una de las etapas más sangrientas de las dictaduras latinoamericanas, marcada por las nuevas técnicas de la contrainsurgencia, que produjo entre sus víctimas no solo guerrilleros en armas y activistas políticos, sino un espectro cada vez más amplio e indistinto de población civil: campesinos, maestros, catequistas, indígenas... Una exaltación cada vez más local y paroxística de la idea del choque de civilizaciones dentro de nacionalismos exasperados.

---

[55] R. Keller, *Mexico's Cold War. Cuba, the United States and the Legacy of the Mexican Revolution*, Cambridge University Press, Cambridge 2015, D. Spencer (ed.), *Espejos de la guerra fría: México, América central y el Caribe*, Ciesas-Porrúa, México 2004.

[56] R. Cannelli, *Il viaggio a Cuba di mons. Casaroli*, in A. Melloni, S. Scatena (eds.), *L'America latina fra Pio XII e Paolo VI. Il cardinale Casaroli e le politiche vaticane in una Chiesa che cambia*, il Mulino, Bologna 2006, pp. 95-136.

Por otro lado, en especial en la temporada de la secretaría de estado de Henry Kissinger (1973-1977), Washington mantuvo una línea constante hacia los países latinoamericanos, dando una nueva interpretación de la Doctrina Mann de 1964. Esta línea consistió en una desconexión decisiva (y exhibida) de Estados Unidos en las cuestiones continentales, que fortalecía los márgenes de acción de los regímenes militares locales y, si necesario, de las operaciones encubiertas. Desde un punto de vista económico, según las nuevas lógicas, la ayuda económica ya no se entendía como bilateral sino habría venido principalmente de instituciones financieras multilaterales o de acuerdos comerciales privilegiados firmados en el marco del GATT, dejando así espacio para otros actores como la CEE (que en 1974 firmó los acuerdos de Lomé con países ACP que, además de los países africanos, incluyeron los del Caribe)[57]. Se trataba de una delegación a control remoto. A diferencia de las administraciones Kennedy y Johnson, que consideraron a América Latina como decisiva en la competencia con la URSS, Kissinger y Nixon redujeron significativamente el papel de los países del hemisferio en el ámbito político mundial, tanto que incluso en sus memorias oficiales, Sudamérica es casi ausente. Nixon como presidente no hizo ningún viaje a América Latina, a excepción de dos incursiones en México en el verano de 1970 y Ford también se limitó a una breve visita a Nogales para rendir homenaje con el presidente Echeverría a la tumba del jesuita Eusebio Kino.

En la era de la desaparición forzada, de la tortura estatal, según el modelo chileno, también se generó un proceso de internacionalización de los regímenes militares latinoamericanos, de acuerdo con una lógica de solidaridad represiva que, más allá de la propaganda, ya no era simplemente anticomunista sino anti-tercermundista, asumiendo características pervasivas y totalizadoras hacia cualquier forma de disidencia o crítica más o menos organizada. La culminación de este esfuerzo fue, por supuesto, la citada Operación Cóndor, que unió a los regímenes de Chile, Argentina, Brasil, Bolivia, Paraguay y Uruguay; un plan concebido y puesto en función en enero de 1974 y destinado a durar, en diversos grados de intensidad, hasta el final de la guerra fría.

---

[57] G. Grandin, *Kissinger's Shadow. The Long Reach of America's Most Controversial Stateman*, Metropolitan Books, New York 2020.

Una iniciativa que hoy, gracias a los archivos encontrados en Paraguay después de la caída del régimen de Stroessner y los documentos desclasificados en los Estados Unidos durante la administración Clinton, ha sido reconstruida con bastante detalle[58]. Los regímenes militares involucrados y las respectivas agencias de inteligencia habrían causado alrededor de 50.000 víctimas, de las cuales al menos 400 en operaciones que tuvieron lugar fuera de las fronteras nacionales, también en Europa y Asia, con un presupuesto adicional de más de 30.000 desaparecidos y más de 400.000 arrestos políticos. El historiador Patrice McSherry lo considera una estructura inspirada en las operaciones encubiertas anticomunistas europeas, pero a una escala mucho mayor, sin límites políticos y con una participación directa del aparato estatal de los regímenes, a menudo equipados con escuadrones de la muerte especiales y con contactos en la eversión negra internacional; además con una capacidad tecnológica internacional y mucho más sofisticada que las redes de catalogación de los años Cincuenta[59]. Además de la guerrilla y los disidentes, las acciones afectaron también a periodistas, académicos y religiosos, como lo demuestra la sensacional irrupción de las fuerzas armadas ecuatorianas (país afiliado al Plan, así como Perú) en la diócesis de Riobamba en 1974, lo que condujo al arresto de 17 obispos (incluido el indigenista Leonidas Proaño), 22 sacerdotes, 5 religiosos y 12 laicos, todos protagonistas de la renovación del ministerio social latinoamericano y, por lo tanto, acusados de actividad subversiva. En ese caso, la operación no terminó trágicamente debido a la intervención directa de la Santa Sede.

En un clima tan polarizado, entre presiones revolucionarias, atentados, secuestros (la estrategia de los Tupamaros de Uruguay heredada y readaptada por los Montoneros argentinos), lecturas extremas de los nacionalismos y contrainsurgencia militar y paramilitar indiscriminada, la violencia política latinoamericana adquirió un carácter simbólico y global también a los ojos de la opinión pública europea y norteamericana. Esto generó formas de movilización

---

[58] J. Dinges, *Condor Years: How Pinochet And His Allies Brought Terrorism To Three Continents*, The New Press, New York, London 2004.

[59] J.P. McSherry, *Predatory States. Operation Condor and Covert War in Latin America*, Rowman & Littlefield, Lanham, Md. 2005.

sin precedentes, a raíz de nuevos símbolos e íconos, heredados del pasado reciente (como el Che y Camilo Torres), transportados por la música de protesta del Inti Illimani y Mercedes Sosa, del nuevo cine latino o del éxito internacional de la literatura latinoamericana, con las obras de Jorge Amado, Eduardo Galeano, Carlos Fuentes, en una década intercalada simbólicamente por dos premios Nobel latinoamericanos (al chileno Pablo Neruda en 1971 y al colombiano Gabriel García Márquez en 1982).

Los años de las torturas y desapariciones forzadas latinoamericanas también coincidieron con la afirmación del gran tema global de los derechos humanos, a raíz de las movilizaciones de los exiliados, las iniciativas de la Comisión Interamericana de la OEA (CIDH), el activismo de ONG como Amnistía Internacional y cientos de redes (muchas católicas o cristianas) de denuncia y apoyo. Un tema que habría interesado directamente a la administración Carter desde su campaña electoral en 1976. Si, por un lado, el nuevo inquilino de la Casa Blanca intentara relanzar el idealismo liberal democrático, enfatizando el tema de la defensa de los derechos humanos y la democratización, al suspender los programas de asistencia económica y militar a los regímenes de Argentina, Brasil, Chile, Guatemala, Haití, Paraguay y Uruguay, por otro lado, se encontró manejando una fase histórica particularmente difícil y turbulenta. La idea, compartida con el Asesor de Seguridad Nacional, Zbigniew Brzezinski, de revisar los fundamentos de la estrategia latinoamericana de Washington renunciando al principio de intervención, produjo un tímido deshielo hacia el régimen cubano y la firma de un histórico acuerdo con el gobierno panameño de Torrijos en 1977, para el regreso del canal en 1999. Sin embargo, después del éxito de la revolución sandinista en Nicaragua y la escalada de violencia en El Salvador y Guatemala, su línea de diálogo terminó en el ojo de la tormenta. Las críticas a los sectores neoconservadores de los círculos republicanos que lo acusaban de debilidad y de haber dejado que toda América Central se convirtiera en un área pro cubana, temiendo que un nuevo *Red Scare* hubiera crecido junto con el enfoque de la campaña electoral de 1980 contribuiría a llevar a Ronald Reagan a la presidencia y a la región en el clima de la resurgente guerra fría.

Conclusiones: América Latina en el umbral de los Ochenta

Los meses previos a la Conferencia de Puebla coincidieron con este nuevo clima de tensión global en el que las crisis regionales y la confrontación bipolar eran peligrosamente cercanas; los historiadores han elaborado per esta etapa la categoría de una «segunda guerra fría» que tendría lugar entre 1978 y la primera mitad de los años Ochenta[60]. Un escenario en el que el activismo estratégico de Washington habría acelerado, produciendo un activismo defensivo por parte de la URSS, hasta la llegada de las reformas de Gorbachov, como preludio al fin del bipolarismo.

La transición 1978-1979 habría sido crucial a este respecto. El año de los «dos Papas», marcado por la muerte de Pablo VI, el 6 de agosto de 1978, por el muy breve pontificado de Juan Pablo I (3-28 de septiembre) y por el ascenso a la sucesión de Pedro (16 de octubre) del cardenal polaco Karol Józef Wojtyla, destinado a guiar a la Iglesia a través del final de la Guerra Fría hasta el nuevo milenio como Juan Pablo II. Ese año, la ONU, tal vez percibiendo la crisis inminente, lanzó una serie de iniciativas para promover el diálogo y el desarrollo, comenzando con la 5ta Conferencia de la UNCTAD en Manila (7 de mayo - 3 de junio), pasando por la 2da Conferencia Mundial sobre la Mujer en Copenhague (14-30 de julio) y la Conferencia Mundial contra el racismo, la discriminación racial, la xenofobia y las formas conexas de intolerancia, celebrada en Ginebra del 14 al 25 de agosto (en lo que se declaró el año en contra del *apartheid*). La reunión más importante, sin embargo, fue probablemente la Conferencia Norte-Sur, convocada en vista de la publicación de los resultados del trabajo de la Comisión dirigida por el alemán Willy Brandt, junto con las discusiones sobre el Nuevo Orden Económico (novedad de la undécima sesión general de la Asamblea General de otoño de 1978). Un tema particularmente delicado destinado a reanudarse tres años después en la cumbre que

---

[60] R. Garthoff, *Détente and Confrontation. American-Soviet Relations from Nixon to Reagan*, The Brooking Institution Washington 1985, S. Dalby, *Creating the Second Cold War: The Discourse of Politics*, The Brooking Institution Washington 2016.

se celebrará en Cancún en octubre de 1981, organizada por el mexicano López Portillo. En ese mismo año se celebró también la Conferencia sobre Cooperación Técnica entre Países en Desarrollo, paradójicamente en Buenos Aires; en el país donde la junta militar acababa de salir aparentemente revitalizada por la organización (y victoria) de la Copa del Mundo de fútbol (en junio), pero que empezaba también a ser objeto de las primeras severas críticas internacionales, gracias a la fama obtenida por las Madres de la Plaza de Mayo.

El mundo estaba cambiando rápidamente, en ese 1978, mientras que la transición a la nueva guerra fría progresaba a un nivel más global: entre el 14 y el 21 de marzo, el ejército israelí lanzó la operación Litani, ocupando el sur del Líbano. El 16 de marzo, el presidente de la Democracia Cristiana italiana, Aldo Moro, fue secuestrado por las Brigadas Rojas para ser asesinado 55 días después en el contexto de la caída del proyecto de diálogo entre las fuerza de gobierno y el partido comunista[61]. Unos días antes del secuestro del estadista italiano, el 12 de marzo, un sacerdote jesuita, animador social y sindical, el salvadoreño Rutilio Grande, fue asesinado junto con un niño y un anciano campesino en la localidad rural de El Paisnal, cerca de Aguilares. Fue el comienzo de una escalada de violencia que habría afectado, además de la población civil, a sacerdotes, monjas y catequistas en el pequeño país centroamericano. Mientras tanto, el 27 de abril, un golpe de estado marxista mató al presidente afgano Doud Kahn, abriendo efectivamente una guerra civil, mientras que en junio dos helicópteros iraníes fueron derribados después de violar el espacio aéreo soviético. El 1 de julio, el general Lucas García asumió el cargo en Guatemala, mientras el clima social se hacía cada vez más intenso.

El año terminó de una manera aún más turbulenta, mientras que Argentina y Chile evitaron una guerra por el Estrecho de Beagle, con la abortada *Operación Soberanía*, lanzada por el general Videla el 15 de diciembre y bloqueada gracias a la mediación del Vaticano y la misión del cardenal Antonio Samorè[62]. Mientras tanto, el

[61] G. Formigoni, *Storia d'Italia nella guerra fredda: (1943-1978)*, il Mulino, Bologna 2016.

[62] G. La Bella, *Santa Sede e America latina nell'attività del cardinal Casaroli*, in *L'America latina fra Pio XII e Paolo VI*, cit., pp. 179-194.

6 de noviembre, el sha de Persia, Reza Pahlavi, después de meses de enfrentamientos y disturbios, confió el gobierno al ejército. Dos meses después, el 16 de enero de 1979, salió de Irán, 9 días antes de la llegada de Juan Pablo II a la Ciudad de México, con motivo de su primer viaje apostólico internacional. El 28 de enero, en su discurso inaugural de la Conferencia de Puebla, el Papa invitó a los miembros de la Iglesia latinoamericana a convertirse en «constructores de la unidad», con el objetivo de «promover y defender la dignidad del hombre»[63].

Mientras se llevaban a cabo las sesiones de Puebla y se abría una nueva temporada en la historia de la Iglesia y de América latina, el ayatolá Jomeini regresó a Irán y el 3 de febrero dio a luz al Consejo de la Revolución Islámica, que entre el 10 y el 11 proclamaría la revolución, creando una teocracia chiita. En los meses siguientes, a medida que los regímenes militares latinoamericanos comenzaron a mostrar sus grietas y contradicciones irresolubles, se sucedían la guerra sino-vietnamita (febrero), la aceleración de la crisis de Pakistán, con el asesinato del primer ministro Zulfikar Ali Bhutto (abril), una serie de masacres en el Líbano, culminados en la noche de los «cuchillos largos» de Safra (9 de julio) y el ascenso de Saddam Hussein a la presidencia de Irak (16 de julio).

Al día siguiente, el dictador nicaragüense, Anastasio Somoza Debayle, abandonó el país centroamericano; el 19 los revolucionarios entraron a Managua y el 21 la junta del Frente Sandinista de Liberación Nacional asumió el cargo. Cinco meses después, en la víspera de Navidad, las tropas soviéticas invadieron Afganistán. América Latina estaba definitivamente en el escenario de la nueva guerra fría mundial.

---

[63] http://www.vatican.va/content/john-paul-ii/it/speeches/1979/january/ documents/hf_jpii_spe_19790128_messico-puebla-episc-latam.html

2

LA DÉCADA DE "LOS DOS DEMONIOS" (LOS AÑOS 80)

Jean Meyer (Francia)
Centro de Investigación y Docencia Económicas,
División de Historia

En el principio hubo dos revoluciones, la de Cuba y la del Concilio Vaticano II. El 1 de enero de 1959, Fidel Castro entra triunfalmente en Santiago de Cuba; el 25 de enero Juan XXIII anuncia la convocación de un concilio ecuménico: Vaticano II, 11 de octubre de 1962 - 8 de diciembre de 1965. A raíz de esas dos revoluciones, las guerrillas revolucionarias marxistas y cristianas, por un lado, la contrarrevolución, cristiana también, por el otro, asolaron al continente latinoamericano. Esto, en el marco de la guerra fría, con el papel decisivo de unos Estados Unidos dedicados al *containment* de una "subversión" que atribuía a Moscú. Si bien perdían la guerra de Vietnam, no podían sufrir derrota en América.

Los años 1960-1979 vieron surgir movimientos guerrilleros desde México hasta Argentina. Y la reacción en forma de golpes de Estado, siendo Brasil el primero en abrir la lista, en 1964. En Bolivia, Ernesto Che Guevara fracasó en 1967; los "tupamaros" uruguayos y los "montoneros" argentinos fueron el pretexto y la causa de la instauración de duros regímenes militares que practicaron un terrible terrorismo de Estado. Los sandinistas de Nicaragua fueron los únicos en llegar al poder, en julio de 1979, en parte porque los EE. UU.

abandonaron al impresentable Somoza; pero no tardaron en armar un movimiento –la *Contra*–, para derrocar al gobierno revolucionario.

El año 1979 fue también el año de la Conferencia del Episcopado de América Latina, en Puebla, bajo la presidencia de Juan Pablo II, que dedicaba su primer viaje a México. No me toca hablar de una Conferencia fácilmente descalificada como "reaccionaria" por la ofensiva llevada contra la Teología de la Liberación, contra cierta Teología de la Liberación que podía leerse como Teología de la Revolución. ¿Presentía el Papa polaco la terrible tragedia de los años 1980 y que lo peor estaba por venir?

Cronología

1979 - Enero: Conferencia de Puebla. Julio: cae Somoza en Nicaragua. Revolución en Irán. Octubre: golpe de Estado en El Salvador. A fin del año surge la *Contra* en Nicaragua. Diciembre: la URSS invade Afganistán.

1980 - Ronald Reagan toma posesión y apoya la *Contra* a fondo. Asesinato de Mons. Óscar Romero en marzo e inicio de la guerra civil en El Salvador. Represión en Guatemala. Tensión en Nicaragua entre el Gobierno y la Iglesia. En el Perú, aparece Sendero Luminoso (en gestación desde la Revolución Cultural china). Juan Pablo II en Brasil.

1981-1983 - Baño de sangre en Guatemala y El Salvador.

1982 - Guerra de las Malvinas entre Argentina e Inglaterra. El Papa, después de Brasil, está en Argentina del 10 al 13 de junio. El 20 la Junta cae. Sendero Luminoso cobra fuerza e impone el terror. Crecen las guerrillas en Colombia.

1983 - Los EE. UU. invaden Granada. Juan Pablo II visita en marzo todos los países de Centroamérica. Importante: su paso por Nicaragua (regaña al P. Ernesto Cardenal SJ y pide a los sacerdotes salirse del Gobierno) y por la Guatemala del general evangélico Efraín Ríos Montt.

1984 - Fracasa la ofensiva de la *Contra* en Nicaragua; sin embargo, la resistencia de los indígenas miskitos en la costa atlántica y de los rancheros de Nueva Segovia, llevarán el Gobierno sandinista a firmar un acuerdo de paz en 1988.

1984-1991 - Guerra y ceses al fuego en Colombia. Las FARC siguen invictas sin poder ganar.

1984-1992 - Sigue la guerra en El Salvador, con apoyo masivo de los EE. UU. a los militares. Comandantes del FMLN y generales firman la paz el 14 de enero de 1992 en el castillo de Chapultepec, en México.

1985 - El Papa visita Venezuela, Ecuador, siete ciudades de Perú, entre las cuales está Ayacucho, asolada por Sendero Luminoso.

1986 - Juan Pablo II en 13 ciudades de Colombia. Inicio de la "*perestroika*" en la URSS.

1987 - Visita Uruguay, Chile, Argentina.

1988 - El Papa en Uruguay, Bolivia, Perú y el Paraguay del eterno general Stroessner. El ejército soviético sale de Afganistán.

1989 - Febrero: cae Stroessner.

1989-1992 - El gobierno peruano gana la larga batalla contra Sendero Luminoso.

1989 - Pinochet pierde su referéndum. Noviembre: cae el Muro de Berlín.

Guatemala y El Salvador se encaminan lentamente hacia la paz.

20 de diciembre de 1989 - Los EE. UU. invaden Panamá para derrocar a Noriega.

Problemas conceptuales

1. La bibliografía sobre la década trágica es inmensa, pero es el resultado de la concepción nacional de la historia; tenemos historia de los brasileños o de los colombianos, de los chilenos y de los argentinos, de los nicaragüenses y de los salvadoreños... y cada historia nacional tiene su manera de presentar a sus malos y a sus buenos. De todos modos, no se puede sumar estas historias nacionales para lograr una historia sintética de América latina y de sus "dos demonios". Nuestro subcontinente está estructurado por Estados nacionales, por sistemas educativos nacionales, y cada país tiene una manera nacional de entender estos acontecimientos. Eso no nos ayuda a contestar a preguntas del tipo: ¿Por qué la violencia, por qué estas víctimas y estos verdugos? La historia nacional plantea estas preguntas, pero no

puede contestarlas porque estaban actuando fuerzas que rebasaban por mucho la nación y las naciones. ¿Eran soberanas dichas naciones? ¡Ilusión! La guerra fría entre las dos superpotencias, la economía de los narcóticos, eran –son– la realidad.

2. El otro problema es la naturaleza bipolar de la política. Desde la Revolución francesa razonamos en términos de Izquierda vs. Derecha y la experiencia de Antifascismo vs. Fascismo nos ha confortado en ese modo de clasificación. No cabe duda que las ideas de derecha e izquierda son muy diferentes, pero en la perspectiva de la vida y de la muerte de las víctimas de la violencia (de izquierda y derecha) en la "Tierras de Sangre" de América latina, no sirve mucho la distinción Derecha/Izquierda. ¿Por qué? Por la sencilla razón que los dos bandos que invocan ideologías y políticas radicalmente diferentes, se comportan de la misma manera terrorista: guerrilla y ejército; ejército revolucionario y contraguerrilla; FARC, paramilitares y sicarios del narcotráfico. Es confortable mantenerse en la dicotomía derecha/izquierda y rechazar la idea de que dos demonios andan sueltos. La historia es fundamentalmente inconfortable.

Tan inconfortable que hay que matizar en seguida eso de "los dos demonios"; si bien se vale aplicar el calificativo infernal a todos los terroristas, sean terroristas de Estado de la Revolución o criminales del fuero común, hay que tomar en cuenta en seguida la dimensión del terrorismo, la cantidad de víctimas. Con la sola excepción de Sendero Luminoso en el Perú, pocas veces se encuentra, del lado revolucionario, masacres como la que cometió del 10 al 12 de diciembre de 1981 el Batallón Atlácatl, de las Fuerzas Armadas salvadoreñas, en El Mozote: 986 víctimas, entre las cuales 552 niños. No encontré cuantos soldados y civiles argentinos murieron por culpa de unos 1500 Montoneros, pero fueron cerca de 30.000 las víctimas del terrorismo de Estado. Así que no se puede seguir totalmente a David Stoll, buen antropólogo, cuando piensa que las masacres perpetradas por el Ejército guatemalteco se deben al romanticismo de los revolucionarios marxistas y católicos que, al optar por la lucha armada, imposibilitaron reformas pacíficas y empujaron los militares a cometer terribles masacres, rayando el genocidio, en el *triángulo ixil* de población maya[1]. ¿Un pequeño demonio provocando al gran Satanás? En el caso peruano, es cierto que el país entraba en una transición democrática y reformista, con una ambiciosa izquierda democrática, cuando Sendero Luminoso, alumno de Mao y de Pol Pot, abrió las puertas del infierno. Su líder, Abimael Guzmán evocó la necesidad de la sangre: "la sangre no detiene la revolución, sino la riega"; cuando Sendero Luminoso propuso alcanzar "el equilibrio estratégico", Guzmán comenzó a hablar literalmente de la posible conveniencia de un "genocidio" con un millón de muertos "para lograr ese equilibrio"[2]. Por eso, a diferencia de los argentinos y de los chilenos, los investigadores peruanos manejan la teoría de los dos demonios para explicar los orígenes de la violencia política.[3]

Dimensiones de la tragedia

Argentina: de 1975 a 1978, 22.000 muertos y desaparecidos (Para 1979-1982, no hay cifra segura, pero el total final ronda los 30.000 muertos).

Brasil: de 1964 a 1985, una lista nominal da cerca de 550 muertos y desaparecidos políticos.

Chile: de 1973 a 1989, 3.227 muertos o desaparecidos.

Colombia: de 1958 a 2018, 200.000 muertos y 80.000 desaparecidos.

Guatemala: de 1964 a 1996, 200.000 muertos y 50.000 desaparecidos (89 por cada 100.000 habitantes).

Nicaragua: de 1975 a 1979, 20.000 muertos (208 por cada 100.000 habitantes). De 1979 a 1988, 30.000 muertos (138 por cada 100.000 habitantes).

---

[1] Yvon Le Bot, *La Guerra en tierras mayas. Comunidad, violencia y modernidad en Guatemala, 1970-1982,* México, Fondo de Cultura Económica, 1995. David Stoll, *Rigoberta Menchu and the Story of All Poor Guatemalans,* Boulder, Westview Press, 1999.

[2] Carlos Iván Degregori, "Discurso y violencia política en Sendero Luminoso", Marco Estrada y Gilles Bataillon eds., *Cruzadas seculares: Religión y luchas (anti) revolucionarias,* México, Colegio de México, 2012: 217

[3] Steve Stern (ed.), *Shining and Other Paths: War and Society in Peru, 1980-1995,* Durham, Duke University Press, 1998.

Perú: de 1980 a 1992, 40.000 muertos.

Salvador: de 1980 a 1992, 75.000 muertos (139 por cada 100.000 habitantes).

Uruguay: de 1973 a 1985, lista nominal de 195 detenidos desaparecidos (130 en Argentina).

Para evaluar las dimensiones de la tragedia, habría que sumar a los muertos con o sin sepultura, los detenidos y torturados, los desplazados, los exiliados. Un gran total de millones de personas afectadas.

Cuesta trabajo conseguir cifras fiables por razones obvias y otras más sorprendentes. Si hay muchas discrepancias cuando se trata de soldados caídos en combate entre ejércitos regulares, son mucho mayores cuando se trata de guerras civiles, "sucias", "irregulares". Las estadísticas no distinguen entre combatientes (de los dos bandos) y civiles; tampoco separan las muertes atribuibles a la guerrilla y las causadas por ejército, paramilitares, autodefensas, "rondas campesinas". Finalmente, el investigador encuentra frenos a veces sorprendentes: en mayo del 2019, los diputados salvadoreños buscaron la aprobación de una ley que proteja a los criminales de guerra y que silencie el informe de la Comisión de la Verdad, establecida tras los acuerdos de paz de 1992. La izquierda y la derecha que pelearon en la guerra se han alineado. Ex-guerrilla y ex-gobierno han diseñado una propuesta de ley de reconciliación que decreta que aquel informe llamado *De la locura a la esperanza: la guerra de los 12 años en El Salvador* "no tendrá valor probatorio". Borran 13.000 casos de asesinatos y masacres documentados, incluyendo los asesinatos de monseñor Óscar Romero y de los jesuitas, incluyendo la masacre de El Mozote. La Comisión que elaboró el proyecto de ley estuvo formada por dos ex-oficiales de las FFAA y una excomandante de la guerrilla. "Esto no es un intento aislado, sino una actitud regional y sostenida a través de los años"[4].

[4]   Oscar Martínez, "Matarnos in culpa", *El País,* 19 de mayo 2019; Raymond Bonner, "Cheating El Salvador's Victims", *New York Times,* 29 de mayo 2019. Bonner es el autor de *Weakness and Deceit: America and El Salvador's Dirty War.*

La dinámica de la violencia doble: revolucionaria y contrarrevolucionaria

Es una cuestión confusa por esencia y para todo el mundo, tan pronto como uno abandona el radicalismo ideológico de uno u otro color; así que no puedo sino ofrecer ensayos, esbozos inacabados de reflexión. La confusión es la regla, porque cada país, cada región, cada pueblo, cada rancho tiene su historia propia. Lo único que presenta alguna claridad es la temporalidad de la crisis y sus factores internacionales, a saber, la guerra fría y el narcotráfico (Pensamos siempre en el Che o en Tiro Fijo y se nos olvida Pedro Escobar).

¿Era inevitable la tragedia? Es la impresión que tiene uno cuando lee la inmensa literatura sobre el tema y los testimonios de los actores. Ciertamente, la vida de un hombre se transforma en destino fatal tan pronto como muere. En el caso de Guatemala, tanto los militares como los revolucionarios narran los acontecimientos, a la distancia, como si fuesen predeterminados... el Destino en marcha que lleva a la inevitable catástrofe. Esa lectura contrasta con la narrativa de los campesinos que, en su interpretación local de la violencia, es mucho más histórica, quiero decir, contingente. Tuve la misma experiencia en los años 1960, cuando estudié en México la gran guerra de los campesinos católicos, la *Cristiada* (1926-1929).

Greg Grandin, en su *"Introduction: Living in Revolutionary Time"*, escribe que "los líderes insurgentes invocan el análisis histórico para justificar decisiones y acciones que tuvieron horribles consecuencias. Pero la reiteración constante de la catástrofe en términos históricos es de poco consuelo, porque ratifica el fracaso en "leer" correctamente la historia... La Izquierda latinoamericana ha intentado vivir más bien afuera que adentro de la historia: de manera repetitiva se negó a aceptar los precedentes establecidos por revoluciones anteriores, sea en términos de crueldad, sea en sus resultados (...) El rechazo a vivir dentro de la historia (así Steve Stern describe como Sendero Luminoso rechazó la historia de compromiso y conciliación de la Izquierda peruana) llevó a una escalada de brutalidad revolucionaria"[5].

---

[5] Greg Grandin, Gilbert M. Joseph editores, *A Century of Revolution: Insurgent and Counterinsurgent Violence During Latin America's Long Cold War,* Durham, Duke University Press, 2010: 20-21.

La relación activa, en forma de acción-reacción, que funciona entre la violencia revolucionaria y contrarrevolucionaria, depende, en cada caso, de la naturaleza del Estado, de su fuerza relativa, de su ausencia y también de quién toma la iniciativa del primer secuestro, disparo, atentado, asesinato. El vacío de poder en momento de crisis invita a actuar, a ocupar ese vacío. Podría multiplicar los ejemplos sin ganar mucha claridad. Obviamente, las dos formas de violencia, de terror se alimentan y retroalimentan mutuamente. Si bien conozco los diferentes discursos de los violentos, no tengo los elementos para estudiar las formas distintas de ambas violencias: "procesos" públicos, "ajusticiamientos", eliminación de las élites locales, bombazos revolucionarios; tortura sistemática, "desapariciones", masacres del lado del Gobierno.

El terror demostrativo explica la exposición de los cadáveres torturados o mutilados en las calles y en las carreteras de Guatemala y Salvador, en las playas argentinas. El asesinato espectacular de Óscar Romero en misa o de los jesuitas de la Universidad Centroamericana tiene el mismo efecto terrorífico que la matanza sin misericordia de mujeres, niños y ancianos. Un día el embajador estadounidense en el Salvador, Robert White, informó que el ejército apoyado por Washington y sus aliados civiles deseaban, allende de la derrota del FMLN, una destrucción total del país y de su economía con la "limpia de 3 ó 4 ó 500.000 personas"[6].

No podemos olvidar a los revolucionarios triunfantes, que en el ejercicio de su nuevo poder engendran una oposición popular que los imita en su recurso a las armas. Así como la Revolución mexicana no se reconcilió con Zapata y empujó los campesinos católicos a levantarse en armas, la Revolución castrista provocó el levantamiento de los campesinos del Escambray (1960-1966), la sandinista dio una base social a la *Contra* (revolución) ideada, financiada, armada por Washington. En los tres casos, la represión fue durísima[7].

---

[6]   Idem: 23. Lo entrecomillado es del embajador Robert White.

[7]   Gilles Bataillon, *Nicaragua, une révolution confisquée,* documental de 90 minutos, Paris, 2013; *Crónica sobre una guerrilla: Nicaragua. 1982-2007,* México, CEMCA/CIDE, 2016. Juan Avilés Farré, "Dos guerras en Nicaragua, 1978-1988", *Espacio, Tiempo y Forma,* IV, 1991: 291-312. En 1970, Raúl Castro afirma que

Ese tema, otro ejemplo del fenómeno Acción-Reacción, ilustra la capacidad de la Contrarrevolución a aprovechar la dinámica revolucionaria a la manera del judoca que usa a su favor el empuje del adversario para ganarse nuevos actores políticos: el gobierno peruano y sus rondas campesinas contra los senderistas; el general Efraín Ríos Montt movilizando a los evangélicos y entusiasmando a los protestantes estadounidenses con su "Nuevo Israel"; los contras de Nicaragua atrayendo a los miskitos y a los campesinos; los generales argentinos y chilenos presentándose como defensores del Occidente cristiano contra el diabólico comunismo: un discurso que conviene perfectamente a los Nixon, Kissinger y demás Reagan, adeptos del *containment.*

En el marco de la estrategia del *containment* y mientras duró la guerra fría, Washington apoyó a fondo los regímenes dictatoriales, desde la siniestra Operación Cóndor hasta el escándalo del *Irangate*: de 1985 a 1987, Washington financió la *Contra* en Nicaragua con el producto de la venta de armas a un Irán en guerra contra Irak, Israel, bancos suizos, hasta el cartel de Medellín de Pablo Escobar y el cartel de Jalisco de Rafael Caro Quintero participaron a la operación[8]. En cuanto Reagan tomó la medida de la situación de la URSS de Mijaíl Gorbachov, eso se acabó, se fueron los Pinochet y demás Stroessner, guerrilleros y coroneles tuvieron que renunciar a la victoria y pactar compromisos precarios. Dos excepciones importantes confirman *a contrario* esta hipótesis: Sendero Luminoso, autista en su maoísmo trasnochado y su culto a la personalidad de Abimael; las FARC colombianas, por ser la más antigua guerrilla del continente y haber entrado en contubernio con el narcotráfico.

Todo empezó en 1959 en Cuba, cuando, a partir de un conflicto nacional específico, la hostilidad de Washington hacia la Habana permitió la entrada de Moscú en el "traspatio" de los EE. UU.; al mismo tiempo la victoria castrista estimuló, en el marco específico de

---

70.000 soldados derrotaron en el Escambray a 179 bandas con 3.591 alzados. Se estima que 3.000 "bandidos" perdieron la vida, la mayoría siendo fusilados. Supe por Guillermo Cabrera Infante, que morían al grito de "¡Viva Cristo Rey!".

[8]   Gary Webb, *Dark Alliance: The CIA, the Contras and the Crack-Cocaine Explosion,* New York, Seven Stories Press, 1998.

cada país latinoamericano, la radicalización en forma de guerrilla de las luchas sociales. Contra esa nueva Izquierda a la cual participaron los católicos despertados por el Concilio y por la conferencia de Medellín (1968), surgió una nueva derecha; contra la internacional guerrillera, la internacional de los generales. El proceso culminó en las guerras de los años 1980 cuando "lo que juntó insurgencias, revoluciones y contrarrevoluciones latinoamericanas en un acontecimiento histórico único fue la posición estructural de subordinación de cada nación frente a los EE. UU."[9].

¿Y la Iglesia católica?

Una y múltiple, mundial y local, la Iglesia católica es la otra fuerza global que participó del conflicto. El Concilio aceleró la formación de una Iglesia de América latina, al insistir sobre la colegialidad y la autonomía de las conferencias episcopales y del CELAM, la participación de los laicos y lo que no tardaría en llamarse "inculturación". La primera manifestación del cambio fue la segunda Conferencia Episcopal, la de Medellín, en 1968, en presencia de Pablo VI. Momento de felicidad, euforia, esperanza y compromiso social. Pío XII, Juan XXIII y Pablo VI nombraron obispos "progresistas", a los cuales les tocaría enfrentar el nuevo ciclo de golpes de Estado y dictaduras. Juan Pablo II, marcado por su experiencia polaca, empezó a nombrar obispos más conservadores, de modo que Émile Poulat pudo exclamar con cierta exageración: *"Medellin avait lancé le balancier a gauche; Puebla et Jean Paul II ont inversé son sens."* (Medellín lanzó el péndulo a la izquierda; Puebla y Juan Pablo invirtieron el sentido). Digo "con cierta exageración", porque si bien el documento final condena el colectivismo marxista y el recurso a la violencia, confirma el compromiso con los pobres, exalta las comunidades de base y no rechaza de manera explícita la teología de la liberación.[10]

---

[9]   Greg Grandin, «Introduction: Living in Revolutionary Times», in Grandin and Joseph eds., *A Century of Revolution...*, Durham, Duke University Press, 2010: 29.

[10]   *Puebla: la evangelización en el presente y en el futuro de América latina*, Bogotá, CELAM, 1979.

Las controversias que tuvieron lugar no aparecen en el texto final que, por más consensual que sea, deja varias lecturas posibles. El contexto continental y mundial de 1979 ya no era él de 1968: crisis económica, auge de las dictaduras y por lo tanto de la represión, dura guerra civil en Centroamérica, todo conspira contra el optimismo casi místico de Medellín[11]. Un poco más de tiempo, y Monseñor Óscar Romero caerá, víctima de un clásico "Asesinato en Catedral". Habrá que esperar hasta marzo de 1983 para que el cardenal Joseph Ratzinger mande a la Conferencia episcopal peruana *Diez observaciones sobre la teología de Gustavo Gutiérrez*, justo cuando Juan Pablo II, en su visita a Nicaragua, manifiesta su disgusto por la presencia de sacerdotes en el gobierno sandinista apoyado por Cuba y la URSS. En septiembre de 1984, se publica *Instrucción sobre algunos aspectos de la teología de la liberación* para poner en guardia contra las "desviaciones y riesgos de desviación" ligados al coqueteo con el marxismo.

¿Por qué el Papa polaco regañó al jesuita y ministro Ernesto Cardenal? ¿Habrá leído lo dicho por el sacerdote?: "Se puede ser revolucionario sin ser comunista, pero no se puede ser revolucionario y anticomunista. Yo, de ninguna manera soy anticomunista, sino que, aunque católico y sacerdote, me considero marxista y comunista. Incluso estoy llegando a creer que actualmente en América latina, para llegar a ser revolucionario hay que ser marxista y comunista. Y creo aún más: que para ser un auténtico cristiano en América latina hay que ser comunista"[12].

Y la violencia estaba ya en su apogeo en América central y en los Andes.

En tales condiciones ¿es sorprendente que Juan Pablo II y Joseph Ratzinger, los dos armados con una sólida preparación filosófica, hayan discernido la teología de la Revolución violenta, detrás de la teología de la Liberación, de la opción por los pobres? Y la hayan

---

[11] Jean Meyer, *Oscar Romero e l'America Centrale del suo tiempo,* Roma, edizioni Studium, 2006.

[12] Carlos Rangel lo cita en su *Del buen salvaje al buen revolucionario,* Caracas, Monte Ávila, 1976:152.

considerado como "la primera herejía de América latina"[13]. Sabían que el mesianismo ideológico puede llevar a extraños resultados y que los que proclaman su amor a la humanidad y denuncian la violencia de la injusticia social, optan de pronto por la lucha armada, en la esperanza de acabar de una vez con toda violencia, con un mundo capitalista que vive en estado de "pecado social". No podían aceptar esa búsqueda de una nueva cristiandad fundada en la alianza con la revolución marxista. Por eso el Papa fue a Centroamérica, para provocar a la "Iglesia popular", para decir que la lucha necesaria por los derechos del hombre debe hacerse "por los medios que le son propios", y no por cualquier medio. En 1986, la *Instrucción sobre la libertad cristiana y la liberación* precisa que Roma no condena la teología de la liberación, sino rechaza las tendencias que ponen en peligro la unidad doctrinal. "El envite rebasa por mucho el simple conflicto entre "conservadores" y "progresistas" que una interpretación maniquea tiende a privilegiar... A la hora de una polarización política extrema en el campo latinoamericano, entre regímenes de seguridad nacional y mística revolucionaria de inspiración marxista, el debate no es solamente teórico y desborda ampliamente sobre la política"[14].

Roma no podía olvidar la triste situación de los cristianos en la Cuba castrista y el apoyo masivo de la URSS y de Cuba al gobierno sandinista explica su desconfianza con el nuevo régimen y que no pueda aceptar la asociación que hace el P. Ernesto Cardenal entre las palabras Reino y Revolución; especialmente cuando estos católicos revolucionarios afirman que se puede utilizar sin peligro el marxismo "como el método científico de análisis de la realidad social", lo que "implica una opción de clase y una *praxis* política." Karol Woytila conocía demasiado bien ese lenguaje. Cuando descalifican al "aparato eclesiástico como sujeto histórico integrado a las estructuras injustas", una institución que forma parte de un sistema social

---

[13] Émile Poulat, "La voie latino-américaine du catholicisme », *Foi et Développement*, 94/95, febrero-marzo de 1982: 6.

[14] Olivier Compagnon, "L'Amérique latine", in *Histoire du Christianisme*, Paris, Desclée, 2000, tomo XIII: 547.

capitalista" [15], mientras que la Iglesia debe ser "signo del Reino de los Cielos que empieza a realizarse sobre la tierra", el Papa tenía que manifestar su desacuerdo. Especialmente en dos puntos: el recurso al marxismo, el recurso a la violencia[16].

Profetismos en lucha

El historiador inglés Malcolm Deas, buen conocedor de la violencia en Colombia, abordaba en aquel entonces el tema de manera sociológica: "Algunos *curas revolucionarios* (en español en el texto inglés) latinoamericanos... aunque han cambiado su modo de pensar, no han perdido en absoluto el deseo de dar órdenes. El gobierno autoritario no es el destino ineludible de América latina. Asumir que lo es y optar por sus versiones de Izquierda, no es más que la nueva cara de la antigua condescendencia. Todavía sigue viva la alianza entre la Espada y el Altar. Pero ahora la Espada es un rifle Galil y se encuentra en manos de la Izquierda"[17].

En enero de 1982, en un campamento guerrillero en El Salvador, el periodista sueco Lars Palmgren asiste a una misa de año nuevo para los héroes y los mártires caídos en la lucha por la libertad. Apunta las palabras del sacerdote: "Amar en el sentido de Dios y de Jesús significa aquí, hoy, tomar parte en la lucha por la liberación definitiva y total de nuestro pueblo. Es un deber del cual ningún cristiano puede escapar." Después de la comunión, el tradicional "la paz sea contigo" va seguido de la promesa "juramos vencer"[18].

El P. Juan Vives Suria, presidente de la Fundación Latinoamericana para los Derechos del Hombre y el Desarrollo Social, declara,

---

[15] Martin De La Rosa, "La Iglesia católica en México del Vaticano II al CELAM III, 1965-1979", *Cuadernos Políticos,* 19 (1979): 88-104.

[16] Padre General de la Compañía de Jesús a los provinciales de América latina; texto en 22 puntos sobre el problema del "análisis marxista", *DIAL,* 705, 30 de abril de 1981, especialmente el punto 15 que pone en guardia contra "el real peligro práctico" de pensar que se puede desbrozar "un análisis marxista distinto de la filosofía, de la ideología, de la praxis política".

[17] Malcolm Deas, "Catholics and Marxists", *London Review of Books,* 19 de marzo-1 de abril 1981: 11.

[18] Lars Palmgren, *Uno más Uno,* diario mexicano, 11 de enero de 1982:14.

en diciembre de 1981: "Los sandinistas, marxistas y no marxistas, reconocen con humildad que las revoluciones son una cuestión de teología; como los israelitas que contaban con Dios para librarse de la esclavitud, los nicaragüenses cuentan con Dios para construir su revolución. La historia juzgará severamente a los poderosos que hoy atropellan a los pueblos pequeños en lugar de contribuir a su desarrollo y eso es una herejía"[19].

La contaminación de la fe por la política no es el privilegio de la Izquierda revolucionaria; los generales argentinos y chilenos se presentan como los defensores de la Iglesia católica (y de Occidente). En los dos bandos, el lenguaje político y el religioso alternan y se mezclan. De manera temible, como lo prueba el general iluminado, el "hermano Efraín" (Ríos Montt), un tiempo dirigente de Guatemala, fundamentalista *born again* al dejar la Iglesia católica por una pentecostal. Convencido que Dios está de su lado, no le tiembla la mano a la hora del "genocidio" en el *triángulo ixil*. Ese antiguo candidato demócrata cristiano a la presidencia, en 1974 (le robaron la elección), hermano de un obispo católico, descubre en 1978 o 1979 la Iglesia pentecostal de la Palabra, rama guatemalteca de *Gospel Outreach* (California). El general abandona entonces toda otra actividad, administra la escuela bíblica para niños, es miembro del Consejo de los Ancianos. Está dando clase, en su escuela, el 23 de marzo de 1982, cuando los jóvenes oficiales que acaban de deponer al general Fernando Romeo Lucas García, lo invitan a presentarse en el palacio presidencial. El periodista francés, Francis Pisani, asiste al servicio del domingo 4 de abril de 1982:

"Todos juntos, dándose la mano, con la cabeza baja, dicen una oración especial para el hermano Efraín, "para que su pío ejemplo sea escuchado por millones de sus conciudadanos, para que Guatemala sea una luz para todos, un faro para la humanidad, un nuevo Israel"[20].

En 1982, Guatemala tenía siete millones de habitantes; los evangélicos eran un millón y medio. En un país devastado por una guerra civil atroz, la fe fue uno de los factores, tanto de la violencia como de

---

[19] *Excelsior,* diario mexicano, 28 de diciembre de 1981.
[20] *Le Monde,* 23 de abril 1982:5.

la victoria final del gobierno. Los grupos protestantes conservadores de los Estados Unidos se entusiasmaron por el "nuevo Israel" y le dieron su apoyo. En un principio buscó el contacto con la guerrilla y ofreció una amnistía; luego, lanzó el programa "fusiles y frijoles", instauró el estado de sitio que duró ocho meses, creó las Patrullas de Autodefensas Civiles (500.000 en 1985) y presumió que tenía la Biblia en una mano y la ametralladora en la otra. En marzo de 1983, no concedió al Papa la gracia para seis condenados a muerte que fueron fusilados poco antes de la llegada del pontífice. Fríamente recibido por el general, Juan Pablo celebró el 6 de marzo frente a un millón y medio de guatemaltecos y al día siguiente habló a los mayas en Quetzaltenango. El 4 de marzo, había chocado abiertamente con los sandinistas en Managua. En tres días había probado dos profetismos de sentido opuesto; los dos invocaban la Biblia y a Jesús.

Los otros Estados Unidos

Mientras el gobierno estadounidense participaba poderosamente a la lucha contra los revolucionarios, la Iglesia católica de los Estados Unidos mantenía una estrecha relación con los hermanos latinoamericanos, en particular en Centroamérica. La Conferencia Episcopal de los EE. UU. condenó sin ambigüedad las intervenciones de su país en América latina, su apoyo a las dictaduras militares, el entrenamiento de sus oficiales en la tristemente famosa Escuela de las Américas, semillero de golpistas y represores; no dejó de seguir la marcha de los acontecimientos en El Salvador, Guatemala, Nicaragua. El arzobispo salvadoreño Rivera y Damas tuvo siempre el apoyo decisivo de los obispos norteamericanos, a la diferencia del cardenal Obando que se oponía abiertamente al gobierno sandinista: la Conferencia Episcopal condenó duramente el apoyo dado por el presidente Reagan a la *Contra*, criticando indirectamente al cardenal.

Cuando el rector Ignacio Ellacuría S.J., otros cinco jesuitas y dos civiles fueron asesinados en la Universidad Centroamericana en San Salvador, el 16 de noviembre de 1989, la universidad de Georgetown hizo todo lo que estaba en su poder para que se encontrara y castigará a los culpables (militares salvadoreños) y para que el Congreso suspendiera la ayuda militar al ejército de El Salvador. Los católicos estadounidenses (y europeos) apoyaron siempre a los organismos eclesiásticos de defensa de los derechos del hombre, como Tutela Legal, en El Salvador, la Vicaría de la Solidaridad en Chile, la Comisión Episcopal de Acción Social en Perú…

Iglesia una y múltiple

Así como cada país tiene su propia historia de la violencia, cada Iglesia nacional reacciona a su manera, de modo que hay enormes diferencias, por ejemplo, entre la línea adoptada por la Iglesia chilena y por la argentina. Además, pocas veces existe la unanimidad en el seno del episcopado, del clero, para no hablar del pueblo cristiano: tanto Óscar Romero como Arturo Rivera y Damas sufrieron la oposición de la mayoría conservadora en la conferencia episcopal. Entre los prelados dotados de grandes cualidades humanas, podemos mencionar a Raúl Silva Henríquez, en Chile, el santo Óscar Romero (2018), Ismael Rolón, en Paraguay, Paulo Evaristo Arns, en Brasil, acompañado por Hélder Cámara, Aloísio Lorscheider y Pedro Casaldáliga, Rodolfo Quesada, en Guatemala y Samuel Ruiz, en México.

Brasil, Chile, Argentina, Uruguay ofrecen variantes del Estado de "seguridad nacional" y de la postura eclesiástica.

El golpe de Estado de Pinochet, el 11 de septiembre de 1973, no fue condenado inicialmente por el episcopado, pero, rápidamente, el terrorismo de Estado institucionalizado alejó la Iglesia de la dictadura. Monseñor Enrique Alvear y el cardenal Raúl Silva fundaron la Vicaría de la Solidaridad (1975) para ayudar a presos, clandestinos, parados. Las Iglesias católica y luterana manifestaron un ecumenismo poco frecuente en el continente, al fundar un comité Pro Paz. La Iglesia chilena conservó a lo largo de la dictadura una autonomía real y funcionó como la única estructura no controlada por el Estado; tuvo un papel importante en la derrota de Pinochet, en 1989; un Pinochet que ostentaba su catolicismo, el apoyo de algunos obispos, de profesores muy conservadores de la Universidad Católica de Santiago y de algunos intelectuales católicos: una minoría.

En cuanto al episcopado argentino, jamás levantó la voz contra los militares que, entre 1976 y 1982, emprendieron la "extirpación de la subversión del cuerpo social por todos los medios". Pocas horas antes del golpe, el general Videla encontró al presidente de la Conferencia episcopal (Alfredo Servando Tortolo) para sellar la alianza renovada entre la espada y la cruz para el "proceso de reorganización nacional"[21].

La Iglesia participó a la legitimación del régimen, en prolongación de una tradición nacional-católica de sumisión al poder político (que la Iglesia chilena no había sufrido). El movimiento Justicia y Paz, dirigido por Adolfo Pérez Esquivel, denunciaba sin tregua los crímenes de la Junta, pero se encontraba bien solo.

En Brasil, a más tardar en 1968, la Iglesia había roto con la dictadura militar y funcionaba como una fuerza de oposición esencial, después de la desaparición de los partidos políticos y de los sindicatos independientes; ejercía dos funciones, la social y jurídica, como defensora de las víctimas, la "*tribunitienne*" (en francés), de voz crítica, la única que puede hablar.

Falta tiempo y espacio para revisar todos los casos nacionales, pero queda claro que hay muchas variaciones y que no resiste al examen la caricatura de una Iglesia aliada a las dictaduras militares. No hay una línea única de *LA* Iglesia latinoamericana, sino conductas nacionales que dependen tanto del pasado como del presente; en el seno de cada Iglesia, coexisten posturas diferentes, incluso opuestas. Olivier Compagnon concluye que "la única constante en el seno de esta diversidad es la de Iglesias rudamente afectadas por la represión y víctimas de la violencia política, como las sociedades latinoamericanas en su conjunto. De 1965 a 1990, se pudo contar, de manera aproximada, un centenar de víctimas: 76 sacerdotes, tres obispos y el arzobispo Óscar Romero... El 26 de abril de 1998, el asesinato de Mons. Girardi, responsable de la Oficina de los Derechos del Hombre del Arzobispado de Guatemala, cuando acababa de presentar un informe sobre los crímenes cometidos por el ejército entre 1960 y

---

[21] Frank Lafage, *L'Argentine des dictatures, 1930-2983. Pouvoir militaire et idéologie contre-révolutionnaire,* Paris, L'Harmattan, 1991: 115. Alain Rouquié, *El Estado militar en América latina,* Buenos Aires, Siglo XXI, 1984.

1996, recordó el tributo pagado por muchos clérigos a la violencia política"[22]. Tampoco se puede olvidar el sinnúmero de laicos, mujeres y hombres, que pagaron con su vida la voluntad de vivir como cristianos comprometidos. Cayeron como víctimas de las dos violencias, torturados, abatidos, desaparecidos por militares y paramilitares, por revolucionarios también. María Elena Moyano, asesinada el 15 de febrero de 1992 por Sendero Luminoso, proclamada heroína nacional de Perú, representa la multitud de los mártires.

Conclusiones abiertas

El episodio examinado empieza con la desaparición casi universal de la democracia y termina con su restablecimiento formal. No me atrevo a tocar el tema de la debilidad perenne de la democracia en América latina[23]; lo único que puedo decir es que la Iglesia católica tuvo un papel importante, como mediadora, en el difícil retorno a cierta paz –el final negociado de los conflictos armados– en ciertos países. No en Argentina, donde los generales cayeron por su derrota militar frente a Inglaterra; tampoco en el Perú, donde Sendero Luminoso jamás aceptó negociar y había declarado la guerra a la religión.

Cuando, después de defender a las víctimas, denunciar la violencia, la Iglesia logró mediar, pudo hacerlo gracias a su revolución interna, la que va del Concilio Vaticano II a la Conferencia de Medellín y que le dio una renovada legitimidad. La vieja alianza con los conservadores había desaparecido. En un país menos afectado por la violencia como Bolivia, la Iglesia intervino, entre 1968 y 1989, en cada una de las grandes huelgas nacionales, en cada una de las crisis electorales presidenciales, porque se había vuelto "algo como un *ombudsman* universalmente aceptado"[24]. Durante las dictaduras de Hugo Banzer y de Luis García Meza, no pudo mediar porque

---

[22] Olivier Compagnon, "L'Amérique latine", in *Histoire du Christianisme,* Paris, Desclée, 2000, tomo XIII: 554-555.

[23] Alain Rouquié, *A la sombra de las dictaduras. La democracia en América latina,* México, Fondo de Cultura Económica, 2011.

[24] Jeffrey Klaiber S.J., *The Church, Dictatorship and Democracy in Latin America,* New York, Orbis Books, 1998: 265.

los generales la contaban como miembro de la oposición; entonces defendió firmemente a los derechos del hombre, lo que le dio más credibilidad aún.

Para terminar, una consideración que rebasa el marco cronológico que me ha sido impartido. El título del ensayo de Heidrun Zinecker lo dice todo:

> "Más muertos que en la guerra civil. El enigma de la violencia en Centroamérica"[25].

El restablecimiento de la democracia política no ha podido resolver los problemas estructurales económicos y sociales; es más, la década trágica, las décadas trágicas, han dejado unas herencias fatales que no se han borrado ni en veinte, ni en treinta años. No estoy pensando en la búsqueda de los desaparecidos, de las fosas comunes, de los hijos robados a sus familias, tampoco en la necesaria investigación histórica o en los procesos tardíos contra los verdugos; sino en la terrible violencia cotidiana que hace la vida imposible a cientos de miles de personas que emprenden una huida desesperada hacia el Norte, en la esperanza de ofrecer a sus niños un asilo y una vida mejor. México, si bien ha tenido sus episodios de guerrilla y de guerra sucia, no ha vivido nada comparable a la tragedia centroamericana o peruana. Sin embargo, está sumido desde un cuarto de siglo, si no es que más, en un espiral de violencia que parece sin fin. Una vez enumeradas la debilidad de los Estados, la corrupción generalizada, la dinámica de los tráficos de drogas y armas (a escala continental), la impunidad judicial, la pobreza, la desigualdad... queda "el enigma de la violencia".

Nous voici maintenant au terme de cette revue du désordre que j'ai dû faire très rapide et que nécessairement je n'ai pas ordonnée. Peut-être attendez-vous de moi une conclusion ? Nous aimons que la pièce finisse bien ou du moins qu'elle finisse. Vous aurez prompte satisfaction sur ce dernier point. Sur l'autre je vous répète que j'ai précisément pour objet l'impossibilité de conclure. Le besoin d'une conclusion est si puissant en nous que nous l'introduisons irrésistiblement et absurdement dans l'Histoire et même dans la politique.

---

[25] Friedrich Ebert Stiftung, abril de 2012.

Nous découpons la suite des choses en tragédies bien déterminées, nous voulons qu'une guerre achevée soit une affaire nettement finie. Je n'ai pas besoin de vous dire que ce sentiment est malheureusement illusoire. Nous croyons aussi qu'une révolution est une solution nette, et nous savons que cela non plus n'est pas exact. Ce sont la des simplifications grossières des choses...

La seule conclusion d'une étude comme celle-ci, d'un regard sur le chaos, la seule qu'une étude de ce genre fasse désirer, serait une anticipation ou un pressentiment de quelque avenir.[26]

Bibliografía utilizada

Juan Avilés Farré, "Dos guerras en Nicaragua, 1978-1988", *Espacio, Tiempo y Forma,* IV, 1991: 291-312.

Gilles Bataillon, *Genese des guerres internes en Amérique Centrale, 1960-1983,* Paris, Belles Lettres, 2003.

Idem, *Crónica sobre una guerrilla: Nicaragua, 1982-2007,* México, CEMCA/CIDE, 2016.

Phillip Berryman, *Liberation Theology: Essential Facts About the Revolutionary Movement in Latin America and Beyond,* Philadelphia, Temple University Press, 1987.

Carlos Iván Degregori, *Las Rondas campesinas y la derrota de Sendero Luminoso,* Lima, Instituto de Estudios Peruanos, 1996.

Diócesis del Quiché, *Tierra, guerra y esperanza. Memoria del Ixcán 1966-1982,* Ixcán, Quiché, Guatemala, 2000.

Marco Estrada Saavedra, *Cruzadas seculares: religión y luchas (anti)revolucionarias,* México, Colegio de México, 2012.

Ignacio Ellaccuria S.J., *Veinte años de historia en El Salvador, 1969-1989, Escritos Políticos, vol. 1,* San Salvador, UCA, 1991.

Ricardo Falla, *Masacres de la selva: Ixcán, 1975-1982,* Guatemala, Editorial Universitaria, 1992.

Carolyn Forché, *What You Have Heard Is True. A Memoir of Witness and Resistance,* New York, Penguin, 2019.

---

[26] 16 novembre 1932, conférence "La Politique de l'esprit », Paul Valéry, *Œuvres,* Paris, Gallimard, La Pléiade, 1957, tomo I: 1039.

José Antonio Fortou coord., *Herramientas para el análisis cuantitativo de guerras civiles,* Medellín, Universidad EAFIT, octubre de 2011.

Virginia Garrard-Burnett et al. Eds., *Beyond the Eagle's Shadow: New Histories of Latin America's Cold War,* Albuquerque, University of New Mexico Press, 2013.

Virginia Garrard- Burnett, *Terror int the Land of the Holy Spirit: Guatemala under General Efraín Ríos Montt, 1982-1983,* Oxford University Press, 2010.

Greg Grandin, Gilbert Joseph eds., *A Century of Revolution. Insurgent and Counterinsurgent Violence during Latin America's Long Cold War,* Durham, Duke University Press, 2010.

B.L. Hernández Sandoval, *Guatemala's Catholic Revolution. A History of Religious and Social Reform 1920-1968,* University of Notre Dame Press, 2019.

Jeffrey Klaiber S.J., *The Church, Dictatorships, and Democracy in Latin America,* New York Orbis, Maryknoll, 1998.

Yvon Le Bot, *La Guerra en tierras mayas. Comunidad, violencia y modernidad en Guatemala, 1970-1982,* México, Fondo de Cultura Económica, 1995.

Paul H. Lewis, *Guerrillas and Generals. The « Dirty War » in Argentina,* Westport, Praeger, 2003.

Thomas Melville, *Through a Glass Darkly: The United States Holocaust in Central America,* Bloomington, Xlibris, 2005.

Jean Meyer, *Oscar Romero e l'America Centrale del suo tempo,* Roma, Edizioni Studium, 2006.

Marco Palacios, *Between Legitimacy and Violence. A History of Colombia, 1875-2002,* Durham, Duke University Press, 2003.

René de la Pedraja, *Wars of Latin America, 1982-2003. The Path of Peace,* Jefferson and London, McFarland and Co, 2013.

Anna Peterson, *Martyrdom and the Politics of Religion. Progressive Catholicism in El Salvador's Civil War,* Albany, State of New York University Press, 1997.

Vanni Pettiná, *Historia mínima de la guerra fría en América latina,* México, Colegio de México, 2018.

Alain Rouquié, Guerres et paix en Amérique Centrale, Paris, Seuil, 1992.

Robert L. Scheina, *Latin America's Wars,* Washington, Brassey's Inc., 2003.

Steve S. Stern ed., *Shining and Other Paths: War and Society in Peru, 1980-1995,* Durham, Duke University Press, 1998.

Kristen Weld, *Paper Cadavers: The Archives of Dictatorship in Guatemala,* Durham, Duke University Press, 2014.

Phillip Williams, *The Catholic Church and Politics in Nicaragua and Costa Rica,* University of Pittsburgh Press, 1989.

Elizabeth Jean Wood, *Insurgent Collective Action and Civil War in El Salvador,* New York, Cambridge University Press, 2003.

3

NI RESTAURACIÓN NI REVOLUCIÓN. LA IGLESIA LATINOAMERICANA DESDE EL CONCILIO VATICANO II HASTA PUEBLA

Rodrigo Guerra López (México)
Miembro del Consejo de Gobierno
del Centro de Investigación Social Avanzada
Miembro ordinario de la Academia Pontificia por la Vida

Introducción

El camino de la Iglesia en América Latina del término del Concilio Vaticano II en 1965 al momento en que se celebra la III Conferencia General del Episcopado Latinoamericano en la Ciudad de Puebla en el año de 1979 no es fácil de explicar en unas cuantas líneas. No sólo existen muchos datos y escenarios en este arco temporal sino que existen ya obras que han narrado este camino con detalle. No es nuestra intención repetir lo que otros han hecho ya.[1] Me parece que puede ser más útil intentar tratar de captar algunos significados fundamen-

---

[1] De entre la abundante bibliografía sólo destacamos algunas obras que nos parecen importantes de cara a nuestra exposición; A. METHOL FERRÉ, "I periodi storici della Chiesa Latinoamericana", en *Il Risorgimento cattolico latinoamericano,* CSEO-Incontri, Bologna 1983, p.p. 20-42; J. MEYER, *Historia de los cristianos en América Latina,* Jus, México 1999; J. LYNCH, *Dios en el nuevo mundo. Una historia religiosa de América Latina*, Crítica, Bs. As. 2012.

tales, es decir, buscar en los entresijos de los escenarios particulares y contingentes, algunas grandes lecciones que convenga tener presentes en la actualidad. Hacer este esfuerzo, implica tener muy presente la historia, pero también arriesgar una interpretación de la misma.

Nos atrevemos a proceder así, debido a que el periodo que nos ocupa además coincide con el de la primera *recepción* del Concilio Vaticano II en América Latina. Entendemos por "recepción" lo que breve pero claramente entendía Yves Congar con este término:

> Por recepción entendemos aquí, el proceso mediante el cual un cuerpo eclesial hace verdaderamente suya una determinación que él no se ha dado a sí mismo, reconociendo en la medida promulgada una regla que conviene a su vida (...) No es simple obediencia, sino que implica un aporte propio de consentimiento, de juicio, en ocasiones, expresando así la vida de un cuerpo que pone en juego recursos espirituales originales[2].

Dicho de otro modo, reflexionar sobre el camino de la Iglesia latinoamericana del Concilio a Puebla es meditar sobre el modo como inició el proceso de asimilación y puesta en práctica de un esfuerzo eclesial de *renovación* y *fidelidad* simultáneas. *Renovación* que surge de lo esencial cristiano y *fidelidad* verdaderamente *creativa* que no consiste en un mero repetir o aplicar mecánicamente una consigna, sino de asimilar e interiorizar una enseñanza llamada a impulsar un nuevo camino, un camino original.

¿Cómo se da este este proceso? ¿No es acaso contradictorio afirmar simultáneamente la renovación y la fidelidad a lo dado previamente? ¿No es una contradicción también hablar de *fidelidad creativa* y pretender "originalidad"?

1. El nacimiento del CELAM, el Concilio Vaticano II y el caminar histórico del Pueblo de Dios

Un primer elemento que antecede varios de los considerandos que deseamos compartir es el nacimiento del Consejo Episcopal

---

[2] Y. CONGAR, "La recepción como realidad eclesiológica", en *Concilium*, n. 77, 1972, p. 58.

Latinoamericano (CELAM). El Papa Pío XII en diversas ocasiones había alentado a los obispos latinoamericanos a actuar con mayor eficacia y unidad. Sin embargo, será hasta la I Conferencia General del episcopado latinoamericano que esta petición comenzará a tomar forma en materia de reflexión y de respuesta eficaz. La denominada "Conferencia de Río" se realizó en 1955 y tuvo como objetivo lograr resoluciones prácticas para la "defensa" y la "conquista apostólica", como se decía en aquel entonces. Este propósito no podía afrontarse adecuadamente a causa de la debilidad fundamental de la acción pastoral, manifestada en el aislamiento e incomunicación de las Iglesias locales. La escasez del clero y la dispersión de obras e iniciativas caracterizaban una acción fragmentada de la Iglesia en América Latina. Por ello, la Santa Sede con una visión adelantada para la época, crea el CELAM. Y lo crea en Bogotá, contradiciendo la petición de los obispos latinoamericanos de que su sede fuera en Roma. Así, en 1958, el CELAM nace jurídicamente, aunque sus estatutos ya estaban listos un año antes. Sus "padres fundadores" al menos son cuatro: Mons. Antonio Samoré, Dom Hélder Cámara, Mons. Manuel Larraín y Vittorino Veronese[3].

Como experiencia eclesial, el CELAM irrumpió como una gran novedad. Sin haberlo meditado *ex profeso* una nueva realidad *sinodal* nacía recuperándose así, este aspecto un tanto olvidado de la vida eclesial. Y para sorpresa de muchos, esta experiencia sinodal nace acompañada de una instancia de observación y análisis social que comenzará a dar insumos relevantes para la operación del CELAM desde su inicio. Me refiero a la Federación Internacional de Institutos Católicos de Investigaciones Sociales y Socioreligiosas (FERES), antecedente remoto del Observatorio socio pastoral del CELAM activado a partir del año 2004.

Durante el Concilio Vaticano II el CELAM estuvo presente a través de una oficina de información y de obispos de la región que lentamente comenzaron a imaginar cómo poner en práctica lo discutido y resuelto. Una manera profundamente evangélica de relación Iglesia-mundo estaba naciendo. Así mismo, los énfasis eclesiológicos

---

[3] Cf. G. CARRIQUIRY, "Recapitulando los 50 años del CELAM, en camino hacia la V Conferencia", 17 de mayo 2005 (pro-manuscripto).

conciliares resonaban de un modo especial en los oídos latinoamericanos. Por ejemplo, en agosto de 1973, Alberto Methol Ferré reflexionaba sobre las relaciones Iglesia-mundo y advertía algo que nos puede ser útil en esta exposición: en ocasiones existe una comprensión abstracta al momento de considerar el modo cómo la Iglesia se encuentra inserta en el mundo[4]. Con cierta facilidad, en algunos libros y manuales preconciliares encontramos que la Iglesia se caracteriza a través de una cierta definición teórica de la institución fundada por Jesús de Nazaret mientras que el mundo se describe como el conjunto de estructuras y realidades que es preciso, en el mejor de los casos, "evangelizar".

Si algo ha logrado el Concilio Vaticano II afirmar con fuerza es que todas las definiciones más o menos doctrinarias sobre el ser de la Iglesia son precedidas por una realidad anterior a ellas: la Iglesia es el Pueblo de Dios que *camina en la historia*[5]. La Iglesia no se agota en la historia pero existe dentro de ella: "Debiendo difundirse en todo el mundo, entra, por consiguiente, en la historia de la humanidad, si bien trasciende los tiempos y las fronteras de los pueblos"[6]. Esta inmersión en la historia es análoga a la inmersión de Dios en el tiempo y del propio tiempo al interior de la vida de Dios. Lo diría San Juan Pablo II en el año 2000: "*En Jesucristo, Verbo encarnado, el tiempo llega a ser una dimensión de Dios, que en sí mismo es eterno*"[7]. Si Cristo tiene carne hoy en la Iglesia[8], si la Iglesia es como un sacramento de Jesucristo[9], no podría ser de otra manera: la Iglesia no vive el tiempo y la historia de manera extrínseca sino que estas dimensiones de lo real le son constitutivas. Esto es importante debido a que de esta manera evitamos mirar a la Iglesia como *superpuesta, contrapuesta* o *identificada* con el mundo y su progreso.

---

[4] Cf. A. METHOL FERRÉ, "La Chiesa latinoamericana nella dinámica mondiale", en *Il Risorgimento cattolico latinoamericano,* CSEO-Incontri, Bologna 1983, p. 122.

[5] Cf. *Lumen gentium,* Cap. II.

[6] *Ibidem*, n. 9.

[7] SAN JUAN PABLO II, *Tertio milennio adveniente*, n. 10.

[8] Cf. Pío XII, *Mystici corporis Christi*, 29 de junio de 1943.

[9] *Lumen gentium*, n. 1.

En efecto, estas tres palabras "superposición", "contraposición", e "identificación" indican formas patológicas de concebir la manera cómo la Iglesia se plantea en su relación con el mundo:

- *Superposición*: Una *superposición* fácilmente conduce a un cierto espiritualismo y a una pastoral ajena al compromiso con el mundo. El dualismo que conlleva imaginar una super-posición de la Iglesia *sobre* el mundo refleja en el fondo una cristología precisa: el *docetismo*, es decir, el misterio de la encarnación es meramente aparente, es una simple metáfora. El testimonio individual de la propia conversión interior es lo único posible. En el fondo, en esta tendencia, el cristianismo no *asume* sino meramente *recubre* la realidad herida de la historia. Este es el lugar de personas y grupos que afirman el cristianismo principalmente como mensaje espiritual y mo-ral, como "buena noticia" para la vida privada, sin incidencia socio-histórica concreta[10].

- *Contraposición*: Por su parte, una *contraposición* de la Igle-sia ante el mundo conduce a una actitud *defensiva* y even-tualmente *combativa*. Hay que vencer al enemigo. Y dado que el enemigo legitima y justifica el progreso del mundo que se afirma como *voluntad revolucionaria* es menester obrar de manera organizada la "contra-revolución" y soñar con la realización de la *Ciudad de Dios* como proyecto polí-tico. Esta es la atmósfera en la que se desarrollan personas y grupos que temporalizan el Reino de manera conservadora. Aparentemente ortodoxos desarrollan de manera explícita o encubierta una teología política de corte reaccionario y pe-lagiano: la cristiandad se ha derrumbado gracias a la acción de la Revolución. Es preciso reconquistar el terreno perdido a través de la defensa política de "valores innegociables". En

---

[10] Mírense, a modo de ejemplo, una gran cantidad de obras de formación "espiritual" que parecen ignorar que el horizonte ordinario de santificación de los fieles laicos es el interior del mundo y sus estructuras y más bien afirman una suerte de privatización de la experiencia de la fe y una desconexión metodológica respecto del testimonio cristiano-secular en todos los aspectos de la vida, incluida la dimensión pública de la misma.

esto consiste el "reinado social de Jesucristo", en la restauración del "orden natural" a través de la acción política que hace posible que el cristianismo posea eficacia real al interior del mundo[11].

• *Identificación*: en tercer lugar encontramos a quienes piensan que el progreso del Reino de Dios coincide con el progreso del mundo entendido en clave ilustrada. El cristianismo no se encuentra a la altura del tiempo presente. Por ello, es preciso modernizarlo y desintoxicarlo de sus referencias a lo sobrenatural. Lo sobrenatural, en todo caso, es lo natural que hace progresar la historia. A través de las ciencias sociales comprometidas es posible leer la realidad y descubrir cómo participar en el cambio revolucionario de la misma[12].

El Concilio Vaticano II ante estas posturas ideológicas avanza por un camino diverso. Este camino no es una suerte de punto intermedio entre ellas sino una profundización del misterio de la fe y de la estructura profunda del mundo. Siguiendo las pistas de la *Carta a Diogneto,* el Decreto *Apostolicam actuositatem* y las Constituciones *Lumen gentium* y *Gaudium et spes* expresan la profunda imbricación del sujeto cristiano en el mundo pero esta imbricación no lo retrae, contrapone o disuelve en el flujo histórico sino que lo mantienen en una tensión permanente que le da su peculiar perfil:

Los cristianos son en el mundo lo que el alma es en el cuerpo. El alma, en efecto, se halla esparcida por todos los miembros del cuerpo; así también los cristianos se encuentran dispersos por todas las ciudades del mundo. El alma habita en el cuerpo, pero no

---

[11] Véanse aquí obras clásicas del pensamiento contrarrevolucionario que precisamente tuvieron una amplia difusión en sectores conservadores de Brasil, Argentina, Colombia, Chile y México, entre otros países, en el periodo que nos ocupa: J. OUSSET, *Para que Él reine*, Speiro, Madrid 1972: P. CORREA DE OLIVEIRA, *Revolución y Contrarevolución,* s/e, México s/a; J. MEINVIELLE, *El comunismo y la revolución anticristiana*, Cruz y Fierro, Bs. As. 1982.

[12] Algunos ejemplos elocuentes son: G. GIRARDI, *Cristianos por el socialismo*, Laia, Barcelona 1977; E. DUSSEL, "Teología de la liberación y marxismo", en I. ELLACURÍA-J.SOBRINO, *Mysterium Liberationis,* Trotta, Madrid 1994, T. I, p.p. 115-144; F. BETTO, *Cristianismo e Marxismo*, Petropolis, Vozes, 1986.

procede del cuerpo; los cristianos viven en el mundo, pero no son del mundo.[13]

El Concilio Vaticano II admite lecturas con distintos acentos y enfoques. Sin embargo, no es difícil mirar que en su doctrina se eslabonan de una manera peculiar asuntos que explicarán las evoluciones eclesiales latinoamericanas en buena medida. Para ilustrar esto quisiera citar un texto poco conocido del joven Joseph Ratzinger en el que de manera sintética se advierte precisamente parte de este eslabonamiento temático. Ratzinger comenta en sus apuntes sobre el Concilio, publicados en alemán en 1964, que:

> Deberemos mencionar la petición de que la Iglesia se contemple menos estáticamente y más dentro del movimiento vivo de su historia, "historia salvífica", como gusta decir la teología. (…) Así debería trazarse una visión de la Iglesia, que es una peregrinación jamás terminada de la humanidad junto con y hacia el Dios que la llama hacia Él. (…) Una Iglesia cristocentrada no mira exclusivamente el hecho de la salvación, sino que sigue siendo siempre Iglesia bajo el signo de la esperanza. Tiene aún ante sí su decisivo porvenir y transformación, y por tanto debe abrirse a lo que venga, tiene que estar siempre dispuesta a despojarse de formas y reforzamientos históricos, para liberarse de lo que la sujetaba, y poder ir hacia el Señor que la llama y que la espera. Una vez entendido esto, el cuadro de la Iglesia se hace más humano, porque queda claro que no es necesario definir a ésta como una potencia inaccesible, que debe quedar artificialmente fuera de toda crítica y de toda censura. Si representa el peregrinaje de la humanidad con su Dios, si es la inacabada que todavía no alcanzó su meta, significa esto también que es la Iglesia incompleta, la Iglesia todavía pecadora que precisa una y otra vez de la renovación, que debe despojarse constantemente de lo que la liga con exceso a lo terreno y a lo que la hace excesivamente segura de sí misma. En verdad en los debates del Concilio se manifestó este aspecto con gran vigor: que la Iglesia como pueblo de Dios en peregrinaje, es siempre también Iglesia bajo el signo del fracaso y de la culpa, necesitada

---

[13] *Carta a Diogneto*, Funk 1, Cap. 5-6, 317-321.

incesantemente de la bondad justificadora de Dios. Finalmente surgió en esta conexión, especialmente partiendo de los pueblos romanos, que es también Iglesia de los pobres. Naturalmente es esta expresión que se presta a muchas interpretaciones, no pocas de ellas equivocadas. Con harta facilidad puede llevar a un cierto sentimentalismo, a una especie de romanticismo de la pobreza, que a nadie perjudica tanto como a los mismos pobres. Pero en su punto medular, esta idea es sana y deberá ser entendida como expresión de un importante punto de partida espiritual. La Iglesia, que durante cierto tiempo pareció ser la de los príncipes del barroco, se apresta a seguir el espíritu de la sencillez, que es el sello de su origen en el "siervo de Dios", que quiso ser en este mundo hijo de un carpintero y que eligió a pescadores para que fueran sus primeros mensajeros. Si alguna vez en el pasado (o también en el presente) pareció ser que la Iglesia se identificaba excesivamente con las capas dominantes, la designación Iglesia de los pobres expresa un programa de salir de tales ligaduras, el saber que como sucesores de Cristo se ha sido enviado precisamente a los desheredados y desamparados[14].

He querido citar este texto *in extenso* ya que de manera compendiada muestra que la experiencia eclesial latinoamericana no es un desarrollo forzado de la enseñanza conciliar sino una original realización de lo que desde Europa ya se comenzaba a intuir. La Iglesia en América Latina necesita renovarse, es decir, reformarse a la luz del Concilio y en el fondo del Evangelio. Esta reforma es, como dirá años después el propio Ratzinger, una suerte de *ablación*,[15] es decir, como una operación quirúrgica impulsada por la gracia de Dios en la que es necesario ir desprendiendo tejido muerto y costras que se han adherido en el camino, para que la Iglesia recupere su forma auténtica, su rostro verdadero: una Iglesia más sencilla, menos faraónica... *una Iglesia de los pobres.*

---

[14] J. RATZINGER, *La Iglesia se mira a sí misma*, Paulinas, Bs. As. 1965, p.p. 40-43.

[15] Cf. J. RATZINGER, "Una compagnia in cammino. La Chiesa e il suo ininterrotto Rinnovamento", in *Communio*, Jaca Book, n. 208-210, luglio-dicembre 2006.

Aquí es donde se encuentra la inserción del camino de la Iglesia latinoamericana en el periodo que tratamos de reflexionar. El Concilio Vaticano II provoca a la Iglesia en América Latina a repensar su dimensión histórica y su misión, volviéndose cada vez más consciente de la realidad del pueblo en la que se encuentra inmersa. Es como si la Iglesia latinoamericana se hubiese sumergido fuertemente en la historicidad constitutiva de su Misterio. Realmente esta inmersión tiene antecedentes innegables y viene de lejos. Pasa por numerosos santos y evangelizadores a través de cinco siglos, pasa por la religiosidad popular y el surgimiento del barroco latinoamericano, y en su origen más remoto, proviene del acontecimiento guadalupano, es decir, del *anuncio inculturado* del misterio de la encarnación por parte de la Virgen María a San Juan Diego y la expansión de una fe marcadamente mariana en toda la región. Sin embargo, no es un secreto que una inmersión de este tipo se encontraba un tanto adormecida en el periodo preconciliar en América Latina y ha sido el Concilio un factor fundamental para redescubrir un dinamismo y un camino que aún en el presente no culmina.

2. Pablo VI en Medellín

Durante los trabajos del Concilio Vaticano II los episcopados de América latina no destacaron gran cosa. Los teólogos latinoamericanos tampoco eran conocidos en una época en la que las figuras de Henri de Lubac, Yves Congar y Karl Rahner eran sólo algunas de las muchas que existían y que participaban activamente. Un poco en broma y un poco en serio algunos hablaban de América Latina como la «Iglesia del silencio». Sin embargo, el Concilio abrió nuevas perspectivas para todos. Pablo VI recibió bien la propuesta de Mons. Larraín para reunir la "segunda Conferencia general del Episcopado Latinoamericano" en el año de 1968 en Medellín, Colombia. De 1966 a 1968 se realizaron incontables reuniones, declaraciones y documentos desde todo el subcontinente y desde los más diversos niveles eclesiales. La problemática que claramente afloraba más o menos por todos lados era el hecho de la explotación de las masas populares tanto en las urbes como en el campo. Los pobres irrumpían y la presencia de los cristianos requería resituarse. De esta manera una conciencia eclesial sobre la vivencia de la fe en compromiso con los pobres se expandió rápidamente[16].

Uno de los catalizadores de esta expansión, fue el propio Papa Pablo VI. Decidió viajar a Colombia justamente para inaugurar la II Conferencia general del Episcopado y para participar en el Congreso Eucarístico Internacional. La presencia de un Papa por primera vez en América Latina ya era un respaldo a lo que eventualmente sería el "Documento de Medellín". Sin embargo, rebasando todas las expectativas, el día 23 de agosto de 1968, Pablo VI dirigiéndose a los campesinos colombianos afirmó que los pobres son verdadero *sacramento* de Jesucristo:

> "Sois vosotros un signo, una imagen, un misterio de la presencia de Cristo. El sacramento de la Eucaristía nos ofrece su escondida presencia, viva y real; vosotros sois también un sacramento, es decir, una imagen sagrada del Señor en el mundo, un reflejo que representa y no esconde su rostro humano y divino. Os recordamos lo que dijo un grande y sabio Obispo, Bossuet, sobre la «eminente dignidad de los pobres» (Cf. Bossuet, *De l'éminente dignité des Pauvres*). Y toda la tradición de la Iglesia reconoce en los Pobres el Sacramento de Cristo, no ciertamente idéntico a la realidad de la Eucaristía, pero sí en perfecta correspondencia analógica y mística con ella. Por lo demás Jesús mismo nos lo ha dicho en una página solemne del Evangelio, donde proclama que cada hombre doliente, hambriento, enfermo, desafortunado, necesitado de compasión, y de ayuda es El, como si El mismo fuese ese infeliz, según la misteriosa y potente sociología, (Cf. *Mt* 25, 35 ss) según el humanismo de Cristo. (...) No hemos venido para recibir vuestras filiales aclamaciones, siempre gratas y conmovedoras, sino para honrar al Señor en vuestras personas, para inclinarnos por tanto ante ellas y para deciros que aquel amor, exigido tres por Cristo resucitado a Pedro (Cf. *Jn*. 21, 15 ss), de quien somos el humilde y ultimo sucesor, lo rendimos a Él en vosotros, en vosotros mismos. (...) Porque conocemos las condiciones de vuestra existencia: condiciones de miseria para muchos de vosotros, a veces inferiores a la exigencia

---

[16] Cf. R. Oliveros, *Historia de la teología de la liberación,* en I. Ellacuría-J. Sobrino, *Mysterium liberationis,* Trotta, Madrid 1994, T. I, p.p. 17-50.

normal de la vida humana. Nos estáis ahora escuchando en silencio; pero oímos el grito que sube de vuestro sufrimiento y del de la mayor parte de la humanidad. No podemos desinteresarnos de vosotros; queremos ser solidarios con vuestra buena causa, que es la del Pueblo humilde, la de la gente pobre. (...) Nos preguntamos, ¿qué podemos hacer por vosotros, después de haber hablado en vuestro favor? No tenemos, lo sabéis bien, competencia directa en estas cuestiones temporales, y ni siquiera medios ni autoridad para intervenir prácticamente en este campo.

Pero os queremos decir:

1) Nos seguiremos defendiendo vuestra causa. Podemos afirmar y confirmar los principios, de los cuales dependen las soluciones prácticas. Continuaremos proclamando vuestra dignidad humana y cristiana. Vuestra existencia tiene un valor de primera importancia. Vuestra persona es sagrada. Vuestra pertenencia a la familia humana debe ser reconocida, sin discriminaciones, en un plano de hermandad. Esta, aun admitiendo un orden jerárquico y orgánico en el conjunto social, debe ser reconocida efectivamente, ya sea en el campo económico, con particular atención a la justa retribución, a la habitación conveniente, a la instrucción de base y la asistencia sanitaria, ya sea en el campo de los derechos civiles y de la participación gradual en los beneficios y en las responsabilidades del orden social.

2) Seguiremos denunciando las injustas desigualdades económicas, entre ricos y pobres; los abusos autoritarios y administrativos en perjuicio vuestro y de la colectividad. Continuaremos alentando las iniciativas y los programas de las Autoridades responsables, de las Entidades internacionales, y de los Países prósperos, en favor de las poblaciones en vía de desarrollo. A este respecto nos alegra saber que, en feliz coincidencia con el gran Congreso Eucarístico, se están estudiando y promoviendo planes nuevos y orgánicos para las clases trabajadoras, especialmente para las rurales, para vosotros, Campesinos.

Y, con esta oportunidad exhortamos a todos los Gobiernos de América Latina y de los otros continentes, como también a todas las clases dirigentes y acomodadas, a seguir afrontando con perspectivas amplias y valientes, las reformas necesarias que garanticen un orden social más eficiente, con ventajas progresivas de las clases hoy menos favorecidas y con una más equitativa aportación de impuestos por parte de las clases más pudientes; en particular de aquellas que poseyendo latifundios no están en grado de hacerlos más fecundos y productivos, o pudiéndolo, gozan de los frutos para provecho exclusivo suyo; lo mismo decimos de aquellas categorías de personas que, con poca o ninguna fatiga, realizan utilidades excesivas o perciben conspicuas retribuciones.

3) Igualmente seguiremos patrocinando la causa de los Países necesitados de ayuda fraterna para que otros pueblos, dotados de mayores y no siempre bien empleadas riquezas, quieran ser generosos en dar aportaciones; no lesionen la dignidad ni la libertad de los Pueblos beneficiados, y abran al comercio vías más fáciles en favor de las Naciones, todavía sin suficiencia económica. Por nuestra parte alentaremos, con los medios a nuestro alcance, este esfuerzo por dar a la riqueza su finalidad primaria de servicio al hombre, no sólo en un plano privado y local, sino también más amplio, internacional, frenando así el goce fácil y egoísta de la misma o su empleo en gastos superfluos o en exagerados y peligrosos armamentos.

4) Nos mismo trataremos, en el límite de nuestras posibilidades económicas, de dar ejemplo, de reavivar siempre en la Iglesia sus mejores tradiciones de desinterés, de generosidad, de servicio, apelándonos cada vez más aquel espíritu de Pobreza, que nos predicó el divino Maestro y que nos ha recordado el Concilio ecuménico de manera autorizada (Cfr. Concilio Vaticano II. Constit. *Lumen gentium* n. 8; *Gaudium et spes*, n. 88)

5) Consentidnos, amadísimos hijos, que os anunciemos también a vosotros la bienaventuranza que os es propia, la bienaventuranza de la Pobreza evangélica. Dejad que Nos, aunque siempre nos esforcemos en todas las maneras para aliviar vuestras penas y para procuraros un pan más abundante y más fácil, os recordemos que « no sólo de pan vive el hombre » (*Mat. 4,4*) y que de otro pan, el del alma, es decir, el de la religión, el de la fe, el de la Palabra y de la Gracia divinas, tenemos todos necesidad; y dejad que os digamos aún más; vuestras condiciones de gente humilde son más propicias para alcanzar el reino de

los cielos, esto es, los bienes supremos y eternos de la vida, si son llevadas con la paciencia y con la esperanza de Cristo".[17]

3. "Medellín" y el surgimiento de la teología de la liberación

Muchas de las preocupaciones expresadas en las reuniones preparatorias de la II Conferencia General del episcopado latinoamericano, y de las manifestadas por el propio Papa Pablo VI fueron recogidas por los obispos y plasmadas en el documento final:

> El Episcopado Latinoamericano no puede quedar indiferente ante las tremendas injusticias sociales existentes en América Latina, que mantienen a la mayoría de nuestros pueblos en una dolorosa pobreza cercana en muchísimos casos a la inhumana miseria. Un sordo clamor brota de millones de hombres pidiendo a sus pastores una liberación que no les llega de ninguna parte. «Nos estáis ahora escuchando en silencio, pero oímos el grito que sube de vuestro sufrimiento», ha dicho el Papa a los campesinos en Colombia[18].

> La pobreza de tantos hermanos clama justicia, solidaridad, testimonio, compromiso, esfuerzo y superación para el cumplimiento pleno de la misión salvífica encomendada por Cristo[19].

> Si el desarrollo es el nuevo nombre de la paz, el subdesarrollo latinoamericano con características propias en los diversos países es una injusta situación promotora de tensiones que conspiran contra la paz[20].

> América latina se encuentra, en muchas partes, en una situación de injusticia, que puede llamarse de violencia institucionalizada... Tal situación exige transformaciones globales, audaces, urgentes y profundamente renovadoras[21].

---

[17] SAN PABLO VI, *Homilía para los campesinos colombianos*, 23 de agosto 1968.

[18] II Conferencia General del Episcopado Latinoamericano, *Medellín,* 26 de agosto de 1968. Citaremos así: *Medellín,* Pobreza, n.n. 1 y 2.

[19] *Ibidem*, Pobreza, n. 7.

[20] *Ibidem*, Paz, n. 1.

[21] *Ibidem*, Paz, n. 16.

Son, también, responsables de la injusticia todos los que no actúan en favor de la justicia con los medios de que disponen, y permanecen pasivos por temor a los sacrificios y a los riesgos personales que implica toda acción audaz y verdaderamente eficaz. La justicia y, consiguientemente, la paz se conquistan por una acción dinámica de concientización y de organización de los sectores populares, capaz de urgir a los poderes públicos, muchas veces impotentes en sus proyectos sociales sin el apoyo popular[22].

Queremos que nuestra Iglesia latinoamericana esté libre de ataduras temporales, de convivencias y de prestigio ambiguo, que «libre de espíritu respecto a los vínculos de la riqueza», sea más transparente y fuerte su misión de servicio; que esté presente en la vida y las tareas temporales, reflejando la luz de Cristo, presente en la construcción del mundo[23].

Estas citas son un breve cáliz de lo que significó la apertura conciliar en la Iglesia de América latina a través de la interpretación de los obispos. La sintonía de estos textos con los comentarios de Ratzinger antes citados, con la intervención de Pablo VI frente a los campesinos, y con una atmósfera cabalmente conciliar, es evidente.

Fue en este contexto, en torno a los trabajos realizados alrededor de *Medellín,* que Gustavo Gutiérrez redactó el libro *Teología de la liberación. Perspectivas*[24]. No deja de ser curioso que algunos de sus más acervos críticos destaquen que el origen de la teología de la liberación fue la infiltración organizada del marxismo dentro de la Iglesia, cosa que parece ignorar el proceso eclesial previo a *Medellín*, los propios contenidos del documento episcopal y la historia del CELAM desde aquellos días hasta la actualidad.[25] Esto no quiere decir que

---

[22] *Ibidem*, Paz, n. 18.

[23] *Ibidem*, Pobreza, n. 18.

[24] Varias ediciones se hicieron de este libro. Citamos en función de la sexta publicada por Sígueme, Salamanca 1974. Modificaciones importantes aparecen en la decimocuarta edición (revisada y aumentada) también publicada por Sígueme, Salamanca 1990.

[25] Del amplio elenco de críticos de G. GUTIÉRREZ que simpatizan con la idea de que el origen principal de la teología de la liberación es la infiltración marxista, citamos al menos a: R. DE LA CIERVA, *Jesuitas, Iglesia y marxismo 1965-1985.*

dudemos que hayan existido interacciones relevantes de Gutiérrez y de otros teólogos de la época con marxistas de diverso cuño. No es difícil percibir en distintos teólogos de la liberación una influencia ideológica de inspiración marxista que se trasluce en algunos aspectos del lenguaje, del tipo de análisis y de los autores utilizados para articular los argumentos. Sin embargo, tampoco debemos pasar de largo que la novedad por la que el libro de Gustavo Gutiérrez sacudió a la Iglesia en América latina fue por:

- El *método teológico* en el que la teología se torna un instrumento crítico sobre la praxis histórica a la luz de la Palabra.
- El *esclarecimiento de algunos términos en diversos niveles* ("pobre", "liberación", "utopía", "salvación", etc.).
- La reorientación desde *la praxis de la liberación* de temas básicos para la existencia cristiana.
- La *identificación de la teología con la teología espiritual.*
- La idea de la *historicidad de la reflexión teológica*, es decir, por concebir este saber como reflejo –al menos parcial– de las coordenadas concretas de cada época.

En todos estos asuntos no dejan de existir aspectos polémicos, algunos de los cuales, el mismo Gutiérrez reconoció con posterioridad que exigían corrección y matiz.[26] Dicho de otro modo: existen en la obra de Gutiérrez *muchos más asuntos* que exigen discusión y análisis que la sola asimilación de ideas provenientes de diversos marxismos.

Este *énfasis unilateral* sobre el tema del marxismo que fascinó a diversos sectores nos permite observar que buena parte de la

---

La teología de la liberación desenmascarada, Plaza & Janés, Barcelona 1986; M. MOLINA, *¿Dónde Lenin allí Jerusalén?,* Tradición, México 1975; Idem, *Los árboles del paraíso,* Tradición, México 1975; M. PORADOWSKI, *El marxismo en la teología,* Speiro, Madrid 1976; S/A, *El nuevo clero. Penetración política e intoxicación ideológica del comunismo soviético en la Iglesia católica,* Geo, Sâo Paolo 1982; M. MARTIN, *Los jesuitas. La Compañía de Jesús y la traición a la Iglesia católica,* Plaza & Janés, Barcelona 1988; R. L. VALDIVIA, *Notas sobre socialismo y progresismo religioso,* Tradición, México 1974.

[26] Por ejemplo, véase la defensa doctoral de G. GUTIÉRREZ en Lyon recogida en su libro: *La verdad os hará libres,* Sígueme, Salamanca 1990.

controversia en torno a la teología de la liberación se dio dentro de las coordenadas y limitaciones del paradigma de la guerra fría, que fue como una radicalización de las contradicciones internas de la modernidad ilustrada. A este respecto hay que señalar que no faltarán signos y declaraciones de algunos teólogos de la liberación que confirmarán a través de los años que el marxismo es muy importante para ellos. Fueron muy sonados en su momento, por ejemplo, el compromiso guerrillero y la muerte de Camilo Torres en 1966; los trabajos teóricos y prácticos de Giulio Girardi[27]; la afirmación de Leonardo Boff respecto a que "lo que proponemos no es teología en el marxismo, sino marxismo en la teología"[28], y poco antes de la caída del muro de Berlín, un importante estudio de Enrique Dussel[29].

El ambiente socio-político de finales de la década de los sesenta y toda la década de los setenta era particularmente tenso. Los movimientos estudiantiles en el año de 1968, la guerra de Vietnam y la revolución cubana como modelo de revolución latinoamericana eran parte del contexto inevitable sobre el que personas y grupos se definían. Paralelamente, el clamor de los más pobres, más allá de conflictos entre derechas e izquierdas, emergía en toda la región y no podía ser indiferente a la conciencia cristiana.

Todo este complejo escenario nos invita a pensar en la frecuente dificultad que los cristianos tenemos para afrontar el tema de los pobres y la pobreza sin caer en la trampa de alguna ideología política o de algún reduccionismo teológico. Esta dificultad se amplió enormemente cuando el anticomunismo asoció al peligro del marxismo un conjunto de temas y problemas entre los cuales se encuentran el de los pobres, la liberación y el modo como los cristianos debemos de vivir la fe en un contexto de explotación. Esta asociación fue así de fuerte que aún en la actualidad, en algunos ambientes marcados aún por la confrontación derechas-izquierdas, no es sencillo hablar todavía sobre «opción preferencial por los pobres» sin que este asunto levante sospechas y prevenciones.

---

[27] Cf. G. GIRARDI, *Cristianos por el socialismo*, Laia, Barcelona 1977.
[28] L. BOFF, "Marxismo na Teología", en *Jornal do Brasil*, 6 de abril de 1980.
[29] Cf. E. DUSSEL, *Teología de la liberación y marxismo*, en I. ELLACURÍA-J. SOBRINO, *Mysterium Liberationis*, Trotta, Madrid 1994, T. I, p.p. 115-144.

Por otra parte, no falta quien se siente afín a la teología de la liberación y reacciona mecánicamente contra todo aquello que desde su ángulo puede estar asociado a la explotación y al autoritarismo, incluida la propia Iglesia y su Doctrina social. Así es como aún hoy algunas personas se suman a posiciones de "izquierda" o de "derecha" aún cuando conozcan poco o desconozcan del todo las filosofías que las inspiran. Este tipo de polarizaciones son sumamente atractivas al momento de la confrontación directa. Sin embargo, con el paso del tiempo han mostrado su esterilidad especulativa y práctica. En ambos extremos, en quienes buscan *revolución* y en quienes buscan *restauración*, curiosamente, la condición humana del pobre, en su irreductibilidad particular, queda como eclipsada. Dicho de otro modo: una interpretación clasista o una interpretación puramente cosmética, asistencial o burguesa de los pobres no parecen brotar del contenido de la fe.[30]

La fe en Jesús es la fe en una persona que se identifica en sentido fuerte con los pobres. La relativización de este dato a través de mediaciones socioanalíticas como las que en parte fueron utilizadas por algunos teólogos de la liberación o la relativización a través de una ideología que minimiza el contenido del Evangelio en materia de pobreza para de esta manera lograr una propuesta «más espiritual» o menos comprometida con las causas populares, son graves distorsiones que pierden tanto lo específico cristiano (la persona de Jesús) como la especificidad real de los pobres (rostros concretos que más allá de las teorías demandan un compromiso igualmente concreto).

Esto no quiere decir que la utilización de las ciencias sociales y de otros recursos procedentes, por ejemplo, de diversas filosofías sea siempre una traición. Al contrario, el estudio de la realidad desde las diversas disciplinas sociales y humanas es útil cuando se realiza de manera rigurosa, es decir, con la debida autonomía y con la indispensable subordinación metodológica a un «objeto» de estudio tan

---

[30] Para una explicación más amplia sobre la relación entre pobreza y cristianismo en perspectiva teológica e histórica, véase: R. GUERRA LÓPEZ, "Pobreza y cristianismo: hipótesis sobre la comprensión e incomprensión de una experiencia social y religiosa", en M. GENDRAU (COORD.), *Los rostros de la pobreza. El debate,* T. IV, UIA-ITESO, México 2005, p.p. 165-224.

importante y delicado como lo es la persona humana pobre. Si no se salvaguarda metodológicamente la irreductibilidad personal del pobre el riesgo de instrumentalización se vuelve muy alto.

Un fenómeno análogo sucede en el terreno estrictamente teológico. La persona de Jesús también exige un método que la reconozca en su irreductibilidad. Siempre será inadecuado utilizar mediaciones socio-analíticas para comprender el propio dato de la fe y el modo como esta dinamiza la vida del pueblo creyente. Evidentemente, esto amplía su riesgo cuando la mediación socio-analítica escogida no puede desligarse de una antropología deficiente que la ha inspirado y sostenido argumentalmente. Si estas palabras aplican a algunas expresiones de la teología de la liberación, no aplican menos a algunas otras posiciones que rechazan el marxismo pero que afirman con igual simplismo modelos de sociedad y criterios de análisis carentes de un fundamento antropológico que aprecie la irreductibilidad del ser humano real. Este es el caso de algunas teologías de la prosperidad y de algunos conservadurismos aparentemente ortodoxos pero en el fondo, fuertemente ideológicos y viciados.

4. Corrientes en la teología de la liberación

Ahora bien, ¿cuál es la situación de las teologías de la liberación en este periodo? Karl Lehmann certeramente anotó que es arduo reducir un amplio y complejo mundo como el de la teología de la liberación a una "línea general" para lograr así un "análisis tendencial"[31]. Por ello, vale la pena distinguir algunas corrientes principales dentro de la teología de la liberación que nos permitan una comprensión más analítica y diferenciada. Para ello seguimos una tipología básica desarrollada por Juan Carlos Scannone SJ que ayuda, aunque sea de manera elemental, a distinguir y a precisar un universo altamente complejo.[32]

---

[31] K. Lehmann, *Problemas de la teología de la liberación,* Secretariado de Pastoral Social de la Arquidiócesis de México, México 1978, p. 7.

[32] Cf. J. C. Scannone, *Teología de la liberación y doctrina social de la Iglesia,* Cristiandad-Guadalupe, Bs. As. 1987, p.p. 54-80; J. B. Libânio, *Teologia de la liberación. Guía didáctica para su estudio,* Sal Terrae, Santander 1989.

4.1. Teología de la liberación desde la praxis pastoral de la Iglesia

En *primer lugar* existe una teología de la liberación realizada desde la praxis pastoral de la Iglesia. En esta posición se acentúa el carácter integral y evangélico de la liberación, se insiste en sus fundamentos bíblicos y el análisis sociopolítico, aunque se utiliza, resulta subordinado a estos elementos. No se adopta la mediación socio-analítica en el discurso teológico sino en todo caso una mediación ético-antropológica más o menos cercana a la filosofía cristiana de corte personalista. En general, nos parece, esta ha sido la tónica del pensamiento de varios episcopados nacionales y del episcopado latinoamericano a través de sus documentos oficiales desde Medellín hasta nuestros días. Como puede percibirse aquí, hablamos de teología de la liberación en un sentido amplio. En los documentos del CELAM frecuentemente se aborda la liberación como tema teológico y se defiende una intención liberadora en el plano histórico; el diálogo y asimilación de la Doctrina social de la Iglesia elaborada por los Papas es muy intensa pero lográndose ajustes y acentos adecuados a la situación latinoamericana; el punto de partida es la experiencia pastoral siempre multiforme de la Iglesia en todo el subcontinente; el «público-objetivo» son principalmente los agentes de pastoral que han de activar con su compromiso y presencia eclesial las definiciones estratégicas discernidas por los obispos.

4.2. Teología de la liberación de inspiración marxista revolucionaria

En *segundo lugar* existió una expresión extrema de la teología de la liberación que buscaba superar aproximaciones "espiritualizantes" al compromiso con los pobres y optaba con cierta facilidad por el compromiso revolucionario y militante. Aquí se encuentran las obras de Hugo Assman[33], el ya mencionado Giulio Girardi y experiencias como «Cristianos por el socialismo», el grupo «Golconda» y M-19. En esta versión sí se utilizó de manera explícita el análisis

---

[33] Por ejemplo: H. ASSMANN, *Teología desde la praxis de la liberación,* Sígueme, Salamanca 1973.

marxista (materialismo histórico) con gran acriticidad, aún cuando se le intenta separar del materialismo dialéctico (por su ateísmo). El punto de partida es la reflexión teológica desde los grupos politizados y radicalizados. De esta manera la reflexión realizada tiende a volverse sumamente particular a partir de ciertos segmentos sociales perdiéndose su necesaria dimensión universal. En cierto sentido, esta tendencia asumió primariamente un compromiso político y de manera posterior intentó legitimarlo y justificarlo ante la conciencia cristiana de sus miembros. La crítica a la Iglesia institucional fue severísima. De esta manera, en esta corriente, se realizó *de facto* un distanciamiento tanto de la generalidad del pueblo como de los pastores disolviéndose grandemente la especificidad cristiana y sólo manteniéndose un lenguaje sociológicamente cristiano al servicio del proyecto político que se buscaba instaurar.

4.3. Teología de la liberación desde la praxis histórica

En tercer lugar podemos encontrar la teología de la liberación desde la praxis histórica. Esta corriente es la que parece continuar la reflexión iniciada por Gustavo Gutiérrez. Sus planteamientos son fuertes en materia de transformación estructural. Así mismo, da especial relevancia en su desarrollo a la praxis liberadora de los sectores más concientizados procurando no caer en elitismos sino buscando crear organizaciones y comunidades de base. En esta versión el tema del sujeto que ha de promover la liberación y que ha de hacer teología se torna capital. No es posible ocultar que la comprensión del pobre como integrante fundamental del sujeto mencionado está marcada por una interpretación clasista emparentada con diversos marxismos. La justificación de esta comprensión no es un alineamiento más o menos directo a las premisas filosóficas del marxismo sino la supuesta cercanía que esta ideología posee respecto de la evangélica opción preferencial por los pobres. De esta manera, la coincidencia práctica con distintos grupos de izquierda no implicaría asumir sus principios filosóficos sino trabajar por una causa común, aún cuando existan diferendos respecto de la matriz desde la que se comprende el mundo y la fe.

En esta tendencia se logró desarrollar un conjunto de aspectos sectoriales que abren a la teología de la liberación a un sinnúmero de cuestiones: en materia de método teológico aparecieron las figuras de Juan Luis Segundo[34] y Clodovis Boff[35]; en cristología y eclesiología destacan los trabajos de Leonardo Boff[36] y Jon Sobrino[37]; en espiritualidad serán importantes los libros de Gustavo Gutiérrez[38] y Segundo Galilea[39]; en historia de la Iglesia[40] y en el sector de la «filosofía de la liberación» se halla Enrique Dussel[41], etc.

4.4. Teología del pueblo

Finalmente existe una cuarta tendencia que en ocasiones pasa desapercibida debido a que no todos sus integrantes se sienten cómodos con la categoría «teología de la liberación», tal vez demasiado asociada al tercer grupo mencionado. Nos referimos a la teología de la liberación desde la praxis de los pueblos latinoamericanos, es decir, a la "teología del pueblo", a veces también llamada "teología de la liberación con enfoque cultural"[42]. El punto que parece distinguir a esta corriente de la anterior consiste en la comprensión sobre qué es el «pueblo», quién es el pobre, cuál es la naturaleza de los conflictos, y en relación a ello, la postura distinta que se guarda frente a los marxismos. Mientras que en la segunda y tercera corrientes la interpretación clasista predomina, en esta cuarta tendencia el pueblo

---

[34] Cf. J. L. SEGUNDO, *Liberación de la teología,* s/e, Bs. As.-México 1975.

[35] Cf. C. BOFF, *Teología de lo político. Sus mediaciones,* Sígueme, Salamanca 1980.

[36] Cf. L. BOFF, *Jesucristo el liberador,* Indo-American Press Service, Bogotá 1983; Idem, *Eclesiogénesis,* Sal Terrae, Santander 1986.

[37] Cf. J. SOBRINO, *Jesús en América Latina. Su significado para la fe y la cristología,* Sal Terrae, Santander 1982.

[38] Cf. G. GUTIÉRREZ, *Beber en su propio pozo,* Sígueme, Salamanca 1998.

[39] Cf. S. GALILEA, *El seguimiento de Crsito,* Centro de Preparación Integral, Guadalajara s/f.

[40] Cf. E. DUSSEL, *Historia general de la Iglesia en América Latina,* Sígueme, Salamanca 1983

[41] Cf. Idem, *Filosofía de la liberación,* Edicol, México 1977.

[42] Cf. J. C. SCANNONE SJ, *La teología del pueblo,* Sal Terrae, Maliaño 2017; R. LUCIANI, *El Papa Francisco y la teología del pueblo,* PPC, Madrid 2016.

es interpretado desde una perspectiva histórico-cultural en la que la categoría de «conflicto» se torna en una realidad muy compleja motivada por factores que trascienden por mucho la «lucha de clases».

El «pueblo» es el sujeto comunitario de una historia, es la gente en tanto que posee una cierta conciencia colectiva y una identidad– aunque sea implícita – que precisa continuarse y proyectarse hacia el futuro. Además, el «pueblo» es un sujeto cultural porque vive unos valores (*éthos*) que le confieren un perfil socialmente identificable. Evidentemente no nos referimos a la idea ilustrada de cultura que reduce esta cualidad a los hombres letrados, eruditos o «cultos». La cultura es todo el espacio humano que configura a una sociedad, es el ámbito humano de desarrollo que se construye más con gestos de gratuidad que con conceptos memorísticamente asimilados. Pueblo, es entonces, el mundo vital de las personas (*Lebenswelt*), es la subjetividad social que emerge cuando una colectividad está dispuesta a ser sujeto de su propia historia a través de la vivencia de la interdependencia solidaria. Desde esta perspectiva lo importante es defender, proyectar y liberar el *éthos* cultural, es decir, el modo particular de habitar éticamente el mundo como comunidad[43]:

> No es que esta vertiente de la teología de la liberación olvide la relación estructural de dependencia de los pueblos latinoamericanos con respecto a los centros de poder, ni el hecho de la estructuración injusta de la sociedad latinoamericana y de sus clases, culturas y razas oprimidas. Al contrario, estima que la línea entre pueblo y antipueblo pasa por la realización de la justicia, medida no sólo por criterios abstractamente éticos, sino históricos. De ahí que utilice para la comprensión de la realidad socio-histórica no sólo la mediación de la filosofía y del análisis socio-estructural –que no desea descuidar–, sino también de preferencia la del análisis histórico-cultural, privilegiando entre las ciencias humanas a la historia y a la antropología social y cultural, por tener ellas una comprensión más sintética y totalizante

---

[43] Cf. R. GUERRA LÓPEZ, *Soberanía cultural y ética de la globalización*, en *Sociedad civil. Revista científica cuatrimestral*, n. 2, Vol. II, 1998, p.p. 207-237; *Idem*, "*Construir nuevos sujetos*", en R. GUERRA – C. AGUIAR (COORDS.), *Católicos y políticos: una identidad en tensión*, Ágape, Bs. As. 2006 (prólogo de J.M. BERGOGLIO).

de la realidad. Aún más, no descuida tampoco la mediación del cono-cimiento sapiencial, en especial, de la sabiduría popular latinoameri-cana, de los símbolos que la expresan (mediación simbólico-poética), y de su correspondiente hermenéutica[44].

En esta cuarta línea la relación con la Doctrina social de la Igle-sia en casi todos los autores es mucho más intensa. Sin embargo, a la Doctrina social se le suele entender más que como un código deontológico o un derecho natural *ad usum christianorum*, como la conciencia teórica de un movimiento práctico que nace de una experiencia de comunión. Juan Carlos Scannone, autor del texto arriba citado, se destaca por la profundidad de sus aportes en esta cuarta tendencia; también aquí se encuentra Lucio Gera[45], uno de los «padres» de la teología de la liberación pero que rechazó al marxismo, Alberto Methol Ferré[46], Rafael Tello[47], Alver Metalli[48], Hernán Alessandri, Joaquín Alliende[49] y, en mi opinión, algunas contribuciones de Pedro Morandé[50].

5. El deseo de "restauración"

El escenario planteado en este apartado no culmina aquí. Las ten-dencias en la teología de la liberación antes anotadas eran percibidas por los sectores más conservadores como un solo bloque con una

---

[44] J. C. SCANNONE, *Teología de la liberación y doctrina social de la Iglesia,* Cristiandad-Guadalupe, Madrid-Bs. As. 1987, p. 64.

[45] Cf. L. GERA, *Pueblo, religión del pueblo e Iglesia,* en *Sedoi,* n. 66, Bs. As. 1982.

[46] Cf. A. METHOL FERRÉ, *Il Risorgimento Cattolico Latinoamericano,* CSEO-incontri, Bologna 1983.

[47] Cf. R. TELLO, *Pueblo y cultura,* Editora Patria Grande, Bs. As. 2011.

[48] Cf. A. METTALI, *Cronache Centroamericane,* CSEO-incontri, Bologna 1983

[49] Cf. H. ALESSANDRI – J. ALLIENDE, *Evangelizazione e dinamica culturale in America Latina,* CSEO-incontri, Bologna 1983;

[50] Cf. P. MORANDÉ, *Cultura y modernización en América Latina,* Ed. Encuentro, Madrid 1987. También véase: R. BUTTIGLIONE, *El hombre y el trabajo,* Encuentro, Madrid 1984, sobre todo el capítulo intitulado: «El resurgimiento hispanoamericano».

estrategia secreta fuertemente infiltrada por agentes procedentes del comunismo internacional. La presencia real de actividad soviética y cubana en distintos países durante la década de los setenta parecía confirmar las peores hipótesis. El "progresismo religioso", la teología de la liberación, el marxismo infiltrado en la Iglesia, eran presentados por diversos grupos y autores como parte de un amplio complot internacional para subvertir la civilización occidental cristiana.

En los grupos más radicalizados se reactivaban las teorías de la conspiración que hacían gravitar todos los males de la Iglesia y del mundo en la acción organizada y secreta de la judeo-masonería. A lo largo de América Latina se distribuían libros que trataban de divulgar un cierto antisemitismo teológico combinado con la denuncia de la actividad real o imaginaria de la masonería en diversos países y escenarios. En lugares como México, Argentina y Brasil los libros de Maurice Pinay, Traian Romanescu, Salvador Borrego, Julio Meinvielle y Plinio Correa circulaban y alimentaban con sus simplificaciones ideológicas y elaboraciones, muchas veces fantásticas, la mente y el corazón de algunos sectores conservadores involucrados en la lucha contra el comunismo.[51]

En estas mismas atmósferas latinoamericanas, las editoriales europeas que promovían versiones de la Doctrina social de la Iglesia de corte *maurrasiano* encontraban importantes adherentes aún cuando estos adherentes pocas veces fueron conscientes de la larga historia europea que se encontraba detrás de ellas. Me refiero a que toda una historia sobre el desarrollo de algunas modalidades de conservadurismo católico europeo prácticamente eran, y siguen siendo, desconocidas aún por algunos de los más preclaros exponentes de estos grupos ultraconservadores en América Latina. Por ejemplo, suele ser desconocida la distorsión ideológica que diversos grupos del *Intermarium* fueron desarrollando con el paso del tiempo y el modo cómo existieron secuelas latinoamericanas afines al nazismo que

---

[51] Véanse, a modo de ejemplo: M. PINAY, *Complot contra la Iglesia*, Mundo Libre, México 1962; T. ROMANESCU, *Traición a Occidente*, s/e, México 1961; S. BORREGO, *Derrota mundial*, s/e, México 1961; J. MEINVIELLE, *El comunismo en la Revolución anticristiana*, Cruz y Fierro, Bs. As. 1982; P. CORREA DE OLIVEIRA, op. cit.

terminaron influyendo en diversos ambientes católico-conservado-res[52]: la experiencia del *Carlismo* y la *Falange* españolas, la *Action Francaise* –y las razones profundas de su condena–, la controversia sobre el caso Dreyfus, el papel que jugó en la difusión de ideas antisemitas un cierto sector jesuítico asociado a la *Civiltà Cattolica*, la existencia de la *Liga San Pío V* –también conocida como *Sapinière*–, la creación por parte de los servicios de inteligencia rusos del librito antisemita denominado *Los protocolos de los sabios de Sión* o el fraude que terminó siendo la obra antimasónica de Leo Taxil a finales del siglo XIX, son hechos prácticamente ignorados en América Latina por quienes brevan de literatura "contrarevolucionaria" y "anti-progresista" durante esta época, y aún en el presente.[53]

Este rápido recuento de cierto ultraconservadurismo radicalizado no pasaría de ser algo meramente anecdótico y un tanto marginal

---

[52] "Intermarium" o "Międzymorze" es un término genérico para designar tanto el proyecto de Jozef Piłsudski (1867-1935) en orden a generar una suerte de federación en los países que se encuentran entre el mar negro y el báltico, y que en años posteriores se amplió gradualmente (de Finlandia hasta la actual Croacia); y el esfuerzo de algunos prelados vaticanos para tratar de crear un eje de países análogo que detuviera el avance del comunismo en la misma zona, inspirados en el Salmo 71 que había sido citado en la Encíclica de Pío XI dedicada a Cristo Rey: *Quas Primas*, n. 7: "Florecerá en sus días la justicia y la abundancia de paz... y dominará *de un mar a otro*, y desde el uno hasta el otro extremo del orbe de la tierra". Ambos proyectos estarán en varios momentos superpuestos y eventualmente catalizarán el nacimiento de grupos anticomunistas en distintas partes del mundo, incluyendo América Latina. Que algunos de estos grupos en diversas ocasiones tendrán simpatías y colaboraciones con el nazismo ha sido objeto de abundante investigación en los últimos años. Un libro con sobre-simplificaciones sobre el papel del Vaticano en la creación de vías de escape para criminales, pero que provee alguna información importante, es: M. AARONS – J. LOFTUS, *Unholy Trinity,* Crux Publishing Ltd, London 2017. Véase también: J. LEVY, *Intermarium*, Dissertation, Boca Ratón 2006.

[53] Cf. E. POULAT, *Intégrisme et catholicisme intégral, Un réseau secret international, la «Sapinière» (1909-1921)*, Casterman, París 1969; Cf. G. SALE, *La Civiltà Cattolica nella crisi modernista (1900-1907) fra intransigentismo politico e integralismo dottrinale*, Jaca Book, Milano 2001; Cf. N. COHN, *El mito de la consipiración judía mundial*, Alianza Editorial, Madrid 2010; J. PRÉVOTAT, *Les Catholiques et l'Action française, histoire d'une condamnation 1899–1939*, Fayard, coll. «Histoire du XXéme siècle», Paris 2001; J. CASANOVA, "República y Guerra Civil", en J. FONTANA - R. VILLARES, *Historia de España*, Crítica-Marcial Pons, Barcelona 2007, Vol. 8.

si no fuera porque fue sumamente activo en el periodo previo a la III Conferencia General del Episcopado Latinoamericano y durante su realización, publicando cartas abiertas a los obispos y tratando de incidir de alguna manera en las discusiones de la Conferencia general a través de obispos que identificaban como afines. Tal es el caso de Mons. Octavio Nicolás Derisi o de Mons. Alfonso López Trujillo.[54]

Por supuesto, la literatura ultraconservadora no se reducía solo a este perfil radicalizado. Algunos otros ambientes también generaron ácidas críticas a la Conferencia de Medellín y eventualmente alertaron sobre los peligros de la "teología de la liberación" y del camino que conducía hacia Puebla.

Tal vez lo más relevante a destacar en esta apresurada caracterización es el énfasis restauracionista que se entreveía por doquier: el *Omnia instaurare in Christo* de San Pío X con cierta frecuencia fue traducido como "restaurar todo en Cristo", cosa que no dejó de ser sintomática. Al desorden revolucionario del marxismo y de la teología de la liberación se ofrecía como reacción la "restauración" del orden social cristiano.

6. La Iglesia latinoamericana camina, purifica y desarrolla un sendero original

Al mirar con atención no sólo el Magisterio latinoamericano sino también la experiencia pastoral que, de manera rica y diversificada, existe en América Latina, uno puede constatar que el periodo inmediatamente posterior al Concilio Vaticano II, si bien estuvo tensionado por el paradigma de la guerra fría por la lucha entre derechas e izquierdas, entre revolucionarios y restauracionistas, fue resuelto de un modo *no-ideológico* por la Iglesia en términos generales.

Esto es algo que valdría la pena apreciar en toda su importancia: la polarización y el extremismo *no avasallaron a la Iglesia*. Por supuesto, para algunos, en ciertos momentos, la Iglesia resultó timorata,

---

[54] Para un breve pero intenso recuento sobre el proceso de elaboración del "Documento de Puebla" realizado a pocos días de su publicación, véase: B. KLOPPENBURG, "Génesis del Documento de Puebla", en *Medellín,* Vol. 5, n.n. 17-18, marzo-junio 1979, p.p. 190-207.

tímida o ingenua. Para ilustrarlo apelo a una historia personal: en la Ciudad de Puebla tuve dos maestros en posiciones ideológicas contrapuestas: uno más restauracionista otro más revolucionario. En la década de los ochenta José Antonio Arrubarrena, maestro fundador de la Universidad Popular del Estado de Puebla, y lector apasionado de libros "contra-revolucionarios" nos enseñaba en sus clases que el documento de Medellín contenía "ambigüedades doctrinales" y que en la III Conferencia General del Episcopado Latinoamericano había podido constatar que la mayoría de los obispos eran buenos pero un tanto tibios y cándidos: no lograban percibir a los auténticos "enemigos". Curiosamente, a comienzos de la década de los noventa, Jesús Vergara SJ, maestro mío en la Universidad Iberoamericana también en Puebla, y conocido teólogo de la liberación mexicano, se expresaba prácticamente en los mismos términos, aunque desde la trinchera opuesta. Ambos simétricos y ambos lejanos existencialmente de lo que realmente pasaba en la pastoral ordinaria de las iglesias particulares en América latina.

Entre el Concilio y Puebla, la Iglesia maduró en su autoconciencia y en su responsabilidad. Los obispos, cada uno con su sensibilidad y su formación, lentamente fueron decantando algunos consensos que eventualmente se visibilizarían en el documento de Puebla. Palabras como Comunión, Participación, Opción por los pobres, Comunidades de base y Cultura comenzaron a orbitar en el léxico ordinario de la pastoral real de la Iglesia. Pero los ingredientes que ayudarían a una articulación de estas y otras categorías sería la aparición de la *Evangelii nuntiandi* en 1974 y la figura de Juan Pablo II en 1978. El enfoque "cultural" de la evangelización en ambos pontífices será como una *matriz* que permitirá darles un ajuste adecuado a diversas realidades que sin ella fácilmente perderían su equilibrio y su relación tanto con la verdad sobre el hombre, como con la verdad sobre Dios.

Pablo VI, en *Evangelii nuntiandi* logra entender que no basta "elevar" y "promover" la cultura –como decía el Concilio–, o "preocuparse" por ella –como dice Medellín–. Es necesario evangelizar la cultura hasta sus mismas raíces, es decir, es preciso regenerar el corazón de la cultura con la savia del Evangelio para así cumplir tanto con la misión del Evangelio como con la esperada humanización del mundo:

> Evangelizar significa para la Iglesia llevar la Buena Nueva a todos los ambientes de la humanidad y, con su influjo, transformar desde dentro, renovar a la misma humanidad. (…) para la Iglesia no se trata solamente de predicar el Evangelio en zonas geográficas cada vez más vastas o poblaciones cada vez más numerosas, sino de alcanzar y transformar con la fuerza del Evangelio los criterios de juicio, los valores determinantes, los puntos de interés, las líneas de pensamiento, las fuentes inspiradoras y los modelos de vida de la humanidad (…) lo que importa es evangelizar – no de una manera decorativa, como un barniz superficial, sino de manera vital, en profundidad y hasta sus mismas raíces– la cultura y las culturas del hombre en el sentido rico y amplio que tienen sus términos en la *Gaudium et spes* (50), tomando siempre como punto de partida la persona y teniendo siempre presentes las relaciones de las personas entre sí y con Dios. (…) La ruptura entre Evangelio y cultura es sin duda alguna el drama de nuestro tiempo, como lo fue también en otras épocas. De ahí que hay que hacer todos los esfuerzos con vistas a una generosa evangelización de la cultura, o más exactamente de las culturas. Estas deben ser regeneradas por el encuentro con la Buena Nueva. Pero este encuentro no se llevará a cabo si la Buena Nueva no es proclamada[55].

San Juan Pablo II, con la experiencia polaca inscrita en su historia personal, ayudará todavía más a profundizar en este enfoque. El rico y extenso discurso inaugural de la Conferencia de Puebla tocará muchos temas decisivos. Sin embargo, el eje articulador será también el antes anotado:

> Desde esta fe en Cristo, desde el seno de la Iglesia, somos capaces de servir al hombre, a nuestros pueblos, de penetrar con el Evangelio su cultura, transformar los corazones, humanizar sistemas y estructuras. (…) No me cansaré yo mismo de repetir, en cumplimiento de mi deber de evangelizador, a la humanidad entera: ¡No temáis! ¡Abrid, más todavía, abrid de par en par las puertas a Cristo! Abrid a su potestad salvadora, las puertas de los Estados,

---

[55] SAN PABLO VI, *Evangelii nuntiandi,* n.n. 18, 19, 20.

los sistemas económicos y políticos, los extensos campos de la cultura, de la civilización y del desarrollo.[56]

Justo en este marco, la comprensión sobre el significado de *pobreza* en el Magisterio pontificio y episcopal maduraba. En *Puebla* se señalará con gran énfasis "la necesidad de conversión de toda la Iglesia para una opción preferencial por los pobres, con miras a su liberación integral"[57]. Todo un capítulo será dedicado precisamente a este tema. En *Puebla* los obispos invitarán a reconocer el rostro de Cristo entre las personas y grupos oprimidos, y denunciarán los mecanismos que generan pobreza. Así mismo, insistirán en la necesidad de elaborar proyectos históricos que respondan a las necesidades concretas de cada situación[58]. En este relevante acontecimiento eclesial se discutirá la importancia que tiene hacer «análisis de realidad» para la Iglesia en la actualidad. De hecho, la primera parte del documento de *Puebla* se intitulará «Visión pastoral de la realidad latinoamericana». También se pondrá énfasis en la noción de «evangelización liberadora»[59] y en la necesidad de reconfigurar la Iglesia a través de la vida en comunión, compartiendo los bienes e impulsando las comunidades de base "que ahora constituyen motivo de alegría y esperanza para la Iglesia"[60].

7. A modo de conclusión: ni restauración ni revolución sino evangelización inculturada e inculturación del Evangelio

El periodo transcurrido entre la clausura del Concilio Vaticano II y la inauguración de la Conferencia de Puebla es un tiempo de grandes pruebas y de grandes aprendizajes. Ni quienes buscan un ajuste de la Iglesia a las fuerzas revolucionarias que transforman el mundo, ni quienes luchan melancólicamente por un pasado de cristiandad real o imaginada, logran sofocar la renovación nacida del Concilio y

---

[56] SAN JUAN PABLO II, "Discurso inaugural pronunciado en el Seminario Palafoxiano de Puebla de los Ángeles", 28 de enero 1979, I.5.

[57] *Puebla*, n. 1134.

[58] *Ibidem*, n. 553.

[59] *Ibidem*, n. 487.

[60] *Ibidem*, n. 96.

en el fondo del Evangelio. El CELAM, como instancia de reflexión y servicio a las conferencias episcopales logra en este periodo madurar como experiencia colegial y sinodal. De manera adelantada, integra laicos en sus equipos, que acompañan en un clima de amistad más que de subordinación, los discernimientos y las acciones de los pastores. Pienso en el bien que por ejemplo un hombre como Alberto Methol Ferré hizo por la vida y la autoconsciencia de la Iglesia. Él logró ver cómo nadie que tanto liberalismo como conservadurismo, progresismo y tradicionalismo, son ideologías que enferman la vida eclesial y violentan la vida social. Él logró ver que justamente el camino de la Iglesia del Concilio hasta Puebla fue justo una preparación gradual para hacer crítica y superación de ambas "idolatrías", como él gustaba calificar a estos y otros extremos.[61]

Las iglesias particulares con ritmo bastante sostenido se renovaron en la década de los setentas y vieron nacer una más clara conciencia de la responsabilidad eclesial e histórica de la región. El itinerario eclesial y social vivido en el periodo que nos ocupa tendrá importantes momentos posteriores, que en cierta medida eclosionan con la llegada de un Papa latinoamericano, como lo es Francisco. Los grandes temas que marcaron la vida de la Iglesia –y que quedarían asumidos en el documento de Puebla– hoy se continúan de manera creativa en un nuevo escenario regional y mundial.

No deja de ser curioso cómo muchos, al momento de mirar el presente, se sienten desconcertados, como si por primera vez la Iglesia en América Latina y en el mundo tuviese que enfrentar momentos de corrección y purificación. Mirar la primera recepción del Concilio Vaticano II en nuestra región nos permite recuperar esperanzas. Dios siempre acompaña a su Pueblo. Y lo acompaña a través de la modalidad que Él mismo ha escogido para manifestarse cercano: *el acontecimiento guadalupano*.

Es en el Documento de Puebla –y no en Medellín– donde se reconoce con fuerza la centralidad de María para la evangelización inculturada y para la purificación de la Iglesia en América Latina. Precisamente Guadalupe, de algún modo, sintetiza toda la reflexión

---

[61] Cf. A. METHOL FERRÉ, "Evangelización y cultura" en Idem, *Il Risorgimento cattolico latinoamericano*, p.p. 191-206.

que hasta aquí hemos hecho y le da un encuadre propiamente teológico. En ella, la Iglesia latinoamericana no sólo encuentra un bello motivo para la piedad personal sino un camino pedagógico para anunciar el Evangelio de manera inculturada y crear Pueblo, un nuevo Pueblo, con identidad renovada, fiel a la opción preferencial por los pobres y con una vocación trascendente que no es ajena a nuestro *ethos* cultural sino que, al contrario, lo vitaliza y lo renueva desde dentro.

El Documento de Puebla dice a este respecto:

> El Evangelio encarnado en nuestros pueblos los congrega en una originalidad histórica cultural que llamamos América Latina. Esa identidad se simboliza muy luminosamente en el rostro mestizo de María de Guadalupe que se yergue al inicio de la Evangelización. Esta religión del pueblo es vivida preferentemente por los «pobres y sencillos» (*EN* 48), pero abarca todos los sectores sociales y es, a veces, uno de los pocos vínculos que reúne a los hombres en nuestras naciones políticamente tan divididas. Eso sí, debe sostenerse que esa unidad contiene diversidades múltiples según los grupos sociales, étnicos e, incluso, las generaciones[62].

Este es el camino que en el presente, con renovadas fuerzas, continúan el Papa Francisco y la Iglesia de América Latina. Este es el camino del CELAM y en el que el Pueblo de Dios está inscrito. De algún modo, esta senda de renovación conciliar apunta al origen y al destino, a 1531 y al futuro. Para ello, el día 4 de marzo de 2019, el Papa Francisco ya ha mencionado en un importante discurso que en el año 2031 todos celebraremos el Quinto centenario del Acontecimiento Guadalupano y nos prepararemos para conmemorar en 2033 el segundo milenio de la Redención. Este horizonte habrá de continuar en un nuevo contexto los aprendizajes y experiencias vividos por la Iglesia y que le ayudaron a superar tanto las tentaciones revolucionarias como aquellas restauracionistas de la década de los sesentas y setentas, y que de algún modo aún se continúan en las controversias del presente. El Concilio Vaticano II sigue dando frutos. Porque más allá de nuestras fuerzas y de nuestros planes, el Señor de la Historia que libera a los pueblos, conduce a la Iglesia en América Latina y la hace un signo de Esperanza.

---

[62] *Puebla*, n.n. 446-447.

Segunda parte

La preparación de la Conferencia

4

LA PREPARACIÓN DE LA CONFERENCIA DE PUEBLA*

P. Josep-Ignasi Saranyana (España)
Universidad de Navarra

1. Medellín (1968) y Puebla (1979) en contextos teológicos y pastorales distintos[1]

La Conferencia de Puebla se inscribe, por sus fechas, entre el *start and go* de la teología de la liberación, que se sitúa en 1971/72 (si tomamos en cuenta los tres trabajos más emblemáticos, publicados

---

(*) PRINCIPALES ABREVIATURAS: AL = América Latina; CELAM = Consejo Episcopal Latinoamericano (Bogotá); CLAR = Confederación Latinoamericana de Religiosos; CTI = Comisión Teológica Internacional: DB = *Documento de Base* (denominado también *Documento de consulta*); DT = *Documento de trabajo*; ITEPAL = Instituto de Pastoral del CELAM; PCAL = Pontificia Comisión para América Latina.

[1] BIBLIOGRAFÍA GENERAL: Josep-Ignasi SARANYANA (dir.), *Teología en América Latina*, Iberoamericana – Vervuert, Madrid – Frankfurt 2002, vol. III, especialmente el cap. I ("Magisterio pontificio y asambleas eclesiásticas en el siglo XX"): capítulo redactado por quien firma esta comunicación, con la colaboración de Víctor MARTÍNEZ ARTOLA y Carmen-José ALEJOS GRAU; Josep-Ignasi SARANYANA, *Breve historia de la teología en América Latina,* BAC, Madrid ²2018, cap. VIII ("Del Concilio Vaticano II a nuestros días"); Carlos Alberto PÉREZ MÉNDEZ, *Pontificia Comisión para América Latina 50 años (1958-2008). Monografía histórica*, con una introducción de Mons. Octavio Ruiz Arenas, texto mecanografiado, s/f, 392 folios (el original se conserva en el Archivo de la PCAL).

por Gustavo Gutiérrez[2], Ignacio Ellacuría[3] y Leonardo Boff[4], distintos entre sí, pero curiosamente contemporáneos) y la aparición de la obra quizá más polémica de Leonardo Boff, titulada *Igreja: carisma e poder*, de 1981, que provocó las primeras reacciones de la Santa Sede. *Puebla* se celebró, por tanto, en pleno auge de las distintas teologías liberacionistas y en un ambiente bastante crispado[5].

Este marco temporal (1971-1981) señala la gran diferencia entre el contexto teológico y pastoral, que rodeó *Puebla*, con respecto a *Medellín*. Aunque hay cierta continuidad entre las décadas de los sesenta y de los setenta, es preciso reconocer que muchas cosas habían cambiado[6].

a) Medellín

Las coordenadas eclesiales y teológicas de la Conferencia de Medellín fueron, entre otras:

1ª) la recepción latinoamericana del Vaticano II, especialmente de la constitución *Gaudium et spes*;

2ª) la crisis de los movimientos del apostolado jerárquico, principalmente de los movimientos especializados de la Acción Católica;

3ª) el debate sobre la encíclica *Populorum progressio*, de 26 de marzo de 1967, provocado por los números 30[7] y 31[8]; y

---

[2]   Gustavo GUTIÉRREZ, *Teología de la liberación. Perspectivas*, CEP, Lima 1971.

[3]   Ignacio ELLACURÍA, "Liberación: Misión y carisma de la Iglesia latinoamericana", en *Estudios Centro Americanos*, 26 (1871) 61-80.

[4]   Leonardo BOFF, *Jesus Cristo Libertador*, Vozes, Petrópolis 1972.

[5]   Leonardo BOFF, *Igreja: carisma e poder. Ensaios de eclesiologia militante*, Editora Vozes, Petrópolis 1981.

[6]   Sobre la situación política, social y económica de América Latina en las vísperas, tanto de *Medellín* como de *Puebla*, véase: Carlos Alberto PÉREZ MÉNDEZ, *Pontificia Comisión para América Latina 50 años (1958-2008). Monografía histórica*, cit.

[7]   "30. Es cierto que hay situaciones cuya injusticia clama al cielo. Cuando poblaciones enteras, faltas de lo necesario, viven en una tal dependencia que les impide toda iniciativa y responsabilidad, lo mismo que toda posibilidad de promoción cultural y de participación en la vida social y política, es grande la tentación de rechazar con la violencia tan grandes injurias contra la dignidad humana".

[8]   "31. Sin embargo, como es sabido, la insurrección revolucionaria –salvo en caso de tiranía evidente y prolongada que atentase gravemente a los derechos

4ª) la presencia del papa Pablo VI, el primer romano pontífice que visitaba América Latina[9].

En el *Documento de trabajo*, preparado para los participantes en la III Conferencia, hay una referencia muy expresiva a la visita pastoral del Santo Padre: "La Conferencia de Medellín coincidió con la primera venida de una Papa a AL. Sus palabras de inauguración y las que pronunció en los días anteriores, influyeron profundamente en el ánimo de los Obispos participantes"[10].

Conocedor Pablo VI del clima que rodeaba la convocatoria de Medellín, pronunció dos importantes discursos en Bogotá (23 y 24 de agosto de 1968), aclarando el sentido de *Populorum progressio* y descalificando la violencia como vía de solución para los graves problemas sociales que aquejaban a América Latina[11]. A pesar de las dos alocuciones pontificias, en *Medellín* resonaron por doquier las máximas de Camilo Torres, caído en Patio Cemento el 13 de febrero de 1966: "El deber de todo cristiano es ser un revolucionario, y el deber de todo revolucionario es hacer la revolución"[12]. Si a esto añadimos

---

fundamentales de la persona y dañase peligrosamente el bien común del país—engendra nuevas injusticias, introduce nuevos desequilibrios y provoca nuevas ruinas. No se puede combatir un mal real al precio de un mal mayor".

[9] El sacerdote Giovanni Mastai Ferreti, futuro Pío IX, había estado en Uruguay, Argentina y Chile, formando parte de la Misión Muzi, enviada por la Santa Sede al Cono Sur. Cfr. Pedro de LETURIA - Miquel BATLLORI, *La primera misión pontificia a Hispanoamérica (1823-1825). Relación oficial de Monseñor Giovanni Muzi*, Biblioteca Apostolica Vaticana, Città del Vaticano 1963; Francisco MARTÍ GILABERT, "La misión en Chile del futuro Papa Pío IX (1821-1824)", en *Anuario de Historia de la Iglesia*, 9 (2000) 235-258 y 10 (2001) 281-321.

[10] *Documento de Trabajo*, CELAM, Bogotá 1978, aquí p. 15, n. 45. El Documento no lleva fecha, aunque en la presentación se dice que fue aprobado en la reunión de coordinación del CELAM, celebrada del 1 al 6 de agosto de 1978. El *Documento de Trabajo* consta de dos partes: una de 116 páginas, que constituye propiamente el texto del DT; y un apéndice, de 59 páginas, titulado *Notas sobre algunos temas*, que reviste al máximo interés teológico. Desde ahora se citará DT, seguido de la página y el número marginal.

[11] Romeo PANCIROLI (ed.), *Paulo VI pellegrino apostolico. Discorsi e messaggi*, Edizioni Studium (*Quaderni dell'Istituto [Paulo VI]*, n. 19), Brescia – Roma 2001, pp. 184-188 (a los campesinos) y 195-205 (en la apertura de la Conferencia de Medellín).

[12] La bibliografía sobre Camilo Torres (1929-1966) es muy abundante. De familia acomodada de Bogotá, ingresó en el seminario de la capital en 1947. Recibió

que Cuba trataba de exportar, desde enero de 1959, su experiencia comunista, predicando una supuesta compatibilidad entre el marxismo y el cristianismo, y que el Vietnam ardía, podemos deducir que el marco era muy complejo y de difícil gestión.

Buena parte de los líderes religiosos latinoamericanos se habían formado a la sombra del eje Lovaina-París-Lyon. La revista *Jeunesse de l'Église* y otras de perfil parecido contribuían, desde los años cincuenta, al denominado "progresismo cristiano". Las publicaciones, todavía poco técnicas y de bajo perfil, de los teólogos latinoamericanos de entonces, tenían la impronta, explícita o implícita, de Marie-Dominique Chenu (con sus reflexiones sobre la teología del trabajo), de Pierre-Maurice Montuclard (con sus cavilaciones sobre el mundo obrero) y de Louis-Joseph Lebret, fundador del grupo "Economie et Humanisme" (con sus estudios sobre los contrastes sociales y económicos en la Francia marítima y pesquera). Paralelamente, el mundo neoescolástico latinoamericano, todavía muy activo, padecía el influjo, tanto del Maritain metafísico (muy alabado en el Cono Sur y Brasil), como, sobre todo, del Maritain de *Humanisme intégral* (denigrado y combatido en los mismos espacios geográficos).

Importa señalar, además, para no incurrir en anacronismos, que la Revolución del 68 apenas influyó en las *Conclusiones de Medellín*. Y hay que destacar, también, que esas *Conclusiones*, leídas al cabo de medio siglo, se revelan muy equilibradas y de una línea teológica seria. Para advertirlo, basta repasar las líneas dedicadas a la encíclica *Humanæ vitæ*, publicada el 25 de julio de 1968, de la que *Medellín* señala su notable relieve social y prominente valor para América Latina. El resumen que la II Conferencia ofrece de la encíclica de Pablo VI es exacto, respetuoso y sereno, en un

---

la ordenación sacerdotal en 1954. Desde 1954 a 1958 estudió en la Universidad de Lovaina. Su principal maestro fue François Houtart, muy relacionado con las JOC. Después de una breve permanencia en la Universidad de Minneapolis (USA), regresó a su ciudad de origen en 1959. En la capital colombiana regentó distintos encargos pastorales y universitarios. Fue reducido al estado laical en 1965, año en que ingresó en el ENL (Ejército Nacional de Liberación). Entre sus biografías destaca: Walter J. BRODERICK, *Camilo Torres Restrepo. Biografía*, Planeta, Bogotá [2]1996.

contexto global de crítica y confrontación con la Santa Sede por este profético documento[13]. *Medellín* también respalda el celibato sacerdotal, acogiendo los contenidos de la encíclica de Pablo VI *Sacerdotalis cœlibatus*, de 20 de junio de 1967[14], en un momento en que el compromiso celibatario de los presbíteros era muy cuestionado.

Recordemos, finalmente, que el método analítico de *Medellín* fue inspirado por el *"voir, juger, agir"* jocista (es decir, ver, juzgar y actuar), popularizado por Joseph Cardijn (1882-1967), fundador de la Joc, creado cardenal por Pablo VI. Este método, de matriz europea, se transformó, por arte de magia, en la seña de identidad de la pastoral latinoamericana. La "opción preferencial por los pobres", entendida al modo de Gustavo Gutiérrez, debe mucho a tal acercamiento analítico, combinado con las expresiones del Vaticano II, que apuntan a una mayor atención a los "signos de los tiempos"[15].

b) *Puebla*

La Conferencia de Puebla se desenvolvió en un contexto diferente, mucho más elaborado teológicamente y más reivindicativo[16]. Si *Gaudium et spes* había sido el referente de *Medellín*, *Puebla* se adhirió, desde el principio, a la exhortación apostólica *Evangelii nuntiandi*, considerada como lúcido reflejo de la realidad latinoamericana[17]; y situó la supuesta dialéctica entre "evangelizar y sacramentalizar" en el centro del debate sinodal, lo cual se advierte con claridad en uno de los puntos de las *Conclusiones*:

---

[13] *Medellín. Conclusiones,* en CELAM, *Río de Janeiro, Medellín, Puebla, Santo Domingo. Las 4 Conferencias Generales del Episcopado Latinoamericano,* Bogotá ⁵2004, pp. 144-147 (corresponden al § 3. "Familia y demografía", III, nn. 10–11 y IV, nn. 12-21).

[14] *Medellín,* cit., p. 229 (§ 13. "Formación del clero", III, n. 12).

[15] Por ejemplo, los decretos *Presbyterorum ordinis,* n. 9 y *Unitatis redintegratio,* n. 4.

[16] Citaré las *Conclusiones de Puebla* por esta edición: CELAM, *Río de Janeiro, Medellín, Puebla, Santo Domingo. Las 4 Conferencias Generales del Episcopado Latinoamericano,* Bogotá ⁵2004. En adelante, *Puebla,* seguido del número marginal y la página de la edición que sigo.

[17] *Puebla,* n. 26, p. 325.

"Comprobamos –se lamenta *Puebla*– que no se ha dado todavía a la pastoral litúrgica la prioridad que le corresponde dentro de la pastoral de conjunto, *siendo aún más perjudicial la oposición que se da, en algunos sectores, entre evangelización y sacramentalización*. Falta profundizar en la formación litúrgica del clero; se nota una marcada ausencia de catequesis litúrgica destinada a los fieles"[18].

Además, en *Puebla* se detecta ya el influjo de la Revolución del 68. Dos rasgos muy característicos del 68 fueron, por una parte, la substitución del marxismo revolucionario, de corte utópico y reivindicativo, por un marxismo de "rostro humano" y de pretensiones culturalistas, concebido por Antonio Gramsci (1891-1937); y, por otra, la irrupción del neomarxismo de la Escuela de Frankfurt[19]. *Puebla* respondió a tales ideologías con su "teología de la cultura".

La III Conferencia se desarrolló en pleno auge de las teologías liberacionistas (no todas iguales). La PCAL siguió con preocupación el desarrollo de estas teologías adjetivas. "Desde 1974 las reuniones de la PCAL tendrán al orden del día la teología de la liberación, como uno de los graves problemas eclesiales de América Latina. El influjo del análisis marxista, la eclesiología subyacente, el influjo en las Comunidades Eclesiales de Base, la reducción del cristianismo a un movimiento inmanente, la interpretación de la persona y de la misión de Jesucristo como liberador político y revolucionario, la división entre Iglesia popular e Iglesia jerárquica, fueron entre otros los puntos que constituyeron tema de estudio de las reuniones de la PCAL. Hasta la reunión de 1984, se encuentra en el orden del día la teología de la liberación. Este tema va íntimamente unido al problema de los movimientos políticos de sacerdotes en América Latina,

---

[18] *Puebla,* n. 901, p. 504. El subrayado es mío.

[19] Entre los representantes de la Escuela más conocidos deben citarse Max Horkheimer, Theodor Adorno, Jürgen Habermas y Herbert Marcuse. Pretendieron una renovación crítica del marxismo; es decir, una puesta al día del marxismo, completando la discusión de los supuestos del capitalismo que Marx no pudo prever. La influencia de Sigmund Freud se dejó sentir particularmente en Marcuse. Aunque agregado al grupo y miembro de su segunda generación, Habermas diverge de las líneas fundamentales de la Escuela.

cuyo estudio suscitó la promulgación de los documentos *Libertatis nuntius* y *Libertatis conscientia*"[20].

Señalo, por último, que la preparación de la III Conferencia coincidió con el apogeo de la "teología del pueblo", una peculiaridad argentina, puesta a punto por Lucio Gera (1924-2012), quizá inspirado por Rodolfo Kusch (1922-1979), destacado antropólogo afincado en el noroeste argentino.

2. La preparación de *Puebla*

Apoyaré mi exposición en tres fuentes: un amplio *dossier* conservado en la PCAL, en el que se encuentra el *Documento de consulta* o *Documento base*, la abundante correspondencia entre el CELAM y la PCAL, y la información enviada a Roma por la Nunciatura de Colombia[21]; el *Documento de trabajo*[22]; y, en menor medida, en las *Conclusiones de Puebla*[23].

a) *Cómo se gestó la III Conferencia*

El 25 de febrero de 1976, en una de las reuniones de coordinación del CELAM, se consideró la oportunidad de celebrar la III Conferencia general del Episcopado Latinoamericano. Este proyecto fue presentado al Pablo VI por el presidente del CELAM, el 26 de abril, es decir, dos meses después. El CELAM abordó casi monográficamente el asunto en una reunión celebrada los días 24-26 de junio siguiente. Al comunicar el desarrollo de la reunión a la PCAL, Alfonso López Trujillo, secretario general del CELAM, decía:

---

[20] C.A. PÉREZ MÉNDEZ, *Pontificia Comisión para América Latina 50 años (1958-2008). Monografía histórica*, cit., pp. 209-210.

[21] Este amplio dossier se puede consultar en el Archivo de la Pontificia Comisión para América Latina. Hay que reconstruirlo a partir de tres legajos muy voluminosos, incluidos en la siguiente caja: Archivo de la PCAL, III C.G., vol. 3, 2-109-3-1.

[22] Véase, *supra*, nt. 8, donde viene la descripción del DT.

[23] Citaré por la edición que publicó el CELAM, ya referida *supra*. Esta edición incluye, además de las *Conclusiones,* la aprobación de Juan Pablo II, el discurso inaugural del Pontífice en Puebla y las homilías papales en la Basílica de Guadalupe y en el Seminario Palafoxiano.

"En la Reunión tenida [...] fue tocado como punto de gran interés, por los participantes, lo relativo a la eventual convocación de
la Tercera Conferencia del Episcopado Latinoamericano. / Esto
surgió en forma espontánea en los participantes, y la Presidencia
[cardenal Aloísio Lorscheider] creyó oportuno escuchar los distintos puntos de vista y opiniones, manteniendo en reserva cui-
dadosa los pasos ya dados, muy especialmente por el interés de
su Eminencia[24]. / Sin embargo, tratándose de algo interesante, la
Presidencia vio con buenos ojos enviarle un Acta sobre la forma
como fue tratado el asunto"[25].

A la vista de la información recibida, la PCAL consideró, con
fecha 18 de agosto de 1976, que el proyecto revestía interés y debía
seguir su curso, pero sin hacerlo público hasta pasada la Asamblea
General del Sínodo de los Obispos, que estaba prevista para el 17
de octubre de 1977. Así, pues, debía presentarse nuevamente la propuesta al cabo de un año[26]. Aunque el proyecto siguió su curso de
forma reservada y sin publicidad, los acontecimientos se aceleraron.

En la LIII Asamblea de la PCAL, celebrada en Roma el 27 de octubre de 1976, Mons. Alfonso López Trujillo informó al pleno acerca del proyecto. Tres días más tarde, Sebastiano Baggio, entonces
presidente de la PCAL, conversó con Pablo VI acerca de este propósito, al darle cuenta de los asuntos discutidos en la recién concluida
asamblea:

"Per ultimo, ha fatto manifesto [López Trujillo] il programma di
lavoro de la prossima XVI Assemblea ordinaria del CELAM in San
Juan de Puerto Rico e il proposito già sottoposto a Vostra Santità

---

[24] Este inciso muestra que, antes de la referida reunión del CELAM, se habían
producido cambios de impresiones entre el Secretariado General del CELAM y el
presidente de la PCAL, y que tales comunicaciones no debían hacerse públicas.

[25] A. LÓPEZ TRUJILLO. Secretario General del CELAM, *Carta al Cardenal
Sebastiano Baggio*, de 11 de julio de 1976 (Archivo de la PCAL, III C.G., vol. 3,
2-109-3-1, legajo 1).

[26] S. BAGGIO, Presidente de la Pontificia Commissione per l'America Latina,
Carta a Mons. Alfonso López Trujillo, Secretario General del CELAM, de 18 de
agosto de 1976, N.6755/CAL (Archivo de la PCAL, III C.G., vol. 3, 2-109-3-1,
legajo 1).

per la celebrazione (al decennio di Medellín: 1968-1978) di una III Conferenza generale dell'Episcopato Latinoamericano, nell'intento di recepire in un documento pastorale gli insegnamenti della *Evangelii nuntiandi* e quelli che emaneranno dal prossimo Sinodo sulla catechesi, come pure vedere come risolvere i problemi che nel frattempo sono stati posti alla Chiesa in America Latina"[27].

Dos semanas después, antes de partir hacia Puerto Rico, para participar en la XVI Asamblea General del CELAM, el cardenal Baggio pidió a Pablo VI autorización para informar oralmente a los allí reunidos, y comunicarles la conformidad del Santo Padre. De puño y letra escribió las indicaciones recibidas del Romano Pontífice: "Mi autorizza a parlare a Puerto Rico ai responsabili del CELAM nel senso richiesto"[28]. Los términos establecidos por el Papa eran dos: que se trataba de una nueva Conferencia (no una continuación de *Medellín*) y que el comunicado debía ser sólo oral, por el momento.

El 25 de marzo de 1977 Pablo VI aprobó el tema de la Conferencia: "La Evangelización en el presente y en el futuro de América Latina" y sucesivamente se dio a conocer la sede y la fecha de la Conferencia. Se celebraría en la ciudad de Puebla de los Ángeles (México), del 12 al 28 de octubre de 1978[29].

Aunque la comunicación suscitó gran entusiasmo, pronto empezaron los problemas, como se advierte por una notificación que Mons. López Trujillo al cardenal Baggio, de abril de 1977:

---

[27] SACRA CONGREGATIO PRO EPISCOPIS, *LIII della PCAL* (27 ott. 1976), *Foglio per l'Udienza* (Archivo de la PCAL, III C.G., vol. 3, 2-109-3-1, legajo 1). La audiencia tuvo lugar el 30 de octubre de 1976.

[28] SACRA CONGREGATIO PRO EPISCOPIS, *LIII della PCAL, per l'Udienza* (Archivo de la PCAL, III C.G., vol. 3, 2-109-3-1, legajo 1), en anotación *in fine*. La audiencia papal tuvo lugar el 13 de noviembre de 1976. Hay otra anotación: "Me autoriza a hablar en Puerto Rico a los responsables del CELAM en el sentido propuesto. Sería preferible que la próxima III Conferencia General no sea en Medellín. El Santo Padre mandará la documentación al Consejo para los Asuntos Públicos de la Iglesia" (S. BAGGIO, *Foglio per l'udienza concessa dal Papa al Cardinale Sebastiano Baggio. 30 ottobre 1976*, en Archivo de la PCAL, I-A, vol. 49, LIII Adunanza (27.X.76), Propositi di una Terza Conferenza Generale]).

[29] Cfr. Archivo de la Pcal, III C.G., vol. 2-1, Sede.

"Del editorial de la CLAR [no se especifica qué nota editorial fue, aparecida seguramente en el *Boletín* de esa institución] ya se deducen algunos puntos de desorientación: –Haciendo caso omiso de las claras directrices de S. E., en Puerto Rico, en el sentido de que es una Tercera Conferencia, nueva por tanto, y no un segundo Medellín (del cual habría que precisar algunas expresiones), la CLAR prefiere insistir en que tendrá que ser una ratificación de Medellín, pero no se puede caer en la ingenuidad de no interpretar la contraposición que quieren establecer. – Manifiestan la intención de crear grupos de presión y de reducir la significación de una Conferencia Episcopal? –En un reciente Boletín[30], en la praxis que acometen, van más lejos: ya están organizados para enviar no sé qué cosas a presbíteros, laicos, etc. ¿Corresponde esto a la CLAR? ¿No sería útil hacer conocer esto [a] la Sagrada Congregación para los Religiosos, para que remedie a tiempo este trabajo paralelo? De nuestra parte solicitaré a la Presidencia [del CELAM] envíe una respuesta a la CLAR, ya que manifiestan que su plan ha sido comunicado a la Santa Sede y a la Presidencia del CELAM"[31].

Mientras tanto, los dicasterios de la Santa Sede hicieron llegar a la PCAL sugerencias y observaciones sobre la Conferencia y sobre algunos temas que deberían ser tenidos en cuenta para discutirlos en esa. La PCAL se apresuró a trasladarlas al CELAM, para que fueran tomadas en consideración al redactar el primer proyecto del documento de estudio, el cual debía ser enviado a la Santa Sede y a todas las conferencias episcopales nacionales de América Latina, para ulteriores propuestas con vistas al documento definitivo, destinado a todos los participantes.

El 12 de diciembre de 1977 Pablo VI convocó oficialmente la III Conferencia General, decisión que fue comunicada por el cardenal Jean-Marie Villot al cardenal Sebastiano Baggio. La carta, fechada el 12 de diciembre 1977, además de comunicar la voluntad de Pablo VI, nombraba los presidentes de la Conferencia, señalaba

---

[30] *Boletín de la CLAR*, de febrero-marzo de 1977.

[31] A. LÓPEZ TRUJILLO, *Carta al Cardenal Sebastiano Baggio, Presidente de la CAL*, fechada en Bogotá, el 13 de abril de 1977 (Archivo de la PCAL, III C.G., vol. 3, 2-109-3-1, legajo 2).

quiénes eran miembros de derecho, refería las disposiciones para la elección de los invitados y de los relatores, indicaba la necesidad de un "reglamento interno" y recordaba que el CELAM debía remitir a la Santa Sede todo el material utilizado en la preparación de la Conferencia:

> "El material de base, incluido el que con carácter provisional será enviado a las Conferencias Episcopales para una mejor comprensión del tema y una mayor profundización de sus aspectos, será regularmente enviado a la CAL [sic], que cuidará de enviarlo a otros Dicasterios de la Curia Romana, en el caso que debiera verse la conveniencia o utilidad"[32].

Por consiguiente, del acervo documental que he podido consultar se desprende que la cronología del proyecto fue así:

- Febrero de 1976: en una Reunión de coordinación del CELAM, se debatió celebrar una tercera conferencia.
- Abril de 1976: el presidente del CELAM, cardenal Lorscheider, presentó la idea a Pablo VI.
- Junio de 1976: el asunto se estudió monográficamente en una reunión de coordinación del CELAM.
- Agosto de 1976: la PCAL aceptó el proyecto.
- Octubre de 1976: el secretario general del CELAM, Mons. López Trujillo, informó acerca del proyecto, en una plenaria de la PCAL.
- Octubre de 1976: Pablo VI aceptó el proyecto.
- Diciembre de 1976: el cardenal Baggio dio a conocer el proyecto en la asamblea general del CELAM, celebrada en San Juan de Puerto Rico.
- Febrero de 1977: primeras dificultades, singularmente con la CLAR.
- Marzo de 1977: Pablo VI aprobó el tema de la Conferencia: "La Evangelización en el presente y en el futuro de América Latina", y determinó las fechas de celebración y la ciudad dónde tendría lugar.

---

[32] J.M. VILLOT, Cardenal Prefecto del Consejo para los Asuntos Públicos de la Iglesia, *Carta al Cardenal Presidente de la Pontificia Comisión para América Latina, Sebastiano Baggio*, Vaticano, 12 de diciembre de 1977, en Archivo de la PCAL, III C.G., vol. 2-1, Presidenza e Segretario Generale, Convocazione.

- Diciembre de 1977: Pablo VI convocó oficialmente la conferencia.

Pablo VI convocó formalmente la III Conferencia para el día 12 de diciembre de 1977 (fiesta de la Virgen de Guadalupe) y señaló que debía celebrarse del 12 al 18 de octubre de 1978. El fallecimiento de Pablo VI en agosto de 1978 y el brevísimo pontificado de Juan Pablo I obligaron a posponer el comienzo, que tuvo lugar finalmente el 28 de enero 1979, presidido por Juan Pablo II. Se clausuró el 13 de febrero. Participaron 356 delegados frente a los 249 previstos inicialmente, de los cuales 221 eran obispos[33].

b) Cómo se elaboró el Documento de trabajo

Conocida la convocatoria, el CELAM intensificó los trabajos de preparación y elaboró el *Documento base* (DB), teniendo en cuenta las sugerencias que había recibido de los episcopados de América Latina. El 11 de enero de 1978 la PCAL celebró su LIV reunión dedicada al estudio del DB, que había sido enviado a todos los miembros de la PCAL el 2 de diciembre de 1977, con la clara indicación de que lo leyesen, estudiasen e hicieran llegar por escrito las eventuales observaciones. Esta plenaria, en la que tomaron parte todos los consultores, consejeros y miembros de la PCAL, aprobó en términos generales el DB, con algunas indicaciones para la redacción definitiva del DT. Estas fueran enviadas al secretario general del CELAM el 25 de abril de 1978[34].

Conocemos, por un despacho de la Nunciatura en Colombia, los nombres de los siete teólogos designados para la redacción del *Documento de trabajo*, a partir del *Documento base* (conocido también como *Documento de consulta*)[35]:

---

[33] Cfr. la visión autobiográfica de A. LÓPEZ TRUJILLO, *De Medellín a Puebla*, BAC, Madrid 1980.

[34] Cfr. C.A. PÉREZ MÉNDEZ, *Pontificia Comisión para América Latina 50 años (1958-2008)*, cit., p. 234.

[35] E.MARTÍNEZ, Nuncio apostólico en Colombia, *Informe dirigido al Cardenal Sebastiano Baggio*, de 5 de septiembre de 1977, Prot. N. 20272 (Archivo de la PCAL, III C.G., vol. 3, 2-109-3-1, legajo 3). Mons. Eduardo Martínez Somalo fue creado cardenal posteriormente.

1. Jesús Andrés VELA, jesuita español establecido en Colombia, secretario ejecutivo de la Sección de Juventud del CELAM;

2. Boaventura KLOPPENBURG, franciscano brasileño, rector del Instituto Pastoral del CELAM y miembro de la CTI (1974-1992)[36];

3. Pierre BIGO, jesuita francés, uno de los fundadores del Centro Bellarmino de Santiago de Chile (precursor de la Universidad Alberto Hurtado), especialista en doctrina social cristiana;

4. Lucio GERA, presbítero argentino, profesor en Facultad de Teología de Buenos Aires y miembro de la CTI (1969-1974);

5. Alberto METHOL FERRÉ, el intelectual uruguayo, secretario ejecutivo del Departamento de laicos del CELAM y docente en la Universidad de Montevideo;

6. Maximino ARIAS REYERO, presbítero chileno y doctorado con Joseph Ratzinger, profesor de la Facultad de Teología de la Universidad Católica de Chile; y

7. Mons. Otto SKRYPZACK, escriturista brasileño, profesor del Instituto de Teología, de la Pontifícia Universidade Católica do Rio Grande do Sul.

"A cada uno de los participantes en el equipo de redacción –decía el Nuncio– le serán entregados unas recomendaciones", que se adjuntan como Anexo III del informe preparado por la Nunciatura.

---

[36] A propósito de Kloppenburg, quizá convenga recuperar la memoria de este gran estudioso brasileño, que fue profesor en el Instituto Franciscano de Petrópolis y perito del Vaticano II, a quien se debe la recepción en el Brasil del último Concilio ecuménico. Kloppenburg elevó la *Revista Eclesiástica Brasileira,* que dirigió durante muchos años, hasta ser la publicación teológico-pastoral con mayor impacto de toda Latinoamérica. Después dirigió el Instituto de Pastoral del CELAM, cuando el ITEPAL trasladó su sede de Medellín a Bogotá (1974-1984). Fue también el primer director de la revista *Medellín,* desde 1975 a 1982, órgano del ITEPAL, y destacó como miembro de la CTI (1986-1995). Consagrado obispo de Nova Hamburgo (1986-1995), falleció en 2009, a la edad de noventa años. Cfr. J.I. SARANYANA, *Medio siglo de la "Revista Eclesiástica Brasileira",* en "Hispania Sacra", 48 (1996) 261-273; y en *Actas del Vº Congreso Internacional sobre los franciscanos en el Nuevo Mundo (siglos XIX-XX),* en "Archivo Ibero-Americano", 57 (1997) 67-78; J.A. SCHIERHOLT, *Frei Boaventura Kloppenburg. 80 anos por sua Igreja,* s/e, Lajeado 1999; A. BECKHAUSER, "Dom Boaventura Kloppenburg: Sua atuação na Igreja de Cristo durante a segunda metade do século XX", en *Medellín,* 35/139 (2099) 367-390.

El DT estaba terminado a finales de julio de 1978, puesto que fue discutido por la permanente del CELAM, celebrada del 1 al 7 de agosto, estando presente el cardenal Baggio. Ignoro si en ese momento ya se habían incorporado las "Notas sobre algunos temas" (que constituyen un apéndice doctrinal del DT, del que hablaré más adelante), o bien se añadió el apéndice como consecuencia de la reunión. En todo caso, el DT estaba ya impreso con las "Notas" a comienzos de octubre de 1978.

Es interesante, antes de proseguir la exposición, tomar buena nota de lo que le DT dice de sí mismo, cuando expone, en el epígrafe n. 1, la "Naturaleza del Documento de Trabajo". Como a estas alturas no resulta fácil acceder al DT, copio los tres párrafos de esa explicación, con algunos comentarios míos entre corchetes:

1.1. Es un instrumento [el DT] para ayudar a la creatividad de los que tomarán parte en la III Conferencia general. [Esta puntualización será repetida por el cardenal Lorscheider en el discurso inaugural de 29 de enero de 1979].

1.2. Este Documento, sin olvidar el *Documento de consulta* [=DB], tiene como fuentes principales los aportes de las Conferencias Episcopales, de las Reuniones Regionales (Cono Sur, Países Bolivarianos, Centro América y México, Antillas), de los Dicasterios de la Santa Sede, de los Departamentos y Secciones del CELAM, de su Equipo de Reflexión Teológico-Pastoral y de otros organismos de la Iglesia de nivel continental, que tuvieron la bondad de dar su colaboración en respuesta al *Documento de consulta*. [Los redactores del DT se ponen la venda antes de la herida, es decir, se curan en salud, previendo posibles críticas, al subrayar la amplia consulta que ha precedido a la elaboración del texto final del DT, y las variadas corrientes de opinión que se han tomado en cuenta].

1.3. El *Documento de trabajo* es fruto de un esfuerzo de objetividad y fidelidad a las fuentes, sobre todo a los aportes de las Conferencias Episcopales de América Latina; busca sintetizar, con organicidad y unidad de conjunto, los problemas, los criterios evangélicos, las líneas de acción pastoral señaladas en dichas fuentes. Intenta, igualmente, aclarar conceptos importantes, según el deseo manifestado por las mismas Conferencias. [Se detalla, pues, que el apéndice doctrinal que se incluye aclara conceptos teológicos importantes, y que se inserción obedece a un deseo expreso de las conferencias episcopales de AL].

1.4. Es claro que, en una síntesis de esta naturaleza no es posible recoger con objetividad y fidelidad absolutas el abundante material en todos sus detalles. Por eso el CELAM, con el deseo de la máxima objetividad y fidelidad a nuestras Iglesias, pone a disposición de los participantes de la III Conferencia General, dos *Libros auxiliares*: uno con los aportes de las Conferencias Episcopales; otro con los aportes de los Departamentos, Secciones y el Equipo de Reflexión Teológico-Pastoral [del CELAM]. [Se pretende la máxima transparencia y que nadie se sienta excluido]"[37].

c) *El Documento de trabajo y su recepción*

Concluida la III Conferencia, Boaventura Kloppenburg preparó una extensa crónica sobre la gestación de las *Conclusiones*, donde también hallamos informaciones de interés sobre su prehistoria[38]. Kloppenburg señala que, por ser los redactores del DT todos ellos obispos, la Conferencia de Puebla fue "muy diferente [de la de Medellín]: mejor preparada, más rica, más teológica, más pastoral y, sobre todo, más propiamente episcopal". Por cortesía, Kloppenburg atribuye todo el mérito a la jerarquía, pasando por alto que los redactores del DT no eran obispos cuando llevaron a cabo su laborioso trabajo.

En todo caso, el cardenal Aloísio Lorscheider, en su discurso de apertura, de 29 de enero, recordó que "el Documento de Trabajo ha[bía]

---

[37] DT, ed. cit., § 1.

[38] B. KLOPPENBURG, *Génesis del Documento de Puebla*, Ediciones de la Conferencia del Episcopado Mexicano, [México] 1979, publicado también en la revista *Medellín*, 5 (1979) 190-207. Véase, además, Alfonso LÓPEZ TRUJILLO, "Preparación de la III Conferencia General del Episcopado Latinoamericano", en *Medellín*, 5/17-18 (1979) 181-207. Otra crónica de aquella hora: J. A. VELA, "Así viví a Puebla", en *Theologica Xaveriana*, 29 (1979) 5-10. -- Sobre el contexto externo que rodeó a la Conferencia (lo que algunos han denominado la "Conferencia paralela"), cfr. las opiniones de Enrique Dussel, Gustavo Gutiérrez, Leonardo Boff, Segundo Galilea, Jon Sobrino, José Comblin y otros en: "Fuera de la Asamblea", en *Theologica Xaveriana*, 29 (1979) 55-74. Cfr. también: P. ARRUPE, "Rueda de prensa", en *Theologica Xaveriana*, 29 (1979) 75-87.

sido concebido como instrumento de creatividad, no como documento base para discutir por las asambleas, proponiendo enmiendas"[39]. Sus palabras se inspiraban, como es obvio, en la presentación del DT (epígrafe número 0).

¿Por qué, después de tanto esfuerzo y estudio, el DT se autopresentaba como mera "ilustración", relegado a puro instrumento de "creatividad"? Quizá por dos motivos:

1º) Porque la experiencia del Vaticano II aconsejaba mucha prudencia y no dar nunca por definitivo un trabajo previo. La reacción del aula conciliar había sido tan negativa ante los documentos elaborados por las comisiones preparatorias, que la Secretaría General del Concilio decidió comenzar *ex novo*, salvo en el tema de la liturgia, cuyo esquema se dio por válido, quizá minusvalorando su influjo posterior.

2º) Además, porque algunos pensaban que las discusiones iban a perder espontaneidad, si ya todo estaba establecido de antemano, limitando el debate a simples cuestiones formales. Recordaban que en *Medellín* nunca se consideró que los trabajos preparatorios fuesen textos definitivos, listos para la discusión en las plenarias.

El ambiente que rodeaba la III Conferencia no era nada tranquilo, como ya se ha apuntado. El historiador Alcalá Alvarado recordaba, veinte años después, la inquietud que se respiraba en la calle, que intranquilizaba también a los padres sinodales y a los peritos acreditados:

"Es curioso anotar que, ya desde el tiempo de preparación, se organizó un grupo de oposición a la III Conferencia, cuyos motivos no siempre eran muy claros, aunque estaban unidos por un cierto temor, no muy infundado, de que las concepciones teológicas, sociológicas y políticas del grupo recibirían una reprobación o desautorización por parte de la Conferencia. Este grupo propagó algunos rumores que, si bien falsos, produjeron estorbos o retrasos e hicieron difícil el camino de los trabajos. Así, por ejemplo, difundieron

---

[39] B. KLOPPENBURG, *Génesis del Documento de Puebla*, cit., pp. 5-6.

que el *Documento de trabajo* habría sido furiosamente rechazado por las Conferencias Episcopales de Brasil, Chile, Perú y Panamá. Otro infundio fue decir que el CELAM presionaba, para que la sede no fuera Puebla sino Puerto Rico, a fin de asegurar que la CIA (en connivencia) impidiera la participación de algunos obispos y así garantizar los 'manejos' de la Santa Sede temerosa del marxismo. Y otras cosas por el estilo"[40].

3. La teología subyacente al *Documento de trabajo*[41]

a) Estructura del DT

El DT consta de dos partes, como ya se ha dicho[42]. Como la primera parte no fue del agrado de todas las conferencias episcopales, la Secretaría del CELAM decidió que se añadieran unas aclaraciones, impresas como anexo, de una extensión notable, porque equivalen a la mitad del texto del DT. En el margen izquierdo del DT se expresa, con las adecuadas abreviaturas, la procedencia del texto incorporado (por ejemplo, qué conferencia episcopal ha pedido su introducción, qué departamento del CELAM ha sugerido su inserción o lo ha inspirado, etc.). El *Documento base* (DB), con amplia diferencia la fuente más citada, se abrevia con las siglas DC (*Documento de consulta a las Conferencias episcopales*).

b) Evangelización versus sacramentalización

Un debate, nacido en Europa y trasladado a AL, gravitó durante todo el período de gestación del DT. Fue la supuesta oposición entre "evangelización y sacramentalización". Tal polémica, que ha quedado resuelta con los nuevos rituales que aplican el Vaticano II, primaba entonces

---

[40] Alfonso ALCALÁ ALVARADO, "Puebla (México) 1979", en *Anuario de Historia de la Iglesia*, 5 (1996) 422. Sobre el ambiente interno de la Conferencia de Puebla, descrita por sus protagonistas, véase el monográfico de la revista *Medellín*, 5 (1979).

[41] Javier BARRAGÁN LOZANO, "Teologías subyacentes en los aportes a Puebla", en *Medellín*, 4/15-16 (1978) 368-381.

[42] Cfr. *supra* la nota 8.

la palabra (tomada en su sentido más amplio) sobre el efecto santificador de los signos sacramentales. Se desacreditaba el efecto *ex opere operato* de los siete sacramentos, cuando se reciben dignamente, con descalificaciones, ajenas a la tradición de la Iglesia. Se olvidaba que el canal ordinario de la gracia es la vía sacramental.

La cuestión fue abordada por el DT, aunque tímidamente. En efecto, en la parte dedicada a la "Acción evangelizadora" sale a relucir que es necesaria una preparación catequética para recibir dignamente los sacramentos de la iniciación cristiana y del matrimonio[43]. Se pide "favorecer y vivir la celebración litúrgica, inserta en el conjunto del quehacer pastoral, como momento privilegiado de la misión evangelizadora de la Iglesia"[44]. Se sugiere "fomentar los encuentros preparatorios a la celebración de los sacramentos, haciendo de ellos auténticos encuentros con la comunidad eclesial local; dando amplia cabida a la Palabra de Dios y a la oración, que valoricen el sacramento, hagan comprender mejor la celebración y muevan a la conversión de vida y a la mayor integración en la comunidad"[45]. Se insiste en la celebración eucarística, como "fuente y cumbre de toda la actividad de la Iglesia"[46].

Sin embargo, en ningún lugar se trata, si no he leído mal, el problema de fondo: que la evangelización y la vida sacramental son inseparables, y que una evangelización que no aboca a la práctica sacramental resulta ineficaz a la larga, y que una vida sacramental ayuna de doctrina y evangelización empobrece la vida de piedad. Como alguno de los protagonistas del debate reconoció con irónica e inspirada frase: "una buena teoría es necesaria para no quedarse en una mala práctica, influida en definitiva por una mala teoría"[47]. La teología pastoral y la teológica dogmática son inseparables. Se vive como se piensa, y se piensa como se vive. O como se lee en San Mateo: "*Hæc oportet facere et illa non omittere*" (*Mt. 23:23*).

---

[43] DT, p. 97, n. 638.

[44] DT, p. 98, n. 645.

[45] DT, p. 98, n. 650.

[46] DT, p. 98, n. 643.

[47] Cfr. Pere TENA, "Itinerario del tema 'evangelización y sacramentos'", en *Phase*, 15 (1975/85) 16.

¿Qué había detrás de un planteamiento tan minimalista de la pastoral sacramental? ¿Por qué el DT se había limitado a unas cuantas alusiones piadosas y retóricas, sin entrar a fondo en la teología de los sacramentos y su inseparabilidad de la palabra? No lo sé. En cualquier caso, esa laguna traslucía una cuestión eclesiológica de gran calado, con notables vinculaciones cristológicas y antropológicas.

En el marco descrito, unas palabras de Juan Pablo II, en su discurso inaugural de la III Conferencia, adquieren un relieve particular:

"[...] nosotros nacemos de la Iglesia: ella nos comunica la riqueza de vida y de gracia de que es depositaria, nos engendra por el bautismo, *nos alimenta con los sacramentos y la Palabra de Dios*, nos prepara para la misión, nos conduce al designio de Dios, razón de nuestra existencia como cristianos. Somos sus hijos[48].

c) La inclusión de un amplio anexo al DT

El apéndice del DT, titulado "Notas sobre algunos temas", trata quince cuestiones, encabezadas por unas pocas líneas de gran interés, que copio a continuación:

"Las Conferencias episcopales manifestaron el deseo de recibir algunas notas para el esclarecimiento de ciertos conceptos importantes. / Respondemos en esta parte a ese deseo. / No todas las notas son del mismo valor ni utilizan la misma metodología. Inclusive su extensión es muy diversa. Algunas desarrollan con cierta amplitud el tema. Otras son más técnicas o meramente indicativas de puntos que deben considerarse y aspectos que vale la pena tener en cuenta. / Para la utilización de esta parte, obsérvese que la paginación está entre paréntesis".

Seguidamente viene la relación de las quince notas:

01. Criterios de evangelización
02. Situación de pecado

---

[48] JUAN PABLO II, "Discurso inaugural en el Seminario Palafoxiano", en *Puebla*, p. 271. El subrayado es mío.

03. Cristología
04. La Iglesia particular
05. Los ministerios en la Iglesia
06. Evangelización y cultura
07. Religiosidad popular
08. Pobres y pobreza
09. Fe y política
10. El martirio
11. Teología de la liberación
12. Crítica teológica del análisis marxista
13. La Iglesia popular
14. Seguridad nacional
15. Multinacionales

Basta la lectura de los temas para despertar el interés de cualquier profesional de la teología. La redacción revela una alta especialización de sus autores. Esto confirma la valía de los siete peritos designados para escribir el DT, que, libres ya de las ataduras que suponía tomar en cuenta la multitud de sugerencias, observaciones y enmiendas presentadas al DB, pudieron trabajar con mayor libertad y creatividad. Desconozco si intervinieron en la redacción, además de los citados, otros expertos.

d) Visión panorámica del apéndice

Es interesante revisar, en líneas generales, qué pasajes provocaron las "Notas sobre algunos temas".

- El número 113, que culmina un parágrafo muy complicado de expresión sobre el "secularismo", motivó la "Nota" sobre la "Evangelización de la cultura".
- El número 145, sobre las estructuras de pecado y de injusticia, provocó la "Nota" sobre "Situación de pecado".
- El número 147, que denuncia los egoísmos de las multinacionales, se aclara con una "Nota" sobre las "Multinacionales".
- El punto 225, sobre los "Ministerios laicales" mereció una "Nota" titulada "Los ministerios en la Iglesia".

- El largo epígrafe sobre el "Profetismo", correspondiente a los nn. 262 y ss., se perfila con una "Nota" rotulada "Criterios de evangelización".
- El apartado que trata la crisis que ha afectado a los intelectuales (n. 431) se ilustra con una "Nota" sobre la "Religiosidad popular".
- El parágrafo centrado en la evangelización de los pobres tiene una ampliación en una "Nota" titulada "Pobres y pobreza". Y podríamos seguir, aunque nos parece que ya basta con los ejemplos aducidos.

e) Cuatro temas de un interés especial

En la primera nota del apéndice, dedicada a los "Criterios de evangelización", destaca el breve tratado acerca del oficio del teólogo dentro de la Iglesia. Se advierte que dos miembros del equipo relator (Lucio Gera y Boaventura Kloppenburg) pertenecían o habían pertenecido a la Comisión Teológica Internacional. Conocían los discursos de Pablo VI dirigidos a ese colegio, que había abordado la misma cuestión al menos en dos ocasiones. La nota se adelanta, incluso, a algunas formulaciones que aparecerán mucho más tarde en la instrucción de la Congregación de la Fe, titulada *Donum veritatis. Sobre la vocación eclesial del teólogo*, que data de 1990. Vale la pena copiar tres puntos del apéndice:

> "En lo que atañe a las tensiones entre Obispos y teólogos, surgidas por la diferente apreciación de algunos temas no suficientemente clarificados, la primera instancia para superarlas es el diálogo[49];

---

[49] En diciembre de 1968 apareció, en la edición francesa de la revista *Concilium* (en otras ediciones, en el mes de enero de 1969), la polémica *Declaración sobre la libertad y la función de la teología en la Iglesia*, firmada por treinta y ocho teólogos, que constaba de un breve preámbulo y siete sintéticos puntos. Entre los firmantes se encontraban algunos de los peritos que habían intervenido en el Concilio Vaticano II y que después habían sido ponentes en el Congreso Internacional de Teología, celebrado en 1966 y, también, los fundadores de la revista *Concilium*: Roger Aubert, Alfons Auer, Franz Böckle, Pierre Benoit, Marie-Dominique Chenu, Yves-Marie Congar, Christian Duquoc, Heinrich Fries, Walter Kasper, Hans Küng, Karl Lehmann, Johannes Baptist Metz, Karl Rahner, Joseph

luego, de ser requerida, la amonestación paterna del Pastor quien, como tal, tiene la responsabilidad de discernir el error y excluirlo, llegado el caso, aún con medios jurídicos autoritarios.

En el orden de los principios, no puede hablarse de la función teológica como de una enseñanza 'paralela' a la jerárquica. El magisterio de los Obispos y la enseñanza de los teólogos no se yuxtaponen ni están en el mismo nivel. Se subordinan orgánicamente, en bien del Pueblo de Dios. El magisterio jerárquico se sitúa en un nivel epistemológico diverso, al cual queda subordinada la enseñanza de los teólogos.

Subordinación no es, evidentemente, sinónimo de supresión o debilitamiento ni del carisma teológico, ni de la libertad de investigación y del propio método de trabajo que corresponde al teólogo"[50].

Son también de gran nivel técnico las "notas" relativas a la cristología y a las relaciones entre las iglesias particulares y la Iglesia universal. Tales *aclaraciones* inciden sobre todo en cuatro temas: 1º) Recuerdan la identidad substancial y radical de Jesús en su realidad terrenal (el Jesús histórico), con el Cristo glorioso (el Cristo de nuestra fe), entendida tal identidad como parte esencial del mensaje evangélico[51]. Por esta vía el apéndice del DT ofrece una lúcida crítica de la teología liberal protestante y alerta, además, ante una posible contaminación de la cristología católica de AL:

"Dentro de la situación teológica y pastoral de la hora actual en la Iglesia latinoamericana, esta búsqueda de los criterios de una

---

Ratzinger, Edward Schillebeeckx, Piet Schoonenberg, etc. Con posterioridad otros teólogos se adhirieron a la carta. El DT se hace eco de esa carta (aunque sin citarla) y del debate posterior, que duraba todavía cuando se preparaba *Puebla*, aunque ya las posiciones se habían acercado y algunos de los firmantes habían abandonado el equipo de *Concilium*, como Joseph Ratzinger, por ejemplo.

[50] DT, p. (6), nn. 46-48.

[51] Contemporáneo a las *Conclusiones de Puebla* es un documento de la COMISIÓN TEOLÓGICA INTERNACIONAL, *Sobre cuestiones selectas de cristología (1979)*, donde se lee: "2.2. La identidad substancial y radical de Jesús en su realidad terrenal con el Cristo glorioso pertenece a la esencia misma del mensaje evangélico. Una investigación cristológica que pretendiera limitarse al sólo 'Jesús de la historia' sería incompatible con la esencia y la estructura del Nuevo Testamento, incluso antes de ser objeto de rechazo por parte de la autoridad religiosa magisterial".

práctica evangelizadora de liberación en la misma práctica liberadora de Jesús ocurre a menudo en el marco de la búsqueda del
Jesús histórico, tal como se ha dado en las tendencias liberales
protestantes, en las cuales se prescinde del sentido pleno de la fe
cristiana"[52].

2°) Subrayan que la Iglesia universal no es un simple agregado
de iglesias particulares, pues en cada iglesia particular se realiza la
Iglesia universal[53]. Además, recuerdan que cada una de las particulares está formada a imagen de la Universal, y que la única Iglesia
católica está integrada por todas las particulares (he aquí el famoso
"*in quibus et ex quibus*" de *Lumen gentium*, 23b):

> "La Iglesia particular es una célula viva en la que está presente toda
> la Iglesia, pero que es parte de un todo y ha de estar en comunión
> vital con las demás Iglesias particulares. En el cuadro de esta 'co-
> munión', que ha de ser ineludiblemente mantenida, la Iglesia parti-
> cular tiene su propia responsabilidad y autonomía"[54].

3°) Definen las cualidades que debe revestir el verdadero "martirio" (es decir, la muerte en testimonio de la fe) y declaran la ilegiti-
midad de la insurgencia (sin más).

4°) Critican a quienes afirmaban entonces que tanto la doctrina
como los análisis marxistas no sólo se distinguían, sino que además
podían separarse, de modo que era lícito apelar al análisis marxista,
sin ser por ello marxista.

El primer punto, sobre la identidad substancial entre el "Jesús
histórico" y el "Cristo de nuestra fe", tenía a la vista las cristologías
de Leonardo Boff[55] y Jon Sobrino[56], y otras que seguían los mismos

---

[52] DT, p. (13), n. 85.

[53] DT, p. (16), n. 100.

[54] "La Iglesia universal, en efecto, encuentra su existencia concreta en cada
Iglesia en la cual está presente. Recíprocamente, cada Iglesia particular está forma-
da 'a imagen de la Iglesia universal', con la cual vive en intensa comunión" (COMI-
SIÓN TEOLÓGICA INTERNACIONAL, *Temas selectos de eclesiología (1984)*, 5, 2).

[55] Cfr. *supra*, nt. 4.

[56] Jon SOBRINO, *Cristología desde América Latina. Esbozo a partir del
seguimiento del Jesús histórico*, Ediciones CRT, México 1977.

presupuestos. No olvidemos que Boff escribió su tesis en Múnich y que conoció (y se entusiasmó) con las tesis cristológicas de la hermenéutica existencial.

El segundo tomaba en consideración la eclesiogénesis boffiana y la exaltación excesiva de la pastoral de comunidades de base[57], y señalaba, además, la urgencia de la inculturación, enmarcada en un contexto eclesiológico correcto.

El tercero condenaba la canonización de la lucha armada, especialmente la exaltación de la muerte de Camilo Torres (aunque sin citarla). Los europeos ya conocimos una sacralización de la guerra y del combate, al estallar la Gran Guerra de 1914, con una serie de propuestas teológicas, principalmente en el campo protestante alemán, que enaltecían al combatiente a la altura de "otro cristo", y consideraban que su muerte reproducía de alguna manera el Calvario de Jesús, y que su sacrificio militar implicaba la redención del pueblo. En América, sin embargo, esto era una novedad en los sesenta y setenta, salvo episodios aislados acaecidos durante las guerras de emancipación, en la primera mitad del siglo XIX.

El cuarto punto afirmaba que ningún método analítico es neutro, porque se apoya sobre un sustrato doctrinal, del que no puede prescindir.

* * *

Hasta aquí el itinerario, a grandes rasgos, que siguió la preparación de Puebla, desde surgió la idea de celebrar una III Conferencia, hasta los albores de su celebración, retrasada por el fallecimiento de Pablo VI y Juan Pablo I. Si las advertencias incluidas como apéndice en el DT se tomaron en cuenta o no, en la elaboración de las *Conclusiones de Puebla*, lo dejo a los otros ponentes, que analizarán *in extenso* los contenidos teológicos de las *Conclusiones*.

---

[57] Leonardo BOFF, *Eclesiogênese. As comunidades eclesiais de base reinventam a Igreja*, Editora Vozes, Petrópolis 1977.

5

MÉXICO: LA IGLESIA EN LA SEGUNDA MITAD DEL SIGLO XX: ALGUNAS NOTAS GENERALES

P. Fidel González Fernández, mccj (España)
Pontificia Universidad Urbaniana

I. Periodos en la historia reciente de la Iglesia en México

Tres períodos pueden distinguirse en la historia reciente de México en relación a la vida de la Iglesia. El primero (1900-1940) se caracteriza por las difíciles relaciones entre la Iglesia y el Estado y por el protagonismo del laicado católico. Se abre el siglo con los últimos años del porfiriato (1884 a 1911). En este primer periodo, el conflicto Iglesia-Estado se agudiza, y cuanto más apremiante es la persecución religiosa, la combatividad de los seglares es más decidida. En estos momentos conflictivos, obispos y sacerdotes se encuentran hostilmente segregados en la vida mexicana y los laicos católicos ocupan un lugar preminente en ella, puesto que los pastores se ven obligados a vivir en el destierro en su propia patria, imposibilitados de llevar a cabo su misión pastoral y con frecuencia, sobre todo en el caso de los obispos, obligados al exilio. Tras un teórico y falaz *modus vivendi* en 1929 entre la Iglesia y el Estado, tras los llamados *acuerdos*, la Iglesia entra en una fase de tolerancia hostil por parte del Estado que perdurará con mayor o menor intensidad a lo largo de la década de 1930 hasta concluido el periodo presidencial de Cárdenas.

Se puede bien señalar un segundo largo periodo tras la subida a la presidencia del general Manuel Ávila Camacho (1940-1992). El comienzo del periodo coincide con la segunda guerra mundial, en la que México, de algún modo, queda involucrado al alinearse con los aliados. En este período de una mayor tolerancia, la Iglesia evita los enfrentamientos, y choques con el poder civil. Bajo este signo se llega al Concilio Vaticano II, que trae también a México una etapa de renovación con transformaciones de la Iglesia mexicana, no siempre tranquilas y en algunos casos con fuertes tensiones en algunos sectores de la Iglesia misma. Se da por una parte un crecimiento público de las expresiones de la fuerte religiosidad popular, sin notables trabas por parte del Estado; y por otra el crecimiento también de una conciencia eclesial más comprometida con las realidades sociales de la gente. En tal sentido se constata una creciente sensibilidad por parte de los obispos en los distintos sectores de la vida eclesial y social. Los años que siguen al Vaticano II hasta los acuerdos entre el Estado mexicano y la Iglesia (1992) son años relativamente fecundos en la historia eclesial mexicana. Con dichos acuerdos cambia notablemente el status jurídico de la Iglesia en el marco legal mexicano en el contexto ya de una laicidad positiva, periodo histórico marcado por las cinco visitas del Papa Juan Pablo II a México[1], iniciadas en 1979 y abiertas con la celebración de la III Asamblea General del Episcopado Latinoamericano celebrada en Puebla (1979) y concluidas con la canonización del indígena vidente de Guadalupe Juan Diego Cuauhtlatoatzin (2002), visitas continuadas sucesivamente por el Papa Benedicto XVI (23 al 26 marzo de 2012) y por el Papa Francisco (12 al 17 de febrero de 2016). Iniciaba así lo que se podría bien señalar como un tercer momento en esta historia.

Un punto de partida fundamental en la historia contemporánea de México es la nueva Constitución aprobada en 1917. El Congreso Constituyente, convocado en Querétaro, emanaría los artículos

---

[1]   Primera visita (26 de enero - 1 de febrero de 1979); Segunda visita (6 de mayo - 13 de mayo de 1990); Tercera visita (11 y 12 de agosto de 1993); Cuarta visita (22 de enero - 26 de enero de 1999); Quinta visita (30 de julio - 1 de agosto de 2002).

constitucionales 3, 5, 24, 27 y 130 que afectarán gravemente de modo muy particular a la Iglesia. La Constitución de 1917 cierra las puertas de la educación a la Iglesia, desconoce los votos monásticos y prohíbe las congregaciones religiosas, impide el culto fuera de los templos, nacionaliza los bienes eclesiásticos y niega a la Iglesia personalidad jurídica, los sacerdotes son reconocidos como profesionales y, por tanto, dependerá del Estado regular su número, se les restringen sus derechos políticos y de expresión, se desconocen sus estudios realizados en seminarios; se prohíben, por otra parte, los partidos políticos confesionales. No es régimen de separación entre la Iglesia y el Estado, sino de «establecer marcadamente la supremacía del poder civil sobre los elementos religiosos», con una meta específica: impedir a la Iglesia cualquier función rectora dentro de la sociedad mexicana nacida de la revolución. En la *Protesta* que firmarían los obispos desde el exilio, pocos días después de la promulgación de la Constitución, decían claramente cómo la pretensión constitucional era «privar al clero de su poder moral», «esclavizar» la nación «al poder del Estado». La Constitución establecía, pues, una peligrosa instancia en la vida mexicana que durante años sería piedra de tropiezo para la convivencia pacífica y se erigía legalmente un régimen político de fuerte acento totalitario. En los veinte años siguientes, Iglesia y Estado chocarán de frente al sentirse incapacitados ambos para superar sus respectivas teorías.

Las guerras civiles habían dejado al país en «una frialdad de muerte»[2]. La evangelización se adelanta en todos los niveles: los niños a base del catecismo clásico "Ripalda"; muy lentamente penetra el "Gasparri"; jóvenes y adultos, de ambos sexos, son evangelizados en el marco de las organizaciones católicas, entonces bastante vivas. El mundo católico reacciona contra la opresión y la negación de la libertad religiosa. Cuando los obispos deciden la clausura del culto público en 1926, Calles no supo valorar la fuerza de la decisión episcopal: pronto, para defender las libertades religiosas, brotaron partidas de voluntarios que tomaban las armas contra el régimen callista; meses después este movimiento entusiasta iría cuajando en una verdadera organización, cívica, por una parte, Liga Nacional de la Defensa de la

---

[2] J.G. Ortiz, obispo de Tamaulipas, *Exhortación al V. Clero de la Diócesi [sic] de Tamaulipas,* en «Revista Eclesiástica» 2/1 (1920) 133.

Libertad Religiosa, y por otra, militar, los combatientes «cristeros». Mientras que los obispos en su mayoría salían al destierro y el clero se escondía en las ciudades, los pobres, los más pobres, eran quienes luchaban por su Iglesia y por una patria nueva[3].

Era inaplazable hacer gestiones de paz. Después de diversos intentos y por mediación del embajador Morrow de los Estados Unidos, se llegaría al *modus vivendi,* pacto no escrito, compromiso verbal solamente, acordado en junio de 1929.

En los años siguientes, aunque se repiten escaramuzas entre la Iglesia y el Estado, las tensiones ya no tienen un carácter nacional, sino más bien local (Veracruz y Tabasco). Será hasta el 20 de julio de 1934, cuando Calles inicia un nuevo proceso con el «grito de Guadalajara», donde afirmaba la necesidad de apoderarse de la conciencia de los jóvenes y niños para la revolución psicológica, es decir, la educación socialista; así, en medio de imponentes manifestaciones de apoyo, el Congreso aprobaba una nueva redacción para el artículo 3° constitucional: la educación será socialista, excluirá toda doctrina religiosa[4].

La situación impulsó a algunos católicos, en su mayoría antiguos cristeros, a lanzarse nuevamente a la guerrilla –la «Segunda», como se le llamó–, pero de inmediato actuaron los obispos impidiendo que tal idea tuviera prosélitos; sin apoyo, la «Segunda» fracasó. Poco después, Lázaro Cárdenas modificaba su política religiosa, expulsaba del país a Calles, a Morones, líder de la CROM, y a Garrido Canabal, temible perseguidor desde Tabasco y desde la Secretaría de Agricultura. La reconciliación llegaba cuando Lázaro Cárdenas expropiaba el petróleo y recibía el apoyo de los obispos y de las organizaciones católicas[5].

---

[3]   Sobre la guerra cristera las obras de: J. MEYER, *La Cristiada.*

[4]   Cf. las estadísticas que presenta C. MARTÍNEZ ASSAD, *El laboratorio de la revolución. El Tabasco garridista,* México 1979, 51: en febrero de 1935, sacerdotes reconocidos por la autoridad civil para todo el país, 333; en diciembre se reducía el número a 197, y en marzo de 1936 subían a 293, para una población superior a 17 millones de habitantes.

[5]   J. SILVA HERZOG, protagonista de la expropiación petrolera, ha escrito: «Hay algo que es justo confesar: la Iglesia Católica estuvo con el gobierno en esa ocasión; aceptó que hubiera colectas en las iglesias para pagar la deuda petrolera. Es uno de los

II. Un nuevo periodo a partir de 1940. Consolidación de la familia revolucionaria: Cárdenas instaura en México el "presidencialismo feroz"[6]

Al desaparecer Calles de la escena política mexicana, todo el inmenso poder que acumuló como "jefe máximo de la Revolución" fue asumido por Cárdenas e incorporado a la figura presidencial, mediante una ley no escrita que convirtió al Presidente en el jefe máximo; ya no de "la Revolución", sino del partido [Revolucionario Institucional], y, a través de él, de toda la vida política del país. Desde entonces y durante muchas décadas, en México no existió ninguna frontera que pudiera señalar en dónde terminaba el partido y en dónde comenzaba el gobierno; el partido era el gobierno y el gobierno era el partido[7].

Si bien el artículo 89 de la Constitución de 1917 establecía un sistema presidencialista, pues asignó al Poder Ejecutivo enormes atribuciones, al ser también el jefe máximo del partido, el Presidente de México se convirtió de facto y contra lo señalado en la misma Constitución, en el jefe del Poder Legislativo y del Poder Judicial, así como en jefe único e indiscutible de todos los gobernadores de los estados y de todos los presidentes de todos los municipios de la República, pues todos esos cargos eran otorgados por medio del partido. Así, el "presidencialismo feroz" se convirtió en la piedra angular del sistema político mexicano. El Partido De La Revolución Mexicana (PRM) sería, desde ese momento, el instrumento para que cualquier presidente ejerciera durante seis años su poder total y absoluto sobre la nación, y pudiera ser el árbitro supremo en los conflictos entre los grupos políticos, económicos y sociales. Para que no hubiera duda del nuevo papel hegemónico que a partir de entonces desempeñaría el partido, Cárdenas le cambió el nombre de Partido Nacional Revolucionario a Partido de la Revolución Mexicana. Pero más allá del mero cambio

---

pocos casos en que el clero mexicano ha estado franca y decididamente del lado de los intereses populares» *(Trayectoria ideológica de la revolución mexicana, 1910-1917 y otros ensayos,* México ²1976, 149).

[6] JUAN LOUVIER CALDERÓN, *Historia Política de México,* UPAEP – Trillas, México 2004, 139-156.

[7] JUAN LOUVIER CALDERÓN, *Historia Política de México,* 139-140.

de nombre, el "presidencialismo feroz" requería darle al partido una estructura de la que carecía desde su fundación en 1929, con el fin de que realmente controlara en forma absoluta toda la vida política en México. En la asamblea fundacional celebrada el 2 de abril de 1938 el PRM formalizó su estructuración en cuatro sectores: el obrero, el campesino, el militar y el popular. El partido sería importante por sus cuadros, no por sus miembros; nunca buscaría la afiliación voluntaria y personal, sino la incorporación forzosa mediante un corporativismo de corte fascista; es decir, las personas serían miembros del partido a través de su trabajo. Si una persona pertenecía al ejército, si era obrero, campesino o burócrata, por ese simple hecho se convertía necesariamente en miembro del partido, lo cual fue especialmente evidente en el caso del sector militar, porque la disciplina, característica propia de la profesión militar, no dejó ningún espacio de discrepancia y todos los miembros del ejército fueron incorporados al partido. Con respecto al sector obrero, éste se formó a través de la Confederación de Trabajadores de México (CTM), la central obrera fundada por Vicente Lombardo Toledano dos años antes, el 21 de febrero de 1936, y que en sus inicios agrupó también a los campesinos.

Otro conocido historiador y politólogo mexicano, Enrique Krauze analizaba la secuencia presidencial, a partir de Manuel Ávila Camacho, sucesor de Cárdenas, (1940) hasta la conclusión del mandato presidencial de Carlos Salinas de Gortari (1996), en un ensayo histórico que lleva el título bien significativo de *La Presidencia imperial. Ascenso y caída del sistema político mexicano (1940-1996)*[8]

Al interior de la "familia revolucionaria" el esquema citado hizo que los líderes obreros se convirtieran en la nueva "clase dorada" y que tuvieran en sus manos todas las prebendas políticas y económicas dentro de los límites de sus respectivas cuotas de poder. Sin embargo, para evitar que, en un momento dado, algún líder convertido en cacique o un grupo determinado pudieran rebasar al poder central, el PRM estableció (mediante otra "ley no escrita" inspirada en Maquiavelo) una disciplina muy especial que premiaba o

---

[8]   Cf. ENRIQUE KRAUZE, *La Presidencia imperial. Ascenso y caída del sistema político mexicano (1940-1996)*, TusQuets Ed., México 1997.

castigaba con un aumento o una disminución de la respectiva cuota de poder. Esta disciplina consistió en un verticalismo que prohibía toda comunicación entre secciones y grupos de un mismo nivel; toda comunicación debía realizarse exclusivamente por medio de la cima del partido.

Otro aspecto significativo del reorganizado "partido oficial" consistió en su nueva declaración de principios, en la que reconocía que "la lucha de clases... y su desarrollo dialéctico es el motor de la historia" (tercer artículo), en la que anunciaba: "la implantación de la democracia de trabajadores para llegar al régimen socialista" (cuarto artículo).

Freno y Viraje del Régimen de Cárdenas

Lo mismo en educación que en economía, en política interna y externa, el régimen de Cárdenas, de la mano de Vicente Lombardo Toledano y de Francisco J. Mújica, establecía a grandes pasos una línea pro socialista. El viraje del cardenismo hacia una posición "moderada" estuvo señalado no sólo por el hecho de hacer a un lado a Mújica en la sucesión presidencial, sino también porque, desde 1938, se suspendieron tanto la colectivización de tierras como las huelgas contra las empresas particulares, además del abandono de la retórica socialista contra los empresarios en los discursos oficiales. Igualmente fue significativa la suspensión de los ataques a los católicos[9].

El Desarrollo Estabilizador en tiempos de la presidencia de Manuel Ávila Camacho (1897-1955)

A partir del sucesor de Cárdenas en la presidencia de la República, Manuel Ávila Camacho (Presidente: 1940-1946) México entra en una larga etapa de cambios prácticos en la manera de ser gobernado, aunque la sustancia continuase prácticamente intacta. Es lo que se puede llamar "el Desarrollo Estabilizador". Una de las primeras declaraciones de Ávila Camacho como candidato consistió en afirmar que "era creyente", pero nunca dijo en qué. Esa confusa declaración

---

[9] JUAN LOUVIER CALDERÓN, *Historia Política de México*, 150.

tenía, obviamente, una intención: tranquilizar a la población acerca de la cuestión religiosa y con ello ganar popularidad[10].

Tras Ávila Camacho siguen varios presidentes que desarrollan el sistema de manera estable. Son los presidentes Miguel Alemán Valdés (1946-1952), Adolfo Ruiz Cortines (1952-1958) y Adolfo López Mateos (1958-1964) con importantes logros en los varios sectores públicos. Sin embargo, esos logros se vieron opacados por el escandaloso enriquecimiento que, en esos sexenios, obtuvieron los principales funcionarios del régimen, siendo los mismos una continuidad de los anteriores. En algunos, como en el sexenio de Adolfo López Mateos se lograron grandes avances económicos. Fue durante su sexenio cuando la llamada "Guerra Fría" alcanzó de lleno a Latinoamérica, con la Revolución Cubana, a la cual el gobierno de México dio firme respaldo.

Para comprender adecuadamente las consecuencias políticas del "desarrollo estabilizador", es muy importante tener presente que la moderación de los regímenes durante este periodo y el crecimiento económico hizo que, en términos generales, la sociedad civil abdicase de su participación en la vida política de la nación. La idea de que "la política es una cosa sucia y quien participa se ensucia" sirvió como un pretexto cómodo para dejar de lado las responsabilidades ciudadanas. Sin embargo, hubo oposición. La oposición real a los regímenes de la "familia revolucionaria" tuvo dos vertientes: primero, la generada desde la extrema izquierda, cuya principal organización fue el Partido Comunista Mexicano; y la segunda, generada desde grupos de la derecha, cuya principal organización en esos tiempos fue la Unión Nacional Sinarquista y, al declinar ésta, el Partido Acción Nacional (PAN).

Del desarrollo estabilizador y la moderación de los regímenes durante este periodo se pasa a lo que se puede bien llamar el "desarrollo compartido"[11]. Es en este largo periodo en el que gobiernan los presidentes: Gustavo Díaz Ordaz (1964-1970), designado por Adolfo López Mateos como su sucesor, quien era su secretario de Gobernación. El presidente Díaz Ordaz continuó su gobierno, bajo

[10] Juan Louvier Calderón, *Historia Política de México*, 151-156.
[11] Juan Louvier Calderón, *Historia Política de México*, 157-179.

los esquemas del desarrollo estabilizador, pero una parte de la "familia revolucionaria" ya no estaba de acuerdo con ese esquema y, cuando todo parecía indicar que el Presidente ya había decidido que su sucesor fuera su secretario de Salubridad, el doctor Emilio Martínez Manatou, surgió la fractura de la familia con el Movimiento Estudiantil de 1968.

El Movimiento Estudiantil de 1968 en México

En 1968, y, a partir del 12 de octubre, se realizarían en la Ciudad de México los Juegos de la XIX Olimpiada. Esta situación representaba una extraordinaria oportunidad para presionar al grupo de la familia revolucionaria en el poder, es decir, al grupo que se aglutinaba en torno al presidente Gustavo Díaz Ordaz. El 22 de julio de 1968, un grupo de estudiantes de la Escuela Vocacional número 2 del Instituto Politécnico Nacional fue a apedrear el edificio de la preparatoria particular "Isaac Ochoterena". Los cuerpos policiacos de la Ciudad de México intervinieron apresando a varios de los agresores, los cuales fueron dejados en libertad pocas horas después. Comenzaba así la protesta que desencadenaría los hechos luctuosos conocidos tristemente por su *zenit* en la trágica matanza de Tlatelolco o de la plaza de las Tres Culturas.

Es un hecho incuestionable que en Tlatelolco muchas personas inocentes perdieron la vida y muchas otras fueron heridas; pero ¿cuántas? Hasta la fecha ninguna ha dado a conocer el dato. Ese es otro de los muchos misterios que envuelven al movimiento estudiantil. La propaganda revolucionaria siempre habla de los miles de personas "masacradas por el ejército, por órdenes de Díaz Ordaz". Otro gran misterio es que, cuando el movimiento tenía en sus manos una situación de tal envergadura, como para llevar a cabo una revolución que quizá hubiera derrocado al gobierno, ¡no ocurrió nada![12]

El 12 de octubre, la XIX Olimpiada fue inaugurada en el Estadio de Ciudad Universitaria, en un ambiente de absoluta tranquilidad

---

[12] Cf. síntesis de los hechos en JUAN LOUVIER CALDERÓN, *Historia Política de México*, 157-163.

¿El 2 de octubre fue realmente aniquilado el movimiento por la "represión brutal" del gobierno de Díaz Ordaz, a pesar de que ninguno de los principales líderes fue herido o aprehendido?

Casi todos los líderes del CNH tuvieron puestos importantes en la administración presidencial de Echeverría, sucesor de Díaz Ordaz en la presidencia; a partir del movimiento del 68 la familia revolucionaria se fracturó de manera irreconciliable. Todo lo anterior permite suponer que el movimiento estudiantil de 1968 fue en realidad un movimiento político aplicado por el grupo de la familia revolucionaria, formado en torno al secretario de Gobernación Luis Echeverría Álvarez, quien para manipular a los universitarios como "carne de cañón" tuvo el apoyo logístico de la Internacional Socialista, organismo con el cual Echeverría tenía más que buenas relaciones.

Presidencias de José López Portillo y Miguel De La Madrid Hurtado

Tras Luis Echeverría Álvarez seguirían en la presidencia: José López Portillo (1976-1982) y Miguel De la Madrid Hurtado (1982-1988).

Cuando De la Madrid tomó posesión de la Presidencia, la nación estaba destrozada en lo político, en lo moral y en lo económico; pero lejos de rectificar el rumbo, el Presidente, dogmáticamente, declaró una y otra vez que "el nacionalismo revolucionario es la fuerza que une a los mexicanos". Congruente con los postulados estatistas, la Secretaría de Educación Pública quiso apretar el control sobre los contenidos ideológicos de los programas de educación secundaria, mediante la edición, para este nivel educativo, de libros de texto, únicos y obligatorios.

Fue durante el sexenio de Miguel de la Madrid cuando distintos medios de comunicación comenzaron a señalar la existencia de vínculos entre el narcotráfico y ciertas esferas del poder público mexicano. Hacia finales de 1985 eran cada vez más frecuentes los señalamientos de funcionarios y políticos mexicanos con respecto al narcotráfico.

En la mañana del 19 de septiembre de 1985, un fortísimo terremoto de magnitud 8.1 en la escala de Richter y una réplica de magnitud 7.4 en la noche del día 20, sacudieron el centro del país; y esos movimientos geológicos repercutieron también en el ámbito político. La sociedad tomó conciencia de sí misma y escenificó una grandiosa gesta de solidaridad, mientras que el gobierno mostró confusión e ineptitud.

El descontento social empezó a empujar a muchos ciudadanos a una mayor participación política. Siempre fue la Secretaria de Gobernación la encargada de organizar totalmente las elecciones federales por lo que siempre tuvo en sus manos todos los elementos para realizar el fraude que se efectuaba en tres momentos: antes de la elección, durante la jornada electoral y después de ella. El sistema de la "familia revolucionaria" era ya punto de referencia de la corrupción política.

Crisis de la "familia revolucionaria"

Desde que el movimiento estudiantil de 1968 fracturó a la "familia revolucionaria", diversas corrientes surgieron en su interior: para unos, la salida era una nueva revolución que, mediante la ruptura, presentara un proyecto alterno o una vuelta al "nacionalismo revolucionario"; para otros, la salida era el cambio sin ruptura, mediante una reforma al estilo de la socialdemocracia. Curiosamente la segunda surgió del desencanto de algunos grupos que originalmente pertenecían a la primera opción.[13]

La fractura se convirtió en ruptura cuando en 1988, un grupo importante de "los duros" del sistema encabezado por Cuauhtémoc Cárdenas (hijo del ex presidente Lázaro Cárdenas), Porfirio Muñoz Ledo e Ifigenia Martínez se salieron formalmente del PRI y fundaron el Frente Democrático Nacional (FDN), el cual hizo una alianza con varias de las organizaciones de la izquierda mexicana; especialmente con los restos del Partido Comunista Mexicano, reagrupado en el Partido Socialista Unificado de México, y el Partido Mexicano Socialista. Esta alianza habría de conformar más adelante el Partido de la Revolución Democrática (PRD). En tales condiciones de fractura, llegó el tiempo en el que el presidente De la Madrid debía designar a su sucesor. El elegido fue su secretario de Hacienda, Carlos Salinas de Gortari, quien pertenecía al selecto grupo de jóvenes llamado "Política y Profesión Revolucionaria", que habían hecho estudios de Economía y Política en el extranjero.

---

[13] *Juan de Dios Andrade Martínez, Hubo una vez un Partido-Estado,* EDAMEX, México, 1998, 96.

Las elecciones de 1988 y la "caída del sistema"

A diferencia de la elección presidencial de 1976, en la cual el PAN pudo ser previamente anulado, en las elecciones de 1988 el PRI-Gobierno enfrentaba un reto inusual: el PAN fortalecido, y un significativo grupo de la "familia revolucionaria" fuera del PRI. A ello se sumaba el desprestigio del gobierno y la crisis económica. Las dos vertientes de la oposición (PAN y FDN) fueron capaces de canalizar el gran descontento social, por lo que el monopolio del partido oficial parecía haber llegado a su fin. El PAN postuló como candidato a la Presidencia al carismático empresario Manuel I. Clouthier, y el FDN postuló al ex priísta Cuauhtémoc Cárdenas.

La jornada electoral del 6 de julio transcurrió en medio de las acostumbradas trampas, la atmósfera electoral estaba ya saturada de informes acerca de las anomalías. Lo que se había "caído" no era el sistema de información, sino el sistema político.

En otro hecho inédito, esa misma noche los tres candidatos presidenciales de oposición firmaron un comunicado conjunto titulado Llamado a la Legalidad, en el que denunciaban las numerosas violaciones cometidas. Los candidatos de los varios partidos y corrientes todos afirmaban su propia victoria: Carlos Salinas de Gortari, candidato del PRI y Cárdenas; por su parte, el ingeniero Clouthier declaraba: "En medio de tantas trampas y mapacherías nadie puede afirmar yo gané".

La fractura de la "familia revolucionaria" alcanzó a la masonería. En una rueda de prensa celebrada el 19 de julio, dirigentes masones de Puebla declararon viciados los comicios, tal y como lo consigna la prensa poblana del día siguiente:

Si Carlos Salinas de Gortari asume la presidencia de la República, en México se habrá legitimado un fraude, indicó Jesús Morales Tapia, Gran Maestro de la Logia Emancipadores de Puebla [...] se cometió fraude en beneficio de Carlos Salinas de Gortari, quien no es masón [...] Salinas de Gortari, sin embargo, cuenta con el apoyo de las logias masónicas del rito yorkino, con sede en el Valle de México.[14]

---

[14] *Diario ECO*. Puebla, miércoles 20 de julio de 1988.

III. La Iglesia en las encrucijadas de esta discutida historia[15]

A la Iglesia, después de los llamados *"acuerdos"* de 1929 y de un tácito amañado *modus vivendi* que les sigue, se le obligó a cerrarse en sí misma. Creció entonces el desaliento de amplios sectores del laicado. Fue el momento de una Acción Católica, que tuvo un predominante carácter espiritual, ya que no debía «por motivo alguno mezclarse en actividades bélicas o políticas»[16]: la tarea ahora era recristianizar al país, a través de la catequesis y la participación en los sacramentos. Es la época de un nuevo resurgir de asociaciones piadosas. El Estado ya no teme a la Iglesia y la Iglesia abandona el campo de lo social y se centra en el culto. Cuando Lázaro Cárdenas abandona la presidencia y toma el relevo Ávila Camacho (1940-1946), están ya puestas las condiciones para una nueva política de conciliación. El mundo va a sufrir profundas transformaciones tras el estallido de la II Guerra Mundial (1939-1945). México declara la guerra al Eje; se temía con razón que la situación económica del país empeoraría, lo que repercutió también en la vida eclesiástica. La delicada situación política exigía una fuerte unidad cívica y los obispos iban a ejercer para ello un papel de mediación importante en la sociedad. El proceso de reconciliación no consistió simplemente en superar las tensiones entre Iglesia y Estado, sino en un intento de curar las profundas heridas abiertas en el pueblo fiel. El Estado acallará ciertas voces jacobinas que acusaban a la Iglesia de filonazismo y la Iglesia impedirá que «los eclesiásticos se mezclen en asuntos políticos»[17]. El gobierno permitió manifestaciones públicas de culto, ayudó a restaurar edificios religiosos como la catedral de México. La Iglesia se lanza en una carrera de manifestaciones públicas del culto y en la renovación de construcciones en ruinas o construcción

---

[15] Cf. José Miguel ROMERO DE SOLÍS, en *La Iglesia en México tras Cárdenas*, 893-921.

[16] J. GARIBI RIVERA, arzobispo de Guadalajara, en su Carta Pastoral, «Christus» 7 (1936), 515.

[17] Cf. L. DÍAZ ESCUDERO, obispo de Chilapa, circular 59 (sin fecha, pero poco antes del 16-XI-1940), en «Christus» 62 (1941) 23. También declaraciones del senador Alfonso Flores Mancilla y del secretario de Relaciones Exteriores, Ezequiel Padilla, en «Christus» 77 (1942), 311-312.

de otras nuevas. Se reorganiza la vida de las diócesis alrededor de dos centros propulsores de vida eclesial entonces fundamentales: la parroquia y la Acción Católica como auxiliar de la parroquia. La construcción de nuevos templos, colectas, fiestas patronales, catecismo, entronizaciones del Sagrado Corazón y de la Virgen de Guadalupe en todos los hogares, dispensarios, etc., llenan el calendario de las actividades parroquiales. El problema eclesial más grave era el de las vocaciones sacerdotales y religiosas. Destaca por su repercusión el Seminario de Montezuma (USA)[18]. Se busca prioritariamente la formación sacerdotal tras años de seminarios precarios y dispersos. Hay que renovar el espíritu sacerdotal, desde los orígenes de su formación.

Estas estadísticas pueden mostrar el panorama de la Iglesia mexicana en este periodo. En 1940, las circunscripciones eclesiásticas eran 7 arquidiócesis y 25 diócesis; en 1962, son 10 y 41 respectivamente; en 1980, 11 arquidiócesis, 53 diócesis, 7 prelaturas y 2 vicariatos apostólicos[19].

Los sacerdotes diocesanos en 1940 sumaban 3292; en 1950, 3656; en 1960, 4975; en 1970, 6455; en 1975, 6819. Los religiosos: en 1939, 24 institutos; 1949, 38; 1978, 50; el número de miembros ascendía en 1943 a 1071; 1967, 6802; 1970, 5853; 1978, 3758 (de ellos, 2152 sacerdotes). Las congregaciones femeninas eran en 1939, 39; en 1949, 60; en 1978, 153; sus miembros sumaban en 1945, 8123 religiosas; en 1960, 19 400; en 1967, 21 176; en 1970, 23 238; en 1978, 19 489. En los años setenta se percibe un decrecimiento en números totales: si en 1970, el número global de religiosos y religiosas era de 29 091, en 1978 baja a 23 247[20]. Pero también se hace brecha

---

[18] En el año de 1968 se inauguraba el Colegio Mexicano de Roma. Sobre Montezuma, L. MEDINA ASCENSIO, *Historia del Seminario de Montezuma, sus precedentes, fundación y consolidación (1910-1953)*, México 1962. En 1972 se traslada este seminario a Tula (Hidalgo), y definitivamente cierra en 1979.

[19] Cf. J. BRAVO UGARTE, *Diócesis y obispos*, p. 32-33, cuadro sinóptico; Conferencia del Episcopado Mexicano. *Directorio*, México 1980.

[20] Cf. M. GONZÁLEZ RAMÍREZ, *Datos estadísticos de la Iglesia de México*, México 1969, p. 12.18; N. MONTANO, *La vida religiosa en cifras*, en «Signo» 35 (1976), 78-79; *Los religiosos en México. Estadística CIRM, 1978*, en «Signo» 45 (1979), p. 34-35; «Anuario de la Iglesia en México», 1970, México 1970,

la crisis creciente entre los sacerdotes, como en el resto del mundo católico. Así entre 1000 y 1200 sacerdotes en el mismo período se secularizan o abandonan el ministerio. También la crisis eclesial general afecta a la Acción Católica. Por estas fechas había muerto un importante movimiento de masas nacido en 1937 y que llegó a su mayor expansión en 1943: la Unión Nacional Sinarquista (UNS), de inspiración católica, que se proponía levantar un nuevo México en paz y orden social. El sinarquismo era contrarrevolucionario, hispanista, antiyanqui, y nacionalista. Se da cuenta de la insatisfacción popular de cómo muchos postulados de la revolución iban siendo olvidados. Por ello, el sinarquismo, mayoritariamente pujante entre los campesinos, se propone la reforma agraria siguiendo las líneas de la *Rerum novarum* de León XIII. Había que fomentar la propiedad de la tierra entre ellos rechazando las ideas de la Revolución sobre la tierra como propiedad nacional, y prestada al campesino. Los campesinos y ejidatarios debían ser dueños efectivos de su propia parcela; esta postura la proyectó también la UNS al medio indígena. En su momento de mayor expansión, sumaba la UNS medio millón de afiliados. El sinarquismo sirvió de catalizador de muchos dentro del sistema político mexicano, facilitó la derechización del régimen heredero de la revolución y, con la invasión pacífica de Tabasco bajo la guía del carismático Salvador Abascal, consiguió la pacificación definitiva entre la Iglesia y el Estado. Muchos cristianos activos buscaron en el sinarquismo su inserción político-social para transformar la sociedad[21]. Según avanzan los años y la industrialización del país, sobre todo a partir del gobierno de Miguel Alemán (1946-1952), vemos a un Secretariado Social mexicano católico que se compromete siempre más activamente con la problemática social.

La vida eclesial entra en una efervescencia de múltiples actividades de carácter tanto eclesial como social. Se convocan sínodos, congresos eucarísticos, marianos, catequísticos, misionales, coronaciones canónicas de imágenes populares, y por toda la geografía

---

52-55; Conferencia del Episcopado mexicano. *XXVI Asamblea Plenaria* (18-20 de noviembre de 1980), *La Pastoral vocacional en la promoción y en la formación*, primer cuaderno de trabajo: *Documento de situación*, México 1980, 9-16.

[21] Cf. J. MEYER, *El sinarquismo, ¿un fascismo mexicano?*, México 1979.

surgen templos y ermitas, amplios sectores de población (indígenas, obreros, estudiantes, maestros, políticos…). Sin embargo, se asiste también a un proceso indiscutible de secularización cuando amplios sectores de la población, sobre todo urbana, se alejan de la Iglesia y el pensamiento cristiano apenas influye en una sociedad que va haciéndose más pluralista y secularizada, a pesar de las manifestaciones de piedad popular, a veces multitudinarias, como las ingentes peregrinaciones a Guadalupe y otros santuarios marianos, como el de Zapopan en Guadalajara, sólo por citar dos casos, o las fuertes celebraciones navideñas y de Semana Santa o las patronales de los distintos lugares.

La vida del clero muestra un vigor más intenso que se manifiesta en retiros, reuniones de pastoral, reorganización de las diócesis, etc… Los obispos publican cartas pastorales y se preocupan por ejemplo de las brechas abiertas por la masiva invasión de las sectas del protestantismo norteamericano[22]. Crece así la conciencia de querer recuperar los numerosos fieles que abandonan la vida católica o se sumergen en un secularismo galopante. Se establecen así algunos movimientos apostólicos como el Movimiento por un Mundo Mejor (1956), los Cursillos de Cristiandad (1957), el Movimiento Familiar Cristiano (1958), las Jornadas de Vida Cristiana para jóvenes, y los especializados de Acción Católica, como JOC, JOCF, ACÓ, JAC; y siguen las antiguas asociaciones tradicionales, como terceras órdenes, Hijas de María, Apostolado de la Oración, congregaciones marianas, Adoración Nocturna[23].

---

[22] Numerosas son las pastorales y las circulares al respecto; entre otras, J. VILLARREAL V FIERRO, obispo de Tehuantepec, *Carta Pastoral* (26-X-1941), en «Christus» 76 (1942), 206-211; circular 56 del Obispado de Tepic (1-1-1942), ibid., 211-212; el arzobispo de Yucatán, RUIZ Y SOLÓRZANO, publica en 15 días dos importantes pastorales sobre el tema, cf. «Christus» 110 (1945), 42-47. Sobre el clero, de particular interés es la comunicación que monseñor Guillermo Piani, visitador y delegado apostólico hace al Episcopado en 1950, cuya parte IV fue publicada por la Comisión permanente de los Superiores de Seminarios, «Boletín» 2 (1950), 47-52. Sobre el «estilo episcopal», cf. circular 10 del arzobispado de Morelia, *Instrucciones y Normas relativas a las invitaciones que se hacen al arzobispo o a otros obispos* (4-VII-1942), en «Christus» 83 (1942), 882-885.

[23] J.A. ROMERO, *Asociaciones Católicas Nacionales,* en «Christus» 148, p. 249-251; datos escuetos en M. GONZÁLEZ RAMÍREZ, *Datos estadísticos,* 20-23; cf. del mismo autor, *La Iglesia mexicana en cifras.*

Este podría ser a grandes rasgos el panorama positivo del México católico cuando [San] Juan XXIII convoca el Concilio Vaticano II. La Iglesia en México está viviendo una etapa particularmente intensa y variada, llena de problemas y de desafíos. Entre agosto y octubre de 1959, los obispos mexicanos envían a Roma sus *consilia et vota* a tratar en el Concilio. Un examen de los mismos nos puede ayudar a comprender las preocupaciones que predominaban en buena parte del episcopado mexicano y son expresión del momento eclesial que se vive en México. Las propuestas que los obispos mexicanos mandan a Roma en vistas de la preparación del Concilio son muy variadas. Con frecuencia tocan temas en realidad muy periféricos en lo que luego tratará el Concilio y muestran por una parte una cierta superficialidad teológica y pastoral en ellos, y por otra, no captan lo que la convocatoria del Concilio había constituido las motivaciones de la misma en [San] Juan XXIII y luego en su continuación por [San] Pablo VI.

Llegada la hora del Concilio, los padres conciliares mexicanos tienen un papel muy escaso en la elaboración de sus documentos. Tampoco son especialmente significativas sus reuniones para el estudio de los temas discutidos en el Concilio, ni tuvieron «peritos» notables, que los asesorasen. Sólo alguno que otro obispo muestra mayor interés en el estudio personal de los debates en curso. Luego intentarán aplicar lo aprendido en el Concilio según su interpretación o la de algún asesor, especialmente del centro-norte de Europa, de manera a veces muy discutida[24]. Así entre las personalidades que ejercieron un cierto influjo en algunos se señala al padre Ricardo Lombardi, S.I., y su Movimiento por un Mundo Mejor, con el nacimiento de la Unión de Mutua Ayuda Episcopal (UMAE)[25], en diciembre de 1963. El alma de esta organización fue monseñor Alfonso Sánchez Tinoco, obispo de Papantla. Fue el tiempo en el que

---

[24] En esta línea se cita al obispo de Cuernavaca Méndez Arceo ante el uso del psicoanálisis y sobre la masonería. Sobre la escasa participación del episcopado mexicano en el Vaticano II cf.: E.L. MAYER *La política social de la Iglesia católica en México a partir del Vaticano II: 1964ss,* México 1977.

[25] UMAE, *Investigación regional para la planeación pastoral,* México 1968. Puede considerarse decisiva la influencia del canónigo francés, F. Boulard, fallecido el 17-XI-1977.

se abrió paso el método del análisis de la realidad socio-religiosa de las comunidades (el ver, juzgar y actuar), con el propósito de formar teológica y pastoralmente a obispos, presbíteros, religiosas y laicos. Surgirán así grupos en las diócesis que facilitaron la renovación de la pastoral en las parroquias; se erigen los consejos presbiterales y pastorales ordenados por el Concilio que influyen en la formación de los seminarios, en la vida consagrada, y numerosos laicos redescubren su misión y dan aliento a sus organizaciones[26].

En agosto de 1968, la Conferencia Episcopal Mexicana (CEM) aceptaba métodos y objetivos de la UMAE y creaba la Comisión Episcopal de Pastoral de Conjunto, a cuyo frente llamaba a monseñor Sánchez Tinoco y al padre Jesús Torres como secretario, ambos del equipo promotor de la UMAE. Pero, Mons. Sánchez Tinoco moría en un accidente de automóvil (19-X-70) y le sucedía otro miembro de la UMAE, monseñor Melgoza, recién nombrado obispo de Ciudad Valles. Debido a dificultades internas la UMAE acabaría muriendo[27]. Algunos logros de aquella etapa traerían nuevos bríos a la vida eclesial mexicana: la división del país en zonas pastorales, la repartición de empeños específicos de los obispos en equipos y comisiones, la reflexión sobre temas pastorales, una imagen más pastoral del obispo diocesano, la comunión del obispo con otras Iglesias locales, su dimensión de pastor "con olor a ovejas" –como dirá en nuestros días el Papa Francisco–, cercana al pueblo y a sus presbíteros, abierta al diálogo y atento al pluralismo dentro de la misma Iglesia. Sin embargo, también en este tiempo emergen algunos fuertes contrastes en el seno del episcopado: hay obispos que se afirman en posiciones consideradas fuertemente conservadoras en sentido negativo. Así también en México hay diócesis que llevan adelante

---

[26] Cf. J. MELGOZA - M. JACQUES, *Organismos pastorales del Postconcilio,* México 1969. También de este movimiento nacen el «Boletín informativo» de la UMAE y la revista de pastoral «Servir» (1964).

[27] M. DE LA ROSA, *La Iglesia Católica en México. Del Vaticano II al CELAM III (1965-1979),* en «Cuadernos Políticos» 19 (1979) 93; sobre la UMAE, J. TORRES, *La Unión de Mutua Ayuda Episcopal. Una experiencia de pastoral de conjunto en México,* «Cuadernos de Pastoral Vernácula», 3 (México 1968); E.L. MAYER, O.C, p. 112-161; 417-419; A. CASTILLO, *Desaparición de la UMAE. Tragedia de la Iglesia Mexicana,* en «Christus» 436 (1972), 8-9.

con tesón las reformas conciliares, y otras donde se sufren tensiones dolorosas[28].

El octubre de 1968 –como ya recordado– es fecha sangrienta para la historia del mundo contemporáneo también el de México. El movimiento de protesta de 1968 nacido en Europa y en los Estados Unidos, se extiende a México con expresiones y consecuencias dramáticas. En México el gobierno federal reprime con un saldo elevado de muertos el fuerte movimiento estudiantil de protestas en víspera de las Olimpiadas. La Iglesia guarda silencio ante aquellos trágicos acontecimientos, sin percatarse las muertes y las torturas a la que fueron sometidos los detenidos[29].

En el mundo eclesial coincide con la II Conferencia del CELAM en Medellín y la visita del Papa [San] Pablo VI a Colombia. Aquella Conferencia sería uno de los factores que más influyeron en los rumbos que va a tomar la Iglesia de México en este delicado período. Sus documentos fueron bien acogidos por la mayoría de los obispos mexicanos, aunque hubo algunos que se mostraron reticentes, al considerar la realidad de México diferente de la del resto del Continente. La Conferencia Episcopal Mexicana se propuso aplicar fielmente *Medellín* en México: en agosto de 1969, 50 obispos y 120 peritos (sacerdotes, religiosas y laicos) celebraban una asamblea extraordinaria, por iniciativa de monseñor Almeida, obispo entonces de Zacatecas y presidente de la Comisión Episcopal de Pastoral Social. A esta reunión seguiría la celebración del I Congreso Nacional de Teología (noviembre de 1969), cuya temática fue *Fe y desarrollo,* siguiendo las mismas líneas[30]. Paulatinamente el mundo eclesial

---

[28] Por estas fechas, ya habían acontecido algunos hechos problemáticos, aunque minoritarios, como los casos de dom Gregorio Lemercier, O. S. B., prior del monasterio de Nuestra Señora de la Resurrección, y de monseñor Iván Illich, ambos en Cuernavaca.

[29] Entre los grupos radicales, se deben mencionar la procedencia católica de varios miembros de la *Liga 23 de septiembre*, lanzados al terrorismo urbano, participando de ideas manifestadas en Medellín. Y en el lado opuesto algunas fuertes manifestaciones de un tradicionalismo "feroz", algunas veces unido a las corrientes disidentes fomentadas por el "cismático" obispo Lefevre contra el Vaticano II y otros del mismo cariz cismático intransigente.

[30] Cf. *Memoria del Primer Congreso Nacional de Teología, Fe y Desarrollo,* México 1970, 2 vols.

mexicano entra en una movilización. Ante los acontecimientos los obispos sacan varios documentos como: la *Carta pastoral sobre el desarrollo e integración en nuestra patria* (26-111-1968)[31]; la aportación al Sínodo General de Obispos de 1971, *Justicia en México,* que suscitó varias actitudes contradictorias[32]; el *Mensaje sobre la paternidad responsable* tras la encíclica *Humanae vitae* de Pablo VI (12-XII-1972)[33]; el *Mensaje acerca del compromiso cristiano ante las opciones sociales y la política* (18-X-1973), en el contexto de fuertes tensiones eclesiales y políticas. En México se van dando posturas a veces radicalmente contrapuestas, aunque en ambos extremos son corrientes muy minoritarias: algunas extremadamente tradicionalistas en el sentido negativo, como las que aglutinan los seguidores de un tradicionalismo cerrado y opuesto a la Jerarquía y al mismo Papa, y otras en polos opuestos afines a la teología llamada de la liberación, a los cristianos por el socialismo y a un incipiente movimiento "indigenista".

En el mundo secular, social y político crece la inestabilidad y se difunden fenómenos como el de los secuestros, asaltos, asesinatos, etc., que provocan una fuerte intranquilidad. Los obispos se encuentran con estos momentos de tensiones conflictivas sin tomar claras posiciones al respecto. Entre los graves problemas que afligen a México se encuentra en primer lugar el ya crónico educativo. Ante el mismo los obispos publican: *Nuevo mensaje del episcopado sobre la reforma educativa* (24-2-1975). El problema surge de manera fuerte en 1974 cuando la Secretaría de Educación Pública aprueba nuevos libros de texto para la enseñanza oficial, en los que se trataban cuestiones sobre educación sexual, evolucionismo, socialismo y marxismo. Aquellos textos, muy ambiguos y discutidos, levantan una ola de fuertes protestas y debates, destacando los de la Unión Nacional de Padres de Familia, entre otros. Los obispos tratan con mesura la problemática, sin darse cuenta quizá

---

[31] *Documentos Colectivos...,* p. 53-99.

[32] *La justicia en México. Síntesis del estudio nacional para el Sínodo Mundial de Obispos, 1971,* en «Servir» 34 (1971), 447-492; cf. J. GARCÍA G., *Magisterio eclesiástico y política en México,* en «Servir» 78 (1978), 763-767.

[33] *Documentos Colectivos...,* 256-286.

totalmente de las dimensiones de fondo de una problemática que el país arrastraba desde hacía más de medio siglo y que quedaba claramente sin resolver, causando heridas abiertas y unas posiciones de suma ambigüedad legislativa. Lo que en este campo se aprecia es la existencia de un divorcio real entre los obispos y la población católica en la vida diaria de una población oficialmente católica, pero dicotómicamente encadenada a la mentalidad y *praxis* de una educación laicista y tradicional en aquel México oficialmente laico. Por parte suya la realidad eclesial muestra las actitudes más bien pobres y poco claras por parte del episcopado más preocupado por opciones de carácter religioso que de propuestas educativas globales para un pueblo aturdido desde hacía años por un laicismo pertinaz anticristiano. Esta ambigüedad lleva en este tiempo incluso a tímidas declaraciones contradictorias en el campo educativo. Curiosamente las instituciones educativas católicas en su fundación abundan y crecen a todos los niveles, pero su incidencia social es insignificante. Ello expresa uno de los problemas fundamentales del catolicismo mexicano inoperante en la realidad social de un pueblo religiosamente mayoritario en su pertenencia religiosa católica.

En este tiempo se encuentran juicios claros de autocrítica, por parte también episcopal:

«El episcopado en su conjunto da la impresión de desunión manifestada en diversidad inadecuada de criterios y actitudes prácticas, en falta de solidaridad, en escasa sensibilidad colegial, las desautorizaciones hechas en público, y el poco interés por auxiliar a diócesis necesitadas sería una comprobación. El episcopado, o no se compromete en los graves problemas nacionales, o lo hace con timidez diluyendo su posición en actitudes ambiguas y palabras evasivas [...]. No ha hecho suya la causa de los oprimidos [...]. Intenta con afán consciente o inconsciente disfrutar de una posición cómoda que lo lleva a disimular cuanto pudiera indisponerlo con las clases pudientes [...]. Carecen [los obispos] [...] de solidez científica [...]. No han logrado captar el espíritu de la renovación conciliar con sus aspectos medulares. Se han aceptado ciertas reformas, pero queda la impresión de que el estilo de obispos propuesto por el Vaticano no ha entrado transformando desde adentro, desde el centro del hombre [...]. Que no ha entrado en una etapa de diálogo, que parece tomar una actitud defensiva ante posibles actitudes u opiniones desagradables del presbiterio, y que da escasa participación a los seglares en la asesoría que podrían ofrecer en los campos de su respectiva competencia»[34].

Por su parte, en aquellos años postconciliares algunas intervenciones y una ambigua actitud en el clero y entre las religiosas muestran la desorientación sufrida por muchos sacerdotes y religiosos. Así Monseñor Luis Mena, de la Comisión Episcopal para el Clero, enviaba el 12-VII-1968 a los obispos una carta acompañada de un documento sobre la crisis sacerdotal en el país. Este escrito señala que la crisis «está en estado latente», pero según vaya penetrando el Concilio «se hará más palpable y aguda»; y presenta los síntomas que iban surgiendo al respecto: descontento por la lentitud episcopal ante la renovación, el juridicismo y el pasivo apego a la Santa Sede y al Código... ausencia de canales adecuados entre clero y obispos, etc.[35].

Las expresiones de la crisis galopante son muchas, como en el resto de la Iglesia, sobre todo occidental, cuyas pautas cocinadas en Europa van llegando penosamente también a América Latina, a través de sacerdotes y de publicaciones europeas. Corren en algunos ambientes clericales las ideas más extremistas en ambos sentidos de "derechas" o de "izquierdas". Además, dado el nivel, con frecuencia muy limitado, de la formación humanista, filosófica y teológica de una parte del clero y de los religiosos/as, y ante los tremendos desafíos de una sociedad en ebullición, la desorientación en este clero y religiosas hace brecha negativamente produciendo no pocas secularizaciones y tomas de posiciones no solamente discutibles, sino también en un cierto sentido incluso en el límite de la ortodoxia católica, por ambos lados. A estos sacerdotes y religiosos/as les falta una solidez formativa y una fuerte identidad capaz de mantenerles en pie

---

[34] El documento fue elaborado por el equipo promotor de la UMAE para el Canónigo F. Boulard.

[35] Conferencia Episcopal Mexicana, *Acta de la Asamblea Plenaria Especial del Episcopado*, 5-II-1974, 10.

en las difíciles circunstancias y ante los desafíos de los difíciles y complejos problemas del país.

Ya no se viven los momentos dramáticos de los primeros 40 años de la difícil historia eclesial mexicana del siglo XX; algunos se contentan simplemente de alimentar las exigencias de una religiosidad popular centrada en el culto religioso en sus múltiples variantes, pero sin afrontar la problemática viva que pedían la nueva evangelización y la situación política –ya en cierto sentido congelada y paralizada–, o sin percatarse de antiguas y vivas problemáticas como la existencia de masas ingentes de indígenas y de campesinos marginados, o de fuertes corrientes migratorias hacia las grandes ciudades donde se crean cinturones de graves miserias y donde se fomentan todas las más terribles lacras sociales de nuestros tiempos, para no hablar de las fuertes e intermitentes corrientes migratorias hacia los EE. UU. Si bien es cierto que se constatan nuevas fundaciones religiosas y algunas tímidas preocupaciones por el mundo indígena, como las promovidas por el delegado apostólico, monseñor Luigi Raimondi (1960), que logró interesar a congregaciones religiosas a enviar personal a zonas indígenas y supo captar ayudas económicas de instituciones internacionales[36]; o el Congreso Indígena en Xicotepec (Hidalgo), donde se da a los indígenas oportunidad de aportar ellos mismos su contribución (1970)[37]

A pesar de los signos negativos señalados, es justo señalar cómo en este periodo se dan también muchas señales de un renacimiento apostólico de la vida católica con la llegada o nacimiento de algunos movimientos eclesiales que relanzan una experiencia cristiana fundamental y que tendrán una notable repercusión en la renovación apostólica de

---

[36] Cf. L. CABRERA, obispo de San Luis de Potosí, *Palabras de clausura del Congreso de Apostolado entre indígenas* (26-V-1961), en «Christus» 310 (1961), p. 798-801; J. GARCÍA G., *Vaticano II y mundo indígena en México;* «Cuadernos para hoy», 24, Secretariado Social Mexicano (sin año).

[37] *Xicotepec: indígenas en polémica sobre la Iglesia,* México 1970; L. GONZÁLEZ RODRÍGUEZ, *Promoción indigenista,* en «Contacto» 1 (1971), p. 70-82; C.L. SILLER, *Diez años de Pastoral Indígena en México,* en «Servir» 78 (1978), p. 785-798; L. GONZÁLEZ RODRÍGUEZ, *Poblaciones indígenas e iglesias en México,* en «Servir» 47-48 (1973), p. 287-312. El Centro Nacional de Pastoral Indigenista ha estado publicando la revista «Estudios Indígenas».

la Iglesia en México. Y también la creación de grupos de reflexión bíblica y pequeñas comunidades, que vivifican las parroquias y que van comprometiendo a los laicos en el apostolado activo, así como en la asistencia responsable de comunidades lejanas sin sacerdotes para celebrar la Palabra de Dios y a veces poder ofrecer la Eucaristía. Esto se da en zonas mayoritariamente campesinas e indígenas. Hay que notar cómo la invasión masiva de las sectas protestantes motivó una respuesta urgente al problema por parte de la Iglesia católica. Sin embargo, debido al fenómeno de las migraciones urbanas, hay que notar cómo en las grandes ciudades los índices del indiferentismo religioso, la penetración de las sectas fue creciendo de manera alarmante a partir de estos años, un fenómeno en progresivo crecimiento hasta nuestros días[38]. La respuesta de la Iglesia ha sido lenta y la participación del mundo laical todavía muy escasa, sin por ello ignorar el nacimiento y difusión de diversos movimientos eclesiales muy variados, que también en México han tenido una notable difusión[39]. En cuanto a la vida consagrada después del Concilio ha vivido momentos particularmente delicados; sin embargo, en toda América Latina y en concreto en México, se ha dado un rico florecimiento de fundaciones religiosas, sobre todo en el campo educativo y de caridad, con una fuerte atención a zonas marginadas, así como la fundación de instituciones superiores de educación de nivel preparatorio (bachillerato), universitario o parauniversitario de fuerte inspiración católica como la Universidad Popular Autónoma del Estado de Puebla (UPAEP) creada por un grupo de empresarios católicos ante la tremenda crisis cultural suscitada por los tristes acontecimientos de 1968. Siguiendo tales pautas nacerán otras instituciones semejantes, poco después como la Universidad Don Vasco de Quiroga (UVAQ) en Morelia y otras con las mismas raíces de clara experiencia cristiana propulsadas por un laicado católico consciente y lejano de planteamientos de carácter clerical[40].

---

[38] Cf. *Aporte de la Conferencia Episcopal de México a la III Conferencia General del Episcopado Latinoamericano,* mayo de 1978, en *Aportes de las Conferencias Episcopales, Libro auxiliar,* 3 (Bogotá 1978), p. 369 (núm. 41).

[39] Cf. Fidel González, *Los movimientos en la historia de la Iglesia,* (1998).

[40] Cf. J. Louvier Calderón – M. Díaz Cid – J. A. Arrubarena, *Autonomía Universitaria. Génesis de la UPAEP,* Puebla 2018³.

La visita de Juan Pablo II a México, con motivo de la III Conferencia General del Episcopado Latinoamericano, celebrada en Puebla (1979), manifestó que en México existía un profundo sentido de su identidad católica y que ello constituía una fuerte esperanza de un cambio social que el Papa relanzó con fuerza. El pueblo mexicano respondió intensamente a este llamado del Papa. Si bien la visita papal –según confesaría el mismo Pontífice– marcó la dirección de su pontificado en muchos aspectos, lo mismo se puede decir del pueblo católico mexicano. Las repetidas visitas del Pontífice a México, la proclamación del patronazgo de la Virgen de Guadalupe sobre el Continente americano, y luego la canonización de Juan Diego en 2002, relanzaron una evangelización "nueva y renovada", evangélicamente "inculturada" a la luz del Acontecimiento Guadalupano. La colosal estatua de San Juan Pablo II en el atrio grande de la Basílica de Guadalupe remarca este influjo del Gran Pontífice misionero, que sería de nuevo remarcado por sus sucesores Benedicto XVI y el Papa Francisco en sus repetidas visitas al Continente, México comprendido.

Esta comunidad católica, a lo largo de más de un siglo, ha cruzado los umbrales de la cruz y de la pobreza, de la profecía y del silencio, del heroísmo y del miedo…; una comunidad que se ha apoyado en los laicos para sobrevivir. Ésta es la Iglesia por la que muchos derramaron su sangre y otros han gastado sus años.

Hay un aspecto fundamental en toda esta historia: la presencia efectiva de la centralidad de María, como Madre del Verbo Encarnado, y por lo tanto de la Iglesia en la historia de la evangelización del Continente Americano. El Acontecimiento Guadalupano es expresión máxima e inculturada de esta presencia. En ella, como señala el Dr. Rodrigo Guerra en su Ponencia, la Iglesia latinoamericana "encuentra un camino pedagógico para anunciar el evangelio de manera inculturada y crear Pueblo, un Pueblo, con identidad renovada, fiel a la opción preferencias por los pobres y con una vocación trascendente que no es ajena a nuestro *ethos* cultural, sino que al contrario lo vitaliza y lo renueva desde dentro".

En 1899, con motivo del Concilio Plenario Latinoamericano, primer gran paso a un sentido sinodal y comunional del Episcopado Latinoamericano, este Concilio se celebró bajo la mirada del Icono de la Virgen de Guadalupe, que presidía así tangiblemente sus sesiones y debates. Hacía muy poco (1895) que la Virgen de Guadalupe había sido coronada canónicamente bajo el mandato del Papa León XIII, en momentos sumamente delicados y dramáticos de la historia del Continente.

Será en Puebla que los Obispos latinoamericanos pondrán de nuevo en realce el papel fundamental del Acontecimiento Guadalupano a partir de las apariciones marianas en el Tepeyac (9-12 de diciembre de 1531) en la historia de la evangelización del Continente, cuando escriben los obispos:

> El Evangelio encarnado en nuestros pueblos los congrega en una originalidad histórica cultural que llamamos América Latina. Esa identidad se simboliza muy luminosamente en el rostro mestizo de María de Guadalupe que se yergue al inicio de la Evangelización. Esta religión del pueblo es vivida preferentemente por los "pobres y sencillos" (*EN*48), pero abarca todos los sectores sociales y es, a veces, uno de los pocos vínculos que reúne a los hombres en nuestra naciones políticamente divididas. Eso sí, debe sostenerse que esa unidad contiene diversidades múltiples según los grupos sociales, étnicos e, incluso, las generaciones"[41].

Bibliografía y notas

Esta exposición es una síntesis de los trabajos de José Miguel Romero de Solís [partes I y III] y de Juan Louvier Calderón [parte II], coordinada y elaborada juntamente con ellos por Fidel González Fernández con su explícita aprobación.

José Miguel Romero de Solís, *La Iglesia en México,* en Quintín Aldea - Eduardo Cárdenas (dir.) [H. Jedin], *Manual de Historia de la Iglesia. La Iglesia en España, Portugal y América Latina*, X, Ed. Herder, Barcelona 1987; *La Iglesia En Los Diversos Países De América Latina. La Iglesia en México tras Cárdenas*, p. 893-921.

J. A. Romero, *La Tercera Conferencia General Del Episcopado Latinoamericano: Puebla,* cap. VI., Ibidem.

---

[41] *Documentos de Puebla*, nn. 446-447.

J. M. Romero de Solís, *Iglesia y revolución en México (1910-1940)*, en Fliche-Martin, *Historia de la Iglesia*, XXVI/2: *Guerra Mundial y Estados totalitarios*, Valencia 1980, p. 465-505.

J. M. Romero de Solís, *Iglesia y clero en la Constitución política mexicana*, Roma 1979, tesis de licenciatura en Historia de la Iglesia, Pontificia Universidad Gregoriana.

J. M. Romero de Solís, *El aguijón del espíritu. Historia contemporánea de la Iglesia en México (1895-1990)*, IMDOSOC, México 1994.

Además, artículos de José Miguel Romero de Solís y documentos en:

«Revista Eclesiástica Mexicana» (1919-1923, órgano oficial de varias diócesis)

«Christus» (1936ss, órgano oficial de varias diócesis e importante revista sacerdotal de México)

«Contacto» (1962ss, órgano del Secretariado Social Mexicano)

«Servir» (1964ss, revista de pastoral)

«Signo del Reino de Dios» *ISigno]* (1960ss, órgano de la CIRM)

«Documentación e Información Católica» [DIC] (1973ss, boletín semanal vinculado con la Conferencia Episcopal Mexicana)

Asociaciones Católicas Nacionales, en «Christus» 148, p. 249-251.

J. Louvier Calderón, *Historia política de México*, UPAEP-Trillas-México 2004.

6

PUEBLA 1979 COMO EVENTO MEDIÁTICO: EL CASO DE MÉXICO

Clara García Ayluardo (México)
*Centro de Investigación y Docencia Económicas,
División de Historia*[1]

La Iglesia latinoamericana fue la nota por más de un mes; México fue el centro de atención de una nube de periodistas de todas partes del mundo listos para cubrir la visita papal y subsecuentemente el acontecimiento poblano. Un testimonio denota el asombro frente a la cantidad de periodistas que reportarían acerca de la III Conferencia Episcopal Latinoamericana que, dice, "suman un número mayor que los acreditados a las olimpiadas de Múnich y quizás formen la mayor concentración en la historia de los medios de comunicación social [...]"[2]. En el caso de México, ciertamente, todos los medios cubrieron día con día los acontecimientos y resoluciones de

---

[1] El tema de la Conferencia General del Episcopado Latinoamericano en Puebla y la prensa es muy extenso e intricado. Aquí me limitaré solamente a plasmar, en general, algunos de los tantos temas y problemáticas que se presentaron en torno al evento que tomó lugar en Puebla. Utilicé sólo algunos medios impresos que representaron en su momento ciertos puntos de vista y dispuse únicamente de una fracción de los centenares de notas periodísticas para dar una idea de las diferentes opiniones comunicadas en los medios impresos. Agradezco a Roberto Ruíz Mendoza su invaluable ayuda para la elaboración de este texto.

[2] Miguel Concha, "La teología de la liberación en Puebla", *Uno más Uno*, 9 febrero, 1979.

la Asamblea que tuvo lugar en Puebla de los Ángeles, una de las ciudades más conservadoras del país.

Aunque la Conferencia fue un evento mediático sin precedentes por tratarse de asuntos eclesiásticos regionales, la visita del recién electo Juan Pablo II, que la precedió, fue el evento extático que ciertamente le dio fondo, dispensó interés en la Conferencia y que marcó su tono. En su primera visita al exterior, el Santo Padre escogió visitar a México, el único país latinoamericano sin relaciones diplomáticas con el Vaticano y en donde el clero carecía de personalidad jurídica, para ostensiblemente inaugurar la III Conferencia Episcopal Latinoamericana. Como evento mediático, Puebla 79 no se puede entender sino en conjunto con la visita de Juan Pablo II. Muchos factores sirvieron como contexto de la visita y de la Conferencia y los medios fueron un reflejo de las intricadas controversias, desacuerdos, narrativas y declaraciones individuales y empalmadas en torno a la cuestión particular de las relaciones Estado-Iglesia, por una parte, y por otra del papel de la Iglesia latinoamericana y la dirección que debía tomar hacia el futuro dentro de su tema central "La Evangelización en el presente y en el futuro de América Latina".

I

En respuesta a las objeciones de muchos sectores oficiales y partidistas que se quejaron por la inconstitucionalidad de la visita papal, en la primera plana del diario, *El Universal*, se afirmó que el ejecutivo recibiría a Juan Pablo II "por tratarse de un visitante distinguido además de ser representante de 700 millones de católicos del mundo".[3] El líder del hegemónico Partido Revolucionario Institucional, defendió la decisión del entonces presidente, José López Portillo, al declarar que el Papa era bienvenido y que México como tierra de tolerancia y libertad estaba abierta a todo visitante de buena fe, aunque advirtió que nadie debía hacer de la visita una "campaña en contra de los mandatos expresos de la Constitución o

---

[3] "Como visitante distinguido dará la bienvenida JLP al Papa en el aeropuerto", *El Universal*, 15 enero, 1979.

contra nuestro sistema nacional democrático de hondísima raíz liberal"; agregó que el legado histórico del liberalismo mexicano no había muerto.[4] Por su parte, el Secretario General del Partido Popular Socialista, en un apasionado discurso durante su informe en el Auditorio Nacional acusó al presidente de violar los principios constitucionales y lamentó que se prestara a fortalecer "la corriente que, históricamente nos ha querido hundir en la dependencia, en el servilismo". Así mismo, El Comité Ejecutivo Nacional de la Central Campesina Independiente también protestó por los actos públicos en torno a la visita del Papa, la violación de la Constitución y "las manipulaciones que el clero político y demás fuerzas reaccionarias vienen haciendo para movilizar a millones de campesinos, especialmente indígenas", a pesar de que más tarde se cuadraría ante la postura oficial al manifestar su confianza en el presidente.[5]

Una editorial de *El Universal*, afirmó, en tono sarcástico, que nada más se hablaba de la visita del Papa, "en este México juarista", que venía a inaugurar la Conferencia General del Episcopado Latinoamericano, "con el que santificará el mole de guajolote, los camotes cubiertos y el rompope de las reverendas madres clarisas". La ironía no pasó desapercibida ya que algunos de los teólogos de la liberación, excluidos de la asamblea de Puebla, días después, se alojarían con las clarisas en Puebla.[6] Quedó palpable una de las fisuras más importantes narradas por la prensa mexicana, la bipolaridad entre la izquierda y la derecha o, dicho en su lenguaje, los progresistas y tradicionalistas, entre los mismos medios, entre el partido oficial y entre el evento eclesial. Pero había otro trasfondo. En otra editorial del mismo periódico, se percibía un anti-imperialismo, pero especialmente un anticlericalismo nacionalista bastante generalizado que pudo llegar a desestimar la visión del ejecutivo que a toda costa quería ofrecerle la bienvenida al Pontífice. Dice la editorial que, "Juan Pablo II no llegará a México colmado de esa supuesta humildad cristiana tan

---

[4] "El Papa es bienvenido a México, tierra de tolerancia", *El Universal*, 20 enero, 1979.

[5] "Mostró gran indignación Cruickshank, aún duda que el Presidente reciba al Papa", *El Universal*, 20 enero 1979.

[6] "Visitantes distantes", *El Universal*, 15 enero, 1979.

proverbial como inexistente. Llegará presidido por la imponente campaña publicitaria que ha mantenido su nombre en las primeras páginas
de los diarios [...] su presencia será la del conquistador". Se refería a
la exaltación de fervor que suscitó la llegada del Papa, así como a la
división existente al interior de la Iglesia latinoamericana al observar
que, "el conflicto entre progresistas y conservadores que divide a la
burocracia eclesiástica no es una contradicción metafísica en busca
del mejor camino hacia la salvación eterna, sino el enfrentamiento de
dos tácticas para retener el control supranacional de una masa humana. Sólo algunos pocos curas, atrapados en los meandros de la llamada
teología libertaria, tropezando con sus propias ideas, han tomado en
serio el propósito revolucionario de la Iglesia"[7].

Sin embargo, la prensa intentó reflejar el sentir oficial del ejecutivo al subrayar la condición de visitante distinguido del Papa y, lo
acogedor del pueblo y del gobierno mexicano a la vez que enalte-
ció el nacionalismo. Visiones paradójicas en realidad diseñadas para
contrarrestar los dichos tanto de los anticlericales oficialistas como
de las autoridades eclesiásticas de que la Iglesia se vería fortalecida
por la visita como, en efecto, sucedió. Pero aparte de la controversia
reportada días antes en torno a la constitucionalidad de la visita y de
la mayoría de los sectores gubernamentales cerrando filas en torno
al presidente, el gobierno casi no apareció más en las páginas de los
diarios. Los medios impresos, por el contrario, se volcaron a describir cada traslado, expresión, gesto y palabra del Santo Padre durante
esta su primera visita al exterior, así como los acontecimientos coti-
dianos de la Conferencia.

Este clima de cordialidad y disponibilidad lo expresó muy bien
El Sol de Puebla que, orgulloso de su patria chica por haber sido
escogida como sede de la Conferencia del episcopado latinoamericano y para recibir al Papa, sacó una serie de anuncios y avisos que
ofrecían una jubilosa bienvenida al Santo Padre. En una de las tantas
notas que sacó en anticipación de la visita, afirmó que se escogió a
Puebla "por la tranquilidad, el orden y la paz que, afortunadamen-
te, impera en todos nuestros medios político-sociales gracias a la

---

[7]   "A manera de profecía. El Papa no descubrirá América", *El Universal*, 20
enero, 1979.

actuación indiscutible y limpia del Lic. José López Portillo como ciudadano y Presidente de la República". Continúa la nota externando su beneplácito por la patente colaboración entre las autoridades eclesiásticas, gubernamentales, estatales y municipales para garantizar la seguridad de "tan alto dignatario". El orgullo urbano, la religiosidad fundacional y la sinergia entre lo eclesiástico y lo civil salieron a relucir al relatar que el clima de euforia que se sentía en la ciudad "es comprensible por sus antecedentes de fe religiosa que, según dicen, la trazaron y aún la custodian los ángeles"[8]. Según este diario, ambos eventos no tenían parangón y Puebla sería la protagonista de semejantes acontecimientos; aquí se debatió poco la posible inconstitucionalidad de la visita papal.

El *Uno más Uno* abonó a la discusión acerca de la exclusión del clero, al reportar que el arzobispo de México, Ernesto Corripio Ahumada, había declarado que existían coincidencias entre el Estado mexicano y Juan Pablo II ya que ambos se refirieron acerca de la hipoteca social de la propiedad privada y la situación del clero y que "él veía con buenos ojos que constitucionalmente se le reconocieran los derechos al clero como a cualquier ciudadano". Más aún, subrayó que existían coincidencias entre el Estado y la Iglesia porque ambas instituciones estaban fundamentadas en el derecho natural.[9] Aunque el tono fue conciliador y cauto ya se vislumbraba la participación del clero en los foros públicos, algo inusitado en la historia reciente del país.

II

Puebla 79 fue un parteaguas también que distinguió la importancia del papel de la Iglesia en el mundo moderno latinoamericano y su

---

[8] Domingo Couch Vázquez, "Bienvenido", *El Sol de Puebla*, 16 enero 1979. En esa misma edición salió un anuncio que deja más evidente el patriotismo local: "Poblano: Los ojos del mundo nos están viendo con motivo de la visita de Su Santidad Juan Pablo II. Participa de este gran acontecimiento dando un aspecto de lo que somos los poblanos que incluye demostrar amabilidad, mantener limpias las calles y acatar las medidas de orden y seguridad".

[9] "No es extraño que la Iglesia y el Estado caminen juntos: Corripio", *Uno más Uno*, 6 febrero, 1979.

afán por llegar a una práctica que haría justicia a los desprotegidos y, al mismo tiempo, retomar su misión evangelizadora con un sentido para el mundo contemporáneo. Desde luego que existió una diversidad de opiniones. El periódico liberal español, *El País,* fue el medio que mejor resumió las contradicciones de Puebla 79 antes de su comienzo. Opinó que algunos tenían miedo de que Puebla fuera solamente una esperanza ya que las listas de invitados parecían garantizar un papel predominante a los representantes de la Iglesia más conservadora. Una primera lista elegida por los episcopados latinoamericanos contenía una mayoría de obispos, teólogos, cardenales, y superiores generales conservadores y adversarios a la teología de la liberación, entre los que no se encontraba, por ejemplo, el padre Pedro Arrupe de la Compañía de Jesús. Pero el diario matizó sus puntos de vista al afirmar que existía una campaña para crear en América Latina una confusión por identificar de manera simplista a la teología de la liberación con el marxismo, y a las actitudes en contra de las dictaduras y las torturas con ataques que atentaban en contra de la misma fe y la estructura eclesial. También aceptó, sin embargo, que sí se estaba dando una penetración de la ideología marxista en muchos ámbitos cristianos y que tampoco se podían canonizar todas las ideas de la teología de la liberación como el levantamiento en armas, pero, por otra parte, se preguntaba ¿cómo no canonizar a los mártires que han sido torturados por su fe?[10] Estas fueron las paradojas de la Conferencia y lo que mayoritariamente se discutió en la prensa mexicana.

En México, los periódicos entraron al debate en un momento de transformaciones. Tras la purga del periódico *Excelsior* en 1976, apoyada por el entonces presidente Luís Echeverría, se fundó la revista *Proceso* por Julio Scherer y, posteriormente, el diario *Uno más Uno,* por Manuel Becerra Acosta, en 1978. Apenas unos años antes de Puebla, este diario ofreció un periodismo más accesible, menos abultado y con menos secciones, con reportajes investigativos y críticos y editoriales de fondo. Se pensó como una alternativa noticiosa en un momento de transición, especialmente porque la prensa

---

[10] "La Conferencia Episcopal de Puebla", *El País*, 24 enero, 1979.

estaba, en su mayoría, al servicio del poder público.[11] La libertad
de prensa estaba restringida por medio del control oficial del papel
para las rotativas y por la publicidad gubernamental y empresarial
que sostenía a los medios escritos. La opinión pública, por tanto,
estaba, en el peor de los casos, inexistente, y en el mejor, apenas en
formación. El *Uno más Uno* se interesó en temas inusuales hasta
entonces como los movimientos sociales, las izquierdas, la cultura
y las condiciones de los migrantes, los movimientos sociales y la
marginación, y en tener un estilo más contestatario y crítico, y así
logró abrir una brecha que inauguró una gradual apertura periodís-
tica. Dentro de este contexto se reportó la visita y la Conferencia, y
fue el medio que más opiniones y reflexiones emitió. *El Universal*,
periódico inaugurado a principios del siglo XX con un enfoque más
bien centrista –aunque a veces políticamente ambiguo–, mantuvo
una narrativa y diseño más tradicional, pero intentó representar las
posturas tanto del CELAM como la de los teólogos de la liberación,
especialmente de los pocos obispos de esta predilección que participaron en la Conferencia, aunque también de algunos teólogos de
los que se reunieron extramuros para colaborar en la redacción
de los diversos documentos que emitió la Conferencia. Los teólogos
liberacionistas excluidos se reunían en el Hotel San Francisco para
discutir los temas y dar sus puntos de vista en torno a la escritura de
los borradores del Documento, lo que fue ampliamente reportado
por el semanario español *Vida Nueva*, partidario de los liberacionistas, pero escasamente en los diarios mexicanos con la excepción
de algunos poblanos que los acusaron de montar un anti-Puebla. La
mayor parte de los artículos de los medios impresos fueron escritos
con base en las ruedas de prensa oficiales que tomaban lugar dentro
del seminario palafoxiano todos los días y, así, fueron de carácter
más informativo que de fondo. El tono de los reportajes, como el
de las ruedas de prensa, enfatizaron las generalidades discutidas,
pero especialmente la fraternidad que reinaba y el mensaje central
de la Conferencia: la evangelización y la solidaridad con los pobres.
El tono de los periódicos y de los comunicados se reflejaron en

---

[11] José Carreño Carlón, "Hechos, contrahechos y derechos informativos. La
prensa mexicana en 1978", *Nexos*, 1 enero, 1979.

las palabras del arzobispo de México Ernesto Corripio Ahumada, "El papa y los obispos latinoamericanos invitaremos fraternalmente a todos los responsables en la edificación de nuestros pueblos a sentirse solidarios con todos aquellos que marginados de la sociedad, encuentren su significación y redención en Jesús, quien, al nacer pobre se hizo solidario con los pobres y desde su pobreza proclamó la dignidad del hombre [...]"[12]. De igual manera, se hizo eco de las palabras del coordinador de prensa y difusión del CELAM acerca de su transcendencia ya que, en América Latina, decía, se encontraba el 45% de la población católica, por lo que será la región en donde se establezcan las bases para el futuro de la Iglesia [...]"[13]. Los medios comunicaron al público la importancia del catolicismo en América Latina y, por lo tanto, el papel fundamental que jugaba la Iglesia en la región. De pronto, la Iglesia era noticia –y una noticia esperanzadora– en México. A pesar de tener narrativas diversas, los diarios enfatizaron el espíritu de colaboración y fraternidad en Puebla tanto de los obispos como de los teólogos de la liberación.

El *Sol de Puebla*, fundado en 1944 pero comprado por la Organización Editorial Mexicana apenas en 1976 denotó, en sus comienzos, tonos oficialistas, aunque después de su transformación representó intereses empresariales más marcados. Este diario se inclinó por representar la línea oficial tanto de Roma como de la Conferencia; muchos de sus artículos, además, advertían el peligro del marxismo y lo equivocado de la Teología de la Liberación, aunque de vez en cuando le daba la voz a algún exponente de la línea progresista. Sus editoriales y reportajes curiosamente oscilan entre un marcado anti-marxismo, un anti-clericalismo y una adhesión a la autoridad papal. Este diario publicó, por ejemplo, para coincidir con la llegada del Papa, un tipo de manifiesto muy extenso y virulento, escrito por Gloria Riestra, que denunciaba la infiltración sistemática y casi conspiratoria de marxistas en el seno del

---

[12] "Arzobispo Corripio Ahumada. Invitaremos a respetar la nueva imagen del Hombre", *El Universal*, 16 enero, 1979.

[13] "De gran trascendencia para el mundo, la reunión del CELAM", *El Universal*, 18 enero, 1979.

CELAM. El desplegado afirma que la Conferencia y el Documento de Medellín fue el resultado de esta práctica y de la labor de un grupo de "cristianos revolucionarios" lograda por una labor paulatina de, entre otros, el arzobispo de Cuernavaca, Sergio Méndez Arceo. La temática de la Evangelización, tanto en Medellín como en Puebla, no fue nada más que una cortina de humo para propagar "la nefasta influencia marxista". Denuncia, también, a la Compañía de Jesús como principal exponente de la corriente "cristiano-marxista". Acusa que sus universidades y colegios eran focos del neomodernismo que se usaban para preparar líderes y recaudar fondos para realizar su labor de indoctrinación en los barrios pobres donde formaban comunidades de base en torno a catecismos revolucionarios que representan a Cristo como enemigo de los ricos. Asegura el escrito que la Conferencia del CELAM "no persigue otra cosa más que la demagogia a favor de la revolución y que la unión del marxismo con el cristianismo tiene el peligro de formar "un formidable movimiento de masas que construya el socialismo"[14]. De esta manera los diarios también publicaron notas perplejas sin un contexto definido, pero con un fin ideológico determinado.

Por su parte, el *Uno más Uno* dio la palabra preponderantemente a los obispos llamados progresistas y a los teólogos de la liberación que casi no aparecieron en los demás diarios excepto para ser impugnados o cuando ocasionalmente se les entrevistaba. A propósito del tema central de la reunión, por ejemplo, el arzobispo de Sao Paulo, Paulo Evaristo Arns, manifestó el sentimiento central de los teólogos de la liberación acerca de que el sistema de injusticia instaurado en América Latina era la causante de la marginación de la mayoría del pueblo y de la cultura de la pobreza y que era el mayor desafío que enfrentaba la evangelización.[15] Este diario le dio preferencia precisamente a los temas sociales que se acercaban a la agenda de la teología de la liberación. Estos puntos de vista quedaron manifiestos en el periódico al juzgar que los obispos mexicanos llegaron a la III Conferencia del Episcopado Latinoamericano después de 10 años

---

[14] "El CELAM ¡Comunista y herética! Ante la III Conferencia del CELAM en Puebla", Gloria Riestra, *El Sol de Puebla*, 28 enero, 1979.

[15] "La injusticia reto para la Iglesia: Arns", *Uno más Uno*, 14 enero, 1979.

de paulatino alejamiento de los postulados de Medellín en los que el silencio había sido su principal característica y en donde se logró excluir a los sectores más comprometidos del clero.[16] En efecto, la teología de la liberación, aparentemente, no había tenido el mismo impacto experimentado en otros países latinoamericanos.

Todos los diarios aquí reseñados dieron amplia cobertura a las palabras inaugurales de Juan Pablo II tanto las que pronunció en la Basílica de Guadalupe como las que emitió en el Seminario Palafoxiano al inaugurar la Conferencia. En su mensaje desde la Basílica, Juan Pablo II declaró que la Iglesia debía renacer en el continente americano y que la Conferencia de Puebla era un paso adelante en este sentido, aunque se debía cuidar que caminara dentro de los lineamientos eclesiales trazados desde Roma, y censuró las falsas interpretaciones de Medellín.[17] Tanto el *Sol* como el *Universal* calificaron el mensaje de Puebla como el de mayor contenido doctrinal en su joven pontificado. Las palabras papales aparecieron en las primeras planas, pero en especial, en el diario poblano. El Papa, se reportó, advirtió en contra de las desviaciones doctrinales al afirmar que Cristo no está comprometido con los sistemas sociales ni con la lucha de clases, que es un error afirmar que la liberación política, económica y social coincide con la salvación de Jesucristo y que el reino de Dios se identifique con el de los hombres. La liberación se logra, acentuó, a través de Cristo.[18] A propósito de las diferentes corrientes al interior de la Conferencia, el Papa indicó que el evento sería uno de fraternidad entre pastores, no un simposio de expertos, un parlamento de políticos, o un congreso de científicos, para dejar en claro que debía ser un evento eclesial.[19] En el *Uno más Uno* se pueden leer más artículos de fondo y de opinión sobre los discursos papales. Por ejemplo, un artículo matizó los mensajes al decir que el enfoque papal sobre Jesucristo coincide con la

---

[16] "Los obispos mexicanos llegan a la III CELAM con 10 años de alejamiento de las ideas de Medellín, *Uno más Uno*.

[17] Este artículo ocupó los titulares y la primera plana del diario. "Se han malinterpretado los acuerdos de Medellín", Berta Becerra C., *El Sol de Puebla*, 28 enero, 1979.

[18] "Cristo ni político ni revolucionario", *El Sol de Puebla*, 29 enero, 1979.

[19] "Proyección humana", Editorial, *El Sol de Puebla*, 30 enero, 1979.

cristología latinoamericana de la liberación. "En efecto, Cristo aparece ahí como revelador de la verdad sobre el hombre, base de la verdadera liberación identificado con los desheredados". Se destaca su compromiso con los necesitados, su anuncio y realización de una liberación integral y su no indiferencia a los imperativos de la moral social. Este mismo articulista alabó el discurso del cardenal Lorscheider que resaltó lo positivo de la Iglesia latinoamericana como las comunidades cristianas de base que predominan en los barrios populares y el compromiso de los religiosos con los pobres, lo que le da una esperanza al continente.[20] A pesar del tono de conciliación de la Conferencia comunicado por medio de sus ruedas de prensa palafoxianas, de los teólogos de liberación extramuros a partir de sus conferencias de prensa y entrevistas y de todos los diarios que reflejaron este sentimiento, salieron a relucir en los medios algunas fisuras y puntos de vista críticos. En cuanto a las palabras del Papa, un ensayista del *Uno más Uno* se preguntaba, "¿Fue a los sacerdotes progresistas que se han comprometido con la causa del pueblo a quienes dirigió Juan Pablo II la advertencia de que los obispos no deben actuar como líderes sociales o políticos? ¿Fue a los cristeros de ayer y de hoy a los mismos que ya están colgando las paredes del país los lemas 'Cristianismo Sí, Comunismo No', a quienes se les hizo esta advertencia?"[21]

Lo que sí queda muy evidente es que todos los diarios contienen notas muy parecidas día con día lo que indica que la información de los trabajos de la Conferencia se emitía a partir de las ruedas de prensa oficiales que tomaban lugar desde el interior del Seminario Palafoxiano, lugar en donde se efectuó la Conferencia. Por lo tanto, a pesar de la multiplicidad de notas que aparecieron cotidianamente, muchas son repetidas por los diversos medios impresos y hasta en diferentes días de los mismos periódicos. La especificidad se encuentra, como se puede apreciar, en las columnas de opiniones y editoriales donde aparece más claramente la postura de cada medio

---

[20] "Juan Pablo II ante el CELAM", Miguel Concha, *Uno más Uno*, 30 enero, 1979.

[21] "Política y religión", Pedro Ocampo Ramírez, *Uno más Uno*, 30 enero, 1979.

y sus articulistas respectivos junto con el énfasis que se le otorga a cada nota o en las entrevistas hechas a varios de los personajes.

El Universal reportó las discusiones y conclusiones de Puebla a veces de manera exhaustiva y detallada pero El Uno más Uno aprovechó para dirigir los reflectores hacia temas destacados en las agendas de los teólogos de la liberación como la condena al concepto de seguridad nacional, la censura a los regímenes militares, la desigualdad, la pobreza, el capitalismo desmedido, los derechos de los migrantes y el olvido de los indígenas. Cumplía así su misión de prensa crítica mientras evidenciaba temas de urgencia social que podían coincidir con ideas marxistas. De esta manera, este diario se percibió como promarxista.

También es manifiesto que los diarios, a pesar de su inclinación, tendieron a enfatizar la noción que se planteó desde las palabras del Papa y en las declaraciones de la Conferencia que insistieron que, aunque existían diferencias entre los diversos eclesiásticos, el fin de Puebla 79 era ser una comunión eclesial, suscitar el diálogo, la coincidencia y la formulación de un documento de unidad. Hasta cierto punto se logró por la gran difusión que tuvo la visita y el evento eclesial.

Sin embargo, desde más de un mes antes de la Conferencia en Puebla, los diarios ya vislumbraban las controversias percibidas al interior del episcopado en particular y de la Iglesia en general. El Uno más Uno, el más intrépido de los diarios, reportó que, desde Bogotá, el Secretario General de la Conferencia, Alonso López Trujillo, informó que había numerosos sectores latinoamericanos, entre ellos empresarios mexicanos, que protestaron ante el CELAM ya que, desde su punto de vista, el Documento de Consulta que se había preparado anterior a Puebla, "tiene un sabor marxista inocultable".[22] Desde la lectura de los diarios se puede observar que, aunque los voceros de la Conferencia insistían en un clima de conciliación, por otra parte se aceptaba que, efectivamente, existían diversas corrientes o, más específicamente, dos corrientes muy definidas. El arzobispo López Trujillo anunció antes de su partida a México que la

---

[22] "Amnistía Internacional pide al CELAM ayuda a perseguidos", Uno más Uno, 16 enero 1979.

Conferencia poblana procuraría llegar a un punto de equilibrio entre las tendencias dentro de la Iglesia latinoamericana y garantizaría los logros de Medellín que dinamizó el papel del catolicismo en la lucha de los pueblos por la solución de sus problemas. Sin embargo, enfatizó desde ese momento lo que los medios retomarían, especialmente el *Sol*: que el mensaje de Medellín se había distorsionado a lo largo de los años. Dijo el Secretario que, "No me imaginaba que Medellín pudiera ser tergiversado hasta convertirlo en algo así como un manifiesto revolucionario, político, de inspiración ideológica, cosa que no puede estar acorde con el pensamiento de la Iglesia"[23]. Más aún, se reportaron las palabras del Monseñor Henri Salina, representante y observador de la Conferencia episcopal de Suiza, quien dijo que las diversas corrientes eran normales y que no llegaban al punto de la confrontación profunda sino que convivían dentro de la propia doctrina cristiana y que sólo se usaba lenguaje que a veces provenía de la izquierda o de la derecha pero que se pronunciaba con el mismo propósito de llevar el mensaje de Dios a todos ya que la Iglesia es universal.[24] De esta manera, se comunicó al público lector una especie de bipolaridad conciliadora, ya que una diversidad de reportajes fueron paradójicos. El *Uno más Uno* tomó una visión contraria al decir que la Conferencia se preparaba para ser la antítesis de Medellín, "Si allí los obispos se transitaron hacia una visión eclesial contra la injusticia económica, en Puebla parece que el camino se emprenderá de regreso. El conservadurismo está representado"[25]. Su punto de vista fue el contrapunto con otros diarios que acusaron a las reuniones de los teólogos de la liberación de ser un anti-Puebla o una Conferencia paralela. Así, los periódicos revelaron, aunque un poco de manera anárquica, los complejos debates y controversias que se desarrollaron en torno a Puebla 79 y que eran novedades para el público mexicano.

Sin embargo, un acontecimiento que acaparó mucha atención y que denotó abiertamente la existencia de corrientes o hasta facciones

---

[23] "Se procurará establecer un punto de equilibrio entre las tendencias de la Iglesia latinoamericana", Ramón E. Colombo. *Uno más Uno*, 22 enero, 1979.

[24] "Normales las diversas corrientes ideológicas en la Iglesia latina", Raúl Zárate López, *El Sol de Puebla*, 28 enero, 1979.

[25] "Bajo la rueda", Juan Lezama, *Uno más Uno*, 6 enero, 1979.

al interior de la Iglesia fue la publicación de una carta que obtuvo el *Uno más Uno* escrita por Alfonso López Trujillo unos días después de la elección de Juan Pablo II ,al Arzobispo brasileño, Luciano Cabral Duarte, presidente del Departamento de Acción Social de esa Conferencia. La misiva fue arrolladora ya que afirmaba que por "presión de otros" tuvo que invitar al superior general de la Compañía de Jesús, Pedro Arrupe. La carta se publicó unos cuantos días después de inaugurada la Conferencia. Además, critica al cardenal Eduardo Pironio, Prefecto de la Congregación para los Religiosos, por no reprender a los eclesiásticos que expresan "ideas confusas y desagradables", en clara referencia a la Teología de la Liberación. Como López Trujillo intuye peligro, busca afianzar la dirección del CELAM y opina que es imperativo que se lleve a cabo la conferencia cuanto antes para obtener una plataforma ideológica y un programa concreto para cuando se lleven a cabo las elecciones de las autoridades del organismo. Por lo tanto, le encomienda al arzobispo Cabral Duarte: "Prepara pues, tus aviones bombarderos, y prepara algo de tu sabrosa ponzoña porque tanto para Puebla como para la Asamblea del CELAM te necesitamos más que nunca en las mejores condiciones…Que tus golpes sean evangélicos y certeros".[26] Esta carta que causó revuelo especialmente entre los liberacionistas por sus intenciones tan reveladoras, tuvo una respuesta iracunda, semanas más tarde, por parte de la revista sensacionalista *Impacto* que declaró triunfante que los obispos indignados por la actuación del grupo Scherer-Becerra Acosta, en clara referencia al diario *Uno más Uno* y la revista *Proceso*, cerraron filas en torno a López Trujillo y que el representante del Papa, el cardenal Baggio, informó al Vaticano que se habían dado los primeros golpes que "la prensa roja orquestaba en contra de la Conferencia". El reportaje siguió con su narración y dijo que al ver que esa maniobra no funcionó, "los comunistas radicalizaron su ofensiva". Los obispos marxistas, opinó el medio, vieron que "no penetraron" sus críticas en los debates y entonces presionaron hacia el exterior para desestabilizar la conferencia y como protesta en contra de que no acreditaron a 5 periodistas organizaron "el primer sabotaje contra los obispos estallando una es-

---

[26] "Presionan en el CELAM para invitar al Superior General de los jesuitas", *Uno más Uno*, 1 febrero, 1979.

candalosa huelga de prensa en unión de las células de periodistas extranjeros simpatizantes"[27]. Dos de los reporteros a los que se les negó acreditación fueron los sacerdotes Teófilo Cabestrero de *Vida Nueva* y Enrique Meza de *Proceso*, ambas revistas de tendencias liberacionistas. El presidente del Departamento de Comunicación Social del CELAM dijo que los periodistas excluidos no podían entrar al Seminario y se negó a ofrecer explicaciones.[28]

III

Desde la perspectiva oficial, el Secretario General del CELAM, Alfonso López Trujillo, expresó que la Iglesia salió fortalecida ya que el Documento final había sido aprobado por unanimidad después de varios borradores ampliamente discutidos por los asistentes y resumidos en toda la prensa. Manifestó que el Documento final de la Conferencia señaló los caminos que tomaría la Iglesia frente a la realidad de América Latina y que lo unánime confirmaba que los lineamientos señalados por Juan Pablo II de unidad evangelizadora y de acción apostólica apegada a las necesidades de los pueblos fueron los que rigieron en la reunión.[29] Así, quedó asentada la importancia de la autoridad magisterial episcopal y del Papa como su máximo símbolo y exponente.

Sin embargo, los diarios sí anotaron una diferencia entre Medellín y Puebla: la defensa abierta de los derechos humanos. Acerca de este tema también se suscitaron enfoques diversos que reportaron los medios. Un periódico resaltó las palabras del obispo de Riobamba, Ecuador denunciando las violaciones en Nicaragua y El Salvador, y al mismo tiempo las del arzobispo de Jalapa quien dijo que si la Conferencia se pronunciaba en contra de la violación de los derechos humanos significaría un riesgo ya que cada quien lo

---

[27] "Obispos marxistas en la CELAM", Víctor Manuel Sánchez S., *Impacto*, 28 febrero, 1979.

[28] "Nuevas protestas de periodistas", Miguel López Saucedo, *Uno más Uno*, 9 febrero, 1979.

[29] "Iglesia fortalecida", *El Universal*, 13 febrero, 1979.

entendería como quisiera.[30] Sin embargo, la Conferencia también se pronunció en contra de la teoría de la seguridad nacional que, dijo, "pretende justificarse en ciertos países de América Latina, como defensora de la civilización occidental y cristiana. Desarrolla un sistema represivo en concordancia de su concepto de guerra permanente"[31].

El Universal enfatizó más la ausencia de luchas facciosas, al contrario de *Uno más Uno* y el *Sol de Puebla*. Así, publicó, en varias ocasiones, entrevistas con López Trujillo, acusado de imponer una agenda conservadora y de excluir a los exponentes de la teología de la liberación de la Conferencia, aunque siempre insistió en la fraternidad demostrada en la reunión. Sin embargo, en la misma nota en donde el Secretario General alabó el espíritu de hermandad se publicaron las palabras del obispo Arns acerca de que la votación en torno al temario "Había sido un triunfo progresista" y las del presidente de la Comisión Latinoamericana de Religiosos, el jesuita boliviano Carlos Palmes Genover, quien mantuvo que no hubo subversión en los trabajos, pero sí divergencias de opiniones.[32] El periódico reportó, además, que los trabajos de la Conferencia siguieron las orientaciones que el Santo Padre Juan Pablo pronunció en su discurso inaugural, palabras que refrendó el enviado papal al decir que la unidad de la asamblea no significaba que no hubiera pluralidad de opiniones.[33]

Por otra parte, se habló de los logros. *El Sol*, con tono optimista, reportó que al final de la Conferencia, la Iglesia Católica había logrado proponer un plan de acción para el hemisferio sobre la base de un esquema fundamentalmente conservador pero que destacaba una "audaz defensa de los Derechos Humanos". Este logro lo atribuye a las "sorprendentes coincidencias" logradas entre los sectores conservador y liberal, y declara que una fuente de la Conferencia

---

[30] "La defensa de los derechos humanos diferencia en Puebla", *Uno más Uno*, 11 febrero, 1979.

[31] "Plan del CELAM contra la represión. Documento contra abusos amparados en la seguridad nacional", Miguel López Saucedo, *Uno más Uno*, 7 febrero, 1979".

[32] "Que no hay lucha de facciones en la Iglesia latinoamericana, *El Universal*, 1 febrero, 1979.

[33] "CELAM: pluralismo de opiniones", *El Universal*, 5 febrero, 1979.

dijo que los conservadores evitaron pronunciamientos revolucionarios y que los liberales lograron un firme compromiso a favor de los derechos humanos.[34] En los últimos días de la Conferencia, sin embargo, este periódico subrayó más el tono conciliador de la reunión episcopal y publicó algunas entrevistas que representaron este punto de vista. Proclama que la Conferencia trazó un camino para la paz y en contra de todo tipo de violencia en un momento grave en América Latina y que se puede afirmar, en las palabras del Monseñor Bonifacio Mabersbacher, obispo de San Ignacio, Bolivia, que ha sido una reunión "democrática, pluriforme a la que han recurrido con sus ideas, razones y experiencias obispos y teólogos conservadores, progresistas, conciliadores y hasta extremistas y exagerados influenciados por grupos externos"[35]. Por otra parte, se notó que se vio frustrada la minoría que buscaba declaraciones condenatorias a las ideas liberacionistas. Se afirmó que la presencia de los teólogos fue constructiva para la Iglesia en América Latina. Los teólogos de la liberación, se explica, fueron invitados por varios obispos o por la Confederación Latinoamericana de Religiosos y así, "los teólogos de la liberación hemos colaborado a la III Conferencia aún cuando no hubiésemos sido invitados oficialmente a ella. El presidente de la Conferencia y muchos obispos participantes han visto con satisfacción nuestro trabajo".[36]

Las diversas formas en que se reportaron los eventos de Puebla 79 por estos medios aparecían contradictorias, ciertamente confusas, a veces ininteligibles, pero bastante partisanas, para la mayor parte de los lectores ya que por lo regular no se explicaban los contextos y los encabezados podían ser sensacionalistas o hasta de eventualidades, lo que le confirió mayor interés al medio y, posiblemente les atrajo más lectores.

Por ejemplo, *El Universal* publicó una larga nota relatando que diversos grupos nacionales y extranjeros de izquierda y derecha

---

[34] "Tenaz defensa de los derechos humanos, resultado de la CELAM", *El Sol de Puebla*, 13 febrero, 1979.

[35] "La Iglesia contra la violencia", Raúl Zárate López, *El Sol de Puebla*, 13 febrero, 1979.

[36] "La Teología de la Liberación en Puebla", Miguel Concha, *Uno más Uno*, 9 febrero, 1979.

trataban de aprovecharse del foro para promover sus puntos de vista a nivel internacional como los anti castristas, los jóvenes en contra de las armas nucleares, el Partido Laboral Mexicano con su lema "Cristianismo sí, fascismo, no; expulsen a Lefebvre y a los jesuitas del CELAM" y hasta un grupo del "Instituto de Estudios Puebla 2000" que ofrecía a los periodistas acreditados servicios turísticos y culturales y que encabeza un exdirigente de grupos del apostolado seglar.[37] Con un tono más de denuncia, el Consejo Nacional de Estudiantes que agrupó a jóvenes de más de 50 universidades e Institutos de educación superior, denunciaron al Centro Nacional de Comunicación Social junto con su director, José Álvarez Icaza, de desarrollar una campaña contra el Papa y la Conferencia de Puebla. Lo acusaron abiertamente de ser "guerrillero de salón" y advirtieron que aun cuando el CENCOS y algunos periodistas extranjeros intentaran presionar al CELAM para que la Iglesia se inclinara hacia las tesis de los teólogos de la liberación, "los estudiantes mexicanos estamos con el Papa y con los documentos que sólo él apruebe".[38] Más aún, apareció un cintillo en la parte superior de la página 2 del *Sol* que anunciaba en nombre de la Federación de Barrios y Colonias de Puebla, S.A. la "Adhesión a la doctrina pontificia de S.S. Juan Pablo II que condenó la Teología de la Liberación marxista. Manifestación popular católica. Lunes 12, 5 p.m. Zócalo. Asiste".[39] Muchas de estas organizaciones aprovecharon el evento y la publicidad proporcionada por los medios para acarrear agua a su propio molino.

Entonces, los reportajes acerca de Puebla 79 tuvieron de todo, desde editoriales y reportajes, opiniones y testimonios, documentos y anuncios y hasta notas sensacionalistas y contestatarias quizás para vender más pero también para convocar a manifestaciones o hasta para ofrecer un relato más holístico del evento con el que se pudiera relacionar la sociedad.

---

[37] "Al margen de la III Conferencia Episcopal grupos de izquierda dan a conocer sus ideas", *El Universal*, 2 febrero, 1979.

[38] "Acusan a CENCOS de una campaña contra el Papa", Fermín Vázquez Legaria, *El Sol de Puebla*, 12 febrero, 1979.

[39] "Anuncio", *El Sol de Puebla*, 10 febrero, 1979.

Puebla 79 también funcionó como una caja de resonancia para los posicionamientos en contra de la participación del clero en la vida pública que, en parte, estaban vinculados con las posturas anti-marxistas, pero también con las anticlericales, del gobierno mexicano. El arzobispo de Chihuahua sentenció que la Iglesia no quería alianzas con gobiernos ni sistemas ya que la evangelización era la misión fundamental de la Iglesia mientras que el arzobispo de Callao fue más enfático al proclamar que el sacerdote que quisiera hacer política se retirara del ministerio eclesial, se dedicara a jugar su papel en algún partido político y el que no estuviera de acuerdo con los lineamientos expuestos por el Papa que se fuera de la Iglesia.[40] En este mismo tono se clamó que se debía condenar la subversión y la guerrilla y deshacer el contubernio supuesto del obispo Sergio Méndez Arceo de Cuernavaca con el marxismo nacional, el castrismo cubano y detener el asalto contra el Papa y contra la autoridad magistral, litúrgica y disciplinal de la Iglesia.

IV

La prensa mexicana y latinoamericana había estado en coincidencia con el discurso oficial anticomunista y los medios, con excepciones, en estos años de guerra fría, robustecieron esta narrativa. La prensa expuso esta bipolaridad en Puebla y en algunos casos comunicó los sentires de ciertos sectores oficiales de la iniciativa privada. Los empresarios desde principios de los años 70 habían quedado escamados con las políticas populistas del presidente Echeverría, a pesar de que la Iglesia había visto con buenos ojos su política social y especialmente su anti-marxismo. A pesar de estar unidos con la Iglesia, la iniciativa privada fue embestida por este gobierno por poner sus negocios por encima de la sociedad, pero también criticada por la Iglesia por su acumulación desmedida de riquezas frente a la pobreza en Latinoamérica.

Muchos empresarios temían los resultados de Puebla, aunque, por otro lado, los comerciantes poblanos calcularon, en la prensa,

---

[40] "La Iglesia debe abstenerse de politiquerías y que se retire el sacerdote que quiera hacer política", *El Universal,* 3 febrero, 1979.

que la visita papal tendría una derrama de mil millones de pesos en su ciudad. El presidente de la Cámara Nacional de Comercio local indicó que la visita acarrearía enormes beneficios a la ciudad y que la Cámara se haría cargo del adorno de las calles y las tiendas del centro con detalles alusivos a la visita y pondría a la disposición de las autoridades sus instalaciones como dormitorios para los visitantes que no tuvieran dónde pernoctar.[41] El corresponsal de *Vida Nueva*, Teófilo Cabestrero, que no fue acreditado por el Vaticano, escribió una crónica de Puebla 79. En una nota se refirió a la fracción de empresarios locales pertenecientes al Consejo Coordinador de Puebla y a la Junta de Mejoras que temían que el Documento emitido de Puebla atacara la propiedad privada y la libre empresa y que se capitalizara la reunión para fines políticos. Al reconocer esta posibilidad, el Comité Regional del Partido Acción Nacional advirtió a los empresarios públicamente que debían guardar respeto al magisterio de la Iglesia y que no debían influir en la Conferencia de Puebla.[42] No sirvió de mucho la advertencia.

Puebla 79 estimuló una serie de reacciones que se airaron en la prensa a diario. El semanario político *Impacto,* con 190.000 lectores en el año de la Conferencia, representaba un sector empresarial de extrema derecha que se oponía tanto a los cambios en la Iglesia como a las prácticas del gobierno en el poder. Revista también de farándula vendida en todos los puestos de periódico, fue muy popular entre la población. Representó en ese momento uno de los puntos de vista más virulentos y amarillistas frente a los acontecimientos de Puebla 79 mientras que se mantenía fiel a la autoridad papal. Al referirse a una supuesta infiltración marxista en la Conferencia poblana, se jactó de que los marxistas habían fracasado en sus intentos ya que el Papa los supervisaba a diario por medio de su enviado, lo que "apretó" las filas de la mayoría de los obispos "por la senda fiel al magisterio de la Iglesia".[43] En otro artículo de opinión se disputaba la acusación de que

---

[41] "Los comerciantes esperan 1.000 millones en derramas durante la visita papal", *El Universal*, 15 enero, 1979.

[42] "Puebla 78", *Vida Nueva*, núm. 1. 147, 30 septiembre, 1978.

[43] Víctor Manuel Sánchez S., "Obispos marxistas en la CELAM", *Impacto*, 28 febrero, 1979.

el capitalismo desenfrenado era la causa de la desigualdad y la pobreza, postura de los teólogos de la liberación. El artículo examinaba lo
que, en su opinión, era la verdadera causa de la pobreza y discutía la
naturaleza de la libre empresa. Reflexionaba que, aunque diferían en
sus fines los sociólogos tercermundistas, los teólogos de la liberación,
y los políticos ambiciosos todos coincidían en culpar al sistema de libre empresa de la miseria. Con la excusa de remediar las fallas del sistema de libre empresa, se ponían en práctica políticas económicas que
eran la verdadera causa de que continuara en el atraso y en la miseria
gran parte de Iberoamérica; advertía que si se entendía por libre empresa o sistema de mercado un orden económico basado en el respeto
a la propiedad privada, a la competencia y con un gobierno democrático que respetara la dignidad humana y las libertades individuales,
no se podía decir que este sistema fuera el responsable de la miseria.
Los contrastes y miserias en América Latina, aseguraba, habían ser-
vido como excusa para los gobiernos para obtener más poder, gastar
más dinero y provocar con la inflación resultante más miseria. Acabó
acusando a los marxistas y a los sacerdotes tercermundistas de utilizar las estadísticas para presentar las teorías marxistas como remedio
de los males.[44] Recordemos que el tercermundismo de Echeverría de
apenas unos cuantos años atrás no había sido del agrado universal
de los empresarios. El *Sol de Puebla* también denotó una veta pareci-
da ya que publicó una nota donde el Consejo Coordinador Empresarial denunció "la táctica marxista de pinzas" que por una parte aglutina
los movimientos liberacionistas políticos y por otra dentro de la Iglesia plantea tesis marxistas".[45] En otro diario se reportó que el Consejo Coordinador Empresarial denunció a los teólogos de la liberación
como grupo de presión político que aprovechó la reunión de obispos
para realizar una labor subversiva a nivel internacional. La delegación
estatal poblana señaló que estos eclesiásticos son "modelo de infide-
lidad al Papa". Por su parte, Heberto Rodríguez Concha, presidente

---

[44] Luis Pazos, "Pretexto de marxistas y sacerdotes tercermundistas. La Iglesia
y la miseria en América Latina", *Impacto*, 7 febrero, 1979.

[45] "La Teología de la Liberación va contra México: Empresarios. Promueven
huelgas locas, guerrillas, odio", Jorge Marcelino Alejo, *El Sol de Puebla*, 11
febrero, 1979.

local de la Cámara Nacional de la Industria de Transformación dijo que, "La Teología de la Liberación pretende demostrar a Jesucristo comprometido políticamente e implicado en la lucha de clases, lo cual no se compagina con la catequesis de la Iglesia". Continúa al evidenciar que una conferencia de prensa de los dirigentes empresariales en el Hotel Velasco se convirtió en un foro de discusión con los defensores de la Teología de la Liberación por lo que los empresarios se pronunciaron "contra el fascismo de los diversos socialismos y marxismos para procurar desde Puebla, la libertad y la justicia social".[46] De nuevo, al ofrecer los medios una serie de reportajes a lo largo de la duración de eventos tan desconocidos por el grueso de la población, denotaron la división entre las dos corrientes que identificaron pero, además, lo discordante que muchas de las opiniones y posturas podían parecer al lector.

V

El Documento final fue publicado en versión económica por casi toda la prensa y en ese sentido fue todo un acontecimiento ya que se destacaron las conclusiones como sumamente relevantes. El público tendría en sus manos el manifiesto colectivo de una Iglesia latinoamericana que se había ocupado por las problemáticas de la región. Era un documento trascendente decían unos, otros una alternativa al marxismo y otros más, que mantuvo el espíritu de Medellín o que lo traicionó. En su momento, los periódicos mexicanos omitieron comparar el Documento de manera significativa a las conclusiones de Medellín. Por otro lado, destacaron algunos de los puntos más relevantes como el llamado en defensa de los derechos humanos, su carácter sagrado y la condena a todo menoscabo a la persona humana; la promoción de una sociedad justa y pacífica que cumpliera con los anhelos de los pobres y la necesidad de aliviar los problemas sociales y económicos de los campesinos. Los periódicos aplaudieron la condena a los abusos de poder de los gobiernos militares y la denuncia de la carrera armamentista como el gran crimen de los

---

[46] "Denuncia la CCE a los teólogos de la liberación", Ignacio Navarro, *El Universal*, 10 febrero, 1979".

tiempos. Recalcaron, además la condena que se lanzó a los conglomerados internacionales, pero especialmente los puntos en contra de la politización de la doctrina. Los medios ciertamente enfatizaron lo que muchos liberacionistas habían insistido a lo largo de los días: que la evangelización era uno de los principales desafíos del continente por las desigualdades sociales, la extrema pobreza y la violación de los derechos humanos. La prensa dejó ver, de nuevo, que el Documento final tuvo una redacción conciliadora frente a los diversos puntos de vista al reportar, por ejemplo, que se condenaba el liberalismo capitalista que exaltaba la riqueza individual pero también al marxismo que había sido definido como idolatría de la riqueza en su forma colectiva; o que se condenó la violencia institucionalizada pero también la terrorista por no ser ninguna vía hacia la liberación. El Secretario General de la Conferencia poblana dijo que, con respecto a Medellín, en Puebla no hubo ni retrocesos ni correctivos, ni redefiniciones sino una aportación más profundamente humana, más evangélica, más cristiana. "No se condenó a nadie y ni siquiera se habló de corrientes teológicas". Resaltó que el Documento básicamente siguió el pensamiento de Juan Pablo II, el Concilio Vaticano II y la Conferencia de Medellín, pero avanzó en proyectos de evangelización y de la promoción de la dignidad humana, los derechos humanos y la justa distribución de la riqueza para disminuir el hambre.[47] Al final, excepto por ciertos énfasis, los medios dejaron en la indefinición si el Papa había condenado la teología de la liberación por no haberla mencionado con todas sus letras o si la había condonado al hablar de la liberación del ser humano a través de Cristo.

Al mantener los eventos papales y eclesiales frente al ojo público por más de seis semanas la prensa abrió una vía para abogar por las libertades políticas de la Iglesia mexicana y los derechos constitucionales del clero mientras sirvió para que el gobierno se engraciara con la sociedad mayoritariamente católica que había vivido en la sombra. Además, posibilitó que algunos sectores de la iniciativa privada, así como de las derechas en ascendencia tuvieran audiencia,

---

[47] "El CELAM por la dignificación humana y la justa distribución de la riqueza", Raúl Zárate López, *El Sol de Puebla*, 13 febrero, 1979.

así como las izquierdas. No obstante, a pesar del anticlericalismo histórico, Puebla demostró que podía ser el momento de incluir a la Iglesia en el proyecto nacional. Un medio resumió muy bien la atmósfera al testificar que las multitudes que atrajo el Papa fueron manifestaciones de la religiosidad del pueblo y de su fe, ya que la mayoría de las personas percibían al Papa como representante de Cristo en la tierra y no como un simple líder. La religiosidad masiva, afirma, tuvo dedicatoria: "el país es católico y sus habitantes no parecen estar dispuestos ni a otras religiones ni a otras corrientes filosóficas que atenten contra la religión. Uno de los propósitos de la visita del Papa fue buscar la unidad, pero en torno a él como Pontífice. Su tono fue esperanzador, aunque conservador: que la Iglesia permanezca dentro de su misma tendencia sin que se pueda convertir en otra".[48] Los múltiples reportajes evidenciaron las diferentes posturas al interior de la Iglesia en torno a la interpretación y aplicación del Evangelio. Al final, la cobertura de la prensa develó cómo Juan Pablo II, desde el principio, marcó el rumbo del Documento final de la III Conferencia Episcopal Latinoamericana en Puebla como figura unificadora; se impuso la autoridad pastoral y la prensa transmitió ampliamente cómo los teólogos de la liberación y los prelados participantes habían acentuado la unidad, la universalidad y la colaboración, aunque desde diferentes frentes. Quizás éste fue el impacto mediático de mayor transcendencia.

---

[48] "Los seis días de fe religiosa", de la Redacción, *Uno más Uno*, 1 febrero, 1979.

7

LATINOAMÉRICA: UNA HERMENÉUTICA HISTÓRICO-CULTURAL

Aníbal Fornari (Argentina)

Consejo Nacional de Investigaciones Científicas y Técnicas
Universidad Católica de Santa Fe

Este artículo es como una introducción programática a este amplio tema, asumido en tres momentos.

1) Extraigo de estos últimos 40 años tres *hechos-signos* que interrogan la predisposición mental latinoamericana predominante y manifiestan la actualidad histórica de la síntesis teológico-cultural en función pastoral expuesta en el Documento de Puebla (DP).

1.1 El Mensaje de Juan Pablo II de agosto de 1989[1] referido al comienzo de la II Guerra Mundial. Fue meses antes de la caída del Muro de Berlín el 9 de noviembre del '89. Se refiere a la lógica

---

[1] Juan Pablo II, *Carta Apostólica* del 27 de agosto de 1989, en el 50° Aniversario del Comienzo de la Segunda Guerra Mundial: la hora de las tinieblas (citas en texto: CA). El Papa, siendo joven y sufriente partícipe, con su pueblo, de la experiencia de este magno holocausto, puntualiza los horrores causados por la soberbia y admira la grandeza de los testimonios que vencieron al odio con la caridad esperanzada, nacida de la Fe de y en la Iglesia: amistad fundante y sin fronteras. El 8 de mayo de 1995 Juan Pablo II dirige al mundo y a sus gobernantes un nuevo *Mensaje* que explicita la responsabilidad del presente ante el clamor de una humanidad pisoteada y doliente, deseosa del bien común de la justicia y de la paz. Esto con ocasión del *50° Aniversario del Final en Europa de la Segunda Guerra Mundial*.

destructiva de la "soberbia de la vida" (Maurice Blondel), proyectada por regímenes enfrentados entre sí e imbuidos de un sentimiento mítico de lo político y del poder en general, como prueba de la autosuficiencia humana, para ejecutar el propio proyecto histórico-revolucionario de purificación y redención. Sea mediante la recuperación autóctona del designio universal de una voluntad de poder arcaica, sea mediante el manejo científico-político de las contradicciones histórico-sociales y de su contenido de violencia activado al máximo, para inaugurar la época definitiva de una humanidad superior o de reconciliación de la humanidad.

1.2 El gesto de Juan Pablo II de convocar en Santo Domingo, en el marco de la 4ª Asamblea del Episcopado latinoamericano de 1992 y en ocasión del 5° Centenario del Descubrimiento de un Nuevo Mundo, el Sínodo de 1997 sobre la *Iglesia en América* toda.

1.3 La Vª Asamblea Episcopal de Aparecida-Brasil en mayo del 2007 y, desde ese marco, el sorprendente acontecimiento del 13 de marzo de 2013 del llamado a Francisco, hijo del camino de maduración de la Iglesia en Latinoamérica, para asumir el Papado al servicio del hombre en el contexto universal de un cambio de época, que desafía a un nuevo inicio.

2) Tras individuar los signos en estos hechos, abordo la *mediación metodológica* adecuada a una interpretación de la conciencia histórico-cultural latinoamericana, atenta al legado del DP. Tal mediación reconoce como *eje hermenéutico* la *exigencia de liberación,* radicalizada desde su impronta originaria.

3) Para la concreción hermenéutica de tal exigencia axial asumo tres dimensiones respondientes a las problemáticas detectadas en el primer momento:

3.1 Radicalización de la *autoconciencia presente del sujeto* histórico de la liberación, reconocido en la *novedad de su carisma antropológico* que conjuga racionalidad de la experiencia religiosa, moralidad de la pobreza y estética del mestizaje.

3.2 Radicalización del *espacio de experiencia* a través de la *liberación de la memoria histórica latinoamericana* hacia las instancias originarias de su configuración como parte esencial del "Extremo Occidente" en cuanto "Nuevo Mundo".

3.3 Radicalización del *horizonte de expectativas* de desarrollo desde la *liberación del sentido pluridimensional de la acción política,* correlativa a la diversidad de sujetos sociales y a la ampliación de oportunidades mediante la integración regional, como valorización crítica de la globalización desde la singularidad histórica latinoamericana.

1. Hitos históricos de Puebla a hoy

Asumo tres sucesos decisivos que solicitan al DP desplegar sus potencialidades culturales esclarecedoras de la historicidad latinoamericana. Primero: captar el fenómeno del '89 como expresión de una más abarcadora implosión de la mentalidad ideológica, donde se evidencia el principio hermenéutico de que la "realidad es superior a la idea", sobre todo respecto del dinamismo estructural originario de la realidad humana y de la autoconciencia histórico-cultural de los pueblos.

1.1. Colapso histórico de la "soberbia de la vida": 1989

Precediendo los consabidos fuegos de artificio del '89 con el derrumbe del Muro de Berlín acaecido el 9 de noviembre y la perpleja verificación de la caducidad por implosión de los aparentemente inconmovibles –y por la fuerza duraderos– regímenes comunistas esparcidos por el mundo, que interpelaron y traumatizaron aún más la doliente sociedad latinoamericana durante la segunda mitad del siglo XX, Juan Pablo II –quien una década antes había inaugurado su pontificado en México compartiendo luminosamente la Conferencia Episcopal de Puebla– llama al mundo el 27 de agosto de 1989 a hacer memoria del 50 aniversario del comienzo de la Segunda Guerra Mundial (1 de septiembre de 1939) y de las ideologías y posteriores regímenes políticos que la desencadenaron.

a) Inversión de la 'imago Dei' en el hombre

"Antes de 1914, dice el filósofo Gaston Fessard, la ideología liberal y democrática era implícitamente admitida a ejercer la función reguladora para todos los pueblos civilizados". Luego "estallan tres revoluciones, tres nuevas ideologías que concuerdan, al menos, en el rechazo a esta supremacía del Liberalismo: Revolución bolchevique y Comunismo, Revolución musoliniana y Fascismo, revolución hitleriana en fin y Nacional-socialismo. (…) Aunque elevándose al estado de místicas totalitarias por su propia oposición, Comunismo y Nazismo polarizan finalmente en torno a ellos todos los espíritus que aspiran a un cambio radical del mundo, a un 'orden nuevo'. (Liberalismo, Comunismo, Nazismo, como divinidades homéricas de proyección universal) planean sobre nuestros conflictos, insuflando sus pasiones en el corazón de los débiles mortales, a fin de liquidar a través de nuestros desgarramientos terrestres sus disputas celestes"[2]. Disputas cuya clave reúne resentimiento turbulento de la implacable energía humana que se pretende "celeste" y sentimiento de la inutilidad terrenal de la lejanía trascendente del dios modernamente imaginado y racionalizado. Esta conjunción de presentimientos de poder y experiencia de soledad tiene su válvula de escape en la proyección ideológica, mediante el poder político-tecnológico, de una inversión más bien *convulsionaria* –si se me permite el neologismo[3]– que revolucionaria, respecto del sentido del ser en el mundo, pues es insostenible en el tiempo la conjunción entre utopía celeste y violencia terrestre.

Frente al contraste de intereses en y entre las naciones, la perspectiva individualista y materialista del positivismo liberal procede desde el criterio del equilibrio ventajoso en el juego de fuerzas, carente en cuanto tal de horizonte espiritual y de profundidad histórica ante los conflictos socio-políticos. Así predispuso a más resentimiento y enemistad con el Tratado de Versailles[4] e inicio de la Sociedad de

---

[2]   Fessard, Gaston, *Autorité et bien común. Aux fondements de la société*, Ad Solem, Paris, 2015, pp.218-219.

[3]   Según diccionario, convulsión: agitación violenta o también sacudida de la tierra o del mar, asociadas a desajustes neurológicos o geológicos; suceso irruptivo contrapuesto a una normalidad benéfica.

[4]   El Tratado de Versailles del 28 de junio de 1919, fue el primer intento organizativo internacional con la Sociedad de las Naciones. De repente relativiza la universalidad del derecho internacional, excluyendo Alemania vencida, castigada con los tributos de la 1ª Guerra Mundial. Algunas naciones latinoamericanas se retiraron ante la negativa mayoritaria de aceptar el principio "la victoria no da derechos".

las Naciones, tras la conclusión de la Primera Guerra y de su *inútil matanza* anunciada y denunciada ante los gobernantes del mundo por Pio XI. "Ya mucho antes de 1939 –dice Juan Pablo II– en algunos sectores de la cultura europea, aparecía una voluntad de borrar a Dios y su imagen del horizonte del hombre. Se empezaba a adoctrinar en este sentido a los niños, desde su más tierna edad"[5]. Al contrario de su presunto iluminismo, este adoctrinamiento desató lo que Juan Pablo II denomina *La hora de las tinieblas.* Su infernal resultante fue "la muerte de cincuenta y cinco millones de personas, dejando divididos a los vencedores y una Europa para reconstruir" (*CA*), además de la inaudita experiencia de la masacre nuclear. Quienes cargaron sobre su fe el protagonismo de la esperanza para reconstruir codo a codo con sus pueblos la amistad entre las naciones europeas y la vida de las familias destrozadas en ciudades y campos desolados, con sangrientas secuelas de vengativas luchas internas, fueron los signos del verdadero hombre nuevo, que abrieron el proceso hacia la unión europea.[6] En aquel momento, el poder contradictor del "príncipe de este mundo" (con cuya perduración histórica en movilizar hacia la enemistad hay que contar), alucina las conciencias y encierra la intencionalidad alterativa del deseo en la regresiva "actitud de orgullosa suficiencia, en la ilusión de ser el hombre el único señor de la naturaleza y de la historia" (*CA*). Este hiperbólico olvido-de-sí deforma la dinámica de la razón, al adjudicarle la supremacía absoluta sobre lo real y al ponerla como último criterio de juicio sobre lo que tiene derecho a existir.

Entonces, "el hombre, dejado al sólo poder del hombre (fundamento y medida de sí mismo), mutilado de sus aspiraciones religiosas (que básicamente consisten en reconocer y vivir intensamente lo real), se transforma rápidamente en un número o en un objeto" (*CA*). Esta inversión narcisista del sentido de la dinámica humana

---

[5] Juan Pablo II, *Centesimus annus*, Carta Encíclica en el Centenario de la *Rerum novarum*, (*CA*).

[6] Conviene aquí recordar a los principales artífices de la concordia europea operativa, tras devastación de la Segunda Guerra Mundial: estos políticos precursores-fundadores de la UE son el Siervo de Dios Robert Schuman (Ministro de Exteriores de Francia), el Siervo de Dios Alcide De Gasperi (Primer Ministro de Italia), Konrad Adenauer (Canciller de Alemania) y Jean Monnet (empresario financista francés).

absolutiza la razón instrumental y la concentra en la voluntad de poder, de posesión y de autoafirmación frente al otro y a todo lo que le viene dado, degradando las relaciones y la inventiva renovadora de la amistad social. La distorsión del sentido de la realidad y la pérdida de sensibilidad por la verdad presiona las tensiones y conflictos –propios de las diferencias en la convivencia plural– hacia la contradicción, el odio, la negación forzada de la existencia del otro y la violencia, que desata lo que Papa Francisco denomina "la tercera guerra mundial de a pedazos". El destello de lo divino en el hombre, su yo-relacional-al-infinito atestiguado por el deseo, la razón y la libertad, se hizo autoconsciente de ser *imago Dei* por el acontecer histórico del judeo-cristianismo y se radicó en la memoria profunda del hombre europeo como experiencia de una dignidad personal que trasciende el universo. Esto generó un imparable impulso histórico de grandezas humanas y de desarrollo civilizatorio que, al olvidar y desmerecer la actualidad del vínculo originario que lo dio a luz, invierte el sentido de su ímpetu en la soberbia idolátrica de una irreligiosidad militante, ajena a la formación cultural racional y libertaria de los pueblos europeos. Previamente "nuestra cultura perdió la percepción de la experiencia concreta de Dios, de su acción en el mundo. Pensamos –advierte Francisco– que Dios sólo se encuentra más allá, en otro nivel de realidad, separado de nuestras relaciones concretas. Pero si así fuese, si Dios fuese incapaz de intervenir en el mundo, su amor no sería verdaderamente poderoso, verdaderamente real, y no sería entonces siquiera verdadero amor, capaz de cumplir esa felicidad que promete. En tal caso, creer o no creer en Él sería totalmente indiferente"[7]. Tal trascendencia racionalizada y aislada respecto de las exigencias constitutivas del hombre, también afecta la conciencia religiosa del hombre moderno. También un cristianismo sin verificación crítica de la compañía humana de una Presencia viva y liberadora, incidente en la experiencia cotidiana de la vida, se torna desechable, porque "ya no es la presencia del Hecho original que se renueva y pasa de un día a otro, […] sino su reducción a un *a priori* abstracto. Pero cuando el cristianismo se transmite como una concepción, una doctrina, una manera de concebir y tratar, entonces

---

[7]   Papa Francisco, Encíclica *Lumen Fidei*, 71.

también el cristianismo se convierte en una ideología"[8]. La desfiguración del Hecho original en ideología tiene la particularidad de que, por un lado, ella representa el residuo de un pasado superado, revestido de gnosis espiritual y de moralismo pelagiano y, por otro, de que ella tiende a actualizarse por adhesión servil al partido de la ideología dominante, al que le confiere representarla y al que le brinda los valores selectivos que el momento requiere.

La decisión de ruptura con la conciencia de pertenencia al ser en el tiempo y la voluntad de fabricación de una nueva historia pretende, sin embargo, conservar los efectos humanistas del pasado cristiano, a través de la capitalización resignificada de algunos de sus valores consecuentes, atestiguando con ello cierta inevitabilidad de la pertenencia a una tradición. Pero sólo a condición de que tales valores sean reconvertidos en "formales", "científicos" o "puros", abstraídos hacia fuera de la historia, de la ontología de su génesis y del método de su concreta experimentación. Así desfilan "personalidad" como culto del genio o del líder, "identidad" como fuerza étnica, "libertad" como autolegislación, "igualdad" como homogeneidad, "fraternidad" pero sentimental y desheredada, "liberación" como poder de cambio violento de estructuras que garanticen la justicia y la aparición del hombre nuevo. Estos valores puros valen en la medida en que expresan un aspecto de la vida social que impresiona y justifica su vigencia al concitar adhesiones masivas. Los valores, una vez cortados de su arraigo formando parte de la constelación en una probada experiencia totalizadora, quedan sueltos para ser elegidos y sistematizados como ideología en función de un proyecto de poder en el que se deposita el valor de la vida. La política, concebida como juego de fuerzas para lograr una hegemonía aplastante en la que el otro en minoría debe desaparecer del juego, contiene una pretensión destituyente y sustituyente del otro, mientras la perspectiva parcial partidaria es travestida de absolutismo, que recupera al otro como esclavo potencial desde la dialéctica de los polos contradictorios amigo-enemigo. Este sentido totalitario del poder mira la

---

[8] Carrón, Julián, *Mirad que realizo algo nuevo, ¿No os dais cuenta? (Isaías)*, Ed. Fraternidad de Comunión y Liberación, Rimini, 2018, p. 43 (citando a Luigi Giussani)

persona y la sociedad civil desde la sospecha clasificadora de cómplices y traidores, mientras el contradictorio partido único (la parte-total) o el líder mitificado no da lugar a otra expresión personal y social, fuera de la fogosa u oportunista militancia, que la obsecuencia regulada o a la soledad profunda de la resistencia martirial. Primera pregunta: si la historicidad latinoamericana también está herida por la ideología de la soberbia de la vida ¿qué experiencia antropológica más originaria contiene para darse cuenta de que lo racional es que "el otro es un bien para mí"?

b) Manipulación de la memoria histórica y oscurecimiento de la amistad social

En la *hora de las tinieblas* –prosigue el mensaje de Juan Pablo II– "la barbarie planificada que se ensañó contra el pueblo judío (…) y la locura homicida que se abatió sobre otros muchos grupos que tenían la culpa de ser «diferentes» o rebeldes a la tiranía del invasor" (*CA*), abrevó en el imaginario de un retorno mítico-fundamentalista a la presunta antigua pureza étnico-cultural previa a la experiencia judeocristiana: a los autoctonismos culturales de la Raza de los Arios germánicos, de Roma de los Césares, de Grecia presocrática del materialismo atomista y hedonista, o a un tribal comunismo primitivo como remoto antecedente. La actitud de imponer el fundamento de la historia, referida ahora a la tragedia de la "cuestión judía", tuvo su temprano experimento en el siglo II con el griego Marción, cuya conversión al cristianismo se moduló en la siempre tentadora espiritualidad gnóstico-maniquea. Marción no entendía por qué el cristianismo debía mantenerse en una conexión estructural con la historia, a menudo degradante e impura del pueblo hebreo. "Proponía abandonar los escritos del Antiguo Testamento, acusados de reflejar sólo un Dios de ira, en favor del Nuevo Testamento, también depurado, obra de un Dios de amor. Marción aplicaba a la exégesis la separación efectuada por los gnósticos entre un creador malvado, de rango inferior, y un Dios supremo, bueno, externo al mundo, del cual Jesús sería el mensajero".[9] Esto fue extirpado de inmediato por la Iglesia como herejía. Pero su heterodoxia se reedita en el "marcionismo histórico", entendido como "la actitud que pretende una ruptura total con el pasado, considerado como lo que ya nada tiene para enseñarnos. Ahora bien –prosigue R. Brague–, podemos preguntar si la modernidad no está amenazada de una manera muy particular por esta herejía. En todo caso es lo que debe suceder si la modernidad es verdaderamente inseparable de la idea de un progreso que permitiría dar por terminado un pasado considerado oscuro".[10] Esta idea de progreso no descarta simplemente el pasado para echarlo al olvido, sino que lo retiene congelado en una memoria sumaria, caricaturesca y repetitiva para que todos puedan medir cuánto se ha salido de la época oscura –llámese Época de los Hebreos, Época Medieval europea o Época Ibérica americana– y así ver cuánto ya se ha progresado como límpida civilización, tras haber dejado atrás esas barbaries o lastres del pasado. Tales reduccionismos infligidos a la autoconciencia histórica implican destituir la positividad de los procesos de configuración por mestizaje étnico-cultural de los pueblos y bloques geo-culturales que, sin justificar con esto limitaciones y perversiones, favorecieron el encuentro, la asimilación y la integración, mitigando la natural litigiosidad entre las etnias y abriendo procesos de amistad social. Tras la ruptura y barbarización ilustrada de las etapas históricas previas y constituyentes de las singularidades culturales de los pueblos nombrados, la conciencia histórica se torna abstracta y su nueva nominación es disputada por partidos ideológicos que reestablecen la litigiosidad étnica arcaica, ahora modernizada.

En la "segunda modernidad", desde el siglo XVIII, la hermenéutica de la conciencia histórica fijó la dialéctica entre el *horizonte de espera* del futuro y el *espacio de experiencia* del pasado, sobre tres tópicos: 1) tiempos radicalmente nuevos, fruto de una ruptura con el pasado y posición de un nuevo origen cuyo desarrollo será dirigido por cerebros iluminados; 2) aceleración de la historia mediante el

---

[9] Brague, Rémi, *Il futuro dell'Occidente. Nel modello romano la salvezza dell'Europa,* Rusconi, Milano, 1998, p. 65.

[10] Brague, R., *Il futuro dell'Occidente*, o.c., p. 187.

continuo progreso tecnológico y el poder político técnicamente ejercido de modo convulsivo y revolucionario; 3) dominio dogmático de la historia, que implica que debe suceder aquello que esperamos y planificamos, sin prever los efectos perversos incluso de los proyectos mejor concebidos, no sólo porque sucede siempre algo distinto de lo que se esperaba o de cómo se lo esperaba, sino también porque nuestras esperas cambian imprevistamente ante las circunstancias. En fin, prosigue Ricoeur, "la época moderna se caracteriza no sólo por una restricción del espacio de experiencia —que hace que el pasado parezca cada vez más lejano [e insignificante] a medida que más ha transcurrido— sino también, por una desviación creciente entre espacio de experiencia y horizonte de espera. ¿Acaso no vemos retroceder —se pregunta Ricoeur— hacia un futuro cada vez más lejano e incierto la realización de nuestro sueño de una humanidad reconciliada? (…) Cuando la espera ya no puede fijarse más en un porvenir *determinado*, jalonado de etapas *discernibles,* el propio presente también se halla desgarrado entre dos huidas: la de un pasado superado y la de un último que no suscita ningún penúltimo asignable"[11]. Así se establece un nuevo tipo de mentalidad burguesa —por darle un nombre—, de disponibilidad uniformada y frustrada a consumir y descartar, susceptible al embaucamiento y a la decepción sucesiva por la avidez de novedades, favorecida por la conectividad o ciberespacio. Si la conciencia del pasado es insignificante, entonces puede ser sustituida por un mito arcaico que encienda la mecha. Si el futuro no suscita espera alguna atractiva y razonable, entonces puede ser sustituida por alguna utopía que levante el ánimo. Tal mentalidad es funcional a ese poder mundial transversal, que San Pablo VI llama "imperialismo internacional del dinero", cuya avaricia convive con las más extrañas y contradictorias crisis políticas. Discernía agudamente Pier-Paolo Pasolini que ese anonimato ganancioso promueve, en el caldo de cultivo de la uniformidad mental, tanto la nostalgia pasatista porque es impotente, cuanto la utopía ansiosa porque no dura. Lo que no soporta es la libertad serena, atenta y operante de una presencia presente que tiene en cuenta la

---

[11] Ricoeur, Paul, *Temps et récit III. Le temps raconté*, Ed. du Seuil, Paris, 1985, p. 308.

totalidad de los factores humanos. Cuando la conciencia histórica se petrifica de esta manera, también la conciencia política pierde sentido de la realidad, apertura de horizonte y direccionalidad integradora a partir de lo que, enseguida, denomino dialéctica del bien común. En cambio, se impulsó en la sociedad la dialéctica amigo-enemigo propia del *salvacionismo político* que necesita de la fuerza del poder-total para liberar al hombre, mientras pretende anular los conflictos sociales mediante la exacerbación contradictoria de los mismos, manipulada por el partido incendiario de *la revolución* que, bajo sus múltiples figuras utópicas posibles (del nacionalismo populista al internacionalismo iluminista) aseguraría, mediante la violencia, el parto de una nueva historia justiciera. San Juan Pablo II cita en el Mensaje la Carta Encíclica a los católicos alemanes de Pío XI: "Con Viva Preocupación" (*Mit Brennender Sorge*), del 14 de marzo de 1937, ante la amenaza de la revolución totalitaria, racista y expansiva del nacional-socialismo prosiguiendo la lógica revolucionaria desde el siglo XVIII. Refiere figuras de la idolatría política de élites y masas alucinadas por líderes del nacionalismo revolucionario ilustrado y "científico" o turbulento y romántico-populista: «Quien eleva la *raza* o el *pueblo*, el *Estado* o *una forma* determinada del mismo, los *representantes* del poder o de *otros elementos fundamentales de la sociedad* humana (conflicto de clases, mercado, dinero...) como suprema norma de todo, aun de los valores religiosos, y los diviniza con culto idolátrico, pervierte y falsifica el orden creado y querido por Dios» (*CA*, cursillas y paréntesis mío). Así se desvirtúa en unitarismo concentrador y en nacionalismo exacerbado lo que es el gran aporte de la filosofía política moderna en cuanto a la *sensibilidad procedimental democrática* y la disposición a un *permanente discernimiento reformador*, involucrando a la totalidad social ciudadana a través de la laicidad positiva y no neutralizante del estado constitucional de derechos humanos, la elegibilidad y periodicidad de los gobernantes y demás representantes, la independencia republicana de los poderes del estado y la positiva relación con las comunidades intermedias. Teniendo en cuenta algo que el estado moderno, por su misma formación rupturista tiende a omitir: el depender-de, rememorar-a y cultivar la amistad social vecinal, plural, laboriosa, festiva, popular y pre-política, fundante de la concordia como condición posibilitadora de la misma rivalidad partidaria civilizada (y de toda otra forma de digna rivalidad). Concierne a Latinoamérica comprender a Europa en su integralidad histórico-cultural continental diferenciada, para comprenderse a sí misma como Continente. Pues la originaria historicidad continental de Europa es una esencial dimensión generativa de la diferencia novedosa de América toda, como Extremo Occidente. El potencial de enemistad que esto contiene para provocar la explosión de una nación sólo puede ser amortiguado y, en el tiempo, educativamente revertido, por la libre incidencia meta-política de un *mediador público*[12] que sea *signo* inmanente, estable y eficaz, de la trascendente *relación originaria:* el *Bien de la Comunión.* La concreción socio-política básica y universal de la experiencia del Bien de la Comunión, donde naturalmente nace y da sus primeros pasos la amistad social, es la libre relación de amor, estable y responsable, en la dialéctica varón-mujer. Desde dos polos, como *relación matrimonial* de los dos diferentes y como *relación de la diversidad plural del Pueblo de Dios*, se configura la *objetividad* del mediador en y entre las naciones que sustenta la experiencia básica y la experiencia culminante del Bien de la Comunión. Tal objetividad consiste en que no es una instancia contingente, sobrepuesta coyuntural y técnicamente a una sociabilidad en un momento de grave crisis para tratar de remediarla, sino que es la *mediación ya presente,* en y entre la gente, de la *cultura del encuentro*[13],

---

[12] En diversas circunstancias históricas pero con el mismo significado de *signo mediador* desde la trascendencia de la *relación originaria* acontecieron multitud de testimonios decisivos de la cultura del encuentro, de los que nombro algunos pocos: el papa San León I el Grande reconciliando Bárbaros y Romanos, el obispo Desmond Tutu ayudando a trascender el apartheid en Sudáfrica, tal como el pastor-mártir Martin Luther King en USA, Mahatma Gandhi pacificando el camino a la independencia de la India respecto del UK, Juan Pablo II y el Cardenal Samoré deteniendo la guerra inminente entre Argentina y Chile, ayudando a reconciliar ambas naciones, Papa Francisco ayudando a EEUU y a Europa a hospedar y reconciliarse con los nuevos inmigrantes, también tomando conciencia y piedad de sí-mismos, como pueblos de emigrantes y de inmigrantes que fueron y son ellos mismos.

[13] Nótese que la única relación social natural elevada por Cristo a Sacramento es el matrimonio varón-mujer.

como experiencia generativa y viviente del Significado último que reúne, que da vida y horizonte al inmenso multiplicarse de la dialéctica varón-mujer. Por eso, también en especiales circunstancias tal mediador es de nuevo reconocido y solicitado como testigo portador creíble del *Bien de la Comunión* que sustenta, a través del *Bien de la comunidad* particular procurado por la acción política en cada nación, la referencia de todas a la *Comunidad del bien* universal, cuyo *télos* es vivir el *Bien de la Comunión*. Ésta es la dialéctica básica del *Bien común*[14]. Para advertir la importancia del nexo entre integralidad de la conciencia histórica y progreso de los pueblos o perturbación de sus caminos por la reducción de este nexo, cabe recordar lo siguiente. Las rupturas independentistas hispanoamericanas del siglo XIX, al fragmentar esa Hispanoamérica de cuatro virreinatos intercomunicados desde el centro ibérico en veinte estados nacionales que identificaron liberalismo político republicano con irrestricto mercantilismo económico, agregaron al difícil logro de la estabilidad democrático-constitucional, interrumpida luego por variados golpes y otros desmentidos despóticos de las reglas institucionales, también como principal preocupación la demarcación de fronteras, la posesión exclusiva de recursos naturales y la concentración estratégica de hipótesis bélicas en la relación entre los estados vecinos.[15] Se abre aquí una segunda

---

[14] Fessard, G., *Autorité et bien commun*, o.c., pp. 115-135 (La mayúscula en cada binomio es de G. Fessard e indica énfasis de significado respecto al otro término).

[15] Seis guerras internacionales, sin contar las numerosas guerras civiles, se produjeron en el Continente. Cuatro en el siglo XIX. Primera: (11.000 victimas) en América del Norte, vence Estados Unidos vs México (1846 a 1848). Segunda –y las que siguen– en América del Sur: Guerra Peruano-Ecuatoriana (1.200 víctimas), vence Perú (1858-1860). Tercera: el genocidio (370.000 víctimas) en la Guerra de la Triple Alianza de Brasil, Argentina y Uruguay vs. Paraguay (1864 a 1870). Cuarta: Guerra del Pacífico o del Salitre-Guano (21.000 víctimas), vence Chile vs Bolivia-Perú (1879-1883). Sobre estos cuatro trágicos sucesos cabe recordar: 1)-EEUU se muestra extraño a la historicidad latinoamericana; pero un importante sector interno se opone a esa guerra, liderado, entre otros, por quienes serían los presidentes John Adams y Abraham Lincoln; razones invocadas: absoluta falta de necesidad territorial, necesidad de buena vecindad, conciencia de las profundas heridas y desastres humanitarios que la guerra dejaría, repugnancia por tal

pregunta: ¿qué impronta ha de tener, llegados al final de la aventura independentista, necesaria y precaria, una renovada e integradora memoria del origen que implique una transformación geo-cultural y metodológica de la acción política, para servir al Bien común en la época de la globalización?

1.2. La IV Asamblea de Santo Domingo (1992) y el Sínodo Ecclesia in America (1997)

Esta unidad de acontecimientos contribuye a la problemática enunciada en la pregunta final del anterior parágrafo. Estaba todavía a poca distancia la tormenta del '89 cuando aconteció la IV Asamblea. Apenas un año antes, en 1991, se desintegró la URSS. Santo Domingo trata de complementar el esquema de Puebla a partir del significado histórico-cultural del V Centenario de la evangelización de la totalidad de América. Pareció un evento menor desde el punto de vista de una lectura histórico-social. Pero no lo es. Es esencial partir de lo que para la Iglesia es el foco radical de su confianza y esperanza, y afrontar

---

injusticia ante su conciencia cristiana. 2)-La Guerra de la Triple Alianza manifestó: a)-posición inicial de distancia hegemónica del Imperio del Brasil respecto de una Hispanoamérica que miraba para otro lado; la importancia decisiva de la unidad Argentina-Brasil para la integración latinoamericana a partir del Mercosur y desde sus sociedades civiles; b)-desencadenamiento de la violencia por la irrupción de gobernantes-caudillos, torpes y temerarios, sin control político-institucional de sus decisiones; c)-profunda resistencia fraterna de los pueblos latinoamericanos, en especial a través de argentinos y uruguayos, a colaborar con tales fratricidios. Dos guerras sucedieron en el siglo XX. La Guerra del Chaco entre Bolivia y Paraguay (1932-1935) por problemas legados de la exclusión oceánica de Bolivia al oeste-Pacífico, su desplazamiento hacia el sureste por el Chaco Boreal, para expandir y conectar su producción petrolífera por vía fluvial hacia el Atlántico. A ello se suma la ausencia de límites precisos, antes innecesarios, en zona inhóspita y despoblada, no frecuentada ni por Paraguay ni por Bolivia. Combatida a pleno desierto, vence Paraguay con apoyo civil-informal del vecindario cómplice de la Triple Alianza, lo que resulta en el trágico saldo de 90.000 pobres y jóvenes víctimas. Una 5ta. sorpresiva Guerra del Atlántico Sur-Islas Malvinas-Georgias-Sandwich entre Argentina e Inglaterra del 2 de abril y 4 de junio 1982, en torno a 1.000 víctimas. Mientras se da un mayoritario apoyo latinoamericano a la Argentina (tomada por la Dictadura Militar) ante su reclamo de los territorios usurpados en el siglo XIX; EEUU y la UE, tras haber intentado detener diplomáticamente la guerra, apoyan a Inglaterra, que vence la contienda.

las exigencias de cambio social que viene del clamor de los pobres y excluidos en una perspectiva de solidaridad e integración continental. Los católicos americanos necesitan darse cuenta "del deseo de Cristo de encontrarse con los habitantes del llamado Nuevo Mundo para incorporarlos a su Iglesia y hacerse presente de este modo en la historia del Continente. La evangelización de América no es sólo un don del Señor, sino también fuente de nuevas responsabilidades" [16] Es de gran trascendencia el paso dado, salido de la genialidad creyente de San Juan Pablo II y de su mirada hacia adelante, mar adentro en el devenir histórico, al encuentro de los pueblos. Afronta la exigencia de liberación de los pueblos y de las naciones americanas, en medio del desconcierto mundial y de los optimismos superficiales del '89 ante el nuevo e incierto proceso de globalización. El mismo día del V Centenario, inaugural de IV Asamblea para "abrir nuevos horizontes y dar renovado impulso a la evangelización", propone un encuentro sinodal «en orden a incrementar la cooperación entre las diversas Iglesias particulares» para afrontar juntas, «los problemas relativos a la justicia y la solidaridad entre todas las Naciones de América» (*EA*). Sin esperar que los cálculos de la geopolítica se animen a dar el paso, pero para posibilitarlo realmente de modo adecuado cuando se diere el tiempo oportuno[17]. Juan Pablo II con los episcopados y en la perspectiva del Jubileo de los 2000 años de la Encarnación del Hijo de Dios en la historia del mundo, al celebrar en Santo Domingo los quinientos años en

---

[16] *Ecclesia in America*, Libreria Editrice Vaticana, 1997, todo lo citado, está en n° 1 del doc. (Reunión de representantes de los episcopados nacionales durante un mes en el Vaticano, del 16 de noviembre al 12 de diciembre de 1997). En la perspectiva del Gran Jubileo del año 2000 tuvieron lugar una Asamblea Especial del Sínodo de los Obispos para cada uno de los cinco Continentes: África (1994), América (1997), Asia (1998), Oceanía (1998) y Europa (1999). La Iglesia desea que los continentes comiencen a unirse para ser y hablar juntos en el diálogo y en las tensiones de la nueva época global.

[17] Cfr. Carriquiry, Guzmán, *Una apuesta por América Latina* (Prólogo del Cardenal Jorge Bergoglio), Sudamericana, Buenos Aires, 2005. Se trata de la más consistente síntesis proyectual político-cultural y económico-social estratégica para América Latina, en su integración hacia adentro y en su inserción significativa en el irreversible proceso de globalización del siglo XXI. Con la connotación de su enfoque interdisciplinario y de la documentación exhaustiva de cada momento de su propuesta.

que Cristo llamó a toda América a confiar en Él, convoca para 1997 al Sínodo *Ecclesia in America*. Para afrontar el conflicto entre Sur y Norte América, con el método católico de asumir la contrariedad en la dialéctica del encuentro, consciente de la responsabilidad que entraña la fe para contribuir a la justicia desde la unidad del Continente. Contrarrestando la mentalidad mundana de valerse de la contrariedad para exaltar la contradicción. El conflicto mundial que atraviesa América es mirado desde «la problemática de la nueva evangelización en las dos partes del mismo Continente, tan diversas entre sí por su origen y su historia, y sobre la cuestión de la justicia y de las relaciones económicas internacionales, considerando la enorme desigualdad entre el Norte y el Sur» (Ibid. n° 2). Este signo de los tiempos plantea la pregunta acerca del tipo de autoconciencia histórica y cultural requerido por esta propuesta para que la nueva evangelización del continente se encarne en la unidad plural o mejor, poliédrica y creativa de América toda, con las consecuencias políticas y sociales que ello pueda implicar.

1.3. La V Asamblea de Aparecida (DA) y Latinoamérica al Papado: Francisco

Sale a la luz el DA junto al Santuario de Nossa Senhora de Aparecida en mayo del 2007 y, 6 años después, acontece la llamada al papado del primer latinoamericano, el primer jesuita y el primer Francisco de la historia, el 13 de marzo de 2013. América Latina, la mayor realidad eclesial de la catolicidad mundial, ha realizado un camino de maduración y pasa de la periferia al centro. Entre ambos acontecimientos hay una profunda unidad. La presencia y colaboración del Card. Bergoglio en la reflexión, en el diálogo y en la redacción se deja palpar en la impronta poético-conceptual y experiencial de la redacción-plegaria propia del DA. Esta síntesis comunional, al amparo de *Nossa Senhora Aparecida*, junto al fiel Pueblo de Dios orante brasileño que anima la tarea, marca el rumbo de la gozosa caridad misional y de la eclesialidad sinodal del Papa Francisco. Puebla había captado la unidad cultural mestiza, profunda y plural de América Latina, articulando las coordenadas de la evangelización de las culturas. Aparecida supone completamente a Puebla para lanzar la misión *ad gentes*, abrazando la fragilidad y la espera humana sin precondiciones: *"Todo lo que tenga que ver con Cristo, tiene que ver con los pobres y todo lo relacionado con los pobres reclama a Jesucristo"* (DA, 393). De aquí "brota también la solidaridad como actitud permanente de encuentro, hermandad y servicio, que ha de manifestarse en opciones y gestos visibles, (...) en el permanente acompañamiento de sus esfuerzos por ser *sujetos* de cambio y de transformación de su situación" (DA, 394). De nada sirve hacer-para ellos de modo clientelista si no es un hacer-con ellos para crecer-juntos como protagonistas de la vida y de nuevos encuentros en la sociedad civil que, de por sí, ayudan a esa transformación. Esto exige vivir "la cercanía que nos hace amigos y nos permite apreciar profundamente los valores de los pobres de hoy, sus legítimos anhelos y su modo propio de vivir la fe" (DA, 398). Penetrar en este Acontecimiento excede este escrito[18]. ¿Cómo desplegar ahora la provocación de estos magnos sucesos que hilvanan la posibilidad de una interpretación histórico-cultural del DP a 40 años de su publicación? ¿En qué consiste tal actualización hermenéutica?

2. Sobre el método hermenéutico de la conciencia histórico-cultural

El mismo DP brinda las claves tanto del *método* de lectura cuanto de la puesta en relieve de la *actualidad histórica* de su *contenido*

---

[18] Las dos más destacadas y consistentes investigaciones de este hecho tan esperado cuanto sorprendente, son: la biografía vital de J. M. Bergoglio hasta llegar a ser Francisco, captado en el plexo de su tierra y de su historia: cfr. Austen Ivereigh, *El Gran Reformador. Francisco, retrato de un Papa radical*, (trad. de Juanjo Estrella), Ed. IB, Barcelona, 2015, y la exhaustiva exploración tanto de las fuentes filosófico-teológicas y literarias cuanto de los textos donde se va plasmando la propia síntesis entre experiencia existencial y pensamiento reflexivo de Bergoglio: cfr. Massimo Borghesi, *Jorge Mario Bergoglio. Una biografia intellettuale*, Jaka Book, Milano, 2017. La muestra internacional: *Gestos y Palabras. Jorge Mario Bergoglio una presencia original,* Alejandro Bonet-Horacio Morel (Curadores), Argentina, 2017, es la viva y completa síntesis entre hechos y significado, tejida a través de diversos momentos y perfiles que jalonan la existencia vocacional a dejarse encontrar por Cristo en las circunstancias de la vida de quien, de pronto, se encontrará siendo Papa Francisco.

esencial. Respecto del *método* indica "atender hacia dónde se dirige el movimiento general de la cultura más que a sus enclaves detenidos en el pasado" (DP, 398), pues estamos ante "una nueva época de la historia humana" (*Gaudium et spes,* 54) favorable a la "realización nuevas síntesis vitales" (DP, 392). Respecto del *contenido* se trata de individuar la intencionalidad que hilvana los signos de una respuesta novedosa a los desafíos de este cambio de época. El reconocimiento de tal núcleo intencional no depende de un proyecto ideológico estratégico sino "ante todo, de una profunda actitud de amor a los pueblos. De esta suerte (…) podrá conocer y discernir las modalidades propias de nuestra cultura, sus crisis y desafíos históricos y solidarizarse, en consecuencia, con ella en el seno de su historia" (DP, 397). Este "conocer y discernir" implica una sensibilidad por la verdad de la experiencia vivida por el otro y un sopesado sentido de la objetividad que, antes que precipitar prejuicios y formulaciones fuera de contexto, se empeña en un discernimiento que implica el corazón, es decir, la razón afectivamente comprometida, sin la cual el significado profundo de los signos pasa de largo. "El signo es la experiencia de un factor presente en la realidad que remite a otra cosa. El signo es una realidad experimentable cuyo sentido es otra realidad distinta"[19], cuya existencia está implicada dentro de la presencia del signo. Si "el modo de mirar propio del hombre es la razón, que (dejándolo intacto) interviene en el contacto que tiene el yo con lo que se encuentra; lo ilumina y lo juzga, es decir, lo refiere a otra cosa, ya que se puede juzgar en cuanto se admite como hipótesis otra profundidad"[20]. Es decir, se reconoce el estatuto relacional inherente a la materialidad, a la carnalidad de todo lo real y se lo discierne ante todo en la apertura inconmensurable del fenómeno humano a la totalidad del significado.

Ricoeur asume y redefine en términos ontológico-existenciales, la profunda epistemología de la historia de Reinhart Koselleck[21],

---

[19] Giussani, Luigi, *El hombre y su destino. En camino.* Encuentro, Madrid, 2003, p. 107.

[20] Giussani, L., o. c., p.110.

[21] Koselleck, Reinhart, *Futuro pasado. Para una semántica de los tiempos históricos*, Paidós, Barcelona y Buenos Aires, 1993.

evidenciando categorías trascendentales flexibles para una *herme-néutica de la conciencia histórica* sintetizada como esa "*mediación* abierta, inacabada, *imperfecta*, es decir, una red de perspectivas cruzadas entre la espera del futuro, la recepción del pasado y la vivencia del presente"[22]. El tiempo histórico es vivido en la tensión polar entre *espacio de experiencia*, transmitida por generaciones anteriores o por las instituciones actuales, al modo de una extrañeza y de una distancia superadas, también de una habitualidad adquirida (a modo de un *ethos*), pero se trata de un espacio abierto, que puede ser recorrido según múltiples itinerarios. Por el otro polo, el del *horizonte de espera*, ella es vivida sea a modo de esperanza o de temor, de curiosidad o de preocupación, de cálculo racional o deseo atento. Tanto la experiencia del pasado como la espera del futuro están abiertas e inscriptas en el caminar presente del yo en acción y de una comunidad cultural. La tensión entre ambos polos o categorías trascendentales es *asimétrica*, tal como lo es la libertad humana en la tensión entre lo voluntario y lo involuntario: la espera se vincula a un poder libre de despliegue y superación, por eso la espera no puede ser simplemente *derivada* del espacio de experiencia, que tiende a la *integración*, mientras el horizonte de espera a la *dispersión* imaginativa. Pero se condicionan mutuamente, ya que el espacio de experiencia no se integra en sí mismo sin una *espera retroactiva*. Esto es, la experiencia del pasado no se integra como experiencia sin que una espera del futuro actué sobre ella reuniendo sus diversas aristas dispersas mediante demandas de sentido acerca de lo que cabe o es posible esperar. Y la espera del futuro se va diluyendo y, con ella, una comunidad histórica, cuando por habitual olvido o soberbia rupturista ella deja de hundir y reunir en la dramática experiencia del pasado esas energías e ideales críticamente retomados, que le posibilitan nuevamente protagonizar una buena vida en común. Sin experiencia no se sabe qué esperar y cada uno en su particularidad espera cualquier cosa. Importa retener esto: nuestro inevitable ser-afectados-por-el-pasado va siempre acompañado por el objetivo de un horizonte de espera, lo cual hace a la dialéctica interna a la misma experiencia y, por

---

[22] Ricoeur, Paul, *Temps et récit III. Le temps raconté*, Ed. du Seuil, Paris, 1985, p. 300.

tanto, a la dinámica del espacio de experiencia histórico. En nuestra relación con el pasado, por una parte, "la repercusión de nuestras esperas relativas al futuro sobre la reinterpretación del pasado puede tener como principal efecto abrir en el pasado, considerado como transcurrido, posibilidades olvidadas, potencialidades abortadas, intentos reprimidos (...); por otra parte, el potencial de sentido así liberado de lo brindado por las tradiciones puede contribuir a dar vida a aquellas de nuestra esperas que tienen la virtud de determinar, en el sentido de una historia que hay que hacer, la idea reguladora (...) de una humanidad reconciliada, actuante en una historia *efectiva*"[23].

Esto no significa colocarse en una actitud de manipulación y dominio hermenéutico sobre la objetividad de los hechos conocibles de la historia, sino, por el contrario, seguir la *huella* dejada y marcada en la exterioridad del pasado documentado y, por otra parte, intentar asumir la *deuda* y la *herencia* legadas, lo que es un modo de apropiación de lo sucedido en sus luces y sombras y así dejar hablar a los hechos en una *tradicionalidad* transmisora de sentido en la interioridad de la sucesión de las generaciones. La dialéctica categorial de la hermenéutica entre lo Mismo, lo Otro y lo Análogo está bien representada por esa triple modulación dinámica de la *tradicionalidad* –como la denomina Ricoeur, a diferencia de una esclerosada posesión de La Tradición– a través de la *reefectuación* de lo Mismo, la *diferenciación* en lo Otro y la *metaforización* en lo Análogo, reuniendo a diversos niveles de tematización "las dialécticas dispersas de lo próximo y lo lejano, de lo familiar y lo extraño, de la distancia temporal y de la *fusión sin confusión* entre los horizontes del pasado y del presente"[24]. ¿Y qué hay ahora del presente? No es el lugar estático desde el que se observa impávido un espectáculo. Es el lugar del *encuentro* a través de la *fusión de horizontes*, en expresión de Gadamer. El de la *attentio* y del *contuitus* de Agustín, que Ricoeur vincula a las ideas de *hacer-presente* e *iniciativa,* del *actuar* y del *padecer,* entendidos en el sentido de *comenzar.* "Comenzar es dar un curso nuevo a las cosas, a partir de una iniciativa que anuncia una sucesión y así abre una duración. Comenzar es comenzar para conti-

---

[23] Ricoeur, P., o. c., p. 329.

[24] Ricoeur, P., o.c., pp. 330-331 (cursivas mías).

nuar: una obra debe seguir"[25]. No es sólo una duración sino también una sucesión. Esta combinación de actividad y pasividad pretende acentuar que la historicidad se despliega en la *carne* como conjunto coherente de mis poderes y no-poderes. "La noción de *circunstancia* (…) se articula sobre la de mis no-poderes, en cuanto designa lo que *circunscribe* –limita y sitúa– al poder de obrar"[26]. Pero esta limitación no es una restricción sin más; es más bien una trascendencia de la que tomar conciencia. Pues "una teoría de la iniciativa extiende nuestro poder-hacer mucho más allá de la esfera inmediata del 'puedo'; coloca las consecuencias lejanas de nuestra acción en la esfera del obrar humano, sustrayéndolas al simple estatuto de objetos de observación; así, en tanto agentes, producimos algo que, hablando con propiedad, no vemos"[27]. El *hacer* de la *iniciativa* no se deja incluir en sistema cerrados, en previsiones y cálculos estratégicos de sus efectuaciones: somos agentes capaces de reconocer y generar acontecimientos, porque "el hacer *hace* a que la realidad no es totalizable"[28].

Por eso el saber de la conciencia histórica es hermenéutico y la más fiel interpretación es la que capta desde dentro de los signos su apertura intotalizable a la totalidad del significado. El *presente histórico* es el lugar de la iniciativa entre horizonte de espera y ser afectado por el pasado. Su carácter público se inscribe en el tiempo calendario y el punto de referencia de éste es el *momento axial*, a partir del cual pueden ser datados todos los acontecimientos de nuestra vida y de la vida de nuestras comunidades. El momento axial es el primer fundamento del presente histórico. Pues, "en tanto vinculado a un *acontecimiento fundador*, supuestamente capaz de abrir una nueva era, el momento axial constituye el modelo de todo comienzo, si no del tiempo, al menos en el tiempo, es decir, de todo acontecimiento capaz de inaugurar un curso nuevo de acontecimientos"[29]. Es el parámetro de todo auténtico progreso histórico, en el que un nuevo

---

[25] Ricoeur, P., o. c., p. 333.
[26] Ricoeur, P., o. c., p. 333.
[27] Ricoeur, P., o. c., p. 334.
[28] Ricoeur, P., o. c., p. 334.
[29] Ricoeur, P., o. c., p. 337.

curso, abierto por ese acontecimiento fundante, es reiniciado en nuevas circunstancias, apoyado en el fenómeno biológico y simbólico
de la sucesión de las generaciones, como reino de un renovado ser
en común de los contemporáneos, tensionados entre predecesores
y sucesores. Por ser el presente el tiempo de la iniciativa, punto de
articulación del horizonte de espera y del espacio de experiencia, es
también el momento de la responsabilidad personal de inserción en
una propuesta de acción colectiva sensata. Siempre el presente es
un tiempo de crisis: de juicio y decisión. El cambio de época que
vivimos se caracteriza por el alejamiento del horizonte de espera,
subsumido en el inmediatismo, y por la restricción del espacio de experiencia, donde la tradición es un depósito muerto. Las conciencias
históricas nacional-populistas e ilustrado-universalistas construye-
ron su sentido en un relato con aires fundacionales muy lejanos al
momento axial, concentrándose en la exaltación de lo que se agota:
la dimensión económico-político-militar del proceso histórico, en el
apagón del sentido de la deuda y de la herencia, y de sus determinadas posibilidades advinientes. Por lo que no basta una hermenéutica
crítica que intente despertar la mera continuidad declinante de una
conciencia histórica, pues lo que está en crisis es esa continuidad
misma. Se necesita la simplicidad y la profundidad del encuentro
con la experiencia de la presencia original del acontecimiento fundante del momento axial del tiempo, para reinaugurar lo que Nietzsche denomina la *suprema fuerza del presente* al servicio de la vida,
que contiene el *impulso de la esperanza*[30] para recomenzar en la
originalidad novedosa de una historia. Por eso, propone Ricoeur,
una hermenéutica practicante de la conciencia histórica ha "de partir
del *proyecto de la historia*, de la historia que hay que hacer, con el
propósito de encontrar en tal proyecto la dialéctica del pasado y del
futuro y su intercambio en el presente"[31]. ¿Cuál es el proyecto de la
historia que emerge ante la conciencia crítico-positiva, expuesta en
el DP? El núcleo intencional del DP es *la liberación* que significa ser
liberados "de todo lo que oprime al hombre, pero que es, sobre todo,
liberación del pecado y del maligno, dentro de la alegría de conocer

---

[30] Cfr. Ricoeur, P., o.c., pp. 339-346.
[31] Ricoeur, P., o.c., p. 300.

a Dios y de ser conocido por Él"[32]. Con la intensidad afectiva inherente a ese intercambio en el "conocer" de bíblica memoria.

Esta remisión a la presencia del Misterio y a la familiaridad con él sustenta la profundización de la crítica de las ideologías en crítica de las idolatrías[33]. Así, la actitud crítica no se repliega en la negatividad auto-justificada, sino que arraiga en lo profundo de la memoria marcada por supremos acontecimientos liberadores, que conciernen al presente del hombre concreto e impulsan la esperanza humana sobre un horizonte universal, histórico y cósmico. La tradición afirma la liberación. Ricoeur indica el origen de esta memoria: "La crítica es también una tradición. Diría que ella hunde sus raíces en la más impresionante tradición, la de los actos liberadores, la del Éxodo y la Resurrección. Posiblemente no habría ya interés por la emancipación (por una humanidad reconciliada), no habría más anticipación de la liberación, si desapareciese del género humano la memoria del Éxodo, la memoria de la Resurrección..."[34]. Alberto Methol Ferré, el eximio filósofo de la historia latinoamericana, ya en 1987, tras los fuertes debates liberacionistas, indicaba este eje hermenéutico: "El último gran acto significativo es la cuestión de la liberación. Es la primera gran incidencia latinoamericana en la Iglesia mundial, el primer gran aporte intelectual. Roma, como es obvio, debía asumir todas las tensiones de esta frontera [de esta periferia]. La división básica era entre las teologías de la liberación que 'componían con el marxismo' y las que no. De ahí las dos Instrucciones de Ratzinger. Por la primera, desechaba la 'composición con el marxismo'. Por la

---

[32] "Liberación hecha de *reconciliación y perdón*. (…) Liberación que nos empuja, *con la energía de la caridad, a la comunión*, cuya cumbre y plenitud encontramos en el Señor. Liberación como superación de las diversas *servidumbres e ídolos* que el hombre se forja y como *crecimiento del hombre nuevo*. Lo cual no puede nunca sacrificarse a las *exigencias de una estrategia cualquiera*, de una praxis o de un éxito a corto plazo, (… en el que la) *liberación no tendría ninguna originalidad* y se prestaría a ser *acaparada y manipulada* por los sistemas ideológicos y los partidos políticos": Cfr. Juan Pablo II, Discurso Inaugural de Puebla, III.6, retomado *in toto* por el DP (cursivas mías).

[33] Cfr. Fornari, Aníbal, "Cultura, religión y crítica de las idolatrías, desde Paul Ricoeur"*,* AAVV, *Religión y Cultura*, Ed. Celam, Bogotá 1981.

[34] Ricoeur, Paul, "Herméneutique et critique des idéologies", in: *Démythisation et Idéologie,* (Enrico Castelli Ed.), Aubier-Montaigne, Paris, 1973, p. 61.

segunda, asumía el núcleo más valioso y original de las teologías de la liberación. Así se formula una notable y dinámica síntesis, una teología de la historia de la libertad y de la liberación cristianas, que integra en su seno la perspectiva de la cultura y los principios de la enseñanza social. Se cierra así, de modo fecundo, un período y se abre otro. América Latina había entrado por sí en la historia de la Iglesia universal. (…) la Iglesia está convocada a una 'nueva evangelización', a la altura del medio milenio de América Latina, para gestar desde las raíces una nueva civilización dentro de la gran *ecumene* emergente"[35].

3. Conclusión y aperturas

El colapso antropológico de la "soberbia de la vida" y de su inversión mesiánica de la *imago-Dei* es intrínseco al imaginario utópico proyectado por las diversas figuras alternantes entre iluminismo y romanticismo desde el siglo XVIII al XX, postulando el encuentro del hombre consigo mismo en toda su potencia de dominio de la naturaleza y de estructuración política de la definitiva reconciliación entre los hombres. Y se evidencia en el resultado común no querido, pero obtenido tras la consumación de la lucha a muerte en la dialéctica de la contradicción entre el amo y el esclavo, sea a través del triunfo final del esclavo (en Marx) o del triunfo final del amo (en Nietzsche), tanto con la implosión del sistema totalitario en 1989, cuanto ya antes en el violento derrumbe de los colaterales nacionalismos populistas y, al final, en la reunión de todos en la globalización triunfante. En ésta el ateísmo prosigue pero cambiando de figura. "No es mesiánico sino libertino; no es revolucionario en el sentido social sino cómplice del *statu quo*; no se interesa por la justicia sino por todo lo que permite practicar un hedonismo radical. (…) En un mundo sin valores, el único valor que permanece es el del más fuerte; donde todo tiene idéntico valor prevalece un solo valor: el poder"[36]. El ateísmo libertino, sustituto del ateísmo

---

[35] Methol Ferré, Alberto, *La Iglesia en la historia de Latinoamérica. Desde la postguerra a nuestros días.* Cuadernos de Nexo 1, Buenos Aires, 1987, pp. 102-103.

[36] Methol Ferré, Alberto, *El Papa y el Filósofo - Diálogo con Alver Metalli*, (Trd. Inés Giménez Pecci) Ed. Biblos, Buenos Aires, 2013, p. 53.

mesiánico que se ha suicidado y proyectado en hedonismo de masas, justifica la bondad de la codicia, promueve la apoteosis del cuerpo sin un "tu", puesto al servicio ansioso del *eros* y asocia la política con el "espíritu de riqueza". Desde una positividad hermenéutica ante los fenómenos históricos cabe afirmar que "así como para Bergoglio en la condición del hombre subyace una exigencia de belleza y misericordia, también para Methol Ferré –comenta A. Metalli en su introducción– la verdad del ateísmo libertino es la percepción de que el existir tiene un íntimo destino de gozo, que la vida misma está hecha para una satisfacción" [37]. En esta íntima búsqueda renace de verdad el problema humano atestiguado por la estatura del deseo y por su inmanente exigencia de significado, a través de la inevitabilidad de la acción, a la que le es inherente la decisión circunstancial en relación a un fin-final, a algo otro y total implicado por el mismo deseo-de-ser. "Es así como muere una civilización –confiesa Michel Houellebecq–, sin trastornos, sin peligros y sin dramas y con muy escasa carnicería, una civilización muere simplemente por hastío, por asco de sí misma. ¿Qué podía proponerme la socialdemocracia? Es evidente que nada, sólo una perpetuación de la carencia, una invitación al olvido" [38]. Entonces, todo está en orden: los potentes

---

[37] Methol Ferré - Metalli, *El Papa y el Filósofo*, o. c., p. 31-32 "Es significativo –comenta Bárbara Díaz Kayel–que el Papa haya escogido el nombre de Francisco como nombre y símbolo de su misión al frente de la Iglesia. [El nombre proyectado a su encíclica *Laudato si'*], es un canto a la belleza de la creación y un llamado a desprenderse de los bienes por la pobreza". El llamado de Jesús a la "pobreza de espíritu" invita a vivir la libertad en lo que se posee porque todo nos es dado y, por tanto, todo puede ser vivido con libertad responsable en la disponibilidad de sí mismo y con lo poseído, para compartir un bien mayor en el que se reconoce la belleza del don de existir. Una reflexión de Methol Ferré, de alta significación histórico-eclesial y de valoración antropológica de la dimensión barroca de la mentalidad cultural latinoamericana: "En San Francisco, la potencia de la belleza del ser es esplendorosa. Calvino no supera el ateísmo libertino, simplemente porque lo niega, lo rechaza, elude lo que lo mueve en profundidad. El ascetismo protestante, aun siendo generoso, no puede responder. El catolicismo, en cambio, sí puede hacerlo". Siguiendo la ley hermenéutica y de incidencia histórico-encarnatoria de S. Ireneo: lo que no se asume, no se redime; en cualquier barrial hay Semillas del Verbo.

[38] Sinisi, Fabrizio, "Michel Houellebecq. La vida es rara", en: *Huellas. Revista Internacional de Comunión y Liberación*, n° 6, 2019, ISBN 2451-6635,

enemigos violentos han sido vencidos, el objetivo político del estado de bienestar está básicamente logrado y para soportar el vacío de significado hay a mano una salida indolora e incluso la posibilidad de un proyecto solidario. Pero en todo ello asoma de rebote la perpetuación de una inconfesable carencia, porque la tensión del deseo es más grande que el universo entero y, por ende, que todos los esfuerzos moralistas o tecnológicos por colmarla. ¿Es esto una emoción, un sentimiento, la falta de algún paso lógico en la reflexión? En carta al filósofo Bernard-Henri Lévy, en la misma referencia, Houellebecq expone la clave de la carencia, la resistencia de la soberbia avergonzada y los argumentos elucubrados por una razón reducida a su propia medida, excluyente de toda experiencia que la ponga en cuestión, para así banalizar o excusar esa carencia que, sin embargo...: "Tuve cada vez más a menudo –me es penoso confesarlo– el deseo de ser amado. Un poco de reflexión me convencía cada vez, por supuesto, de que este sueño era absurdo; la vida es limitada y el perdón imposible. Pero la reflexión era inútil, el deseo persistía; y debo confesar que persiste hasta la fecha". La fidelidad al deseo es la experiencia de la gloriosa riqueza de la conciencia de una pobreza fundamental, interceptada en la tensión excedente del llamado del deseo a cubrir el infinito trayecto de sí a sí-mismo. Es el asomo de la espera del acontecimiento de una presencia real excepcional, que pueda mediar y cumplir esta promesa encarnada en el corazón de cada hombre (varón-mujer), imposible de producir. Tantas veces intentada en tantos otros encuentros, pero sólo ahora reconocida en su estatura diferente, inconfundible. Porque esa espera secreta aspira a una correspondencia amante que –como lo presiente Houellebecq– cure ya aquí las heridas de una historia y reabra el horizonte total de la vida. ¡Es el pasaje de la soberbia de la vida a la gloriosa riqueza de la *conciencia de la pobreza*!

La primera parte de este trabajo intentó individuar los *hechos-signos* y los desafíos inherentes a nivel antropológico, histórico y político, que jalonaron el trayecto de cuarenta años de fecunda diseminación del DP. La segunda parte, metodológica, abordó desde

---

p. 24. El famoso ensayista representante del nihilismo, en su último libro *Serotonina* (2019), enuncia así su situación de hombre instruido en la subcultura del éxito y la autosuficiencia.

Ricoeur las categorías de una hermenéutica de la conciencia histórica, que permitan ingresar en la respuesta a los desafíos desde la historicidad latinoamericana, en este cambio de época, respecto a los tres niveles enunciados. Esto constituye la tercera parte más extensa del trabajo, lo que excede los límites asignados a la publicación. Por lo que tiene sentido esta conclusión en suspenso, centrada en el vector intencional del proyecto de la historia determinado en la segunda parte, esto es: la radicalización de la exigencia de liberación en su impronta originaria, superadora de sus formulaciones auto-contradictorias en el marco de la "dialéctica del iluminismo".

Tercera parte

La agenda de Puebla

8

EL PAPEL DE SAN JUAN PABLO II Y LA DINÁMICA DE LA CONFERENCIA DE PUEBLA

Guzmán Carriquiry Lecour (Uruguay)
*Vicepresidente emérito de la Pontificia Comisión
para América Latina*

Hubiera sido posible pensar que un Papa "venido de un país lejano", más lejano aún de América Latina, con escasa experiencia en cuanto a la realidad social, política y eclesial latinoamericanas, apenas iniciado su pontificado, habría podido tener poca influencia en el desarrollo de la III Conferencia General del Episcopado Latinoamericano. ¡Pero no fue así!

Así, de algún modo, lo pensaron quienes, atemorizados por el nivel de polémicas desatadas en la preparación de Puebla, le propusieron no convocarla, postergarla o reducirla a ser una Asamblea sinodal de realización romana bajo control de la Curia Vaticana. Fue el mismo San Juan Pablo II que confesó en una de sus memorias que hubo quienes le aconsejaron no viajar a Puebla[1].

No obstante ello, la III Conferencia, cuya iniciativa y camino de preparación fueron aprobados por San Pablo VI, llamado a la Casa del Padre el 6 de agosto de 1978, confirmada por Juan Pablo I, fue reconfirmada por San Juan Pablo II, asegurando su viaje apostólico

---

[1] J. Gawronski, *Il Papa, cresci uomo europeo. Colloquio sui rapporti Est-Ovest, la Perestrojka, il progresso,* en el diario "La Stampa", 4.IV.89.

a México y su inauguración de la Conferencia de Puebla. Será la segunda visita de un pontífice a tierras latinoamericanas, después de aquélla que llevó a San Pablo VI a Colombia para participar en el Congreso Eucarístico Internacional e inaugurar la II Conferencia General del Episcopado latinoamericano en Medellín.

De hecho, la preparación de la III Conferencia había ya suscitado una movilización sin precedentes de toda la Iglesia latinoamericana, extraordinaria novedad en la historia de la Iglesia que hoy podríamos reconocer como inédita experiencia de sinodalidad a nivel de todo un continente. Por cierto la institución del Sínodo mundial de Obispos en 1975 y las primeras Asambleas sinodales fueron de aliciente, pero en ese camino de preparación de Puebla no sólo intervinieron muchos Obispos, todas las Conferencias Episcopales y el CELAM, sino que se sintieron involucrados los más variados "cuadros" eclesiales –sacerdotes, religiosos y laicos–, una vasta militancia católica a través de las diversas comunidades, asociaciones e instituciones de la Iglesia e incluso otras instancias eclesiales europeas y norteamericanas. Muestra de ello fueron los 4 gruesos volúmenes auxiliares con todo tipo de reflexiones y aportes, pero abundaron los escritos y declaraciones más variadas.

Esa práctica participativa tenía, además, mucho valor de signo testimonial: cuando esa práctica estatal estaba extirpada de la vida pública o con las mayores restricciones en su expresión, la Iglesia realiza la consulta más abierta, pública y participada de que tenga noticia su historia y nuestra historia latinoamericana[2]. Ocupando la escena pública, esa participación interesó directamente a medios políticos y periodísticos. Se tenga presente que en Medellín hubo sólo un puñado de periodistas acreditados, mientras que en Puebla llegaron a ser unos tres mil.

Pero la situación que Karol Wojtyla tenía que enfrentar era tremenda, porque esa vastísima participación se dio con posiciones muy opuestas, en medio de polarizaciones extremas y exacerbados debates, incluso virulentos. Por una parte, sectores radicalizados de la teología de la liberación en auge, "cristianos por el socialismo",

---

[2]   A. Methol Ferré, *Puebla: Proceso y tensiones*, (sin referencia a editorial), Montevideo/Bogotá, 1988, pp. 11-12.

instituciones ecuménicas y la Confederación Latinoamericana de Religiosos pretendieron dar una batalla frontal temiendo pasos atrás en la opción por los pobres de Medellín y de sus ímpetus proféticos. Por otra, el entonces Secretario General del CELAM, Mons. Alfonso López Trujillo, de temperamento muy combativo, crítico de todo lo que oliera a posiciones radicales y marxistas, sospechoso y resistente a la teología de la liberación, coagulaba a muchas y diversas instancias eclesiales[3].

No en vano, el tiempo transcurrido entre la Conferencia de Medellín y la de Puebla es uno de los más ricos, tensos y complejos de la historia latinoamericana. Es tiempo de grandes pruebas, tan fecundo como tumultuoso. Estuvieron en juego cuestiones cruciales en ámbitos políticos y eclesiales.

La Iglesia en América Latina no podía no quedar sacudida, por una parte, por las polarizaciones políticas e ideológicas que repercutían en toda la realidad latinoamericana y, por otra, por las críticas turbulencias que conmovían a la Iglesia católica en su conjunto.

Desde el fortísimo impacto de la Revolución cubana en todo el continente y el atractivo que suscitó sobre todo en medios juveniles, universitarios e intelectuales, así como también clericales y de militancia católica, su pretensión de transformar la Cordillera de los Andes en una nueva Sierra Maestra pareció arenarse con la muerte del Che Guevara, signo del fracaso de la estrategia "foquista" originaria, implantada en la montaña. Se abrió entonces la fase de las guerrillas urbanas en el Cono Sur. En un clima de violencias contrapuestas, se consolidó entonces un ciclo muy duro, represivo, liberticida, de regímenes militares de seguridad nacional –que fue

---

[3]   Para leer dos apasionadas y contrarias visiones de tales polarizaciones, se pueden leer A. Methol Ferré, *Puebla: proceso y tensiones,* que critica duramente el "foquismo" en la Iglesia, el uso superficial del "análisis marxista" y las caricaturas críticas de los documentos preparatorios de Puebla, y E. Dussel, *De Medellín a Puebla. Una década de sangre y esperanza*, Edicol, México, 1979, que da la versión de élites radicales, incluso vinculando a Puebla con "el nuevo proyecto de la Trilateral". También en posición crítica, G. Gutiérrez, en *Los pobres y la liberación en Puebla,* ed. Indo-América, Bogotá 1979, señalaba que "a juicio de muchos se estaba soslayando el asunto en lo que tenía de realidad masiva y cruda, así como de exigencia evangélica radical", como lo era la opción por los pobres.

incluso de terrorismo de Estado– con fuerte apoyo de la administración norteamericana, desde el golpe militar en el Brasil en 1964
hasta el sufrido por el gobierno de la Unidad Popular en Chile en
1973. Prevalecían políticas de muerte y la muerte de toda política.
Proseguía la guerra civil en Colombia y aterrorizaba la violencia
de Sendero Luminoso en el Perú. Sobre todo América Central quedaba atravesada hacia finales de la década del 70 por esta ola de
violencia, que cobraba la vida a más de 200.000 civiles y a unos
40.000 "desaparecidos", en medio del derrumbe de tradicionales
satrapías oligárquicas y del triunfo del sandinismo en Nicaragua,
que alimentaba euforias revolucionarias e ideológicas y promovía
el aventurerismo de la llamada "Iglesia popular"[4].

La Iglesia se erguía como defensora de la libertad y dignidad
de las personas y los pueblos, condenaba toda violencia, operaba de

---

[4]   Léase G. La Bella, *Giovanni Paolo II e l'America Latina*, en "I cristiani in
America Latina, in Storia del Cristianesimo". *I cristiani nel Terzo millennio*, (bajo la
cura de) E. Guerriero, M. Impagliazzo, Ediciones San Paolo 2006, Cinisello Balsamo
Milano. Es interesante tener presente de qué modo el Cardenal Aloisio Lorscheider,
que fue presidente del CELAM y uno de los tres presidentes de la III Conferencia
General del Episcopado Latinoamericano, recordaba el "clima" político y eclesial
en la fase preparatoria de Puebla con estas palabras: "Puebla de hecho quiso dar
continuidad a Medellín. Corrían voces de que Puebla venía para corregir a Medellín
y dar otra orientación a la pastoral latinoamericana. Pero no era así. Como ya en
Medellín también en Puebla nos encontrábamos en una época muy conturbada de
nuestra historia eclesiástica. Había un gran entusiasmo por el socialismo, de modo
especial en Nicaragua con el sandinismo, constituía un gran ideal para muchos. La
praxis cristiana, a partir de cierta teología de la liberación, estaba fuertemente afectada
por ideas revolucionarias. Había relecturas del Evangelio, especialmente de Jesucristo
y de la Iglesia, en una línea fuertemente revolucionaria y politizada. Se llegaba a
hablar en Cristología del subversivo de Nazaret. Che Guevara era bastante idolatrado.
La Iglesia era vista a la luz de una Iglesia popular, no aquella asumida por el pueblo
bajo la acción del Espíritu Santo, sino como una Iglesia opuesta a la Iglesia oficial,
institucional, jerárquica, acusada de alienante y piramidal (…) Se vivía todavía en
América Latina la ideología de la seguridad nacional: El Estado colocado por encima de
la persona humana y de la Nación. Era una visión estatista del hombre. Estaba también
fuertemente presente la idea de que sólo el análisis marxista sería un instrumental apto
para el análisis de la sociedad (…)" en revista "Medellín", CELAM/ITEPAL, Bogotá,
vol. XXX, n. 118, junio 2004. Véase comparativamente C. Hummes, *El marco social
y eclesial hoy de América Latina: 25 años después de Puebla*, en el mismo volumen
de esa revista.

mediadora en situaciones extremadamente difíciles, daba voz a los silenciados y protegía a muchos perseguidos, pagando incluso un duro costo de sangre derramada. Sufría al mismo tiempo el embate de un doble extremismo: de quienes pretendía que legitimase una presunta defensa de la "civilización occidental y cristiana", o al menos que callase ante los costos de una guerra sucia contra el comunismo, y de quienes intentaban presionar la reformulación de su doctrina y acción, reduciéndola a sujeto político de apoyo a estrategias revolucionarias bajo hegemonía marxista[5].

Esa dramática situación eclesial latinoamericana estuvo además "sobredeterminada" por terremotos eclesiásticos de crisis de identidad; basta recordar que las "reducciones al estado laical" pasaban en la Iglesia católica de 167 en 1963 a 3.800 en 1970. Desde 1968 a 1974 se sufrieron los tiempos más dramáticos de crisis y prueba post-conciliares –que la santa paciencia, sabiduría y esperanza de San Pablo VI supo enfrentar e ir encauzando–, mientras la Iglesia de América Latina pagaba todos los costos de su camino hacia su madurez.

Sin embargo, algunos factores coadyuvaron para que San Juan Pablo II pudiera enfrentar con importantes puntos de referencia el acontecimiento de Puebla. El primero y más importante fue que se había escogido como tema de la Conferencia el de *La evangelización en el presente y futuro de América Latina*", contando con la Exhortación apostólica *Evangelii nuntiandi* de Pablo VI como fuente de referencia e inspiración. Pues bien, es sabido que este importante documento pontificio había tenido una fuerte impronta latinoamericana. Se caracterizó, sobre todo, por un sentido de discernimiento y de recentramiento eclesiales: discernimiento y sedimentación de las más verdaderas y fecundas reformas eclesiales en la senda del Concilio Vaticano II, dejando atrás no pocas experiencias fallidas y la ráfaga de crisis de identidad; y recentramiento en lo que marca el ser y es la dicha de la Iglesia, o sea, su misión evangelizadora. De tal modo, dejó atrás las contraposiciones disgregantes para afirmar todas las dimensiones

---

[5] Cfr. G. Carriquiry, *Recapitulando 50 años del CELAM. Caminos hacia la V Conferencia Episcopal.* CELAM, Bogotá, 2010. De especial interés, A. Methol Ferré, *De Río a Puebla. Etapas históricas de la Iglesia en América Latina (1945-1980),* CELAM, Colección Puebla, Bogotá, 1980.

de la evangelización, los vínculos profundos entre evangelización y liberación, la inculturación del Evangelio y la evangelización de la cultura y las culturas, las expresiones de fe en la religiosidad popular, el discernimiento sobre comunidades eclesiales de base y ministerios no ordenados, una renovada mística espiritual[6]. De hecho, *Evangelii nuntiandi*, que tuvo un enorme impacto en la Iglesia de América Latina, abrió una nueva fase eclesial. Hubo quien dijo que retomó sintéticamente el Concilio y lo mejor de las reformas emprendidas[7]. Y ello permitió al pontificado de San Juan Pablo II, desde su mismo comienzo, reconocer que "la Iglesia que (…) me ha sido confiada (…) no está ciertamente exenta de dificultades y de tensiones internas. Pero al mismo tiempo se siente interiormente más inmunizada contra los excesos del autocriticismo: se podría decir que es más crítica frente a las diversas críticas desconsideradas, que es más resistente respecto a las variadas «novedades», más madura en el espíritu de discernimiento, más idónea a extraer de su perenne tesoro «cosas nuevas y cosas viejas», más centrada en el propio misterio y, gracias a todo esto, más disponible para la misión de la salvación de todos (…)[8].

---

[6] Si se repasa con atención el volumen de G. Caprile, *Il Sinodo dei Vescovi 1974,* ed. "La Civiltà Cattolica", Roma, 1975, se advierte que la casi totalidad de las intervenciones orales y escritas de los Padres sinodales de América Latina se concentraron en esos temas fundamentales. La intervención más importante e ilustrativa fue la de Mons. Eduardo Pironio, entonces Presidente del CELAM. Desarrolla cinco puntos clave: la religiosidad popular, un compromiso por la liberación "Plena y total", la evangelización de la juventud, la originalidad de las comunidades eclesiales de base y el desarrollo de los nuevos ministerios. Los padres sinodales latinoamericanos tuvieron un protagonismo relevante en esa Asamblea por el peso de una experiencia común. No es, pues, de extrañar que en *Evangelii nuntiandi* "reencontraba nuestra Iglesia – afirma H. Alessandri en *El futuro de Puebla y sus repercusiones en la Iglesia y en la sociedad latinoamericana,* ed. Sígueme, Salamanca, 1981, p. 92 – las inquietudes aportadas por sus propios pastores al Sínodo de 1974, convertidas ahora en orientaciones que respondían, como anillo al dedo, a sus necesidades".

[7] Léase A. Methol Ferré, *Puebla: proceso y tensiones,* cuando afirma que *Evangelii nuntiandi* "prolonga y asume sintéticamente el Concilio Vaticano II y, a la vez, nos da una clave nueva para su lectura unificada total, nos ofrece una perspectiva que el Vaticano II no había alcanzado sobre sí mismo".

[8] San Juan Pablo II, encíclica *Redemptor Hominis*, Libreria Editrice Vaticana, Vaticano, 4/III/79, n. 4.

El CELAM colaboró en esta nueva fase de discernimiento del nuevo pontificado. Y éste resultó ser un segundo factor de importancia para la presencia de San Juan Pablo II en Puebla. Cuatro fueron los eventos a destacar. El primero fue un encuentro sobre *"La teología de la liberación"*, convocado por el CELAM en Bogotá, a fines de 1973. Exponentes y críticos de la teología de la liberación, en un cuadro de aportes plurales, abordaron esta temática desde sus distintas vertientes. El CELAM tuvo el valor de proceder así al primer discernimiento de conjunto de esta corriente teológica[9]. El segundo evento se realizó en mayo de 1974: recogiendo contribuciones y reflexiones de las diversas Conferencias Episcopales del continente, el Equipo de Reflexión Teológico-Pastoral del CELAM elaboró el documento sobre *"Algunos aspectos de la evangelización en América Latina"* como aporte para la III Asamblea General del Sínodo Mundial de Obispos. En él se seleccionan temas fundamentales y orientaciones que serán luego retomadas en las intervenciones de los Obispos latinoamericanos en esa Asamblea[10]. El tercer evento significativo de este período fue el encuentro de 60 Obispos latinoamericanos convocados por el CELAM para realizar un balance de conjunto, y a la vez analítica, de las conclusiones de "Medellín"[11], de su importante legado, pero también de sus límites y de su utilización parcial. De sus conclusiones se hizo eco el papa Juan Pablo II cuando, en su discurso inaugural de Puebla, afirmó que "se deberá tomar como punto de partir las conclusiones de Medellín, con todo lo que tienen de positivo, pero sin ignorar las incorrectas interpretaciones a veces hechas (...)"[12]. Dos

---

[9] Autores varios, *Liberación: diálogos en el CELAM*, CELAM, Bogotá, 1974. El volumen recoge los aportes de Mons. Eduardo Pironio, Mons. Alfonso López Trujillo, Mons. Samuel Ruiz, y también de Gustavo Gutiérrez, José Marins, Methol Ferré, Renato Poblete, Alfonso Gregory, Pierre Bigo, Jorge Mejía, Buenaventura Kloppenburg, Lucio Jera y otros. Será referencia obligada para el ulterior proceso de discernimiento de esta candente temática.

[10] Equipo de Reflexión Teológico-Pastoral del CELAM, *Aspectos de la evangelización en América Latina, en Familia, Sacerdocio, Evangelización, Juventud*, CELAM, Bogotá, 1974.

[11] Secretariado General del CELAM y Autores varios, *Medellín, Reflexiones en el CELAM*, BAC, Madrid, 1977.

[12] San Juan Pablo II, Discurso inaugural pronunciado en el Seminario Palafoxiano de Puebla de los Ángeles, Puebla, México, 28/I/79.

meses después, en agosto de 1976, tuvo lugar en Bogotá el Encuentro inter-departamental del CELAM, con un vasto grupo de expertos, sobre "*Iglesia y religiosidad popular en América Latina*", de gran riqueza de aportes[13]. Se clausuraba la fase iconoclasta de la religiosidad popular, de propagación nord-atlántica, y en medio de agudas crisis de elites eclesiásticas, del fracaso de minorías revolucionarias "foquistas" y del creciente desconcierto de minorías intelectuales, el pueblo de Dios entraba en escena con el Año Santo de 1974-75 y dentro de una nueva conciencia eclesial latinoamericana.

Un tercer factor a tener en cuenta es que el Papa Wojtyla aprovechó los pocos meses de su pontificado antes de la III Conferencia para informarse y compenetrarse a fondo con la realidad latinoamericana y los nudos cruciales de debate eclesial. No sólo perfeccionó para ello su español, sino que recibió a la Presidencia del CELAM y a varios otros Prelados latinoamericanos. Más importante aún en esos meses fue que San Juan Pablo II suplicó desde los jardines vaticanos a Nuestra Señora de Guadalupe que le abriera el corazón de sus hijos y que pudiera sintonizarse con ellos, confiándole los trabajos de la III Conferencia. Las dos imágenes e invocaciones de la Virgen morena – en Czestochowa y en Guadalupe – comunicaron dos fronteras de la catolicidad, la de "*Polonia semper fidelis*", bajo la órbita soviética, y la del santo pueblo fiel de Dios en América Latina, bajo la órbita de seguridad de los Estados Unidos.

Fue también factor inmediato y fundamental de la presencia del papa Juan Pablo II en Puebla su extraordinario viaje apostólico en México. Allí lo acogió todo su pueblo, en fiesta, en impresionantes manifestaciones del arraigo católico y de la devoción al Sucesor de Pedro. El abrazo del pueblo mexicano sumergió a Wojtyla en su realidad profunda. Su mirada se encontró con los más diversos rostros, muchos de ellos pobres y sufridos, como los de campesinos e indígenas. El Papa transmitía sus enseñanzas y el pueblo le enseñaba a compenetrarse con su realidad. Ese viaje determinó el carácter misionero de todo su pontificado y una singular alianza del Papa con el pueblo mexicano.

---

[13] Autores varios, *Iglesia y religiosidad popular en América Latina*, CELAM, Bogotá, 1977.

Quienes participaron en Puebla, que tuvo lugar del 27 de enero al 13 de febrero de 1979, tuvieron inmediata conciencia, desde el primer día, que el discurso inaugural de San Juan Pablo II había afrontado abiertamente las cuestiones debatidas y asegurado un camino seguro y fecundo de desarrollo de la Conferencia. El "trípode" de verdades que planteó netamente – verdad sobre Jesucristo, verdad sobre la Iglesia, verdad sobre el hombre – expuso los contenidos esenciales e íntegros de la evangelización y no dejó lugar a equívocos o confusiones. El Papa planteó como "deber principal de los Obispos" ser "maestros de la verdad", de esa "verdad que es la única en ofrecer una base sólida para una praxis adecuada" y de cuyo "conocimiento vivo (…) dependerá el vigor de la fe de millones de hombres"[14]. Hay en el discurso de Wojtyla una preocupación por "vigilar la pureza de la doctrina", criticando abiertamente las "relecturas" que presentaban a Cristo como "político, revolucionario", que secularizaban la noción de Reino de Dios y que oponían a una "Iglesia institucional" una sedicente "Iglesia popular"[15]. Afirmando la fe de la Iglesia, con referencia al Credo y a las enseñanzas del Concilio Vaticano II, las vertientes críticas de esas verdades apuntaron a sectores muy radicalizados presentes en los debates de preparación de Puebla. San Juan Pablo II urgió a los Obispos a ser "maestros de la verdad", pero también a ser "signos y constructores de unidad ante las discordias y polarizaciones eclesiales, y a ser "defensores y promotores de la dignidad". En este tercer capítulo de su discurso, Wojtyla entra de lleno en los atropellos de la dignidad de la persona y de sus derechos humanos sufridos por los pueblos latinoamericanos, denunciados a la luz de una antropología cristiana, cuyo fundamento último está expresado en aquel texto de la *Gaudium et spes* que será de guía en todo su pontificado: "El misterio del hombre sólo se esclarece a la luz del Verbo encarnado". En este capítulo, el Papa retoma también la opción por los pobres, afirmando la identificación de Jesucristo con los desheredados, destacando la parábola del buen samaritano. Afirma asimismo una "recta concepción cristiana de la liberación", inspirándose en los criterios de discernimiento de

---

[14] San Juan Pablo II, Discurso inaugural.
[15] San Juan Pablo II, Discurso inaugural.

la *Evangelii nuntiandi* y advirtiendo que el mensaje de liberación de la Iglesia pierde su originalidad cuando es "acaparado y manipulado por los sistemas ideológicos y los partidos políticos". Le importa especialmente al Papa afirmar, en tiempos de altas mareas ideológicas, que la Iglesia "no necesita recurrir a sistemas e ideologías para amar, defender y colaborar en la liberación del hombre (...)"[16].

La casi totalidad de los Obispos presentes en la Conferencia acogió con entusiasmo el discurso papal, citado después abundantemente en el documento final. Malhumores, reticencias e incluso algunos rechazos se expresaron a través de no pocos de los que participaron en una reunión en Puebla, fuera de los recintos de la Conferencia, quienes habían sido sumamente críticos y desconfiados sobre la preparación del evento y quienes se sentían excluidos por no haber sido escogidos entre sus participantes por las Conferencias Episcopales nacionales y la Santa Sede. Desde esta reunión se intentó releer todo el documento pontificio a la luz de su tercera parte, más bien ignorando las críticas a las "relecturas" como fruto de cierta ignorancia polaca del nuevo pontífice. Hubo quienes llamaron a esta reunión un "Puebla paralelo". De allí algunos Obispos amigos llevaban proposiciones dentro de los trabajos de la Conferencia, pero su influencia mayor fue la de las interpretaciones que se hicieron circular y difundir a través de los medios periodísticos.

El discurso inaugural en Puebla, de fuerte espesor teológico, expresó por medio de la vigilancia por la sana doctrina, de la unidad episcopal y eclesial y de la defensa de la dignidad humana, el conjunto inseparable de contenidos del Magisterio de San Juan Pablo II en todo su pontificado y durante sus 17 viajes apostólicos en América Latina[17].

La Conferencia de Puebla fue presidida por los Cardenales Sebastiano Baggio (presidente de la CAL), Aloisio Lorscheider (presidente del CELAM) y Ernesto Corripio –arzobispo de Ciudad de México–, y contó para su dinámica con el super-activismo de su Secretario

---

[16] San Juan Pablo II, Discurso inaugural.
[17] Véase, J. Errázuriz, *Juan Pablo II y Latinoamérica, a partir de Puebla, hace 25 años*, en revista Medellín, LAM/ITEPAL, vol. XXX cit.

General, Mons. Alfonso López Trujillo[18]. Aproximadamente 220 Obispos se reunieron en Puebla, junto con un grupo de sacerdotes, religiosos, religiosas y laicos designados por los episcopados y la Santa Sede. La metodología de trabajo de la Asamblea, muy bien pensada, fue propuesta a los participantes que, reunidos en grupos por naciones, la aprobaron por unanimidad, con algunas correcciones. Un esquema general de temas propuestos en una hoja muy grande (que llamaron "la sábana") fue nuevamente sometida a la aprobación de nuevas comisiones, siendo enriquecida con otros temas y guiones. Se formaron luego 21 comisiones de trabajo según los temas articulados y se dejó a los participantes escoger en que comisión participar. En ellas comenzaron los sucesivos debates y redacciones. Hubo también trabajos llamados de "reja" entre comisiones de similares núcleos temáticos. Se concluyeron esos trabajos con un plenario de debates, en el que hubo cerca de 180 intervenciones orales y un gran número de intervenciones escritas. Con estos aportes, las comisiones procedieron a la tercera redacción, que quedó confiada a la atenta lectura de todos los participantes durante una jornada entera. Finalmente se procedió a la votación final. De los 187 Obispos con derecho a voto, votaron 184. Todos los textos quedaron aprobados, menos el referido al "contexto social y cultural", pero algunos recibieron un número significativo

---

[18] Todo el período de preparación y realización de la III Conferencia General del Episcopado Latinoamericano estuvo marcado por la omnipresencia de Mons. Alfonso López Trujillo, colombiano, secretario general del CELAM y secretario general de la Conferencia. La concentración de actividades en su persona, su singular temperamento y sus tomas de posición le valieron todo tipo de acusaciones. Tuvo, sin embargo, la inteligencia de servirse de un óptimo Equipo de Reflexión Teológico-Pastoral del CELAM y llevó adelante la III Conferencia contra viento y marea en tiempos extremadamente turbulentos. Sin duda, su voluntad fue la de servir a la Iglesia según su "leal saber y entender" y expresó los temores y preocupaciones de vastos sectores del episcopado latinoamericano. Más allá de todas las defensas y sobre todo de muchas acusaciones recibidas, él, como todos, queda bajo el juicio de Dios. Para conocer más precisamente su pensamiento, léase A. López Trujillo, "El magisterio de Juan Pablo II en América Latina y Opciones e interpretaciones a la luz de Puebla", en *Caminos de evangelización*, BAC, Madrid, 1985, *Los desafíos de Puebla en Puebla y sus desafíos hoy en revista* "Medellín", CELAM/ITEPAL, Bogotá, vol. XXX, n. 118, junio 2004 y Los 25 años de la III Conferencia General del Episcopado Latinoamericano en Puebla, Consejo Pontificio para la Familia, Vaticano, 2004.

de *non placet*. Es interesante destacar que capítulos como los de la evangelización de la cultura y de la religiosidad popular no recibieron ningún *non placet*. Una nueva lluvia de enmiendas fueron integradas por las Comisiones y el día 13 de febrero el texto completo recibió el *placet* de los 179 votantes, con un solo voto en blanco[19].

Como previsto en el Reglamento, los textos tenían que quedar sometidos al Santo Padre para su definitiva aprobación. Un grupo revisor se encargó de armonizar aspectos redaccionales. Además, en el texto definitivo aprobado por el Santo Padre hubo unas 20 modificaciones sobre puntos de cierta importancia, que se consideraron necesarias para evitar perplejidades, aunque no afectaban sustancialmente los contenidos votados. Ello suscitó, aquí y allá, discusiones en América Latina. Finalmente, en la festividad de Santo Toribio de Mogrovejo, el papa Juan Pablo II aprobó el documento de Puebla. "Representa –decía– un gran paso adelante en la misión esencial de la Iglesia, la evangelización", ofreciendo "un denso conjunto de orientaciones pastorales y doctrinales sobre cuestiones de suma importancia"[20].

Muchos de los críticos durante la preparación de la Conferencia de Puebla tuvieron que amainar velas cuando se conoció su documento final. No fue un paso atrás de Medellín sino "un gran paso adelante"[21]. Puebla concluyó con una serena y profunda afirmación de identidad cristiana, eclesial y latinoamericana, íntimamente entrelazadas. Fue por entonces el punto más alto de autoconciencia eclesial y latinoamericana. Su hermosa eclesiología, que combina las imágenes de "pueblo de Dios" y de "familia de Dios", fue ya signo elocuente de que iban quedando atrás cuestionamientos tumultuosos y crisis de identidad, y se iba incorporando lo mejor de la reflexión teológica latinoamericana desde la senda iluminante de la *Lumen gentium*. Desde Puebla se llamó a todos los bautizados a la "comunión y participación". Su eclesiología se coronó con una

---

[19] La dinámica general de la III Conferencia está muy detalladamente explicada en el libro *Reflexiones sobre Puebla*, CELAM, Bogotá, 1979.
[20] San Juan Pablo II, *Carta a los Obispos diocesanos de América Latina*, 23 de marzo de 1979.
[21] Ibid.

preciosa mariología de sabor latinoamericano. Se incorporó también un capítulo sobre la antropología cristiana. La perspectiva latinoamericana se afirmó en la recuperación de autoconciencia histórica de la Iglesia en América Latina, en una reflexión muy original sobre la inculturación del Evangelio y la evangelización de la cultura así como de la religiosidad popular en cuanto clave hermenéutica de la realidad de nuestros pueblos, sobre todo de los pobres y sencillos de corazón, en la opción por los pobres, los jóvenes y los constructores de sociedad, así como en la novedad de temas como los de dignificación de la mujer y la pastoral de las ciudades, etc.[22]. "Fue un modo de ampliar y completar a Medellín, salvando y prolongando sus análisis socio-económicos, su vocación de liberación de los pobres, al incorporarlos a un marco histórico y cultural que permite captar la identidad de nuestro pueblo y el alcance de la gama de desafíos que enfrenta. La identidad de todo pueblo se genera en la historia y se expresa en su cultura. Sin conocer ambas no es posible una evangelización ni una liberación auténticas, pues no sabríamos ante qué sujeto concreto nos encontramos"[23].

Cuando se iban agotando y resquebrajando los sucesivos esquemas de interpretación de la realidad latinoamericana elaborados por sectores intelectuales –primero, los modelos funcionalistas y desarrollistas de "modernización", y después las teorías de la dependencia vinculadas a estrategias revolucionarias–, la Iglesia se demostraba capaz de recoger muchos aportes e integrarlos en una totalizante autoconciencia histórica de su misión, desde su propia lectura católica de esa "originalidad histórico-cultural que llamamos América Latina"[24].

El documento de Puebla no da ningún paso atrás de la profecía de Medellín sobre la opción preferencial por los pobres y el combate por la dignidad humana y la justicia en las condiciones de una América Latina que ansiaba y luchaba por su democratización después de tiempos tan sufridos. Tampoco da un paso hacia atrás en lo referido

---

[22] Léase J. Lozano, *Puebla: síntesis del documento*, CELAM, Colección Puebla, Bogotá, 1979.

[23] Equipo de Reflexión Teológica Pastoral del CELAM, *Reflexiones sobre Puebla*, ob. cit.

[24] Documento conclusivo de Puebla, BAC, Madrid, n. 446.

a la liberación. Su abordaje del tema es positivo: recoge las mejores intuiciones proféticas de la teología de la liberación, sin citarla expresamente para evitar instrumentalizaciones[25], pero rechaza el uso de medios violentos y la pretensión de conjugar el análisis marxista como mediación de la reflexión teológica y de la praxis social. Intenta, además, conjugarla con una renovada Doctrina social de la Iglesia[26].

El documento de Puebla aparece mucho más marcado en muchos de sus núcleos fundamentales por lo que luego se llamaría la "teología del pueblo". Puebla es como la irrupción de la teología del pueblo a nivel latinoamericano. Algunos de sus representantes, como Lucio Jera, Alberto Methol Ferré, Hernán Alessandri, Joaquín Allende formaron parte del equipo teológico-pastoral del CELAM, desde donde provienen los aportes de mayor novedad e interés[27]. Eso se aprecia claramente en la aproximación histórica, en la eclesiología, en la mariología, en lo referente a la evangelización de la cultura y de la religiosidad popular, etc.

¿Cómo no tener en cuenta a la luz de nuestra actualidad que el joven provincial de la Compañía de Jesús en Argentina, Jorge Mario Bergoglio, siguió con mucha atención todo el proceso de preparación de la III Conferencia General del Episcopado latinoamericano y conoció y apreció mucho el documento de Puebla? Tuvo cercanos amigos en esos tiempos de reflexiones y aportes rioplatenses. Bergoglio acogió con mucha alegría que la *Evangelii nuntiandi* fuera referencia obligatoria de los trabajos de la Conferencia –y ya como pontífice ha indicado esta exhortación como el mejor documento

---

[25] Una propuesta sobre la teología de la liberación elaborada conjuntamente por Mons. Helder Cámara y Mons. Alfonso López Trujillo fue presentada a la Asamblea, pero los Obispos prefirieron referirse genéricamente a la teología latinoamericana por temor a instrumentalizaciones.

[26] Léase sobre todo el capítulo referido a "evangelización y promoción humana" en el documento conclusivo de Puebla. También H. Alessandri, *La liberación cristiana*, CELAM, Colección Puebla, Bogotá, 1979.

[27] El Equipo de Reflexión Teológica Pastoral del CELAM estaba presidido por Alfonso López Trujillo y formaban parte de él Lucio Gera, Alfonso Gregory, José Marins, Boaventura Kloppenburg, Alberto Methol Ferré, David Kapkin, Javier Lozano, Joaquín Allende, Pierre Bigo y Renato Poblete.

post-conciliar– y leyó con entusiasmo sus capítulos sobre evangelización de la cultura y de la religiosidad popular.

No hubiera podido ser "Aparecida", sin "Medellín", pero sobre todo sin "Puebla". Entre "Puebla" y "Aparecida" abundan los hilos conductores.

Harina de otro costal sería examinar cuáles fueron los motivos por los cuales el documento de Puebla –que tuvo gran difusión y resonancia en toda América Latina– no fue ni cabalmente asimilado ni suficientemente aplicado como conversión pastoral, para desatar efectivamente energías de esa "nueva evangelización" a la que quedaba llamada toda la Iglesia de América Latina.

9

EVANGELIZACIÓN, IDEOLOGÍA POLÍTICA Y DERECHOS HUMANOS

Carlos Salinas Araneda (Chile)
Pontificia Universidad Católica de Valparaíso
Miembro del Pontificio Comité de Ciencias Históricas

En el *Mensaje a los pueblos de América* (3b) los obispos reunidos en Puebla dejaron expresa constancia que, al tratar los problemas sociales, económicos y políticos, no lo hacían como maestros en estas materias, como científicos, sino en perspectiva pastoral, en calidad de intérpretes de los pueblos de América Latina, confidentes de sus anhelos, especialmente de los más humildes, esto es, la gran mayoría de la sociedad latinoamericana. Las páginas que siguen, en consecuencia, no son un análisis académico de la materia, sino que, siguiendo de cerca el documento final de la Conferencia, expresan la visión de los obispos latinoamericanos sobre las ideologías políticas presentes en América Latina al tiempo de la asamblea episcopal, la situación de los derechos humanos y la evangelización que cabía en ambos ámbitos, que –en el mismo orden– es lo que expongo en la primera parte de esta exposición; en la segunda, hago algunas reflexiones sobre dichas materias 40 años después, mostrando la actualidad del mensaje de 1979.

I. Ideologías políticas

Puebla abordó expresamente el tema de las ideologías a propósito de advertir un deterioro creciente del cuadro político-social de los países del Continente (507[1]), en los que se experimentaba el peso de crisis institucionales y económicas y claros síntomas de corrupción y violencia (508), violencia generada y fomentada, por una parte, por la injusticia que los obispos, siguiendo a Medellín, llamaban *institucionalizada* en diversos sistemas sociales, políticos y económicos y, por otra, por las ideologías que convertían dicha violencia en medio para la conquista del poder (509), lo que había provocado la proliferación de regímenes de fuerza, muchas veces inspirados en la ideología de la seguridad nacional (510). La Iglesia no podía quedar indiferente a esto, por lo que, como madre y maestra, experta en humanidad, debía discernir e iluminar, desde el Evangelio y su enseñanza social, "las situaciones, los sistemas, las ideologías y la vida política del continente", a sabiendas que se intentaría instrumentalizar su mensaje (511), pero con la seguridad de que al proyectar la luz de su palabra sobre la política y las ideologías, prestaba un servicio a sus pueblos como guía orientadora y segura para cuantos, de un modo u otro, debían asumir responsabilidades sociales (512).

1. Hacia una noción de ideología

Antes de abordar el análisis de las diversas ideologías presentes en América Latina, los obispos reunidos en Puebla ofrecieron una noción general de ideología, la que definieron como "toda concepción que ofrezca una visión de los distintos aspectos de la vida, desde el

---

[1]   Los números entre paréntesis sin otra indicación, corresponden a los números del documento final de Puebla. Cuando van junto a referencias a otros textos, se identifican anteponiendo la abreviatura *DP*. Otras abreviaturas: *CIC* = *Codex Iuris Canonici* (1983); *EN* = PABLO VI, Exhortación apostólica post-sinodal *Evangeli nuntiandi* (1975); *GetE* = PAPA FRANCISCO, Exhortación apostólica *Gaudete et exsultate* (2018); GS = CONCILIO VATICANO II, Constitución pastoral *Gaudium et spes* (1965); *LG* = CONCILIO VATICANO II, Constitución dogmática *Lumen gentium* (1964); *OA* = PABLO VI, Carta apostólica *Octogesima adveniens* (1971); *PP* = PABLO VI, Carta encíclica *Populorum progressio* (1967); *PT* = JUAN XXIII, Encíclica *Pacem in terris* (1963).

ángulo de un grupo determinado de la sociedad. La ideología manifiesta las aspiraciones de ese grupo, llama a cierta solidaridad y combatividad y funda su legitimación en valores específicos" (535). Toda ideología es *parcial*, ya que ningún grupo particular puede pretender identificar sus aspiraciones con las de la sociedad global, pero no necesariamente es *ilegítima*, toda vez que será legítima "si los intereses que defiende lo son y si respeta los derechos fundamentales de los demás grupos de la nación. En este sentido positivo, las ideologías aparecen como necesarias para el quehacer social, cuando son mediaciones para la acción" (535). El lado ambiguo y negativo de las ideologías está en que llevan en sí mismas la tendencia a *absolutizar* los intereses que defienden, la visión que proponen y las estrategias que promueven, convirtiéndose en verdaderas "religiones laicas"; de allí que no debía extrañar que las ideologías intentaren instrumentar personas e instituciones al servicio de la eficaz consecución de sus fines (*OA* 28; DP 536).

Ahora bien, un análisis de las ideologías no debía hacerse solamente desde el punto de vista de sus contenidos conceptuales, toda vez que, más allá de ellos, constituían fenómenos vitales de dinamismo arrollador, contagioso. Se trataba de corrientes de aspiraciones con tendencia hacia la *absolutización*, dotadas de poderosa fuerza de conquista y fervor redentor, lo que les confería una *mística* especial y la capacidad de penetrar los diversos ambientes de modo muchas veces irresistible: sus *slogans*, sus expresiones típicas, sus criterios, llegan a impregnar con facilidad aun a quienes distaban de adherir voluntariamente a sus principios doctrinales. De este modo, muchos vivían y militaban *prácticamente* dentro del marco de determinadas ideologías sin haber tomado conciencia de ello (537).

Para el necesario discernimiento y juicio crítico sobre las ideologías, según Puebla los cristianos debían apoyarse en el rico y complejo patrimonio de la Doctrina Social de la Iglesia, la que expresa lo que la Iglesia posee como propio, esto es, "una visión global del hombre y de la humanidad" (*PP* 13). No rehuía las ideologías, sino que se dejaba interpelar y enriquecer por ellas "en lo que tienen de positivo", pero, a su vez, las interpelaba, relativizaba y criticaba (539). Preciso era tener presente, empero, que ni el Evangelio ni la

Doctrina Social de la Iglesia son ideologías, pero que representan para éstas "una poderosa fuente de cuestionamiento de sus límites y ambigüedades". Al mismo tiempo, "la originalidad siempre nueva del mensaje evangélico debe ser permanentemente clarificada y defendida frente a los intentos de ideologización" (540).

2. Las ideologías presentes en América Latina

Puebla identificó tres ideologías presentes en América Latina, a las que dedicó especial atención: el liberalismo capitalista, el colectivismo marxista y la llamada doctrina de la seguridad nacional; además, otorgó el calificativo de ideología al secularismo. El liberalismo capitalista era identificado como "idolatría de la riqueza en su forma *individual*" (542), en tanto que el colectivismo marxista, debido a sus presupuestos materialistas, conducía igualmente a una idolatría de la riqueza, pero en su forma *colectiva* (543). Fue a propósito de esta ideología que los obispos hicieron una expresa, pero breve, referencia a algunas tendencias que se estaban desarrollando en la reflexión teológica en el Continente, cuando ponían de relieve "el riesgo de ideologización a que se expone la reflexión teológica, cuando se realiza partiendo de una praxis que recurre al análisis marxista". Las consecuencias de ello "son la total politización de la existencia cristiana, la disolución del lenguaje de la fe en el de las ciencias sociales y el vaciamiento de la dimensión trascendental de la salvación cristiana" (545). Quedaba claro, sin embargo, que tanto el liberalismo capitalista como el colectivismo marxista se inspiraban de humanismos cerrados a toda perspectiva trascendente: el primero, debido a su ateísmo *práctico*; el segundo, por la profesión sistemática de un ateísmo *militante* (546).

La doctrina de la seguridad nacional se había afianzado en el Continente en los años anteriores a la reunión de los obispos en Puebla, pero, según los prelados, de hecho, era más una ideología que una doctrina, vinculada a un determinado modelo económico político, de características elitistas y verticalistas que suprimía la participación amplia del pueblo en las decisiones políticas y que pretendía justificarse en algunos países como doctrina defensora de la civilización occidental cristiana; desarrollaba un sistema represivo, con concordancia con su concepto de "guerra permanente" (547). Para los prelados era claro que una convivencia fraterna necesitaba de un sistema de seguridad para imponer el respeto de un orden social justo que permitiera a todos cumplir su misión en relación al bien común; pero éste exigía que las medidas de seguridad estuvieren bajo control de un poder independiente, capaz de juzgar sobre las violaciones de la ley y garantizar medidas que las corrigieren (548). Es por lo que la doctrina de la seguridad nacional, entendida como ideología absoluta, no se armonizaba con una visión cristiana del hombre en cuanto responsable de la realización de un proyecto temporal, ni del Estado en cuanto administrador del bien común, toda vez que imponía la tutela del pueblo por élites de poder, militares y políticas, y conducía a una acentuada desigualdad de participación en los resultados del desarrollo (549).

La ideología del *secularismo* la definían siguiendo a *Gaudium et spes* (*GS* 36) y *Evangelii nuntiandi* (*EN* 55) y, ante la constatación de que Dios está activamente presente en la historia humana, veían en el secularismo "una amenaza a la fe y la misma cultura de nuestros pueblos latinoamericanos" (436), toda vez que la secularización había degenerado con frecuencia en la pérdida de valor de lo religioso o en un secularismo que daba las espaldas a Dios y le negaba la presencia en la vida pública (83).

3. La respuesta de Puebla

Antes esta realidad, los obispos latinoamericanos hicieron suyo el discurso inaugural de san Juan Pablo II, recordando que "la Iglesia quiere mantenerse libre frente a los opuestos sistemas, para optar sólo por el hombre. Cualesquiera sean las miserias o sufrimientos que aflijan al hombre, no será a través de la violencia, de los juegos de poder, de los sistemas políticos, sino mediante la verdad sobre el hombre, como la humanidad encontrará su camino hacia un futuro mejor"[2]. Es en este humanismo que los cristianos habían de obtener el aliento "para superar la porfiada alternativa y contribuir a la construcción de una nueva civilización, justa, fraterna y abierta a lo trascendente.

---

[2] JUAN PABLO II, *Discurso inaugural* III, 3, en *AAS* 71 (1979), p. 199.

Será, además, testimonio de que las esperanzas escatológicas animan y dan sentido a las esperanzas humanas" (551). Había que tener presente, en todo caso, que las ideologías habían dado nacimiento a movimientos históricos que eran distintos de ellas, de manera que, tal como lo había expresado san Juan XXIII (*PT* 55, 152) y san Pablo VI (*OA* 30), no se podían identificar las teorías filosóficas falsas con los movimientos históricos originados en ellas.

Los obispos no fueron ajenos a los riesgos de instrumentalización de la Iglesia y de la actuación de sus ministros, instrumentalización que podía provenir, por una parte, de los propios cristianos, aun de sacerdotes y religiosos, lo que ocurría cuando anunciaban un Evangelio sin incidencias económicas, sociales, culturales y políticas; en la práctica se trataba de una mutilación que, inconscientemente, equivalía a cierta colusión con el orden establecido (558). Pero podía provenir, por otra parte, de grupos que consideraban una política determinada como la primera urgencia, como una condición previa para que la Iglesia pudiera cumplir su misión, identificando el mensaje cristiano con una ideología, en que era preciso leer lo político a partir del Evangelio y no al contrario (559). De esta forma, el integrismo tradicional esperaba el Reino, ante todo, del retroceso de la historia hacia la reconstrucción de una cristiandad en el sentido medieval, esto es, una alianza estrecha entre el poder civil y el poder eclesiástico (560); la radicalización de grupos opuestos caía en la misma trampa, esperando el Reino de una alianza estratégica de la Iglesia con el marxismo, excluyendo cualquier otra alternativa: no se trataba para estos solamente de ser marxista, sino de ser marxista a nombre de la fe (561).

II. Derechos humanos

1. *Unos breves antecedentes*

Animada por las reflexiones de Medellín (1968), la Iglesia en América Latina asumió una postura de crítica social acompañada de una denuncia de las diversas formas de injusticia, expresada ésta en la pobreza y marginalidad, convirtiéndose en la voz de los que no tienen voz. En la década de los años 70, sin embargo, el Continente vio surgir diversos regímenes militares, inspirados en la ideología de la seguridad nacional, que acabaron con los experimentos revolucionarios, con la promesa de restaurar el orden violentamente atacado por los subversivos: el resultado fue una generalizada situación de atropellos graves a los derechos humanos. Ante esta realidad, la Iglesia en América Latina reaccionó, entendiendo que la mayor amenaza para la justicia eran los atropellos de tales derechos, lo que no significó, empero, dejar de lado la denuncia de las injusticias sociales, toda vez que "para la Iglesia latinoamericana el respeto por los derechos humanos [suponía] conjugar el desarrollo económico con la democracia política, económica y social"[3]. Queda claro que la denuncia de los atropellos de los derechos humanos se dirigía también a quienes entendían que la violencia *subversiva* era el único medio para acabar con la violencia *represiva*[4].

Esta preocupación de la Iglesia en América Latina vino a ser respaldada por dos documentos publicados en los años inmediatamente anteriores de la Conferencia de Puebla: el primero de ellos fue un breve texto de la Comisión Pontificia *Iustitia et Pax* titulado *La Iglesia y los derechos del hombre* (1974)[5], en el que se contenían las principales reflexiones del magisterio sobre esta materia. El segundo fue la exhortación apostólica *Evangelii nuntiandi* de san Pablo VI (1975), en la que puso de relieve los lazos "*muy fuertes*" existentes entre evangelización y promoción humana, entendida como desarrollo y liberación (*EN* 31). Animados por estas palabras, la Iglesia latinoamericana se interrogó desde lo íntimo de su misterio sobre lo que, en palabras de Pablo VI, constituye "*la dicha y vocación propia de la Iglesia, su identidad más profunda*" (*EN* 14): el anuncio de Jesucristo; pero lo hizo en diálogo con el pueblo latinoamericano, golpeado por la pobreza, al punto que "Puebla pasará a la historia como el momento culminante en que la Iglesia latinoamericana

---

[3]   RIVAS, E., *Introducción. De Río de Janeiro a Santo Domingo*, en EPISCOPADO LATINOAMERICANO, *Conferencias generales Río de Janeiro, Medellín, Puebla, Santo Domingo. Documentos pastorales. Introducción, textos, índice temático* (Santiago de Chile, San Pablo, 1993), p. 16.

[4]   Ibíd.

[5]   COMISIÓN PONTIFICIA IUSTITIA ET PAX, *La Iglesia y los derechos del hombre* (Ciudad del Vaticano, 1975). Hay una reedición de 2011.

anuncia su opción preferencial por los pobres concretos de este continente subdesarrollado"[6].

2. *Denuncia de las violaciones a los derechos humanos*

Puebla no dudó en poner en evidencia las violaciones a los derechos humanos cometidas en el Continente en la década de los años 70, compartiendo "con nuestro pueblo otras angustias que brotan de la falta de respeto a su dignidad como ser humano, como imagen y semejanza del Creador y a sus derechos inalienables como hijo de Dios" (40). Denunciaba también "la deplorable realidad de violencia en América Latina" (531), viniera de donde viniera: "si dichos crímenes son realizados por la autoridad encargada de tutelar el bien común, envilecen a quienes los practican, independientemente de las razones aducidas" (531). Con igual decisión la Iglesia rechazaba la violencia terrorista y guerrillera, "cruel e incontrolable cuando se desata. De ningún modo se justifica el crimen como camino de liberación. La violencia engendra inexorablemente muevas formas de opresión y esclavitud, de ordinario más graves que aquellas de las que se pretende liberar". Sobre todo, denunciaban los prelados, era un atentado contra la vida que sólo depende del Creador y recalcaban que "cuando una ideología opta por la violencia, reconoce con ello su propia insuficiencia y debilidad" (532).

La acción positiva de la Iglesia en defensa de los derechos humanos y su comportamiento con los pobres había llevado a que grupos económicamente pudientes que se creían adalides del catolicismo, se sintieran abandonados por la Iglesia que, según ellos, habría dejado su misión *espiritual*. Otros, que se decían católicos *a su manera*, no acataban los postulados básicos de la Iglesia, valorando más la propia ideología que su fe y pertenencia a la Iglesia (79); de esta manera, la misión de la Iglesia de llevar a Dios a los hombres y los hombres a Dios, que implicaba construir entre ellos una sociedad más fraterna, no había dejado de acarrear tensiones en el interior mismo de la Iglesia: tensiones producidas por grupos que, o bien enfatizaban lo *espiritual* de su misión, resintiéndose por los trabajos

---

[6]   RIVAS, E., cit. (n. 3), p. 18.

de promoción social, o bien querían convertir la misión de la Iglesia en un mero trabajo de promoción social (91). Sin embargo, su firme defensa de los derechos humanos y su compromiso por una promoción social real la habían acercado al pueblo (83).

III. Evangelización

Los obispos reconocían la debida autonomía de lo temporal, lo que valía para los gobiernos, partidos, sindicatos y demás grupos en el campo social y político (519), pero criticaban a quienes tendían a reducir el espacio de la fe a la vida personal o familiar, "excluyendo el orden profesional, económico, social y político, como si el pecado, el amor, la oración y el perdón no tuviesen allí relevancia" (515). Del mensaje integral de Cristo se derivaba una antropología y teología originales que abarcan la vida concreta, personal y social del hombre: es un mensaje que libera porque salva de la esclavitud del pecado, raíz y fuente de toda opresión, injusticia y discriminación (*EN* 29; DP 517). Y, si bien, el fin que el Señor asignó a su Iglesia es de orden religioso, al intervenir en el campo social y político "no la anima ninguna intención de orden político, económico o social", toda vez que de esta "misión religiosa derivan funciones, luces y energías que pueden servir para establecer y consolidar la comunidad humana según la ley divina" (*GS* 42; DP 519).

1. *Política y compromiso político*

Distinguían los obispos entre *política*, por una parte, y *compromiso político* por otra. La primera, esto es, la *política* en su sentido más amplio, mira al bien común, nacional e internacional, correspondiéndole precisar los valores fundamentales de toda comunidad: "en este sentido amplio, la política interesa a la Iglesia y, por tanto, a sus Pastores, ministros de la unidad. Es una forma de dar culto al único Dios, desacralizando y a la vez consagrando el mundo a Él" (*LG* 34; *DP* 521).

Cosa diversa es el *compromiso político*, cuya realización se hace normalmente a través de grupos ciudadanos que se proponen conseguir y ejercer el poder político para resolver las cuestiones económicas, políticas y sociales según sus propios criterios o ideologías, pudiendo hablarse en este sentido de *política de partidos*. Las ideologías elaboradas por esos grupos, aunque se inspiren en la doctrina cristiana, pueden llegar a diferentes conclusiones: por eso, "ningún partido político por más inspirado que esté en la doctrina de la Iglesia, puede arrogarse la representación de todos los fieles, ya que su programa concreto no podrá tener nunca valor absoluto para todos" (523)[7].

2. Los agentes de la evangelización

La tarea evangelizadora era –y es– tarea de la Iglesia entera, si bien en las específicas materias de las ideologías y de los derechos humanos, enseñaban los obispos que las tareas evangelizadoras que correspondían eran diversas.

a) los laicos: por su vocación, el laico se ubica en la Iglesia y en el mundo: miembro de la Iglesia, fiel a Cristo, está comprometido en la construcción del Reino en su dimensión temporal, pues es en el mundo donde encuentra su campo específico de acción (*EN* 73; *DP* 787); como poco después lo diría el Código de Derecho Canónico (1983), tienen ellos la obligación general y el derecho, tanto personal como asociadamente, "*de trabajar para que el mensaje divino de salvación sea conocido y recibido por todos los hombres en todo el mundo; obligación que les apremia todavía más en aquellas circunstancias en las que sólo a través de ellos pueden los hombres oír el Evangelio y conocer a Jesucristo*" (*CIC* can. 225 § 1).

Entre estas realidades temporales "no se puede dejar de subrayar con especial énfasis la actividad política, que abarca un amplio campo" (791), siendo la política partidista el campo propio de los laicos (524), quienes encontrarían en la enseñanza social de la Iglesia los criterios adecuados para su actuar, orientados, a la vez, por la *inteligencia* y la *aptitud para la acción eficaz* (793) y animados por una *vitalidad misionera* para descubrir, con iniciativa y audacia, nuevos campos para la acción evangelizadora de la Iglesia (806), debiendo

---

[7] Pío XI, *La Acción Católica y la política* (1937); JUAN PABLO II, *Discurso inaugural* I, 4, en AAS 71 (1979), p. 190.

cuidar los laicos dirigentes de la acción pastoral de no usar su autoridad en función de partidos o ideologías (530).

Los obispos reconocían que en el Continente el compromiso del laicado en lo temporal, tan necesario para el cambio de estructuras, "ha sido insuficiente" (125), por lo que hacían "un llamado urgente" a los laicos a comprometerse en la misión evangelizadora de la Iglesia, en la que la promoción de la justicia era la parte integrante e indispensable y la que más directamente correspondía al quehacer laical, advirtiendo, en todo caso, que dicho quehacer debía ser "siempre en comunión con los pastores" (827).

b) los Pastores: puesto que la preocupación de los pastores debía ser la unidad, debían despojarse de toda ideología político-partidista que pudiere condicionar sus criterios y actitudes: así tendrían libertad "para evangelizar lo político como Cristo, desde un Evangelio sin partidismos ni ideologizaciones. El Evangelio de Cristo no habría tenido tanto impacto en la historia, si Él no lo hubiese proclamado como un mensaje religioso" (526). Haciendo suyos el discurso inaugural del Papa[8], los obispos recordaban que "los Evangelios muestran claramente cómo para Jesús era más tentación lo que alterara su misión de Servidor de Yahvé[9]. No acepta la posición de quienes mezclaban las cosas de Dios con actitudes meramente políticas[10]" (526).

c) los sacerdotes: eran también ministros de la unidad por lo que, junto con los diáconos, debían someterse a idéntica renuncia personal. "Si militaran en política partidista correrían el riesgo de absolutizarla y radicalizarla, dada su vocación a ser los *hombres de lo absoluto*". En el orden económico y social y principalmente en el orden político, en donde se presentan diversas opciones concretas, al sacerdote como tal no le incumbe directamente la decisión, ni el liderazgo, ni tampoco la estructuración de soluciones. Militar activamente en un partido político era algo que debía excluir cualquier presbítero a no ser que, en circunstancias concretas y excepcionales, lo exigiere realmente el bien de la comunidad, obteniendo los

---

[8] JUAN PABLO II, *Discurso inaugural* I, 4, en *AAS* 71 (1979), p. 190.

[9] Cfr. *Mt 4, 8*; *Lc 4, 5*.

[10] Cfr. *Mt 22, 21*; *Mc 12, 17*; *Jn 18, 36*.

necesarios consentimientos[11]. Las ideas estaban claras, pero constataban los obispos para América Latina que "ciertamente, la tendencia actual de la Iglesia no va en este sentido" (527) y denunciaban como "fenómenos nuevos y preocupantes" la participación por parte de sacerdotes en política partidista ya no solamente en forma individual como algunos lo habían hecho, sino como grupos de presión; y la aplicación a la acción pastoral en ciertos casos, por parte de algunos de ellos, de análisis sociales con fuerte connotación política (91).

d) los religiosos: por su forma de seguir a Cristo, según la función peculiar que les cabía dentro de la misión de la Iglesia, de acuerdo con su carisma específico, también cooperaban en la evangelización de lo político: "en una sociedad poco fraternal, dada al consumismo y que se propone como fin último el desarrollo de sus fuerzas productivas materiales, los religiosos tienen que ser testigos de una real austeridad de vida, de comunión con los hombres y de intensa relación con Dios. Deberán, pues, resistir, igualmente, a la tentación de comprometerse en política partidista, para no provocar la confusión de los valores evangélicos con una ideología determinada" (528). Recordaban a san Juan Pablo II en su discurso a los superiores mayores religiosos[12], exhortándoles a saber "acercarse a la gente e insertarse en medio del pueblo, sin poner en cuestión la propia identidad religiosa, ni oscurecer la *originalidad específica* de la propia vocación que deriva del peculiar *seguimiento de Cristo*, pobre, casto y obediente. Un rato de verdadera adoración tiene más valor y fruto espiritual que la más intensa actividad, aunque se tratase de la misma actividad apostólica. Esta es la *contestación* más urgente que los religiosos deben oponer a una sociedad donde la eficacia ha venido a ser un ídolo, sobre cuyo altar no pocas veces se sacrifica hasta la misma dignidad humana" (529).

---

[11] Sínodo 1971, II parte, 2b. Lo ratificaría posteriormente el Código de Derecho Canónico cuando, en el can. 287 § 2 dispuso que los clérigos *"no han de participar activamente en los partidos políticos ni en la dirección de asociaciones sindicales, a no ser que, según el juicio de la autoridad eclesiástica competente, lo exijan la defensa de los derechos de la Iglesia o la promoción del bien común"*.

[12] JUAN PABLO II, *Discurso a los superiores mayores religiosos*, 24 noviembre 1978.

3. Rechazo decidido de la violencia

La responsabilidad de los cristianos era promover, de todas maneras, los medios no violentos para restablecer la justicia de las relaciones sociales, políticas y económicas, razón por la que los obispos, recordando el Concilio Vaticano II, alababan a aquellos que, renunciando a la violencia en la exigencia de sus derechos, recurrían a los medios de defensa que, por otra parte, estaban al alcance incluso de los más débiles, con tal de que esto fuere posible sin lesión de los derechos y obligaciones de otros y de la sociedad (*GS* 78; *DP* 533). Y con san Pablo VI[13] afirmaban "que la violencia no es ni cristiana ni evangélica y que los cambios bruscos y violentos de las estructuras serán engañosos, ineficaces en sí mismos y ciertamente no conformes con la dignidad del pueblo", todo ello, porque "la Iglesia es consciente de que las mejores estructuras y los sistemas más idealizados se convierten pronto en inhumanos si las inclinaciones del hombre no son saneadas, si no hay conversión de corazón y de mente por parte de quienes viven en esas estructuras o las rigen" (*EN* 36; *DP* 534).

4. Pluralismo

Con todo, constataban los obispos que se vivía en una sociedad pluralista, en la cual se encontraban diversas religiones, concepciones filosóficas, ideologías, sistemas de valores que, encarnándose en diferentes movimientos históricos, se proponían construir la sociedad del futuro, rechazando la tutela de cualquier instancia incuestionable (1210). La Iglesia, aunque portadora de una valiosa colaboración a la construcción de la sociedad, no se atribuía competencia para proponer modelos alternativos (*GS* 42, 76; *DP* 1211). Los obispos reconocían "con humildad", sin embargo, que "en gran parte, aun en sectores de la Iglesia, una falsa interpretación del pluralismo religioso ha permitido la propagación de doctrinas erróneas o discutibles en cuanto a fe y moral, suscitando confusión en el Pueblo de Dios" (80). Y en lo referido a la labor teológica, los obispos reconocían que la labor teológica implicaba cierta pluralidad resultante del uso de métodos y modos diferentes para conocer y expresar los divinos

---

[13] PABLO VI, *Discurso en Bogotá*, 23 agosto 1968, en *AAS* 60 (1968), p. 627.

misterios. Había, pues, un pluralismo bueno y necesario que buscaba expresar las legítimas diversidades, sin afectar la cohesión y la concordia. Pero también constataban que existían pluralismos que fomentaban la división (376).

5. Contenido de la evangelización

Se preguntaron los obispos cuál era el designio de salvación que Dios había dispuesto para América Latina y cuáles los caminos de liberación que Él les deparaba y, haciendo propio el discurso inaugural de Juan Pablo II, se respondían que no eran otros que la verdad sobre Cristo, sobre la Iglesia y sobre el hombre (163), lo que fue latamente abordado por ellos. Me limito a unas breves ideas:

a) la verdad sobre Cristo: la evangelización no podía desfigurar, parcializar o ideologizar la persona de Cristo, convirtiéndolo en un político, un líder, un revolucionario o un simple profeta, reduciendo al campo de lo meramente privado a quien es el Señor de la Historia (178), por lo que, recogiendo el discurso papal inaugural[14], recordaban los obispos que cualquier silencio, olvido, mutilación o inadecuada acentuación de la integridad del misterio de Jesucristo que se apartare de la fe de la Iglesia no podía ser contenido válido de la Evangelización. Una cosa eran las "relecturas del Evangelio, resultado de especulaciones teóricas" y "las hipótesis, brillantes quizás, pero frágiles e inconsistentes que de ellas derivan" y otra cosa la "afirmación de la fe de la Iglesia: Jesucristo, Verbo e Hijo de Dios, se hace hombre para acercarse al hombre y brindarle por la fuerza de su ministerio, la salvación, gran don de Dios" (179).

b) la verdad sobre la Iglesia: recordaban los obispos que la Iglesia no era un *resultado* posterior ni una simple consecuencia *desencadenada* por la acción evangelizadora de Jesús. Ella había nacido ciertamente de esta acción, pero de modo directo, pues fue el mismo Señor quien convocó a sus discípulos y les participó el poder de su Espíritu, "dotando a la naciente comunidad de todos los medios y elementos esenciales que el pueblo católico profesa como de institución divina" (222). Esta Iglesia tenía que ser escuela de *forjadores de*

---

[14] JUAN PABLO II, *Discurso inaugural* 1, 4, 1, en *AAS* 71 (1979), pp. 190-191.

historia, por lo que entendían los obispos que la Iglesia, "del modo más urgente", debía convertirse en el lugar donde aprendieren a vivir la fe experimentándola y descubriéndola encarnada en otros (274). Ante los desafíos históricos que enfrentaban los pueblos latinoamericanos, encontraban los obispos entre los cristianos dos tipos de reacciones extremas: los *pasivistas*, que creían no poder o no deber intervenir, esperando que Dios solo actuase y liberase. Los *activistas*, que, en una perspectiva secularizada, consideraban a Dios lejano, como si hubiera entregado la completa responsabilidad de la historia a los hombres, quienes, por lo mismo, intentaban angustiada y frenéticamente empujarla hacia adelante (275).

La actitud de Jesús, empero, había sido otra: Jesús aparecía actuando en la historia, de la mano de su Padre; "su actitud es, a la vez, de total confianza y de máxima corresponsabilidad y compromiso. Porque sabe que todo está en las manos del Padre que cuida a las aves y los lirios del campo [...] Pero sabe también que la acción del Padre busca pasar a través de la suya" (276). De esta docilidad filial dependería toda la fecundidad de la obra. Además, Jesús tenía claro que no sólo se trataba de liberar a los hombres del pecado y sus dolorosas consecuencias: "Él sabe bien lo que hoy tanto se calla en América Latina: que se debe liberar el dolor por el dolor, esto es, asumiendo la Cruz y convirtiéndola en fuente de vida pascual" (278). Se necesitaban, pues, "hombres capaces de forjar la historia según la *praxis* de Jesús [...] hombres conscientes de que Dios los llama a actuar en alianza con Él [...] especialmente capaces de asumir su propio dolor y el de nuestros pueblos y convertirlos, con espíritu pascual, en exigencia de conversión personal, en fuente de solidaridad con todos los que comparten este sufrimiento y en desafío para la imaginación creadora" (279).

c) la verdad sobre el hombre: "la evangelización en el presente y en el futuro de América Latina exige de la Iglesia una palabra clara sobre la dignidad del hombre. Con ella se quiere rectificar o integrar tantas visiones inadecuadas que se propagan en nuestro continente, de las cuales, unas atentan contra la identidad y la genuina libertad; otras impiden la comunión; otras no promueven la participación con Dios y con los hombres" (306). Para los obispos, estas visiones inadecuadas eran la determinista (308-309), psicologista (310), visiones economicistas (311-313), estatista (314) y cientista (315).

IV. Cuarenta años después

1. Los años posteriores a Puebla: crisis de los derechos humanos

La conferencia de Puebla, que asumió con fuerza la defensa de los derechos humanos, denunciando las violaciones a los mismos perpetradas en el Continente, se celebró 31 años después de la solemne *Declaración universal de los derechos humanos* proclamada por las Naciones Unidas en 1948, declaración que vino, indiscutiblemente, a producir un efecto positivo en la elevación de los estándares éticos y jurídicos de la cultura contemporánea, sin perjuicio de las violaciones que siguen perpetrándose: "la potencia retórica de los derechos humanos está en máximos históricos, al punto que prácticamente no hay reivindicación social que no se realice en términos de reclamo de derechos humanos"[15]. El paso de los años, sin embargo, ha ido generando evidentes signos de crisis que, con Borgoño[16], podemos sintetizar así:

i) no se ha avanzado en la producción de nuevos instrumentos normativos vinculantes en materias tan sensibles como el medio ambiente o el desarrollo, o en otras tan visibilizadas por el *lobby* como los así llamados derechos sexuales y reproductivos[17]; quizá el único avance que puede advertirse es la fragmentación de los derechos, especificando y adaptando los derechos universales a grupos particulares, como mujeres, niños o personas discapacitadas[18]. Desde esta perspectiva, el

---

[15] BORGOÑO, C., *Cristianismo y derechos humanos. Influencias recíprocas, desafíos comunes* (Santiago de Chile, Ediciones Universidad Católica, 2018), p. 154, citando a COMPAGNONI, F., *I diritti umani. Genesi, storia e impegno cristiano* (Cinisello-Balsano, San Paolo, 1995), p. 232.

[16] Ibíd., pp. 154-159.

[17] Para una exposición sistemática de los derechos reproductivos, véase ROCELLA, E.; SCARAFFIA, L., *Contra el cristianismo. La ONU y la Unión Europea como nueva ideología* (Madrid, Cristiandad, 2008), pp. 109-193.

[18] BUONOMO, V., *Proliferazione e soggettivismo dei diritti umani negli ultimi decenni*, en MARTÍN DE AGAR, J.T. (ed.), *Diritti umani, speranza e delusioni* (Roma, Edusc, 2015), p. 41.

pontificado de Francisco, en sintonía con sus predecesores, junto con ratificar los peligros inherentes a una visión individualista de los derechos humanos y proponer un fundamento trascendente de los mismos, ha puesto su énfasis en los derechos de tercera generación en relación con las crisis más importantes del mundo moderno[19]: la crisis ambiental[20] y la crisis migratoria;

ii) en algunos ámbitos normativos, la determinación de los derechos ha quedado en manos de cortes internacionales que reclaman muchas veces para sí la potestad de redefinir los derechos, con la consiguiente consecuencia del peligroso precedente sobre el rol de la jurisprudencia, lo que origina el problema de que los Estados busquen salir de los sistemas de resolución pacífica de conflictos o retirarse de los tratados internacionales previamente firmados. El problema no es la necesaria interpretación jurisprudencial, sino que dicha interpretación se aleje del consenso que sustenta el tratado a ser interpretado; o cuando se acude a principios ajenos a los ordenamientos nacionales que entran en el contencioso o se termina juzgando con los criterios de élites culturales que no coinciden siempre con los criterios de la mayoría de la población.

iii) el uso político de las reivindicaciones de derechos durante la Guerra Fría ha facilitado que los derechos sean mirados en forma aislada e inconexa, como un catálogo donde se puede elegir lo que se quiera y dejar el resto; incluso, se está llegando a abogar derechamente por la supresión de algunos de ellos, como el derecho de libertad religiosa[21].

---

[19] Los derechos de tercera generación corresponden a un grupo relativamente heterogéneo de derechos que aún no gozan de un aparato jurídico vinculante a nivel universal, aunque algunos de ellos lo poseen a nivel constitucional en algunos países. Se los suele agrupar en torno a los derechos de los pueblos y de solidaridad: derecho a la paz, derecho al ambiente, derecho al desarrollo, etc.

[20] PAPA FRANCISCO, Carta encíclica *Laudato si'*, 24 mayo 2015.

[21] En la última Asamblea General de la Organización de Estados Americanos celebrada en Medellín, Colombia, en junio de 2019, se ha llegada a plantear por algunos grupos más radicalizados el tener que luchar contra el derecho de libertad religiosa, que está representando el gran escollo para imponer –de un modo bastante totalitario, hay que reconocerlo– la supremacía de los derechos sexuales y reproductivos. Véase más adelante, nota 35.

iv) la discusión acerca de los fundamentos de los derechos humanos que, en la actualidad, se plantea de modo del todo diferente, pues ya no existe un iusnaturalismo ni una teoría política compartida que pueda servir de fundamento a los derechos que son promulgados, los que existen sólo a condición de que se omita la pregunta del fundamento. Benedicto XVI abordó explícitamente el tema de la fundamentación de los derechos humanos en su discurso a las Naciones Unidas en 2008[22], afirmando decididamente una fundamentación iusnaturalista: "arrancar a los derechos humanos de este contexto significaría restringir su ámbito y ceder a una concepción relativista, según la cual el sentido y la interpretación de los derechos podrían variar, negando su universalidad en nombre de los diferentes contextos culturales, políticos, sociales e incluso religiosos"[23]. Queda claro, en todo caso, que la universalidad de los derechos humanos se opone al *relativismo* cultural, pero no al *pluralismo* cultural legítimo[24];

v) uno de los aspectos más problemáticos es la pretensión de *universalidad* de los derechos humanos contemporáneos, tema éste vinculado al de la fundamentación de los mismos: el conflicto entre *universalidad* y *particularidad* ha emergido con fuerza en los años 90[25], al punto de llegar a afirmarse que los derechos humanos no son más que un acto de hegemonía cultural de la tradición liberal occidental[26], tensión que se hace más evidente con las tradiciones no occidentales más representativas como son el islam, África subsahariana y los llamados valores de Asia oriental; incluso, dentro de Occidente, los mismos derechos son interpretados de manera

---

[22] Benedicto XVI, *Discurso a la asamblea general de las Naciones Unidas*, 18 abril 2008, en AAS 100 (2008), p. 334.

[23] Minerath, R., *La doctrine sociale de l'Eglise et les droits subjectifs de la personne*, en Minerath, R.; Fumagalli-Carulli, O.; Possenti, V., *Catholic Social Doctrine and Human Rights. The proceedings of the 15th plenary sesion of the Pontifical Academy of Social Sciences* (Ciudad del Vaticano, Pontificia Academia de las Ciencias Sociales, 2010); Borgoño, C., *Diritto naturale e diritti umani in Benedetto XVI*, en *Civiltà Europea*, 2/1 (2010), pp. 5-18.

[24] Glendon, M.A., *Justicia, razón, derechos* (Madrid, Encuentro, 2010), p. 36.

[25] Yacoub, J., *Les droits de l'homme sont-ils exportables? Géopolitique d'un universalism* (Paris, Ellipses, 2005), pp. 120-129.

[26] Mutua, M., *The ideology of human rights*, en *Virginia Journal of International Law*, 36 (1996), pp. 589-657.

diferente en las tradiciones normativas del derecho romano y de la *Common Law*[27]. En su discurso a la Naciones Unidas de 2008 Benedicto XVI insistió sobre este tema[28]: "La Declaración Universal tiene el mérito de haber permitido confluir en un núcleo fundamental de valores y, por lo tanto, de derechos, a diferentes culturas, expresiones jurídicas y modelos institucionales. No obstante, hoy es preciso redoblar los esfuerzos ante las presiones para reinterpretar los fundamentos de la Declaración y comprometer con ello su íntima unidad, facilitando así su alejamiento de la protección de la dignidad humana para satisfacer meros intereses, con frecuencia particulares".

vi) una novedad es el conflicto de derechos contra derechos, en un catálogo de derechos construido sobre la base de que no podrían oponerse entre sí y no limitarse mutuamente, criterio hoy superado por los hechos, lo que ha llevado a sostener que los derechos humanos han ingresado en una dinámica de *autofagia*: se comen unos a otros[29]; ello ha sido favorecido por la actividad burocrática de las Naciones Unidas, proporcionando textos no vinculantes que reinterpretan los derechos sancionados en los tratados a gusto de *lobbys* y grupos locales de activistas[30], lo que pone en evidencia que cada vez se usa la categoría de derechos humanos con más distancia de los instrumentos normativos que los sustentan, para transformarse en la reclamación de cualquier interés subjetivo legítimo;

---

[27] En la tradición romano-continental está el límite de la dignidad humana y la limitación de los derechos basada en una jerarquía de ellos, y en la existencia de instituciones jurídicas definidas por el mismo sistema normativo. En la *Common Law*, basada en una matriz de pensamiento mucho más liberal, la idea de fondo es que el individuo debe gozar de la más amplia libertad posible para así vivir conforme a sus preferencias subjetivas.

[28] BENEDICTO XVI, *Discurso a la asamblea general de las Naciones Unidas*, 18 abril 2008, en AAS 100 (2008), p. 335.

[29] PERA, M., *Diritti umani e cristianesimo* (Padua, Marsilio, 2015), p. 18. Piénsese, por ejemplo, en el derecho de libertad religiosa enfrentado a la obligatoriedad de educar a partir de los supuestos de la ideología de género.

[30] Un ejemplo de esto ha sido el debate sobre los derechos sexuales y reproductivos, que eventualmente chocan con derechos reconocidos como la patria potestad de los padres. Véase GLENDON, M.A., *Tradizioni in subbuglio* (Soveria-Mannelli, Rubbetino, 2007), pp. 215-236.

vii) la consecuencia de lo anterior es que se puede llegar a la paradoja de que haya tantos derechos fundamentales que ninguno lo sea, pues todos lo son, lo que se agudiza por la presencia de fuertes *lobbys* en las agencias internacionales donde se generan estos documentos no vinculantes, aprobados por mayorías simples y ocasionales, que se presentan en los países de origen como si fueran tratados internacionales vinculantes; de paso, se pasa por encima de las identidades históricas de las naciones en favor de una homogeneización cultural que niega las diferencias entre ellas y se sustituye la confrontación en el espacio político por el tráfico de influencias. Borgoño, a quien he seguido de cerca en este diagnóstico, concluye así[31]: "en definitiva, la constatación más que evidente de que, en determinados ámbitos, el uso de los derechos humanos genera división en lugar de consenso, hace prever que el concepto de derechos humanos está perdiendo su apoyo más poderoso, que es el consenso político internacional […] el uso inflacionario de los derechos humanos termina siendo una debilidad más que una fortaleza".

2. *Una nueva ideología: la ideología del* gender

El panorama ideológico latinoamericano, salvo el decaimiento de la ideología de la seguridad nacional, no ha variado sustancialmente respecto al diagnóstico que hacían los obispos en 1979, pero una novedad que ha venido a irrumpir con fuerza a nivel ideológico en los años posteriores a Puebla es la ideología genéricamente denominada *gender*, que "niega la diferencia y la reciprocidad natural de hombre y de mujer. Ésta presenta una sociedad sin diferencias de sexo, y vacía el fundamento antropológico de la familia. Esta ideología lleva a proyectos educativos y directrices legislativas que promueven una identidad personal y una intimidad afectiva radicalmente desvinculada de la diversidad biológica entre hombre y mujer, la identidad humana viene determinada por una opción individualista, que también cambia con el tiempo"[32]. En un reciente documento de la Congregación para la

---

[31] BORGOÑO, C., cit. (n. 15), p. 159.
[32] PAPA FRANCISCO, Exhortación apostólica postsinodal *Amoris laetitia* (2016), n. 56.

educación católica[33], se advierte que "la desorientación antropológica que caracteriza ampliamente el clima cultural de nuestro tiempo, ha ciertamente contribuido a desestructurar la familia, con la tendencia a cancelar las diferencias entre el hombre y la mujer, consideradas como simples efectos de un condicionamiento histórico-cultural" (1), transmitiendo una concepción de la persona y de la vida pretendidamente neutra, pero que, en realidad, "reflejan una antropología contraria a la fe y a la justa razón"[34]. Es claro que el impacto de esta nueva ideología en el continente americano no será menor, toda vez que, como ya lo reconocían los obispos en Puebla, "la familia es una de las instituciones en que más ha influido el proceso de cambio de los últimos tiempos" (571)[35].

3. Una condición básica para la evangelización en América Latina: la formación integral

El proceso de secularismo que denunciaban los obispos en 1979, cuarenta años después ha avanzado en América Latina de manera más acelerada de lo que se podía prever y las palabras pronunciadas por ellos no han perdido un ápice de actualidad: "el indiferentismo más que el ateísmo ha pasado a ser un problema enraizado en grandes

---

[33] CONGREGACIÓN PARA LA EDUCACIÓN CATÓLICA, *Varón y mujer los creó. Para una vía de diálogo sobre la cuestión del gender en la educación* (2 febrero 2019).

[34] BENEDICTO XVI, *Discurso al Cuerpo Diplomático acreditado ante la Santa Sede*, 10 enero 2011, en AAS. 103 (2011), p. 105.

[35] Recientemente –24 de septiembre de 2019– se ha hecho público el informe emitido por la Comisión Interamericana de Derechos Humanos con ocasión de una presentación hecha por una ex profesora chilena de religión –y ex religiosa– que, al declararse lesbiana y reconocer vivir con otra mujer, fue privada por el obispo diocesano de la idoneidad necesaria para enseñar religión católica. Los tribunales chilenos rechazaron los recursos presentados por la ex profesora, pues, conforme al derecho chileno, la idoneidad de los profesores de religión la califica la respectiva confesión religiosa. Ahora, con lo decidido por la Comisión, que declaró al Estado chileno responsable por la vulneración de igualdad, de vida privada y el principio de no discriminación, los antecedentes de este caso pasarán a la Corte Interamericana de Derechos Humanos que tendrá que resolver en definitiva. Queda claro que, con este precedente, el derecho de libertad religiosa queda notablemente deteriorado. De hecho, la ideología de género se ha hecho primar por sobre el derecho de libertad religiosa.

sectores de grupos intelectuales y profesionales, de la juventud y de la clase obrera" (79), llevando a muchos a prescindir de los principios morales, personales o sociales, y a encerrarse en un ritualismo, en la mera práctica social de ciertos sacramentos o en las exequias, como señal de su pertenencia a la Iglesia (82).

En las específicas dimensiones de la evangelización de las ideologías políticas y de los derechos humanos un lugar privilegiado –no exclusivo– les corresponde a los laicos. Pero para que ello ocurra y los laicos puedan asumir la responsabilidad que, por lo demás, nace de su propio bautismo, han de estar formados: sólo una sólida formación les permitirá asumir el protagonismo histórico que Puebla reclamaba de ellos y que hoy es tanto más urgente. Esta formación, empero, ha de ser una formación integral que abarque todo el ser y el hacer de esos nuevos adalides de la evangelización en el Continente.

a) formación en la fe: la primera condición para obtener la madurez del laicado será educarlo en la vida de oración: sin la gracia no podemos nada, y sin oración no se nos da la gracia; ésta es nuestra originalidad, nuestra riqueza y nuestra fuerza: en medio del mundo los laicos deberán ser verdaderos contemplativos en la acción. Se podrá orar con modalidades e intensidades diversas, lo que corresponderá según la condición personal de cada uno, pero, cualesquiera que sean las modalidades y las intensidades, un lugar central ha de ser la oración eucarística, el contacto permanente con Cristo realmente presente en el sagrario: sólo a los que tratan mucho con Cristo, se les pega mucho de Cristo: como nos ha recordado recientemente el Papa Francisco, *"son necesarios algunos momentos solo para Dios, en soledad con Él* [...] *Quisiera insistir que esto no es solo para pocos privilegiados, sino para todos, porque todos 'tenemos necesidad de este silencio penetrado de presencia adorada' (J. Pablo II)"* (*GetE* 149).

Junto a esos momentos a solas con Dios, la formación ha de ser también en la liturgia de la Iglesia, cuyo centro ha de ser la Eucaristía frecuente, en lo posible diaria. ¿Por qué sólo los consagrados pueden vivirla?

A lo anterior hemos de agregar "la Palabra de Dios contenida en la Biblia y en la Tradición viva de la Iglesia, particularmente expresada en los Símbolos o Profesiones de la fe y dogmas de la Iglesia. La Escritura debe ser el alma de la evangelización. Pero no adquiere por sí sola su plena claridad. Debe ser leída e interpretada dentro de la fe viva de la Iglesia" (372). Hay que reconocer que en esta materia se ha avanzado mucho, pero aún queda mucho por hacer. El reciente establecimiento del "Domingo de la Palabra de Dios" por el Papa Francisco[36], será un eficaz medio de *"hacer crecer en el pueblo de Dios la religiosa y asidua familiaridad con la Sagrada Escritura"*.

Será en el contacto cotidiano con Cristo en la Eucaristía y con la Palabra de Dios en las Escrituras de donde se obtendrá la luz para descubrir creadoramente los nuevos espacios que hay que evangelizar y la fuerza para llevarla adelante, en medio de las innegables dificultades y contrariedades que se presentarán, y permitirán no desfallecer sucumbiendo a la fácil tentación de que nada puede hacerse.

b) formación doctrinal: una rica e intensa vida interior, de oración y de sacramentos es una condición básica para los nuevos apóstoles que requiere la evangelización latinoamericana, pero con ser necesaria no es suficiente, pues el apóstol ha de dar razón de sus dichos, por lo que la educación en el magisterio de la Iglesia es ineludible, sobre todo teniendo en cuenta que el magisterio pontificio contemporáneo ha iluminado todos los grandes temas que inquietan al hombre y las mujeres del continente. Sitio especial, en la específica materia que ahora me interesa de las ideologías políticas y los derechos humanos, deberá ocupar la enseñanza de la Doctrina Social de la Iglesia y lugar privilegiado –no exclusivo– para llevar adelante esta tarea de educación lo han de ocupar las universidades y centros de formación católicos, pero, hay que reconocerlo, en esto todavía hay mucho por hacer.

c) formación humana: si tenemos presente que la gracia no sustituye la naturaleza, sino que la eleva y potencia, es preciso forjar hombres y mujeres de carácter en los que las gracias recibidas encuentren

---

[36] PAPA FRANCISCO, Carta apostólica en forma de motu proprio *Aperuit illis*, 30 septiembre 2019, en *L'Osservatore Romano*, 30 septiembre 2019, establece que el tercer domingo del tiempo ordinario se dedique *"a la celebración, reflexión y divulgación de la Palabra de Dios"*.

tierra fértil. Esta palabra hoy, en no pocos ambientes, es una palabra prohibida porque asusta. Pero tener carácter nunca ha sido ser terco y egoísta, sino que, por el contrario, es tener principios e ideas claras, voluntad firme de alcanzar las metas propuestas, alegría contagiosa y capacidad de liderazgo, siempre al servicio de los demás. Se trata de un desafío que presenta múltiples dificultades en el Continente, en el que el propio sistema educativo se está encargando, de forma obsesiva, de suprimir la disciplina.

d) en suma: nuevos santos: todo lo anterior se resume en una sola palabra: santidad. Nos lo ha pedido el Papa recientemente: "*para un cristiano no es posible pensar en la propia misión en la tierra sin concebirla como un camino de santidad, porque 'esta es la voluntad de Dios: nuestra santificación' (1 Ts 4, 3)*" (*GetE* 19), toda vez que "*en la medida en que se santifica, cada cristiano se vuelve más fecundo para el mundo*" (*GetE* 33).

A modo de epílogo

Concluyo, cediendo la palabra a los obispos latinoamericanos, tan actuales ayer como hoy: "la misión de la Iglesia en medio de los conflictos que amenazan al género humano y al continente latinoamericano, frente a los atropellos contra la justicia y la libertad, frente a la injusticia institucionalizada de regímenes que se inspiran en ideologías opuestas y frente a la violencia terrorista es inmensa y más que nunca necesaria. Para cumplir esta misión, se requiere la acción de la Iglesia toda –pastores, ministros consagrados, religiosos, laicos– cada cual en su misión propia. Unos y otros unidos a Cristo en la oración y en la abnegación, se comprometerán, sin odios ni violencias, hasta las últimas consecuencias, en el logro de una sociedad más justa, libre y pacífica, anhelo de los pueblos de América Latina y fruto indispensable de una evangelización liberadora" (562).

"La realización histórica de este servicio evangelizador resultará siempre ardua y dramática, porque el pecado, fuerza de ruptura, obstaculizará permanentemente el crecimiento en el amor y la comunión, tanto desde el corazón de los hombres, como desde las diversas estructuras por ellos creadas, en las cuales el pecado de sus autores ha impreso su huella destructora. En este sentido, la situación de miseria, marginación, injusticia y corrupción que hiere a nuestro continente, exige del Pueblo de Dios y de cada cristiano un auténtico heroísmo en su compromiso evangelizador, a fin de poder superar semejantes obstáculos. Ante tal desafío, la Iglesia se sabe limitada y pequeña, pero se siente animada por el Espíritu y protegida por María, su intercesión poderosa le permitirá superar las *estructuras de pecado* en la vida personal y social y le obtendrá la *verdadera liberación* que viene de Cristo Jesús" (281).

10

LA OPCIÓN PREFERENCIAL
POR LOS POBRES

P. Gustavo Gutiérrez Merino (Perú)
Teólogo

1. Desde el mundo de la insignificancia

Los pobres han sido, lo son todavía, los grandes ausentes anónimos durante sus vidas, también lo son después de su muerte, salvo esporádicos momentos, parecen pasar por la existencia sin dejar huellas. Sus sufrimientos, su marginación, como también sus tradiciones y valores culturales, sueños y alegrías, los obligaron a tomar no las grandes avenidas, sino las vías laterales, las trochas rurales y los callejones sin salida de la vida de nuestros pueblos. Esta situación empezó a modificarse, germinal, pero visiblemente. A mediados del siglo 20, los pobres y marginados comienzan a adquirir una nueva presencia en Latino América y el Caribe.

No eran años fáciles en América Latina y el Caribe. No se vivía un ingenuo y confiado optimismo; predominaban en el continente los gobiernos autoritarios y represivos que cerraban, especialmente para los pobres, el horizonte en el ámbito social y político. Es verdad, Vaticano II había creado un clima de renovación y apertura que roturaba nuevos caminos. Puebla tomó nota de esta compleja situación, y tuvo la perspicacia de ir más lejos y valorar los gérmenes de vida y de liberación que bullían, también, en ese tiempo.

Hoy ¿Medellín y Puebla pertenecerían a un pasado ya superado? Hablar en pretérito de esas conferencias es lo que algunos hicieron. No faltaron sectores en ciertos países descontentos con las tomas de posición sobre la pobreza y la injusticia reinante en el continente, y, además, con la clara afirmación del mensaje evangélico referente a los pobres, presente en las conclusiones de Puebla. En varios de esos países la resistencia se convirtió, muchas veces, en una dura represión, al punto que costó numerosas vidas de personas que murieron con "el signo martirial", como decía Monseñor Romero, lo que fue su propio caso.

Pese a todo esto, el enfoque bíblico acerca de los pobres –cuestión capital en el testimonio del Evangelio– continuó acompañando y asumiendo compromisos con los 'invisibles' de estas tierras, abriéndose a otros sectores populares y marginados y con atención a la gran diversidad cultural del continente. El mensaje de vida y liberación le puso su impronta en la trayectoria de la Iglesia latinoamericana y caribeña. Así lo reconoció, treinta años después, el clima y las conclusiones de la Conferencia de Aparecida (2007), que declara que la perspectiva del pobre "marca la fisonomía de la Iglesia Latinoamericana y Caribeña" (*Ap* 391). Y tiene en cuenta la entrega de "tantos hombres y mujeres [laicos, religiosos y religiosas, sacerdotes, obispos] que esparcieron en nuestra geografía las semillas del Evangelio, viviendo valientemente su fe, incluso derramando su sangre como mártires" (*Ap* 275). Y en otro lugar, propone: "recordar el testimonio valiente de nuestros santos y santas, y de quienes aún sin haber sido canonizados, han vivido con radicalidad el Evangelio y han ofrendado su vida por Cristo, por la Iglesia y por su pueblo" (n. 98). Sí, también, por el pueblo. Una afirmación que encontramos raramente cuando se habla de laicos y del pueblo.

De este modo, codeándose con dificultades e incomprensiones, el mensaje de Medellín y Puebla abrieron rutas no transitadas para vivir una fe que exige la justicia y la solidaridad con un pueblo que ve, lentamente, reconocida su dignidad humana y que a pesar de las piedras encontradas en el camino cree en el Dios de la vida; pero no olvida la dura realidad que viven los pobres. El Episcopado Latinoamericano afirma por eso que "no puede quedar indiferente ante las tremendas injusticias sociales existentes en América Latina, que mantienen a la mayoría de nuestros pueblos en una dolorosa pobreza cercana en muchísimos casos a la inhumana miseria". En los días de Medellín, con una sentida frase, Pablo VI les dice a los campesinos colombianos: "nos están ahora escuchando en silencio, pero oímos su sufrimiento" (Medellín, Pobreza nn.1 y 2).

En muchos aspectos, hoy estamos viviendo en condiciones y con interpelaciones diferentes a las de hace unas décadas, pero el aporte de Medellín y Puebla no ha quedado encasillado en el pasado. Estamos ante la memoria tal como la define Agustín que la ve como el "presente del pasado". Del presente se trata, en efecto, sin olvidar sus raíces. Es el punto de partida de una andadura histórica que corresponde a lo que el historiador Fernand Braudel llama "historia de larga duración". En ese caminar ha conocido callejones, aparentemente, sin salida, se ha buscado ignorarlo, pero también se sabe de logros importantes. Lo cierto es que lo fundamental de su mensaje está en pleno vigor. Vaticano II y la conferencia de Puebla responden a los retos de su época, los signos de los tiempos no son los mismos, pero la fuente, el mensaje de Jesús de la que brotan las respuestas es la misma.

2. Para conocer a Dios es necesario conocer al ser humano (Pablo VI)

Juan XXIII convocó a un Concilio que llamó pastoral, y lo pastoral está enraizado en el seguimiento de Jesús, es decir la espiritualidad, que, a su vez, nos remite a las fuentes bíblicas y a la reflexión sobre ellas. El conjunto de estos factores le dio al Concilio una gran solidez teológica, una visión de largo alcance y una capacidad de comunicación. La convergencia de la vida cotidiana de un pueblo en un momento importante de su historia con un renovado mensaje evangélico resultó sumamente fructuosa.

La mayor preocupación era, naturalmente, cómo presentar el mensaje evangélico dada las condiciones de esos años en el continente. Todos sus documentos apuntan a esa meta sugiriendo posibilidades y caminos para alcanzarla. En esto jugó un importante papel el modo de concebir y comunicar la Buena Nueva; se tuvo, desde un inicio, la convicción de que era necesario superar los dualismos que, por mucho tiempo, debilitaron y trabaron un testimonio del Evangelio que convocaba más al repliegue sobre sí mismo que a la salida y al diálogo; de un mensaje llamado a mostrar con alegría y vigor lo que puede aportar a la humanidad encarándose, como lo hizo Jesús, en la historia humana, es decir que hay que conocer lo terreno para conocer a Dios.

En los últimos años asistimos a una perspectiva teológica que, si bien no afirmaba que historia profana e historia de la salvación corren por cuerdas separadas, las veía relacionadas solo por frágiles lazos. El dualismo resultante de esta posición era considerado como una condición teológica de la Iglesia. Se comprendió que afirmar esa unidad, compleja y no monolítica, es todo lo contrario, se trata de un enfoque capaz de hacer las necesarias distinciones y de ser lúcido sobre las confusiones que pueden presentarse. En una palabra, no hay dos historias, paralelas, una profana y otra sagrada, la segunda se da en las entrañas mismas del devenir humano, la obra de Dios abarca Creación y Redención. Vivir y pensar el mensaje cristiano no puede evitar la conciencia de la situación de despojo y marginación en que se encuentra ese pueblo cristiano y pobre, y del sufrimiento que todo eso acarrea. Tampoco se puede obviar el testimonio de tantos cristianos, que en estos años, han entregado sus vidas, siguiendo variados caminos, en solidaridad con los pobres y oprimidos. Esto ha hecho que esta teología lleve desde sus inicios el sello martirial.

3. Distinguir para optar

Los cambios en el modo de comprender la pobreza, imponían una relectura de la perspectiva bíblica. La vivencia y el conocimiento de la pobreza, de su complejidad, así como de sus causas, conduce a una firme conclusión: se trata de una realidad inhumana radicalmente injusta, y a la vez susceptible de ser eliminada. Es necesario, en consecuencia, emprender una reflexión sobre este asunto para disipar equívocos, encontrar los caminos para dar testimonio del Evangelio. En un mundo marcado por la injusticia, la pobreza, la marginación, el olvido de tantos ¿Cómo ser una Iglesia de los pobres, y pobre ella misma, en medio de esa realidad? ¿Quiénes son los pobres, hoy, según el Evangelio? ¿Qué significa tomar el mismo camino de Jesús? (*LG* 8). Son preguntas que no podemos esquivar.

Hacia 1967 reciben una primera sistematización con el enunciado de una distinción entre las diferentes acepciones bíblicas de la pobreza. Asumida en Medellín, en el documento de Pobreza de la Iglesia, originó experiencias y compromisos de numerosas personas, pertenecientes a diferentes movimientos de laicos y a comunidades cristianas, solidarias con los pobres, en los años que siguieron a dicha conferencia episcopal. Se construyó así, piedra a piedra, la propuesta del estilo de vida que se expresaría en la frase opción preferencial por el pobre. Una opción que caracteriza decisivamente la vida de la Iglesia entre nosotros, hasta el punto que, como se dice en la Conferencia de Aparecida, ella constituye hoy "uno de los rasgos que marca la fisonomía de la Iglesia Latinoamericana y Caribeña" (n.391) con alcances que, desde hace años, van más allá de este continente.

Distinguir diversas acepciones del término pobreza desbrozó una ruta. Fue algo así como un intento de higiene mental acerca de un tema que muchas veces se manifiesta enrevesado, cuando no desconocido por inercias y acomodos. Pero esas distinciones no van por cuerdas separadas, la relación entre ellas es estrecha, forman un todo con significaciones que dependen unas de otras.

En esa línea, desde mediados de la década del 1960, se hablaba ya de "opción por el pobre". Un poco más tarde, en diferentes reuniones y textos de movimientos y grupos cristianos y de obispos de América Latina, aparecen frases como opción privilegiada o prioritaria de Dios por los pobres, un Dios que toma partido por los pobres, solidaridad preferente, predilección o prioridad por los pobres, los pobres en primer lugar, especialmente los pobres y otras expresiones similares. Con ello se busca subrayar dos rasgos del amor de Dios, según la Biblia: amor por toda persona, sin excepción, y prioridad de los débiles y oprimidos. En el proceso se fue afirmando el uso de 'preferencial', pero pudo haber sido el caso de alguna de las expresiones sinónimas que acabamos de recordar, y que, como es normal, se siguen empleando en estos días porque tienen el mismo significado Esto aparece claro en textos inmediatamente posteriores a Medellín, y anteriores a Puebla, provenientes de diferentes esquinas del continente. La expresión "opción preferencial por el pobre" se construye así, paso a paso, en esos años, en el seno de la Iglesia latinoamericana y caribeña, desde la experiencia y la reflexión teológica acerca de esta exigencia evangélica, en buena parte inspirada en la frase de Juan XXIII: "la Iglesia de todos y particularmente la Iglesia de los pobres".

Puebla recoge el recorrido de experiencias y reflexiones de numerosas comunidades cristianas y encarga –y así la titula desde el primer día de sus trabajos– a una de sus comisiones tratar el tema de "Opción preferencial por el pobre" y elaborar el documento correspondiente. La cuestión y la fórmula se hallan, por lo tanto, en el comienzo mismo de dicha asamblea se acogió la expresión que llegaba de la práctica y reflexión teológica de las comunidades cristianas de esos años, y fundamentada en Medellín; el punto es afirmado en Puebla, no fue introducido a mitad de sus labores y tampoco es un añadido impuesto a sus conclusiones. Es, eso sí, una línea de fuerza de ellas.

a) Pobre. Se trata del pobre real (o material). En Medellín se dice de la pobreza real que ella es una condición que "en cuanto tal", es "un mal (...) fruto de la injusticia y el pecado" (Pobreza 4). La opción preferencial, precisada en Puebla, se refiere a los pobres reales, no cabe duda al respecto. Es obvio que no estamos acá ante una opción por los pobres espirituales.

b) Preferencia. Está en la línea de la pobreza espiritual en la medida en que la "disponibilidad de quien todo lo espera del Señor" (Pobreza l.c.) significa hacer nuestra la voluntad de gratuidad y justicia del amor de Dios por toda persona y prioritariamente por los pobres e insignificantes, siguiendo el ejemplo de Jesús. Universalidad y preferencia son las dos vertientes del amor del Dios Padre/Madre, no se entiende la una sin la otra. Hablar de preferencia significa no olvidar que el amor de Dios es universal.

c) Opción. A ella corresponde la pobreza como compromiso, motivado, en Medellín por la solidaridad –"amor"– con el pobre, cuya condición de pobreza se asume "para dar testimonio contra el mal que ella [la pobreza] representa" (id.), no para idealizarla. Puebla recupera, explícitamente, los términos originales empleados en Medellín: "exigencia evangélica de la pobreza como solidaridad con el pobre y como rechazo de la situación en que vive la mayoría del continente" (n.1156, nuestro subrayado). Esta opción es una denuncia de la injusticia de la pobreza, y una "defensa de los derechos de los pobres".

No olvidemos que si la frase 'opción preferencial por el pobre' es reciente, el contenido es bíblico, rubricado por el testimonio de Jesús. Sus referencias contemporáneas son el dicho, ya citado, de Juan XXIII, las intervenciones de Lercaro en el Concilio y la reflexión y las distinciones hechas en los años 60, en América Latina sobre el significado bíblico de la pobreza. A esas fuentes y a ese rumbo hay que remitirse para captar el significado y las repercusiones de la expresión. En la Biblia, la recusación de la pobreza real en tanto situación inhumana e injusta, así como el amor prioritario por los que viven en ella, constituyen el cimiento de una perspectiva que ha marcado nuestra práctica como cristianos y nuestro discurso sobre la fe. A partir de allí es posible valorar la ubicación y los requerimientos del compromiso con la pobreza voluntariamente asumida.

Por todo ello, ante "el clamor de los pobres por la liberación", Medellín propone una Iglesia solidaria con la aspiración a la vida, la libertad y la justicia. Un sintético texto, en otro de sus documentos, precisa que la conferencia quiere presentar "el rostro de una Iglesia auténticamente pobre, misionera y pascual, desligada de todo poder temporal y audazmente comprometida en la liberación de todo el hombre y de todos los hombres" (Juventud, 15; subrayado nuestro).

Una Iglesia pobre llamada a ver con nuevos ojos el rostro del pobre en la historia, el rostro del otro en América Latina y el Caribe, el rostro de Cristo en última instancia.

4. La pobreza, no es buena en ella misma (Tomás de Aquino)

Puebla es un momento de afirmación de la Iglesia latinoamericana y caribeña que confronta la realidad histórica en la que vive, como condición de una auténtica comunión con la Iglesia universal. Condición, asimismo, para encontrar nuevas rutas en el seguimiento de Jesús y en la proclamación del Reino de Dios. No obstante, que la mención de textos y de puntos de vista no nos engañe. Puebla fue, ante todo, una honda, esperanzada e inolvidable experiencia espiritual de compromiso histórico y de oración; fue un fuerte llamado a la solidaridad con los "hermanos y hermanas más pequeños" de Jesús (Mt.25, 40) y nos pone en el camino, de lo que el Papa Francisco llama "una Iglesia pobre y para los pobres". Es una visión en la que hay, tal vez, poco de 'religión', pero mucho de Evangelio.

La pobreza es una situación inhumana e injusta y de rostros diversos que no se limita a la vertiente económica, va más allá. El pobre es un "insignificante". La filósofa Hanna Arendt dice que "pobre es aquel que no tiene derecho de tener derechos". La pobreza es un hecho histórico, de factura humana, resultado de la forma como se organiza la vida social en sus estructuras sociales y económicas. La insignificancia social no es un destino, es una condición; no es un infortunio, es una injusticia, y nada justifica la desigualdad existente. Es producto de categorías mentales, atavismos sociales, prejuicios raciales, culturales, de género y religiosos, acumulados a lo largo de la historia, a esto se añaden los intereses económicos, cada vez más ambiciosos e individualistas, lleva a marginar personas a las que no se reconoce, plenamente, su dignidad humana y sus derechos.

En esa línea, la situación de la mujer en nuestra sociedad, pese a ciertos pasos positivos, se halla en una escala de valores que evidencia un profundo desdén por la condición humana de la mujer a quien se le niega la plenitud de sus derechos como personas, a ellas corresponderían las tareas inferiores en la familia, en el trabajo, en la organización social, en la Iglesia. Pero es claro que ese menosprecio es, sobre todo, una degradación del varón como ser humano. La solidaridad a la que hemos aludido, líneas arriba, no es un favor, es una obligación de equidad. (Cf. Puebla [Opción Preferencial nota 2] y Aparecida nn. 451-458).

La pobreza, tiene causas, su abolición se halla en nuestras manos, son las mismas que la forjaron. No es una fatalidad. Somos responsables de ella, especialmente, los que tienen en la sociedad un mayor poder y privilegios. Medellín y Puebla llaman a la pobreza "inhumana miseria" (Pobreza n.1) y "violencia institucionalizada" (Paz n.16). El asunto de las causas de la pobreza, es un punto capital, incomprendido por muchos al inicio, se fue afirmando en los últimos años en el magisterio social de la Iglesia. La opción preferencial por los pobres es, a la vez, un rechazo a la pobreza y una expresión de solidaridad con los pobres. La economía actual es "una economía que mata" lo dice el Papa Francisco (EG. nn.53).

El sentido más hondo del compromiso con el pobre se da en el encuentro con Cristo. Hace siglos, en la confusa situación en que se vivía, en ese tiempo y en estas tierras, Bartolomé de Las Casas vio las cosas con toda claridad, cuando decía acerca de los indígenas que "del más chiquito y más olvidado tiene Dios la memoria muy viva y muy reciente". Y en nuestro tiempo, Óscar Romero ve en el pasaje de Mateo 25,31-46 un llamado a operar un discernimiento: "Hay un criterio –dice– para saber si Dios está cerca de nosotros o está lejos: todo aquél que se preocupa del hambriento, del desnudo, del pobre, del desaparecido, del torturado, del prisionero, de toda carne que sufre, tiene cerca a Dios" (5 de febrero 1978). La perspectiva es clara: el gesto hacia el otro, la solidaridad con el desvalido, decide la proximidad o lejanía de Dios y hace comprender lo que realmente significa el término 'espiritual' en un contexto bíblico.

Medellín y Puebla pusieron los cimientos de la frase: "opción preferencial por el pobre". Creada inicialmente –más o menos– en las comunidades cristianas y en la reflexión teológica ella expresa en pocas palabras una línea mayor e ineludible de la tarea evangelizadora de los discípulos de Jesús. La conferencia de Aparecida apunta al corazón del cristianismo cuando dice que "esta opción nace de nuestra fe en Jesucristo" (n.392), es una opción teocéntrica que no se limita a su aspecto doctrinal, sino que lleva a la solidaridad y al compromiso con el otro, así "nuestras obras probarán nuestra fe" (cf. *Stgo.* 2,18).

En efecto, la solidaridad con el pobre es una opción que va más allá de lo inmediato, se trata del reconocimiento del derecho de los 'insignificantes' a ser gestores de su destino, en tanto que expresión de libertad y de dignidad personal. Sin esa convicción no hay una verdadera y respetuosa solidaridad en la opción por los pobres. Al respecto, recuerda una realidad todavía presente y, al mismo tiempo, la exigencia que viene del seguimiento de Jesús: "Compartimos con nuestro pueblo otras angustias que brotan de la falta de respeto a su dignidad como ser humano, imagen y semejanza del Creador y a sus derechos inalienables como hijos de Dios" (Puebla 40). No basta ser la voz de los sin voz, lo propio es que el pobre tenga su propia voz.

Para ello, al inicio de los trabajos de la Conferencia de Medellín, el Cardenal Landázuri sugería: "A lo largo de estos días de trabajo estemos atentos a la actitud cristiana –porque es de Cristo– de tomar el mundo, tal como es, desde abajo. Solo así seguiremos los caminos de la encarnación que ha iniciado Jesús". Eso es lo que debemos hacer: tomar el mundo 'desde abajo', desde Galilea, desde los "insignificantes".

11

LA CIVILIZACIÓN DEL AMOR
Y LA OPCIÓN POR LOS JÓVENES

P. Alexandre Awi Mello, ISch (Brasil)
Secretario del Dicasterio para los Laicos,
la Familia y la Vida

El Congreso Internacional "A los cuarenta años de Puebla" busca rescatar algunos de los temas de la "agenda de Puebla". Se habló del papel de Juan Pablo II y la dinámica de la Asamblea, del tema de los derechos humanos y de la opción preferencial por los pobres. Quisiera ahora hacer una breve reflexión sobre "la civilización del amor y la opción preferencial por los jóvenes".

No tengo la gracia de hablar desde la perspectiva de un testigo ocular, visto que cumplí ocho años de vida unos días antes del inicio de la Conferencia de Puebla. Cuando de la realización de Santo Domingo estaba entrando al noviciado de los Padres de Schoenstatt. Ya la Conferencia de Aparecida, la conocí un poco más de cerca, participando como uno de los secretarios de la Comisión de Redacción. De esta forma, mi reflexión sobre Puebla tiene la perspectiva de un estudioso, pero de un estudioso que trae en su mochila una larga experiencia como asesor de pastoral juvenil, a la cual dediqué toda mi vida sacerdotal anterior a mi trabajo actual en el Dicasterio para los Laicos, la Familia y la Vida. Además, como saben, ese dicasterio es el organismo de la Santa Sede que "*expresa la solicitud particular de la Iglesia por los jóvenes, promoviendo su protagonismo en medio de los desafíos del mundo actual*"[1]. Hablo, por lo tanto, desde mi experiencia de dieciséis años en la pastoral juvenil y dos en ese dicasterio.

Mi presentación recorre el siguiente itinerario:

- La pastoral juvenil antes de Puebla
- El destaque inesperado de Puebla para la pastoral juvenil
- La pastoral juvenil y la construcción de la civilización del amor
- ¿Son aún vigentes la civilización del amor y la opción preferencial por los jóvenes?

1. La pastoral juvenil antes de Puebla

En América Latina, antes de siglo XX el trabajo pastoral con juventud se realizó "más por medio de los centros docentes que con una 'pastoral institucional' propiamente dicha"[2]. Con el pontificado de Pío XI y el impulso que dio a la Acción Católica, también los obispos latinoamericanos en casi todos los países comenzaron a organizar la juventud con sus respectivos asesores. En general predominó el modelo italiano, pero el modelo belga, de la Acción Católica Especializada, también se implementó en algunos países, dando origen a las conocidas JAC (Juventud Agraria Católica), JEC (Juventud Estudiantil Católica), JOC (Juventud Obrera Católica) y JUC (Juventud Universitaria Católica). Diversos motivos hicieron que éstas se debilitaran en los años 60, entre ellos la influencia marxista que penetró en muchos de sus círculos dirigentes y la fuerte represión que sufrieron por parte de los regímenes militares que se impusieron en gran parte del Continente.

Al final de Concilio Vaticano II, en el contexto del profundo "rejuvenecimiento del rosto" de la Iglesia, de esa "impresionante reforma de vida", Pablo VI dirigió su último mensaje a los jóvenes, "para responder mejor a los designios de su Fundador, el gran viviente, Cristo, eternamente joven", invitándoles a cumplir un rol decisivo en la realización del Concilio Vaticano II y la transformación de la

---

[1]   PAPA FRANCISCO. *Estatuto del Dicasterio para los Laicos, la Familia y la Vida*. 10 abril 2018. Art. 8.

[2]   FERNÁNDEZ, Luis María. *Puebla y la opción preferencial por los jóvenes* (Colección Puebla n. 38). Bogotá: CELAM, 1982, p. 10.

sociedad: "Edificad con entusiasmo un mundo mejor que el de vuestros mayores...La Iglesia os mira con confianza y amor...", pues la Iglesia "es la verdadera juventud del mundo. Posee lo que hace la fuerza y el encanto de la juventud: la facultad de alegrarse con lo que comienza, de darse sin recompensa, de renovarse y de partir de nuevo para nuevas conquistas. Miradla y veréis en ella el rostro de Cristo, el héroe verdadero, humilde y sabio, el Profeta de la verdad y del amor, el compañero y amigo de los jóvenes"[3].

A fin de acoger en América Latina los impulsos del Concilio también en el ámbito de la pastoral juvenil, la Conferencia de Medellín dedicó uno de sus dieciséis documentos a la juventud. El documento 5 diagnosticó que la juventud era "el grupo más numeroso de la sociedad latinoamericana"[4] y se dio cuenta de su "papel cada vez más decisivo en el proceso de transformación del continente, así como su papel irremplazable en la misión profética de la Iglesia"[5]. El texto, dividido en tres partes (situación de la juventud, criterios básicos para una orientación pastoral y recomendaciones pastorales) es válido todavía hoy. Apunta a algunos valores positivos propios de la juventud (creatividad, autenticidad, inquietud social, apertura al pluralismo, busca de la fraternidad, etc.) y algunos de sus límites (tendencia a rechazar valores de la tradición, idealismo excesivo, exceso de espontaneidad y rechazo a lo formal, etc.), que son comunes a los jóvenes de todos los tiempos.

Los obispos manifestaron "la sincera voluntad de la Iglesia de adoptar una actitud de diálogo con la juventud"[6] y el compromiso

---

[3] PAPA PABLO VI. *Mensaje a los Jóvenes*. 8 diciembre 1965. En: https://w2.vatican.va/content/paul-vi/es/speeches/1965/documents/hf_p-vi_spe_19651208_epilogo-concilio-giovani.html. Visualizado en 15 septiembre 2019.

[4] CELAM. Documentos finales de Medellín. V.1. En una reunión episcopal posterior (15-19 mayo 1972) los obispos escriben que: "América Latina es un continente joven. Del 60 al 65% no ha llegado a los 25 años." (Documentos del CELAM, n. 4, citado en: FERNÁNDEZ, Luis María. *Puebla y la opción preferencial por los jóvenes*, p. 18). Otro estudio de la época afirmaba que "La población de A.L. en un 70% es niña, adolescente y joven. De la población entre 15 y 70 años quizás un 50% esté entre los 15 y los 30 años." (GIL ATREO, Cesareo. *Nueve reflexiones sobre Puebla*. 1979, p. 46).

[5] CELAM. Documentos finales de Medellín. V.13.

[6] Ibid.

de desarrollar "dentro de la Pastoral de conjunto, una auténtica pastoral de juventud"[7]. Una pastoral que "tenga muy en cuenta la importancia de las organizaciones y movimientos católicos de juventud, en particular aquellos de índole nacional e internacional"[8]. El gran valor de ese documento fue haber sido la primera reflexión consistente sobre la pastoral juvenil realizada a nivel latinoamericano. Sirvió para "despertar la consciencia de la necesidad urgente de una verdadera pastoral juvenil", pero "la repercusión del Documento dista mucho de lo que se esperaba como aplicación integral, eficaz y organizada"; "aunque hay pequeñas experiencias, se nota la ausencia de algo más elevado y de envergadura"[9].

De esta forma, la juventud no llegó a constituir propiamente una de las "estrellas" del post-Medellín. La fuerza de la opción preferencial por los pobres y lo revolucionario de esta opción profética también tuvo importantes consecuencias para el trabajo con la juventud, pero va a ser en el camino hacia Puebla que las intuiciones de Medellín respecto a la juventud van a tomar fuerza. De hecho, recién en mayo de 1974 el Departamento de Educación del CELAM realizó un Primer Seminario Latinoamericano de Planeación de Pastoral Juvenil[10], y solo en febrero de 1976, "el CELAM creó la *Sección de Juventud,* como respuesta a una de las cuatro prioridades contenidas en su

---

[7] "Esta pastoral ha de tender a la educación de la fe de los jóvenes a partir de su vida, de modo que les permita su plena participación en la comunidad eclesial, asumiendo consciente y cristianamente su compromiso temporal." (CELAM. Documentos finales de Medellín. V.14).

[8] CELAM. Documentos finales de Medellín. V.17.

[9] Son conclusiones de los obispos miembros de las Comisiones Episcopales del CELAM sobre la influencia de Medellín en América Latina, diez años después. La reflexión terminó con tres recomendaciones: "Dar absoluta prioridad a la formación seria de los agentes de la Pastoral Juvenil; dar importancia a la formación de líderes de base; y crear centros de información, animación y orientación juvenil." Cfr. CELAM. Reflexiones sobre Medellín. Madrid: BAC, n. 391, p. 73-89, citado en: FERNÁNDEZ, Luis María. *Puebla y la opción...,* pp. 19-20.

[10] SEJ-CELAM, I Seminario Latinoamericano de Planeamiento de Pastoral Juvenil, Bogotá, 3-25 de mayo 1974, CELAM, archivo interno. Citado en SEJ-CELAM. *Civilización del Amor. Proyecto y misión. Orientaciones para una Pastoral Juvenil Latinoamericana.* 2ª ed. Bogotá: CELAM, 2013, n. 225, p. 138.

primer Plan Global"[11], como una sección dependiente directamente del Secretariado General del CELAM. De esta forma, el tema comienza a ocupar un lugar destacado en las reflexiones, reuniones y publicaciones del CELAM.

Ya el año siguiente la *Sección de Juventud* promovió tres encuentros regionales en preparación a la Conferencia de Puebla a fin de conocer mejor la realidad de la juventud y la pastoral juvenil en el continente[12]. Organizó también una encuesta a los obispos. Constató en muchos países la falta de especificación de la Pastoral Juvenil en la pastoral de conjunto, la falta de asesores, de planificación, programación y coordinación. En base a todo esto la *Sección de Juventud* formuló algunos objetivos, recomendaciones y criterios y líneas de acción para una pastoral juvenil en América Latina.

Este no es el lugar para desarrollar en detalle todos los contenidos de ese rico proceso[13]. Sin embargo quisiera destacar solamente una de las propuestas, en la que se nota –quizás por primera vez– la presencia de la expresión "civilización del amor", asumida de Pablo VI, para describir el nuevo mundo que los jóvenes están llamados a construir[14]. Se propone "elaborar un plan pastoral de la educación en valores para optar por un tipo de civilización cristiana –para Pablo VI la *Civilización del Amor*– que responda a los problemas y posibilite la opción por el hombre y la sociedad del Evangelio".[15]

---

[11] GOIC, Alejandro. "Opción por los jóvenes: las visiones de Medellín y Puebla. Visiones de la Iglesia hoy", p. 77-95, en: HÜNERMANN, Peter, ECKHOLT, Margit (eds.). *La juventud latinoamericana en los procesos de globalización. Opción por los jóvenes*. Buenos Aires: FLACSO - Universidad de Buenos Aires. 1998. Aquí: p. 86.

[12] Cfr. una síntesis de los encuentros en México (4 a 18 febrero 1977), Caracas (1 a 5 marzo 1977) y Punta de Tralca (12 a 17 diciembre 1977): FERNÁNDEZ, Luis María. *Puebla y la opción...*, pp. 13-17.

[13] Para esto cfr. FERNÁNDEZ, Luis María. *Puebla y la opción...*, p. 20-25.

[14] *"La civiltà dell'amore prevarrà nell'affanno delle implacabili lotte sociali, e darà al mondo la sognata trasfigurazione dell'umanità finalmente cristiana"* (PAPA PABLO VI, Homilía. Solemne acto de clausura del Año Santo, 25 de diciembre de 1975) En: http://w2.vatican.va/content/paul-vi/it/homilies/1975/documents/hf_p-vi_hom_19751225.html. Visualizado en 15 septiembre 2019.

[15] CELAM. Visión Pastoral de América Latina. Libro Auxiliar n. 4 para la III Conferencia General del Episcopado Latinoamericano. Citado en: FERNÁNDEZ, Luis María. *Puebla y la opción...*, p. 23.

Pese a todo el amplio trabajo de la comisión, vale observar que el Documento de Consulta dedica a la juventud apenas 6 números de un total de 1159. Con todo, se dice que "la Iglesia debe dar atención prioritaria a la Pastoral Juvenil" (n. 1071) en "su esfuerzo por la evangelización de la sociedad hacia una civilización nueva con valores cristianos profundos" (n. 1070). Tampoco son amplios y contundentes los aportes de las Conferencias Episcopales relativos a la juventud[16], que aparecen así resumidos en el Documento de Trabajo: "la juventud es importante en América Latina no sólo por su número, sino porque forma un cuerpo social; la sociedad de consumo golpea especialmente a la juventud; la juventud campesina se desarraiga al marchar a las ciudades; y la defectuosa formación de los hogares, junto con la crisis en la educación escolar, produce efectos especialmente desastrosos entre la juventud"[17].

2. El destaque inesperado de Puebla para la pastoral juvenil

La cuarta parte del documento final de Puebla formula dos "opciones preferenciales" de la "Iglesia misionera al servicio de la evangelización en América Latina". La reafirmación de la "opción por los pobres", que tantos frutos –y también tanta polémica– había suscitado en los años posteriores a Medellín, fue deseada por muchos como un signo profético de autenticidad y continuidad pastoral, generando debates y solicitudes explícitas por parte de tantos grupos. Confirmar esa opción era, por lo tanto, algo esperado y necesario.

Sin embargo, la "opción preferencial por los jóvenes" ¡no era nada evidente! Por mejor que haya sido el trabajo de la *Sección de Juventud* del CELAM, el camino a Puebla no explica la opción hecha por la Conferencia. Tímidos en contenido y en extensión, los debates, reflexiones y aportes relativos a la juventud, tanto antes como durante la asamblea, no justificarían una "opción preferencial", presentada –para cúmulo– prácticamente en el mismo nivel de la omni-abarcadora

---

[16] Cfr. CELAM. III Conferencia General del Episcopado Latinoamericano. Aportes de las Conferencias Episcopales. Libro Auxiliar n. 3. Síntesis en: FERNÁNDEZ, Luis María. *Puebla y la opción...*, p. 26-33.

[17] FERNÁNDEZ, Luis María. *Puebla y la opción...*, p. 33.

opción por los pobres. Simplemente "no hay antecedentes humanos que lo justifiquen"[18], afirma Luis María Fernández, uno de los principales especialistas en el tema. Está convencido de que "ni los estudios hechos por los episcopados, ni los Documentos de consulta y de Trabajo permitían entrever un puesto tan destacado para la juventud"[19].

La "opción preferencial por los jóvenes" hecha por Puebla debe ser vista, por lo tanto, a la luz de la fe, como un soplo del Espíritu Santo, que siempre sorprende y guía la Iglesia por caminos inesperados. (Aunque no estuve presente en Puebla, puedo imaginar que haya sido algo parecido a lo que experimenté personalmente con el tema de la "sinodalidad misionera", que apareció inusitadamente en el Sínodo sobre los jóvenes.)

Un instrumento del Espíritu fue ciertamente San Juan Pablo II que, bien al final de su discurso inaugural, incluyó a la juventud entre las tres tareas pastorales prioritarias de la Iglesia en el continente. "La juventud: ¡Cuánta esperanza pone en ella la Iglesia! ¡Cuántas energías circulan en la juventud, en América Latina, que necesita la Iglesia! Cómo hemos de estar cerca de ella los Pastores, para que Cristo y la Iglesia, para que el amor del hermano, calen profundamente en su corazón"[20].

Las otras tareas prioritarias mencionadas por el Papa fueron la familia y las vocaciones sacerdotales y religiosas, pero ninguna mereció, de parte de los obispos, el título de "opción preferencial", que permanece –¡hasta hoy!– como prerrogativa solo de los pobres y de los jóvenes. Como explica el Documento de Puebla: "Los pobres y los jóvenes, constituyen, pues, la riqueza y la esperanza de la Iglesia en América Latina y su evangelización es, por tanto, prioritaria" (DP 1132)[21].

---

[18] FERNÁNDEZ, Luis María. *Puebla y la opción...*, p. 34.

[19] FERNÁNDEZ, Luis María. *Puebla y la opción...*, p. 34.

[20] PAPA JUAN PABLO II. *Discurso en la inauguración de la III Conferencia General del Episcopado Latinoamericano.* 28 enero 1979. IV,1. En: http://w2.vatican.va/content/john-paul-ii/es/speeches/1979/january/documents/hf_jp-ii_spe_19790128_messico-puebla-episc-latam.html. Visualizado en 15 septiembre 2019.

[21] Como curiosidad, las palabras pobre(s)/pobreza(s) aparecen 182 veces en el DP, mientras que 125 veces aparecen las palabras joven(es)/juventud(es)/juvenil(es).

"No se trata de opciones alternativas o yuxtapuestas, sino que la respuesta pastoral de la Iglesia a la situación de los jóvenes se inscribe al interior de la respuesta pastoral a la escandalosa e injusta pobreza de los pobres"[22], afirma Alejandro Goic. De hecho, entre los diversos rostros de pobres en que Puebla reconoce el rostro sufriente de Cristo (cfr. DP 31-39), están los "rostros de jóvenes, desorientados por no encontrar su lugar en la sociedad; frustrados, sobre todo en zonas rurales y urbanas marginales, por falta de oportunidades de capacitación y ocupación" (DP 33).

A mi juicio, sin embargo, es innegable la incidencia diferenciada que una y otra opción tuvo y tiene en la evangelización del continente en los últimos 40 años. La "opción por los pobres" siguió marcando profundamente nuestro Continente y se proyectó a toda la Iglesia Universal. La opción por los jóvenes fue, y sigue siendo, mucho más "tímida". Ya en el inmediato post-Puebla, por ejemplo en una edición brasileña del Documento de Puebla, se explica que el "eje del documento" es la "opción por los pobres" y ni siquiera se menciona aquella por los jóvenes[23].

A propósito, puedo mencionar un hecho reciente, sucedido durante el Sínodo de los Obispos sobre los jóvenes, la fe y el discernimiento vocacional: pese a una fuerte campaña que recogió firmas de

---

[22] GOIC, Alejandro. "Opción por los jóvenes: las visiones de Medellín y Puebla. Visiones de la Iglesia hoy", p. 77-95, en: HÜNERMANN, Peter, ECKHOLT, Margit (eds.). *La juventud latinoamericana en los procesos de globalización. Opción por los jóvenes.* Buenos Aires: FLACSO - Universidad de Buenos Aires. 1998. Aquí: p. 82.

[23] Cfr. SANTOS, Padre Beni. *Introdução a uma leitura do documento a partir da opção preferencial pelos pobres,* en: CELAM. *Evangelização no presente e no futuro da América latina: conclusões da III Conferencia geral do episcopado latino-americano: Puebla de los Angeles, México, 27-1 a 13-2 de 1979.* 2ª ed. São Paulo: Edições Paulinas, 1979, p. 40-50. El autor explica que "opção *quer dizer decisão, tomada de partido. Entre opressores e oprimidos (no caso latino-americano), a Igreja toma o partido dos últimos. Trata-se de uma decisão política (pois os pobres são fruto de uma estrutura sócio-política opressora), ética (é um imperativo moral) e evangélica (pois essa foi a opção de Jesus)*" (p. 42); dice también que *preferencial* significa que "*a partir do lugar social dos pobres, portanto, a partir de baixo, a Igreja procura evangelizar a todos*" (p. 43). Si es así, el autor tendría entonces que haber aplicado las mismas categorías (opción y preferencial) a los jóvenes, pero claramente no lo hizo.

una gran cantidad de Padres Sinodales pidiendo la inclusión de una "opción preferencial por los jóvenes", no se logró que esta expresión apareciera en el documento final (y menos aún en la exhortación post-sinodal del Papa).

Los motivos para ese "desnivel" pueden ser varios y creo que, de hecho, no tiene sentido tratar de explicarlos. Probablemente no hay que ponerlos en el mismo nivel y me atrevo a decir no era esa la intención de los obispos en Puebla. Al usar el mismo calificativo "preferencial" para las dos "opciones", Puebla puede haber generado un equívoco. Creo que fue lo que quiso evitar el Sínodo sobre los jóvenes al no usar tal expresión.

Por otro lado, el Documento de Puebla llama de "prioritarias" varias otras tareas pastorales: el anuncio de la Palabra, la cateque-sis, la pastoral familiar, la pastoral litúrgica, la pastoral vocacional, etc.[24]. Se podría poner la pregunta sobre cuál sería la diferencia entre una tarea prioritaria y otra preferencial... Mejor no caer en este tipo de discusión a lo que el Papa Francisco llamaría de "nominalismos declaracionistas" (*EG* 231). En todo caso, aunque se pueda suponer una aparente falta de convicción total de la asamblea respecto a lo que sería realmente "preferencial" o "prioritario", el hecho es que la "opción por los jóvenes" quedó así formulada, sin mayores diferen-cias con la "opción por los pobres". Las une el hecho de que ambas

---

[24] También son llamadas de prioritarias la proclamación de la Buena Nueva, la catequesis bíblica y la celebración litúrgica (cfr. DP 150), la Pastoral Familiar, que "no perdió su carácter prioritario" (DP 570) y por eso se ratifica "la prioridad de la pastoral familiar dentro de la Pastoral orgánica de América Latina" (DP 590). Por eso los presbíteros deben dar prioridad al servicio a los más necesitados (DP 711) y "al trabajo evangelizador en la familia y la juventud y a la promoción de las vocaciones sacerdotales y religiosas" (DP 713). También la Pastoral Vocacional "debe ubicarse prioritariamente en la Pastoral de Conjunto" (DP 866; cf. DP 885) y debe darse "a esta tarea prioridad efectiva" (DP 881). Los obispos se lamentan aún de que "no se ha dado todavía a la pastoral litúrgica la prioridad que le corresponde dentro de la pastoral de conjunto" (DP 901). Y, en realidad, la catequesis "debe ser acción prioritaria en América Latina, si queremos llegar a una renovación profunda de la vida cristiana" (DP 977). Importa "dar prioridad en el campo educativo a los numerosos sectores pobres de nuestra población" (DP 1043), pero "igualmente es prioritaria la educación de líderes y agentes de cambio" (DP 1044).

realidades son mayoritarias en América Latina conformándose en signos de los tiempos (cfr. DP 1128), riqueza y esperanza para el continente (cfr. DP 1132).

Lo importante es que pobres y jóvenes no deben ser vistos solamente como *objetos*, sino como *sujetos* de la evangelización, constructores de una nueva civilización cristiana (cfr. DP 1186). Visto que Puebla tuvo como objetivo "la evangelización en el presente y futuro de América Latina", es en este contexto que se debe entender la opción por los jóvenes, que naturalmente no excluye a los pobres, más justamente invita a los jóvenes a tener predilección por ellos (DP 1188)[25].

En Puebla el anuncio de los obispos a los jóvenes es el mismo de Papa Francisco en *Christus vivit*, 40 años después: "Presentar a los jóvenes el Cristo vivo, como único Salvador, para que, evangelizados, evangelicen y contribuyan, con una respuesta de amor a Cristo, a la liberación integral del hombre y de la sociedad, llevando una vida de comunión y participación"[26].

El texto presenta un análisis, no exhaustivo, de las características de la juventud: psicológicas (inconformismo, audacia, generosidad, creatividad, autenticidad, sencillez, etc.)[27], sociológicas (dinamismo social[28], falta de estabilidad familiar[29], la rebeldía que puede ser negativa, el peligro de acomodación al sistema, de ceder a una pedagogía del instinto[30], al mal uso del tiempo libre[31], la crisis de identidad femenina[32], el trabajo juvenil y la falta de

---

[25] "Los invita a que se comprometan eficazmente en una acción evangelizadora sin excluir a nadie, de acuerdo con la situación que viven y teniendo predilección por los más pobres." (DP 1188).

[26] El capítulo III de *Christus vivit* resume las tres ideas centrales que se debe anunciar al joven de hoy, como obra del Espíritu: Dios te ama, Cristo te salva y está vivo. "En estas tres verdades – Dios te ama, Cristo es tu salvador, Él vive – aparece el Padre Dios y aparece Jesús. Donde están el Padre y Jesucristo, también está el Espíritu Santo. Es Él quien está detrás, es Él quien prepara y abre los corazones para que reciban ese anuncio." (ChV 130).

[27] Cfr. DP 1168.

[28] Cfr. DP 1170.

[29] Cfr. DP 1173.

[30] Cfr. DP 1171.

[31] Cfr. DP 1172.

[32] Cfr. DP 1174.

empleo[33], etc.) y religiosas (muchos encuentran alegría en Cristo[34], pero otros son desinteresados o indiferentes, otros usan la Iglesia como instrumento de contestación[35], etc.). En todo caso, se "ve en la juventud una enorme fuerza renovadora, símbolo de la misma Iglesia" (DP 1178), y aunque se constate "la falta de asesores preparados, (...) en no pocos grupos y movimientos juveniles se encuentran dichos asesores competentes y sacrificados" (DP 1181).

Los jóvenes son verdadero potencial para el presente y el futuro (DP 1186), instrumento de construcción de la comunidad latinoamericana y universal (DP 1185). Por esto, como Pablo VI dice en *Evangelii nuntiandi*, la Iglesia confía en ellos (*EN* 72; DP 1186) y "hace una opción preferencial por los jóvenes en orden a su misión evangelizadora en el Continente" (DP 1186).

Del punto de vista pastoral, en el espíritu de comunión y participación que marcó toda la asamblea, la principal propuesta, a mi juicio, es la de invertir en una *pastoral orgánica de la juventud*, "a través de movimientos juveniles o comunidades que deben estar integradas en la pastoral de conjunto diocesana o nacional, con proyecciones a una integración latinoamericana" (DP 1189). Una pastoral juvenil capaz de articular a los diferentes grupos juveniles y sea un "proceso de educación en la fe" (DP 1193; 1201), que presente Cristo vivo (DP 1194), haga crecer en espiritualidad auténtica y apostólica (DP 1195), con preparación socio-política (DP 1196), sentido crítico (DP 1197), lenguaje sencillo y adaptado (DP 1198). Además, una pedagogía que tenga en cuenta la diferencia sexual (DP 1198), incluya a todos y tenga en cuenta las diferentes realidades específicas (DP 1189-1191), que lleve a una opción vocacional (DP 1200), valore el Sacramento de la Confirmación (DP 1202) y esté marcada por la alegría, la esperanza y el espíritu misionero (DP 1199; 1205). Para todo esto, la apuesta en la formación de asesores adultos y animadores jóvenes se hace fundamental (DP 1203).

De hecho, me parece que el desarrollo de la Pastoral Juvenil orgánica fue uno de los mayores logros del post-Puebla. Dejando de lado

---

[33] Cfr. DP 1176.
[34] Cfr. DP 1177.
[35] Cfr. DP 1179-1180.

la pregunta sobre cuán "preferencial" se tornó la acción pastoral con los jóvenes (lo que en realidad quizás haya sucedido solamente en pocos países) Puebla sí fue decisivo para el desarrollo de la Pastoral Juvenil en muchas diócesis, en las Conferencias Episcopales nacionales y en la articulación latinoamericana de ellas por medio del CELAM. La identidad, unidad, fuerza y presencia de la Pastoral Juvenil Latinoamericana, tal como la experimentamos hoy y que pude constatar, por ejemplo, a lo largo del reciente proceso sinodal, tiene indudablemente su origen en la "opción por los jóvenes", más o menos "preferencial", que hizo el episcopado del continente en Puebla.

3. La pastoral juvenil y la construcción de la civilización del amor

La pastoral juvenil orgánica desarrollada por el CELAM en los años posteriores a Puebla asumió la expresión "civilización del amor", presente tres veces en el documento final de la III Conferencia[36], para describir el mundo nuevo al que se debe llegar como meta de la evangelización: "La Iglesia evangelizadora hace un fuerte llamado para que los jóvenes busquen y encuentren en ella el lugar de su comunión con Dios y con los hombres, a fin de construir 'la civilización del amor' y edificar la paz en la justicia." (DP 1188).

La descripción más amplia de lo que los obispos entienden por "civilización del amor" se encuentra en el n. 8 del "Mensaje a los Pueblos de América Latina", escrito al final de la III Conferencia, como propuesta de una civilización nueva como eje para la evangelización en el futuro. En él los obispos invitan a todos los hombres de buena voluntad "ser constructores abnegados de la 'Civilización del Amor', según luminosa visión de Pablo VI, inspirada en la palabra, en la vida y en la donación plena de Cristo y basada en la justicia, la verdad y la libertad"[37].

---

[36] DP 642 habla de "la construcción de una nueva sociedad, la 'civilización del amor'". La expresión aparece aún en DP 1188 y 1192.

[37] III Conferencia General del CELAM. *Mensaje a los pueblos de América Latina*, 8. En: https://www.aciprensa.com/Docum/puebla01.htm (Visualizado en 15 septiembre 2019).

El texto del Mensaje explicita "el sentido orgánico de la civilización del amor, en esta hora difícil pero llena de esperanza de América Latina"[38]. Se trata de asumir el mandamiento del amor en todos los ámbitos de la vida. La civilización del amor repudia la violencia, el egoísmo, las divisiones y dependencias absolutas, y promueve la fraternidad, la justicia, la reconciliación y la paz, incluyendo la integración latinoamericana.

La inspiración, como dicen los obispos, viene de Pablo VI, que en los últimos años de su Pontificado habló insistentemente sobre la "Civilización del Amor"[39]. Justamente en un encuentro con los jóvenes estudiantes dice el Papa: "La edad joven está abierta sobre todo al fascinante atractivo del amor; pues bien, proclamad el amor verdadero, el que no se confunde con el placer egoísta, sino que florece en el don de sí. Sembrad a vuestro alrededor los grandes valores de la 'civilización del amor': la solidaridad, la hermandad, la dignidad de la persona humana, la superación de toda discriminación o segregación, el servicio de la justicia, la firme voluntad de construir la paz"[40].

La construcción de una "nueva civilización moderna y cristiana"[41] había sido ya el reto dejado por Pablo VI a la Conferencia de Medellín. En realidad, durante cinco siglos la Iglesia forjó en América Latina una civilización que, con sus luces y sombras, era parte de la civilización occidental cristiana. Terminado el régimen de cristiandad y con el advenimiento de una sociedad pluralista y global, tal civilización entró en un profundo proceso de cambio, fruto de lo que la Conferencia de Aparecida llamó un "cambio de época" (DAp 44). De esta forma, "al desaparecer esa civilización, la Iglesia que está en América Latina, propone que la nueva que va a surgir sea cristiana, con el singular denominativo de la 'civilización

---

[38] Ibid.

[39] Cfr. FERNÁNDEZ, Luis María. *Puebla y la opción...*, p. 50.

[40] PAPA PABLO VI. Discurso a los jóvenes estudiantes de Roma. 25 febrero 1978. En: http://w2.vatican.va/content/paul-vi/es/speeches/1978/february/documents/hf_p-vi_spe_19780225_scuole-cattoliche.html. Visualizado en 15 septiembre 2019.

[41] PAPA PABLO VI. Discurso en la Apertura de la II Conferencia del CELAM en Medellín. En: http://www.celam.org/noticelam/Images/img_noticias/doc u5a173f2779bd9_23112017_235pm.pdf. Visualizado en 15 septiembre 2019.

del Amor' y piensa que la dolorosa gestación de la nueva civilización no es posible forjarla sino por medio de un trabajo serio y profundo con la juventud"[42].

También Juan Pablo II seguirá invitando a los jóvenes latinoamericanos a construir la civilización del amor: "Cultivad en vuestro corazón joven el deseo de ser verdaderos apóstoles, testigos audaces del Evangelio, artesanos de la Civilización del Amor. (…) A vosotros, discípulos de Jesús en el tercer milenio del cristianismo, os encomiendo la tarea de la evangelización de los jóvenes, la construcción de la Civilización del Amor"[43].

A partir de Puebla la *Sección de Juventud* del CELAM fue un instrumento fundamental para llevar adelante la opción – aunque no siempre preferencial, como ya se dijo – por los jóvenes en América Latina. Para esto, los *Encuentros Latinoamericanos de Responsables Nacionales de Pastoral Juvenil* (ELARNPJ), convocados prácticamente a cada dos años, fueron un espacio privilegiado de comunión y participación para obispos, sacerdotes y jóvenes que trabajan en la pastoral juvenil. La primera experiencia fue solo a nivel de Cono Sur al final de 1982, en Buenos Aires, al que fue invitado a participar el secretario ejecutivo de la Sección de Juventud del CELAM. De ahí en adelante, ya son veinte ediciones desde el primer ELARNPJ en 1983 (Colombia) hasta el más reciente, que se realizará el próximo mes en Perú (18 a 23 de noviembre). Así se describe el proceso de los primeros años:

"El intercambio de experiencias y la reflexión que han generado permitieron ir elaborando una propuesta global, la Pastoral Juvenil constructora de la Civilización del Amor; una pedagogía para acompañar los procesos de formación humana y cristiana de los jóvenes, una metodología adecuada para el trabajo grupal, una espiritualidad para el seguimiento de Jesús y una organización participativa que han dinamizado la acción evangelizadora de

[42] FERNÁNDEZ, Luis María. *Puebla y la opción…*, p. 52.
[43] PAPA JUAN PABLO II. Saludo a los jóvenes desde el balcón de la Nunciatura Apostólica en Lima, Perú. 15 mayo 1988. En: https://w2.vatican.va/content/john-paul-ii/es/speeches/1988/may/documents/hf_jp-ii_spe_19880515_giovani-peru.html. Visualizado en 15 septiembre 2019.

las Comisiones Episcopales de Pastoral Juvenil de los países del continente"[44].

El esfuerzo común por formular un proyecto para la pastoral juvenil orgánica en América Latina recibió, desde el principio, el título de "propuesta de la Civilización del Amor".[45] En 1984 se elaboró y publicó el "Credo"[46] y el "Decálogo de la Civilización de Amor"[47],

---

[44] SEJ-CELAM. *Civilización del Amor: tarea y esperanza. Orientaciones para una Pastoral Juvenil Latinoamericana* (SEJ 9). Bogotá: CELAM, 1995, p. 2.

[45] Para un recorrido histórico de la Pastoral Juvenil Latinoamericana: SEJ-CELAM. *Civilización del Amor. Proyecto y misión. Orientaciones para una Pastoral Juvenil Latinoamericana* (Colección Documentos CELAM No. 173). 2ª ed. Bogotá: CELAM, 2013, n. 225-305, pp. 138-180.

[46] *"Creemos que nuestro DIOS nos ha llamado a vivir en América Latina para construir su Reino. Creemos que todos los HABITANTES DE ESTA TIERRA tienen derecho a vivir con dignidad, con justicia, con paz y libertad. Creemos que todos los CRISTOS CRUCIFICADOS de América se levantarán resucitados y gloriosos por la solidaridad entre nuestros pueblos. Creemos que podemos VIVIR EN COMUNIÓN sin violencia, sin guerras y sin opresión. Creemos que los POBRES, los indígenas, los niños y los tristes, son preferencialmente amados por el Padre, y por eso de ellos nos declaramos sus hermanos. Creemos que cada FAMILIA de nuestra tierra, necesita vivir en la fidelidad y en la ternura. Creemos que los JÓVENES americanos no pueden vivir pasivamente sus horas y sus días, sino que deben ser los primeros ciudadanos de esta nueva Civilización. Creemos que hacer una PATRIA grande es posible entre nosotros, los pueblos del Caribe, del Atlántico y del Pacífico, de modo que nuestras fronteras no sean murallas que nos dividen, sino líneas de encuentro fraternal. Creemos que el ESPÍRITU DE DIOS anima a la Santa Iglesia, que como un gran Pueblo de liberación peregrina en el Continente. Creemos que MARÍA, la Madre de Jesús, nos ha protegido con cariño a lo largo de nuestra historia. Ella nos impulsa a compartir el pan con los hambrientos, y a levantar del polvo a los humildes. Creemos ardientemente en un cielo nuevo y en una tierra nueva. Y pedimos con insistencia que la Civilización del Amor sea pronto realidad entre nosotros. Amén."* En: SEJ-CELAM. *Civilización del Amor. Proyecto y ...*, pp. 452-453.

[47] "1. Amo a DIOS PADRE y creo que Él conduce nuestra historia; 2. Amo al SEÑOR JESUCRISTO y según su estilo quiero vivir entre mis hermanos; 3. Amo al ESPÍRITU SANTO y creo que Él anima el servicio de la Iglesia; 4. Amo al HOMBRE y la MUJER de América Latina y busco promover su derecho a vivir con dignidad; 5. Amo la VIDA y la defiendo contra todo tipo de violencia; 6. Amo la VERDAD y quiero proclamarla en todas mis acciones; 7. Amo la JUSTICIA y quiero instaurarla en todos los ambientes; 8. Amo la LIBERTAD y lucho contra toda forma de esclavitud; 9. Amo la PAZ y busco la integración entre nuestros

hermosos textos programáticos, de gran valor espiritual y doctrinal. En abril de 1987 se publicó el libro *"Pastoral Juvenil, Sí a la Civilización del Amor"*[48], como uno de los frutos más visibles de ese trabajo de articulación, en el espíritu de comunión y participación propio de Puebla.

De esta forma se promovió una mayor unidad de criterios y se impulsó el trabajo común de forma organizada. Los encuentros de responsables siguieron la reflexión sobre temas como las etapas del proceso de educación en la fe, la cultura juvenil, la asesoría y el acompañamiento, la espiritualidad, el proyecto de vida, las pastorales específicas de juventud, etc. Siempre bajo el horizonte de la construcción de la Civilización del Amor, se organizaron también congresos latinoamericanos de jóvenes (1991: Cochabamba, Bolivia; 1998: Punta de Tralca, Chile; 2010: Los Teques, Venezuela). En 1995 se elaboró una nueva edición del libro-guía, que siguió siendo el proyecto de pastoral juvenil orgánica latinoamericana: "Civilización del Amor: tarea y esperanza"[49]. A partir de 2007 se vislumbra la necesidad de actualizar las orientaciones pastorales de la pastoral juvenil latinoamericana y se emprende un proceso participativo de *revitalización,* propiciando los insumos para diseñar el nuevo material de apoyo a la propuesta orgánica pastoral juvenil que se llamó *"Civilización del Amor. Proyecto y Misión"*[50], publicado en 2012, vigente hasta hoy.

En síntesis, el desafío de la construcción de la Civilización del Amor, presentado por Pablo VI y acogido por la Pastoral Juvenil Latinoamericana, es y sigue siendo un proyecto y una misión, es el horizonte al cual tienden los esfuerzos de la opción preferencial por los jóvenes, hecha por el episcopado del continente en Puebla.

---

pueblos; 10.Amo a los POBRES y a los DÉBILES y promuevo con ellos un mundo solidario. Y me comprometo a trabajar en mi vida personal, en mi familia y en la sociedad, para construir la CIVILIZACION DEL AMOR, con la ayuda de María, Madre y Señora de América Latina." En: SEJ-CELAM. *Civilización del Amor. Proyecto ...*, p. 454.

[48] SEJ-CELAM. *Pastoral Juvenil: Sí a la civilización del amor.* Bogotá: CELAM, 1987.

[49] SEJ-CELAM. *Civilización del Amor: tarea y esperanza. Orientaciones para una Pastoral Juvenil Latinoamericana* (SEJ 9). Bogotá: CELAM, 1995.

[50] Op. cit., SEJ-CELAM. *Civilización del Amor. Proyecto y...*

La forma de presentar esa Civilización del Amor, la metodología pastoral y las estructuras propuestas varían un poco entre los distintos materiales producidos a lo largo de los años[51], pero el reto permanece el mismo: "el desafío es construir el Reino del Amor en la Patria Grande"[52].

4. ¿Son aún vigentes la civilización del amor y la opción preferencial por los jóvenes?

Conscientemente es una pregunta que no tengo la intención de responder, pero quiero dejarla a la reflexión de los presentes. O mejor aún, es una pregunta para los obispos, agentes de pastoral y, en especial, para los jóvenes latinoamericanos, protagonistas del ahora de nuestro continente.

Como horizonte ideal, utópico, la construcción de la Civilización del Amor permanece un proyecto abierto y una misión por cumplir. Sinceramente creo que, por lo menos a nivel continental, se ha hecho mucho. Es innegable la vitalidad, el entusiasmo y la organización de la pastoral juvenil latinoamericana coordinada a partir del CELAM. Muchas de sus opciones históricas, especialmente en el campo pedagógico, fueron claramente confirmadas en el Sínodo de 2018. Menciono apenas algunas: la centralidad del encuentro con Cristo (n. 663-704), la pedagogía del fascinarse-acercarse-escuchar-discernir-convertirse (CAPYM n. 462-469, p. 253-258), la importancia de la formación integral (n. 472-481), la opción por dimensiones (psico-afectiva, social, política, místico-teologal y técnico-metodológica) y procesos (n. 482-519), la importancia del grupo juvenil (n. 563-569), de las realidades

---

[51] Por ejemplo, un libreto publicado en 1983 dice que los fundamentos de la Civilización del Amor son el amor, la transcendencia y la comunión y participación; sus valores son la verdad, la justicia, la paz, la libertad y la felicidad; esa civilización rechaza los antivalores, los ídolos y la violencia; proclama la primacía del espíritu sobre la materia, de la vida sobre la muerte, las personas sobre las cosas, la ética sobre la técnica y el trabajo sobre el capital. Cfr. CELAM y Sociedades Bíblicas Unidas. *Jóvenes, construyamos la Civilización del Amor: porción bíblica de estudio y reflexión para la juventud de América Latina patrocinada por CELAM y SBU.* México: SBU, 1983.

[52] SEJ-CELAM. *Civilización del Amor. Proyecto y...*, p. 4.

especificas (n. 570-582), la (progresiva y no siempre evidente) valoración de los movimientos apostólicos y las diversas experiencias de Pastoral Juvenil (n. 649-653), la importancia del acompañamiento (n. 654-658), la dimensión vocacional de la pastoral juvenil (n. 656-662), etc.

Durante todo el reciente proceso sinodal se notó la identidad fuerte y la articulación interna entre los jóvenes y obispos latinoamericanos. El largo camino de comunión y participación, recién descrito, impulsado sobre todo a partir de la Conferencia de Puebla, se hizo notar en la impostación del discurso y en las propuestas de los Padres y "Jóvenes Sinodales" provenientes de nuestro continente.

Obviamente hablo del nivel continental porque no tengo posibilidad de hacer un análisis país por país ni por diócesis. Cada Conferencia Episcopal seguramente sabe en qué medida la pastoral juvenil ha estado más o menos presente en sus prioridades, cuánta energía y recursos humanos y financieros han dedicado a ella, cuánto espacio han dado al protagonismo juvenil, etc. En realidad, es en cada país y, principalmente, en cada diócesis, en cada parroquia, en cada movimiento, que se juega verdaderamente la "opción preferencial por los jóvenes". Sin duda ayudan mucho las estructuras, la formación ofrecida y los recursos humanos y económicos que una Conferencia Episcopal (nacional o continental) dedica a la pastoral juvenil, pero en última instancia lo principal acontece en "el área chica" de la vida eclesial.

Con todo, a nivel "macro", la opción preferencial por los jóvenes fue confirmada en la Conferencia del CELAM de Santo Domingo (1992), que señaló la importancia de asumirla "no sólo de modo afectivo sino efectivamente", lo que implicaría "una opción concreta por una Pastoral Juvenil orgánica donde haya acompañamiento y apoyo real, con diálogo mutuo entre jóvenes, pastores y comunidades" (SD 114).

También la Conferencia de Aparecida renovó "de manera eficaz y realista, la opción preferencial por los jóvenes, en continuidad con las Conferencias Generales anteriores, dando nuevo impulso a la Pastoral de Juventud en las comunidades eclesiales (diócesis, parroquias, movimientos, etc.)" (DAp 446a).[53] Sin embargo es interesante observar el ya mencionado "desnivel": mientras la opción preferencial por los jóvenes aparece una única vez en el documento, aquella por los pobres aparece catorce veces, de forma transversal en todo el texto, además del apartado 8.3 de la tercera parte del documento dedicado totalmente al tema. Incluso, en un parágrafo se invita a formar a los jóvenes para que ellos hagan "propia la opción preferencial y evangélica por los pobres y necesitados" (DAp 446e).

De esta forma, queda claro que la opción por los pobres abarca la opción por los jóvenes, mostrando –a mi juicio– que aquella sí es "preferencial". Pero permanece válida la pregunta: ¿cuán vigente y "prioritaria" sigue siendo la opción por los jóvenes en la pastoral de la Iglesia latinoamericana? Ciertamente la respuesta es muy variada. Hay Conferencias Episcopales que han dedicado a la juventud todo un año de prioridad pastoral, como por ejemplo en México (2017-2018). En Paraguay lo han hecho incluso por un trienio (2017-2019) que describen como "una opción de la Iglesia en el Paraguay de dar prioridad a la animación pastoral de la juventud"[54] durante tres años, y acentúan que es una prioridad de *toda* la Iglesia.

Personalmente soy testigo del esfuerzo que hizo la Conferencia Episcopal de Brasil, durante dos años de reflexión, para implementar una nueva perspectiva de trabajo con la pastoral juvenil por medio del documento *"Evangelização da Juventude: desafios e perspectivas pastorais"*[55], que considero un divisor de aguas en la forma de trabajar pastoralmente con la juventud en mi país. A título de ejemplo, quisiera mencionar una de las propuestas del documento, que me

---

[53] Respecto a los jóvenes en el Documento de Aparecida: "Técnicamente se puede detectar la existencia de 51 párrafos en que se hace referencia directa a los jóvenes mediante diversidad de expresiones: 'jóvenes', 'joven', 'juventud', 'adolescentes', 'nuevas generaciones'. Si consideramos que el documento tiene 554 párrafos, eso nos da 9,2%, es decir alrededor del 10%. No está mal, pero tampoco es una temática *'maior'*." (CASTILLO MATTASOGLIO, Carlos. *La opción por los jóvenes en Aparecida*. En: Medellín, vol. XXXVI, n. 144, octubre-diciembre 2010, p. 487-517).

[54] Ver https://trieniodelajuventudparaguay.wordpress.com/ Visualizado en 15 septiembre 2019.

[55] CNBB. *Evangelização da Juventude: desafios e perspectivas pastorais* (Documentos da CNBB n. 85). São Paulo: Edições Paulinas, 2007.

parecen iluminadoras a la hora de pensar una pastoral juvenil orgánica: la creación, a nivel diocesano, de lo que se llamó "Sector Juventud" como un espacio para unir y articular fuerzas entre la multiplicidad de experiencias existentes en la evangelización de la juventud[56].

Hasta entonces la pastoral orgánica trabajaba principalmente con la así llamada "PJ" (*"Pastoral da Juventude"*), muy en línea con la propuesta de pastoral orgánica latinoamericana. Pero se sentía fuertemente la necesidad de integrar los movimientos eclesiales, nuevas comunidades, congregaciones y tantas otras organizaciones eclesiales que trabajan a servicio de la evangelización de los jóvenes, con místicas, metodologías, acciones apostólicas y procesos formativos propios. La propuesta fue "fortalecer y ampliar la acción evangelizadora de la Iglesia y no perder riquezas conquistadas que ya probaron su valor pedagógico y teológico en el campo de la evangelización de la juventud. El pluralismo de carismas y metodologías, vivido en la unidad, fortalece la acción evangelizadora"[57].

Seguramente la evangelización de los jóvenes en América Latina no va a quedar indiferente al largo y ricamente participativo proceso sinodal de más de dos años en torno al tema "los jóvenes, la fe y el discernimiento vocacional", en el cual por primera vez la Iglesia Universal hizo una reflexión común amplia y significativa sobre los jóvenes, ni menos aún al fruto más maduro de ese proceso, la Exhortación Apostólica Post-sinodal *Christus vivit* del Papa Francisco.[58] El próximo ELARNPJ, que se realizará en Lima tendrá por objetivo incorporar los aportes del proceso y de los documentos sinodales para continuar fortaleciendo la opción por los jóvenes y el acompañamiento de ellos en este cambio de época, incorporando los nuevos desafíos pastorales en las orientaciones de la Pastoral Juvenil Latinoamericana[59].

---

[56] Cfr. Op. Cit., CNBB. *Evangelização da Juventude: desafios...*, nn. 193-202, pp. 99-102.

[57] Op. Cit., CNBB. *Evangelização da Juventude: desafios...*, n. 194, p. 101. [Traducción propia].

[58] Cfr. todo el n. 174 de la Revista Medellín, del CELAM (vol. XLV, mayo-agosto 2019), con el título: "Cristo vive en medio de los jóvenes de América Latina y El Caribe. Comentarios a *Christus vivit*".

[59] Cfr. Carta del Secretario Ejecutivo del CELAM, Pbro. Carlos Guillermo Arias, con la invitación a participar del evento. 12 septiembre 2019.

Quizás estamos ante un nuevo momento para la pastoral juvenil en el continente. Las propuestas del camino sinodal ciertamente tienen muchos puntos en común a la propuesta latinoamericana, pero ciertamente ésta debe dejarse complementar e iluminar[60]. Quizás sea tiempo de encontrar nuevos lenguajes. La misma formulación "Civilización del Amor", que marcó el camino pastoral juvenil en el continente desde Puebla, no está presente en el documento final del sínodo ni en *Christus vivit*, ni siquiera en el documento presinodal escrito por los jóvenes. ¿Será aún vigente y motivadora para el joven de hoy?

Una pregunta semejante se puede hacer respecto a la "opción preferencial" por los jóvenes. Como ya se dijo, pese a la campaña hecha por algunos prelados, el documento final del Sínodo no llegó a formular una opción de este tipo, pero se la caracterizó como una "*priorità pastorale epocale*" (prioridad pastoral histórica)[61]. Seguramente

---

[60] Cfr. REYES LISCANO, Carmen Amelia. "Los horizontes de la pastoral juvenil latinoamericana a la luz de *Christus vivit*", en Medellín, vol. XLV, n. 174 (mayo-agosto 2019), p. 393-407. Los horizontes de la Pastoral Juvenil Latinoamericana, formulados en 2010 y publicados en 2012, coinciden con muchas de las enseñanzas de Francisco. Son ellos: Horizonte 1) Una pastoral juvenil orgánica, atractiva y atenta a los signos de los tiempos, que promueva el encuentro con Jesucristo vivo, la formación integral y el acompañamiento, para que el joven sea verdadero discípulo misionero, comprometido en la transformación de la realidad. Horizonte 2) Una pastoral juvenil de procesos, que acompaña al joven en la construcción de su proyecto de vida, en la formación de valores humanos y su participación social, a partir de los principios evangélicos y la Doctrina Social de la Iglesia, que le permitan al joven ser crítico ante la realidad social para transformarla. Horizonte 3) Una pastoral juvenil que acompaña, a través de procesos de formación integral a los jóvenes, para potenciar en ellos el sentido crítico y un cultivo de valores en la construcción de la Civilización del Amor. Horizonte 4) Una pastoral juvenil revitalizadora, que responda a la realidad del joven de hoy en sus diferentes etapas de desarrollo, a fin de que viva una experiencia de encuentro con Cristo y asuma un compromiso social y eclesial. Horizonte 5) Una pastoral juvenil que priorice el protagonismo del joven, acogiéndolo y reconociéndolo como lugar teológico, de modo que pueda contribuir en la promoción de una cultura de paz, en la transformación de las distintas realidades y en la defensa de la vida humana y del planeta.

[61] "La Iglesia en su conjunto tomó una opción muy concreta: considera esta misión una prioridad pastoral histórica, en la que invertir tiempo, energías y recursos." (SÍNODO DE LOS OBISPOS. *XV Asamblea General Ordinaria. Los*

prioritario no significa que sea la única prioridad ni siquiera la prioridad más importante. La idea de "preferencial", cuando viene acompañada del complemento –ciertamente necesario– "no exclusiva", incluye a todos, pero pierde fuerza programática. La opción preferencial por los jóvenes, ya desde su nacimiento en Puebla, nunca fue exclusiva pero probablemente jamás fue realmente preferencial. ¿Tiene aún sentido seguir usándola? ¿Será nuevamente confirmada por una posible VI Conferencia del CELAM, como acto formal de continuidad con las anteriores, o los obispos deben ceder a la realidad de los hechos?

Concluyo afirmando que, sin caer en la tentación de los nominalismos, sino concentrándonos en la realidad de las cosas en sí, no hay dudas de que seguirá siendo una tarea fundamental e ineludible para la Iglesia latinoamericana el trabajo pastoral con los jóvenes, que siguen siendo la mayoría de la población del continente, presente y futuro de nuestros pueblos. Como sea, está claro que este servicio pastoral no podrá perder jamás el horizonte del Reino de Dios, la Civilización del Amor, soñada por Pablo VI, por Puebla y por la Pastoral Juvenil latinoamericana en los últimos cuarenta años.

María, la joven Madre de Jesús, se presentó joven a San Juan Diego y, desde entonces, conquistó los corazones juveniles de nuestros pueblos que manifestaron a través de los siglos un gran amor y entrega a Ella como Madre, de una forma más intensa y profunda que en otras regiones del mundo. Deseo que Ella, Patrona y Reina de los jóvenes de América Latina, bajo el título de Guadalupe y todos los títulos que recibe en nuestras tierras, ilumine a los adultos y jóvenes protagonistas de esta nueva etapa de la evangelización juvenil en nuestro Continente.

---

jóvenes, la fe y el discernimiento vocacional. Documento final, n. 119. En: http://www.vatican.va/roman_curia/synod/documents/rc_synod_doc_20181027_doc-final-instrumentum-xvassemblea-giovani_sp.html. Visualizado en 15 septiembre 2019.

12

EVANGELIZACIÓN, RELIGIOSIDAD POPULAR Y DEVOCIÓN MARIANA

S. E. Mons. Miguel Cabrejos Vidarte, O.F.M. (Perú)
Arzobispo Metropolitano de Trujillo
Presidente del CELAM

La religiosidad popular tiene raíces en la Biblia, en ambos Testamentos, y en cada uno de ellos existen diversas expresiones, como por ejemplo en el Antiguo Testamento, *"David y toda la casa de Israel bailaban ante el Señor con instrumentos de ciprés, cítaras, arpas, tambores, sistros y címbalos"*[1] y en el Nuevo Testamento encontramos: *"Y hay diversidad de carismas, pero un mismo Espíritu; hay diversidad de ministerios, pero un mismo Señor; y hay diversidad de* actuaciones, *pero un mismo Dios que obra todo en todos"*[2].

Además, en el Magisterio del Papa Francisco, este tema adquiere un renovado interés, sobre todo por su centralidad con el concepto universal de "Pueblo de Dios"; también por la "sinodalidad" de la Iglesia, que implica la inclusión de toda la humanidad en su misión; y por su reiterado deseo de: *"una Iglesia pobre y para los pobres"*[3], con propuestas de "una Iglesia en salida" hacia las periferias sociales y existenciales.

---

[1]   Cf. 2 Sam 6,5.
[2]   Cf. 2 Cor.12, 4-6.
[3]   Cf. *Evangelii gaudium* 198.

Entonces, para examinar el tema de la religiosidad popular y la devoción mariana, en América Latina y El Caribe, conviene hacerlo desde tres perspectivas: *primero*, desde el aporte de las Conferencias Generales del Episcopado Latinoamericano y Caribeño que reconocen la riqueza y fuerza evangelizadora de las devociones de nuestro pueblo; *segundo*, desde la inculturación del evangelio, donde la religiosidad popular es su expresión concreta; y *tercero*, desde la devoción mariana como elemento central en la manifestación de la religiosidad popular.

En el Documento de Puebla, en el No. 444, se dijo: "*Por religión del pueblo, religiosidad popular o piedad popular, entendemos el conjunto de hondas creencias selladas por Dios, de las actitudes básicas que de esas convicciones derivan y las expresiones que las manifiestan. Se trata de la forma o de la existencia cultural que la religión adopta en un pueblo determinado*".

Para algunos, estas expresiones sencillas y espontáneas del pueblo creyente se tratan de "informalidad", pero sus expresiones a través de los sentidos tienen un gran valor: participar en peregrinaciones, tocar una imagen, utilizar la voz, los cánticos, la vista y las danzas.

I. El aporte de las Conferencias Generales del Episcopado Latinoamericano y Caribeño

1. Medellín (1968): Una nueva mirada

En el documento de Medellín, se insiste en la necesidad de ver el fenómeno religioso desde la cultura del pueblo que practica estas expresiones de fe y no juzgarla con una "*interpretación cultural occidentalizada*"[4]; aquí cito el documento: "*Sin romper la caña quebrada y sin extinguir la mecha humeante, la Iglesia acepta con gozo y respeto, purifica e incorpora al orden de la fe, los diversos «elementos religiosos y humanos» que se encuentran ocultos en esa religiosidad como «semillas del Verbo», y que constituyen o pueden constituir una «preparación evangélica»* ".[5]

---

[4]   Cf. Medellín 6.4.
[5]   Cf. Medellín 6.5.

Esta cita resume la perspectiva de Medellín. La religiosidad popular es vista positivamente, como una manifestación de las *"semillas del verbo"* o una *"preparación evangélica"*[6] aunque no subraya del todo su fuerza de evangelización en sí misma.

Medellín hace otras dos consideraciones claras. Primero, no ve una contradicción entre la religiosidad popular y la lucha por la justicia y por estructuras sociales basadas en los valores del Reino. Y en segundo lugar, rechazó la idea de que la evangelización deba y enfocarse en "las élites" más que sobre "las masas"[7], afirmando decididamente su preocupación por las multitudes. Como dice el documento: *"Esta religiosidad pone a la Iglesia ante el dilema de continuar siendo Iglesia universal o de convertirse en secta, al no incorporar vitalmente a sí, a aquellos hombres que se expresan con ese tipo de religiosidad"*.[8]

Por eso Medellín marca un giro importante desde y para América Latina, diferenciándose de la corriente de la época:

a) Evaluando el fenómeno desde la perspectiva de la misma cultura y no desde categorías de otras culturas. Esto lleva a ver mucho más los valores que están presentes en la religiosidad popular.

b) Descartando la perspectiva según la cual, la religiosidad popular lleva a un distanciamiento de la obligación cristiana de trabajar por la justicia social.

c) Optando por una pastoral de multitudes en vez de enfocarse sobre las élites o solo en los más comprometidos en la vida de la Iglesia.

2. Puebla (1979): Una fuerza evangelizadora

Puebla incrementa su aprecio por los valores de la religiosidad popular más allá de lo expresado en Medellín, en el hecho que ve a los pobres y sus expresiones de fe, no sólo como receptores de la evangelización, sino como partícipes en el mismo proceso evangelizador, pues la religiosidad popular es una *"fuerza activamente*

---

[6] Cf. Ibíd 6.5.

[7] Cf. Medellín: Pastoral de Masas y Pastoral de Élites.

[8] Cf. Medellín 6.3.

evangelizadora".[9] Es un reconocimiento de lo que los pobres pueden ofrecer al mundo, algo que la sociedad ha perdido (valores que se muestran en estas expresiones de fe) y por eso pueden ser protagonistas de su propia historia y por ende de la transformación personal y social desde su propia cultura.

De acuerdo con esta perspectiva, en Puebla la religiosidad popular ya no es considerada solo como *"semillas del Verbo",* es decir, como una preparación previa para recibir la plenitud del evangelio, sino como una fuerza evangelizadora de personas y estructuras (Cf DP 450). Ciertamente, se reconoce que los valores evidentes en la religiosidad popular no han cuestionado suficientemente las estructuras de injusticia presentes en América Latina, pero ofrece esta posibilidad, pues estas expresiones representan *"un clamor por una verdadera liberación".*[10]

Puebla también es la Conferencia General que usa con énfasis la expresión "opción preferencial por los pobres", al reconocer que la religiosidad popular es una manifestación del alma propia de los pobres y humildes que incluye también un gran aprecio por sus expresiones de fe.

Por lo expuesto, podemos concluir del documento de Puebla que:

a) *La religiosidad popula*r es en sí misma una fuerza evangelizadora y no solo objeto de evangelización, y reconoce el valor de los pobres como protagonistas de la evangelización.

b) *La opción preferencial por los pobres* abarca también un creciente aprecio por las formas culturales que brotan de sus experiencias y expresiones de fe.

3. Santo Domingo (1992): Expresión de la inculturación de la fe

El concepto de la inculturación aparece por primera vez en el magisterio de la Iglesia con *Catechesi tradendae* n. 53 del Papa San Juan Pablo II*; y* es recogido por Santo Domingo cuando dice: *"La religiosidad popular es una expresión privilegiada de la inculturación de la fe. No se trata sólo de expresiones religiosas sino también*

---

[9]   Cf. Puebla 396.
[10]   Cf. Ibíd. 452.

de valores, criterios, conductas y actitudes que nacen del dogma católico y constituyen la sabiduría de nuestro pueblo, formando su matriz cultural "[11]. Además, *"el encuentro del catolicismo ibérico y las culturas americanas dio lugar a un proceso peculiar de mestizaje, que si bien tuvo aspectos conflictivos, pone de relieve las raíces católicas, así como la singular identidad del Continente "*[12].

Si bien Santo Domingo no tiene una profunda reflexión sobre la religiosidad popular, tal como la que encontramos en Puebla, la entiende como la manifestación más clara de la inculturación, reconociendo que el pueblo ha vivido la inculturación mucho antes que el concepto teológico.

4. *Aparecida (2007) Cumbre de la reflexión*

Los obispos reunidos en Aparecida fuimos testigos, de primera mano, de la gran multitud de peregrinos y de su devoción mariana. Aparecida es la cumbre de la reflexión sobre la religiosidad popular, porque muestra un máximo aprecio y cariño a estas expresiones de fe que los obispos señalamos de la siguiente manera: *"Cristo mismo se hace peregrino, y camina resucitado entre los pobres. La decisión de partir hacia el santuario ya es una confesión de fe, el caminar es un verdadero canto de esperanza, y la llegada es un encuentro de amor. La mirada del peregrino se deposita sobre una imagen que simboliza la ternura y la cercanía de Dios. El amor se detiene, contempla el misterio, lo disfruta en silencio. También se conmueve, derramando toda la carga de su dolor y de sus sueños. La súplica sincera, que fluye confiadamente, es la mejor expresión de un corazón que ha renunciado a la autosuficiencia, reconociendo que solo nada puede "*[13].

Sin embargo, a pesar que toda cultura y el resultado de las decisiones de los seres humanos necesitan ser "purificados" de todo lo contrario a los valores del Evangelio, el enfoque de Aparecida se centra más en lo positivo que en la necesidad de purificación.

Las otras Conferencias Generales mencionan la necesidad de purificación, pero a lo largo de la historia se ve un proceso de creciente

---

[11] Cf. Documento de Santo Domingo 36.
[12] Cf. Ibíd. 18.
[13] Cf. Documento de Aparecida 259-260.

aprecio y menos enfoque crítico en cada sucesiva Conferencia General (Medellín. 6,5; 8,2; Puebla 83; 109; 457; 463; Santo Domingo 36; 39; 53).

En Aparecida, la palabra "purificación" aparece vinculada con la religiosidad popular a diferencia de los otros documentos: *"Cuando afirmamos que hay que evangelizarla o purificarla, no queremos decir que esté privada de riqueza evangélica. Simplemente deseamos que todos los miembros del pueblo fiel, reconociendo el testimonio de María, traten de imitarla cada día más"*[14].

Para subrayar este aprecio, el siguiente numeral dice: *"No podemos devaluar la espiritualidad popular, o considerarla un modo secundario de la vida cristiana, porque sería olvidar el primado de la acción del Espíritu y la iniciativa gratuita del amor de Dios... Es una espiritualidad encarnada en la cultura de los sencillos, que no por eso es menos espiritual, sino que lo es de otra manera"*[15].

Aparecida entonces, ofrece una reflexión distinta sobre la religiosidad popular al reafirmar que la experiencia de fe popular con sus valores, es una fuerza de la evangelización (Cf. DA 258-261; 263-264), *"profundamente inculturada, que contiene la dimensión más valiosa de la cultura latinoamericana"*[16] y está vinculada con la opción preferencial por los pobres. Además, esta opción es una "dimensión constitutiva de nuestra fe en Jesucristo"[17], *"por eso la opción preferencial por los pobres está implícita en la fe cristológica"*[18], como lo dijo el Papa Benedicto XVI en el discurso inaugural.

En resumen, en el proceso de las Conferencias Generales del Episcopado Latinoamericano y Caribeño, se da un creciente aprecio por la religiosidad popular, la cual es vista principalmente como una manifestación de la inculturación de la fe en la variedad de las culturas de nuestro continente. Es también una fuerza de evangelización, por lo que podemos decir con certeza, que los pobres y los sencillos nos evangelizan a todos. Por eso traigo el versículo del Evangelio de

---

[14] Cf. Ibíd. 262.
[15] Cf. Ibíd. 263.
[16] Cf. Documento de Aparecida 258.
[17] Cf. Ibíd. 257.
[18] Cf. Discurso Inaugural de la V Conferencia General en Aparecida.

Mateo 11,25: «*Te doy gracias, Padre, Señor del cielo y de la tierra, porque has escondido estas cosas a los sabios y entendidos, y se las has revelado a los pequeños*".

II. La inculturación

En esta segunda parte, quiero recoger algunas ideas del documento de trabajo del Sínodo Panamazónico, el cual manifiesta que estamos en un *"Tiempo de inculturación e interculturalidad"*, y subrayar el término "kairos" [19] que significa un tiempo de Gracia especial. La inculturación de la fe en cada cultura, y la interculturalidad, significa el diálogo entre culturas, y están muy relacionados con el tema de la religiosidad popular. En palabras de Santo Domingo: *"Toda evangelización ha de ser inculturación del evangelio"*[20].

La inculturación es el esfuerzo por asumir el mensaje de Cristo en un determinado ambiente socio-cultural, y está llamado a crecer en sus valores propios conciliables con el Evangelio, y llevar a la conversión los antivalores que niegan la dignidad humana.

El tema de la inculturación aparece en los inicios del magisterio de San Juan Pablo II; por eso Santo Domingo lo recoge y nos muestra que el proceso de inculturación se manifiesta en tres misterios centrales de la fe: la Encarnación, la Pascua y Pentecostés (Cf. SD 230).

1) *La Encarnación*: El misterio de la encarnación subraya que El Verbo de Dios se hizo hombre y vivió en una cultura particular. Su encarnación se realiza en un lugar y tiempo concreto, pero su significación es universal (todos los lugares y todos los tiempos). La encarnación incide en todo lo existente y en toda la historia, por eso podemos afirmar:

a) Toda proclamación del evangelio tiene que encarnarse en una realidad cultural concreta. Los signos de los tiempos y lugares de la cultura particular indican las formas y significados que son el punto de partida para manifestar los valores evangélicos. Los valores evangélicos son universales, pero las formas que encarnan dichos valores

---

[19] Cf. Instrumentum Laboris de la Asamblea Especial para la Región Panamazónica del Sínodo de los Obispos, 28.

[20] Cf. Documento de Santo Domingo 13.

son la expresión de la particularidad de la encarnación hoy en día, para que Jesús sea como todos, esto es, latinoamericano-caribeño, africano, indio, asiático, etc.

En su visita al Perú, el Papa Francisco tuvo muy en cuenta la religiosidad popular al expresar: *"Doy gracias a la delicadeza de nuestro Dios: Él busca la forma de acercarse a cada uno de la manera que pueda recibirla, y así nacen las más distintas advocaciones... El amor de Dios siempre se pronuncia en dialecto".*

b) Todos los elementos de la cultura y todas las culturas están involucradas en el misterio de la encarnación. San Ireneo afirma que, *"lo que no es asumido no es redimido"[21];* por tanto, esto conlleva a una inculturación no sectaria, sino plenamente humana y creyente en el Dios que se hizo hombre entre los pobres.

c) Toda inculturación tiene como lugar privilegiado el mundo de los más pobres. La Biblia nos muestra que Jesús mismo escogió esta realidad para encarnarse en la historia. En el proceso de la inculturación, también se da una opción preferencial a partir del mundo de los pobres. Por eso, el Documento de Trabajo nos invita a un mayor respeto a las culturas amenazadas y marginadas y "optar por el otro", en defensa de sus culturas y expresiones de fe.

Un texto evangélico puede ayudarnos a situar mejor su importancia. Se trata de la bella oración de Jesús recogida por Lucas 10,21: *"En aquella hora, se llenó de alegría en el Espíritu Santo y dijo: «Te doy gracias, Padre, Señor del cielo y de la tierra, porque has escondido estas cosas a los sabios y entendidos, y las has revelado a los pequeños. Sí, Padre, porque así te ha parecido bien».* San Pablo parece haber comprendido muy bien, según 1 Corintios 1,20: *"¿Dónde está el sabio? ¿Dónde está el docto? ¿Dónde está el sofista de este tiempo? ¿No ha convertido Dios en necedad la sabiduría del mundo?".*

2) *La Pascua*: La inculturación desde la perspectiva de la Pascua, es buscar formas concretas en la cultura del pueblo que resaltando los valores de la vida como son la fiesta, el trabajo comunal,

---

[21] Cf. Instrumentum laboris de la Asamblea Especial para la Región Panamazónica del Sínodo de los Obispos 113.

la solidaridad, la reciprocidad, etc. superen el poder de la muerte. La Pascua nos invita a pasar de la muerte a la vida y la inculturación es el desafío de descubrir, fortalecer y celebrar los signos de vida en el pueblo, implicando a todos en la transformación de las estructuras de muerte y apuntando hacia una liberación integral. También en todas las culturas se manifiestan signos de "muerte" del pecado social, por lo que debemos reconocer y enfrentar *"las estructuras de pecado, desenmascarando las ideologías que justifican un estilo de vida que agrede a la creación"*[22].

3) *En Pentecostés*: En Pentecostés se señalan elementos claves del proceso de la inculturación:

a) *La inculturación* subraya una transición de Babel a Pentecostés. En Babel (Cf. Gen 11) los hombres comienzan a hablar en idiomas distintos y se confunden, porque ninguno entiende al otro. En Pentecostés las personas no comienzan a hablar el mismo idioma, sino que cada uno entiende en su propia lengua las maravillas del Señor (Cf. Hch 2). La unidad alcanzada en Pentecostés no es una unidad en la uniformidad, sino en medio de la diversidad. Por eso, la inculturación brota del espíritu de Pentecostés que busca la unidad de la fe en medio de las pluriformes expresiones, "porque la realidad de nuestro continente es *"un mundo pluriétnico, pluricultural y plurireligioso"*[23].

b) *El Espíritu está presente* y *"afecta a las sociedades, a la historia, a los pueblos, a las culturas y a las religiones"*[24]. Esto crea en nosotros un alto respeto por cada cultura y promueve una actitud de escucha y descubrimiento de las muchas maneras maravillosas que el Espíritu ha actuado en cada cultura desde el principio, para lograr su salvación.

c) También subraya que *el Espíritu actúa en personas y comunidades de distintas maneras*, creando una gran variedad de carismas. En nuestro continente, las comunidades manifiestan una riqueza de carismas y *"en este contexto se abren nuevos espacios para recrear*

---

[22] Cf. Instrumentum laboris de la Asamblea Especial para la Región Panamazónica del Sínodo de los Obispos 101.

[23] Cf. Instrumentum laboris de la Asamblea Especial para la Región Panamazónica del Sínodo de los Obispos 36.

[24] Cf. Redemptoris missio 28.

ministerios adecuados a este momento histórico", como lo dice el IL en el No. 43.

Por tanto, el proceso de la inculturación significa la inserción del mensaje evangélico en todos los niveles de la Iglesia, en su lenguaje de predicación, en su expresión catequética, en su liturgia, en su expresión teológica, en su forma de servicio y en sus estructuras de comunión y participación. El actor principal es la Iglesia particular, que a través del discernimiento y en actitud orante podrá identificar los caminos adecuados.

En las manifestaciones populares de fe, se descubren y manifiestan profundos valores que debemos fortalecer en defensa del desarrollo humano y de la ecología integral, tan amenazados por fuertes estructuras de violencia y muerte.

III. La devoción mariana

El Documento de Puebla, cuyo cuadragésimo aniversario celebramos ahora, en el No. 446 dice: *"El Evangelio encarnado en nuestros pueblos los congrega en una originalidad histórica cultural que llamamos América Latina. Esa identidad se simboliza muy luminosamente en el rostro mestizo de María de Guadalupe, que se yergue al inicio de la Evangelización".*

En el discurso inaugural de la Conferencia General de Santo Domingo, San Juan Pablo II señala el lugar privilegiado de María en la inculturación del Evangelio: *"en Santa María de Guadalupe, ofrece un gran ejemplo de evangelización perfectamente inculturada. En el rostro mestizo de la Virgen del Tepeyac se resume el gran principio de la inculturación: la íntima transformación de los auténticos valores culturales mediante la integración en el cristianismo y el enraizamiento del cristianismo en las varias culturas"*[25].

También el mismo Papa, en la misa en el Santuario de Guadalupe para iniciar la Conferencia de Puebla dijo: *"Y desde que el indio Juan Diego hablara de la dulce Señora del Tepeyac, Tú, Madre de Guadalupe, entras de modo determinante en la vida cristiana del*

---

[25] Cf. Discurso Inaugural de IV Conferencia General en Santo Domingo 24.

pueblo de México. No menor ha sido tu presencia en otras partes, donde tus hijos te invocan con tiernos nombres...igualmente presente en la vida de tantos otros pueblos y naciones de América Latina, presidiendo y guiando no sólo su pasado remoto o reciente, sino también el momento actual, con sus incertidumbres y sombras"[26].

Así, a lo largo y ancho de nuestro continente, la religiosidad popular encuentra una de sus más profundas expresiones en la devoción a la Virgen María. La reflexión en el documento de Puebla sobre la religiosidad popular se inicia con referencia a María, y sus santuarios *"son signos del encuentro de la fe de la Iglesia con la historia latinoamericana"*[27]; y como dice Aparecida, Ella *"ha contribuido a hacernos más conscientes de nuestra común condición de hijos de Dios y de nuestra común dignidad ante sus ojos, no obstante las diferencias sociales, étnicas o de cualquier otro tipo"*[28].

Aquí quiero referirme solo a dos ejemplos de esta piedad popular, entre los muchos que existen. Primero, a la Virgen de Guadalupe de México, Patrona de América Latina, por ser la primera manifestación de su presencia en nuestro continente, y segundo, a la Virgen de la Puerta de la Arquidiócesis de Trujillo, Perú.

Como he mencionado anteriormente, la Virgen de Guadalupe es considerada modelo de la inculturación de la fe. Ella aparece con rostro mestizo, signo del encuentro de las dos culturas, y habla el idioma propio del pueblo, náhuatl. Sobre su vientre hay una rosa de cuatro pétalos unidos por el círculo central, es el símbolo del camino de los hombres (pétalos) unidos al camino de Dios (círculo), indicando que el que va a nacer de la Virgen es el encuentro entre Dios y los hombres. En el centro del cuello de la túnica está la cruz cristiana, subrayando que ella, insertada en la cultura azteca, es la Madre del Crucificado.

Además de la vestimenta, signo de la inculturación de la fe en la cultura azteca, María se aparece a un indígena, Juan Diego. Ella se sitúa en el mundo simbólico y lingüístico de un pueblo que ha sufrido la devastación de su propio mundo y Ella, escogiendo a Juan

---

[26] Cf. Homilía de San Juan Pablo en la inauguración de la III Conferencia General en Puebla, 1979. 2a.

[27] Cf. Documento de Puebla 282.

[28] Cf. Documento de Aparecida 37.

Diego como su mensajero, decide manifestar su amor a estos marginados y pobres. En su aparición a Juan Diego dijo lo siguiente:

> *"yo soy tu Madre misericordiosa, de ti, y de todos los hombres que*
> *viven unidos en esta tierra, y de todas las personas que me amen,*
> *los que me hablen, los que me busquen y los que en mí tienen con-*
> *fianza. Allí les escucharé sus lloros, su tristeza, para remediar, para*
> *curar todas sus diferentes penas, sus miserias, sus dolores."*

Estas palabras de Santa María de Guadalupe, hacen eco a lo largo de la historia de la salvación, desde cuando Dios dice a Moisés
en Éxodo 3,7: *"He visto la humillación de mi pueblo en Egipto,*
y he escuchado sus gritos cuando maltrataban a sus mayordomos.
Yo conozco sus sufrimientos", y hasta las palabras del inicio de la
Gaudium et spes, 1: *"Los gozos y las esperanzas, las tristezas y las*
angustias de los hombres de nuestro tiempo, sobre todo de los po-
bres y de cuantos sufren, son a la vez gozos y esperanzas, tristezas y
angustias de los discípulos de Cristo".

Siendo esta la misión de la Guadalupana, quiere su templo en el
Tepeyac, lugar periférico y sin consideración. Ella inicia aquí lo que
marca a la Iglesia Latinoamericana, la opción preferencial por los
pobres. Su pedido sigue vigente, con Aparecida nos llama a ser una
Iglesia misionera y con el Papa Francisco a ser una Iglesia en salida.

Las devociones marianas de nuestro pueblo tienen tanta fuerza
porque nuestro pueblo sigue viendo en Ella a su protectora, a su Madre que escucha sus tristezas y angustias y los acompaña, los protege
y los eleva en su dignidad.

El segundo ejemplo que quiero ofrecer es el de la Virgen de la
Puerta de la Arquidiócesis de Trujillo. Sus inicios se remontan a un
santuario que lleva también el nombre de Guadalupe. Desde el santuario y monasterio agustino de Guadalupe al norte de Trujillo, salieron los evangelizadores a los Andes de la Arquidiócesis. En el pueblo
de Otuzco, establecieron un convento y pidieron a la comunidad de
Guadalupe una de las imágenes de la Virgen que fueron traídas desde
España.

Como tal, su historia es diferente a la de la Guadalupana, porque
no es una aparición, pero la misión de la Madre y su acogida por el

pueblo es la misma. En el año de 1674 los piratas llegaron a las costas cerca de Trujillo para saquear los pueblos. El pueblo de Otuzco lleno de temor, tristeza y angustia, se preguntaba "¿quién nos va a proteger?"

La respuesta de la población fue llevar la imagen de la Virgen María y colocarla encima de la puerta de la ciudad. Luego dedicaron tres días a la oración y milagrosamente los piratas dieron la vuelta y no saquearon ni a Trujillo ni a Otuzco. Desde entonces es conocida como la Virgen de la Puerta y considerada protectora de la región del Norte Peruano.

Para el pueblo, la Virgen de la Puerta es protectora, es propiamente una Madre. Ella extiende su manto misericordioso alrededor de un pueblo que sufre. Ella es el centro de la religiosidad popular en la Arquidiócesis de Trujillo y en el norte del Perú, y no hay lugar donde no se encuentre su imagen y sus devotos. Durante los años que hubo pocos sacerdotes, ella era la garantía del amor de Dios para con su pueblo. Ella es la Madre de los Pobres, la Madre de la Iglesia. "La Mamita de Otuzco" como la invocan, y proclamada "Madre de la Misericordia y la Esperanza", por el Papa Francisco en la Plaza de Armas de Trujillo, el 20 de enero de 2018.

En esa ocasión, con sus propias palabras, el Papa nos invita a ver en la Madre de la Misericordia y la Esperanza, el camino para elevar nuestro espíritu en la lucha contra la violencia hacia la mujer. Poco antes de coronar a la Mamita de Otuzco dijo: *"Hermanos, la Virgen de la Puerta, Madre de la Misericordia y de la Esperanza, nos muestra el camino y nos señala la mejor defensa contra el mal de la indiferencia y la insensibilidad"*[29].

María, la madre, que es la cara inculturada del evangelio de la vida, nos anima como Iglesia para enfrentar todas las situaciones de dolor e injusticia de hoy, para que promovamos, como dijo San Pablo VI, la *"liberación de todo lo que oprime al hombre"*[30].

Nuestros pueblos expresan su devoción a María, con peregrinaciones, rosarios, flores y obsequios a las muchas imágenes en todos

---

[29] Cf. Discurso del Santo Padre Francisco. Celebración Mariana en honor a la Virgen de la Puerta, 2018.

[30] Cf. *Evangelii nuntiandi* 9.

los países, porque sienten que las palabras que ella dirigió a San Juan Diego, las dirige a ellos también: *¿No estoy aquí yo, que soy tu Madre? ¿No estás bajo mi sombra y resguardo? ¿No soy yo la fuente de tu alegría? ¿No estás en el hueco de mi manto, en donde se cruzan mis brazos?"*

Estos dos ejemplos de la Virgen de Guadalupe en México, y la Virgen de la Puerta en la Arquidiócesis de Trujillo-Perú, sintetizan de manera paradigmática lo que significa la Virgen María para nuestros pueblos, por lo que podemos decir:

1) Ella es la primera discípula-misionera de su Hijo, y formadora de nosotros para que seamos misioneros.

2) Ella es la Estrella de la Evangelización, que trajo el Evangelio a nuestro continente.

3) Ella es la presencia constante al lado de su pueblo, camina con sus hijos, *"...hace sentir a sus hijos más pequeños que ellos están en el pliegue de su manto"*[31].

4) Ella entra *"profundamente en el tejido de su historia"*[32], se hace el evangelio inculturado con *"los rasgos más nobles y significativos de su gente"*[33]

5) Ella pertenece al pueblo y el pueblo encuentra en ella el amor y la protección de una madre, pues *"su figura maternal fue decisiva para que los hombres y mujeres de América Latina se reconocieran en su dignidad de hijos de Dios"*[34].

6) Ella indica *"la pedagogía para que los pobres, en cada comunidad cristiana, se sientan como en su casa"*[35].

También se debe precisar la presencia de María con los discípulos, de manera especial, desde la Ascensión de Jesús, hasta el Don del Espíritu en Pentecostés, donde se evidencia el sentido eclesial de la Virgen, su estrecha relación con Jesús y la Iglesia que Él fundó.

---

[31] Cf. Documento de Aparecida 265.
[32] Cf. Documento de Aparecida 269.
[33] Cf. Ibíd.
[34] Cf. Documento de Santo Domingo 16.
[35] Cf. Documento de Aparecida 272.

Finalmente, por toda América Latina y El Caribe, invocamos a María, con las palabras que el Papa Francisco pronunció en la plaza principal de Trujillo, Perú: *"Ella nos lleva a su Hijo y así nos invita a promover e irradiar una cultura de la misericordia, basada en el redescubrimiento del encuentro con los demás: una cultura en la que ninguno mire al otro con indiferencia ni aparte la mirada cuando vea el sufrimiento de los hermanos"*[36].

Que la Virgen Santa María nos conceda a todos y cada uno de nosotros su gracia y su bendición.

Paz y Bien

---

[36] Cf. Discurso del Santo Padre Francisco. Celebración Mariana en honor a la Virgen de la Puerta, 2018.

13

LAS COMUNIDADES ECLESIALES DE BASE

P. José Marins (Brasil)
Teólogo

I. El primer núcleo eclesial en diferente modelo

El Concilio Vaticano II ha sido el más importante acontecimiento eclesial de los últimos siglos. No se trató sólo de uno más en la lista de los veinte concilios ecuménicos de la historia. El cardenal Aloísio Lorscheider, encargado de la Asamblea de Puebla, declaró:

> "El Vaticano II nos hizo pasar de una Iglesia Institución (o de una Iglesia Sociedad-Perfecta) a una Iglesia-Comunidad, inserta en el mundo, al servicio del Reino; de una Iglesia-Poder, a una Iglesia-Pobre, Despojada, Peregrina; de una Iglesia-Autoridad a una Iglesia-Servidora, Ministerial; de una Iglesia Piramidal, a una Iglesia-Pueblo; de una Iglesia Pura y sin mancha, a una Iglesia Santa y Pecadora, siempre necesitada de conversión y de reforma; de una Iglesia-Cristiandad, a una Iglesia-Misión, Iglesia toda ella Misionera"[1].

Las Comunidades Eclesiales de Base (CEBs), siendo el primer y fundamental núcleo eclesial, lógicamente se configuran según el modelo del Concilio.

---

[1]   Puebla, Vozes, pag. 70.

II. Partiendo de lo pequeño y de los últimos

Los estudios y debates del Vaticano II partieron del estudio de las grandes referencias eclesiales y presentaron al mundo y a los miembros de la Iglesia, cuatro Constituciones, nueve decretos tres declaraciones, como levadura evangélica para transformar el mundo "de selvático en humano, y de humano en divino, según el corazón de Dios" (Pio XII, proclamación de 10 de febrero de 1952).

Los Padres Conciliares latinoamericanos buscaron partir, no de las bibliotecas y debates conciliares, sino de la realidad de vida de la gente, es decir, se propusieron tomar en cuenta e identificar, en primer lugar, lo que el Espíritu venía realizando en cada persona y en su realidad, y dieron prioridad a lo pequeño y a los últimos… no solamente enseñando en las universidades y seminarios, sino convocando a la gente común y corriente a reconstruir pequeñas comunidades eclesiales. Fueron nombradas Comunidades (no meros grupos), Eclesiales (no estructura socio-política, económica) y de Base (es decir, de raíz, donde está lo esencial de la vida). El Espíritu actúa en todos los miembros del Pueblo de Dios. Los documentos de la jerarquía suponen una recepción del Pueblo de Dios.

Entonces, en esa área de base, la Constitución Conciliar *Lumen gentium* abrió un nuevo y amplio panorama eclesial, enseñando la Iglesia diocesana y de base, como "sacramento" (*LG 1*).

Acompañando en las sesiones del Vaticano II, a los Obispos de Brasil y a muchos de América Latina, he constatado cómo ellos estaban siendo profundamente "tocados", primero por las sorpresas del extraordinario Papa Juan XXIII (que falleció después de la primera sesión); después por los eventos, como el hecho de celebrar cada día con un diferente rito de nuestra Iglesia; y algunas presentaciones en el Aula conciliar y, particularmente, por las asesorías que les eran presentadas por las tardes, en *Domus Mariae*, cuando no sólo escuchaban lo que los asesores les impartían, sino principalmente porque entonces podían hacer preguntas y proponer perspectivas eclesiales nuevas[2]. En

---

[2] Los más cualificados asesores (bíblicos, teológicos…) que vinieron con los diversos episcopados, fueron llamados por los obispos de Brasil, y con ellos los latinoamericanos, para darles su colaboración (clases).

ese contexto se fue despertando la perspectiva de reconstruir las pequeñas comunidades de los Hechos de los Apóstoles –como Antioquía, Iconio, Listra, Derbe, Filipos, Tesalónica, Corinto, Éfeso, Roma...[3].

Antes de la conclusión del Concilio, como testimonio sorpresa, hubo el compromiso personal de varios centenares de Padres Conciliares, en lo que se ha llamado el Pacto de las Catacumbas. En la catacumba de Domitila, primero algunas decenas de padres conciliares y seguidos después por más de otros 500, hicieron un Pacto; "Nosotros, obispos, reunidos en el Concilio conscientes de las deficiencias de nuestras vida de pobreza según el evangelio; motivados los unos por los otros... nos comprometemos... (siguen 13 puntos que explícitamente quieren que sean conocidos y acompañados por los fieles: "Cuando volvamos a nuestras diócesis, daremos a conocer a nuestros diocesanos nuestra resolución, rogándoles nos ayuden con su comprensión, su colaboración y sus oraciones".

III. Trabajar en equipo

En el Concilio, "nuestros obispos" aprendieron a trabajar en equipo, presentando sus votos conjuntamente. Entre ellos formaron equipos de trabajo para conocer el pensamiento de otras Conferencias Episcopales y también evaluar, semanalmente, el rumbo del mismo Concilio. Así que, al volver de Roma, los obispos de América Latina ya tenían un plan[4], que vino a realizarse en Medellín, Colombia[5] (en el marco de la II Conferencia general del Episcopado Latinoamericano y del Caribe). El documento final de esa asamblea se presentó en 16

---

[3] Cf. Hch 12,12; 2,42; 4,31 y LG 1 (Iglesia "sacramento"), LG 9 (sobre Pueblo de Dios), LG 26 (en comunidades, muchas y pequeñas, pobres y dispersas... por Cristo se unifica la Iglesia...) y todo el Cap. II de LG.

[4] Hablado con el Papa Pablo VI en dos audiencias y apoyados por él, con la promesa de que el propio Romano Pontífice de estar personalmente presente en América Latina el día 26 de agosto de 1968 y de que haría la apertura a la II Asamblea General del Episcopado Latinoamericano y Caribeño (aprovechando la presencia del Papa en Bogotá para el XXXIX Congreso Eucarístico Internacional).

[5] Después de la apertura oficial de la mencionada Asamblea Episcopal, los participantes volamos a Medellín donde se desarrolló todo el II Encuentro del 26 de agosto al 8 de septiembre 1968).

capítulos. En el número 15,10 del documento final decidieron: "La vivencia de la comunión a que ha sido llamado, debe encontrarla el cristiano, en su "comunidad de base" ... *Primero y fundamental núcleo eclesial... célula inicial de estructuración eclesial...*".

IV. Textos y números del documento de Puebla

El Documento de Puebla (III Asamblea General del Episcopado Latinoamericano), una década después del documento de Medellín, declaró que:

- Entendemos a las CEBs como: – nn. 641, 642, 643;
- Ellas están dando mucho fruto: nn. 156; 629; 640 (Familia de Dios, n. 239);
- Deben ser promocionadas, orientadas, acompañadas – n. 648;
- Deben estar atentas a los peligros de manipulación por parte de los políticos, que pueden hacer que las CEBs pierdan su sentido eclesial: nn. 630; 261; 262; 263.

Ya que el n. 644 del documento final de Puebla puede inducir a una confusión entre Movimientos y CEBs, creemos importante aclarar:

- Las CEBs y los Movimientos eclesiales no se excluyen; pero tampoco se deben confundir.
- Las CEBs son Pequeña Iglesia (sacramento); primero y fundamental núcleo-nivel eclesial; a ellas se entra por el Bautismo; son permanentes (para toda la vida eclesial, del mismo modo que una Parroquia es permanente para un cristiano). Contrariamente a lo que sucede con los Movimientos, las CEBs no tienen un fundador: vienen con la Iglesia apostólica. Son un modelo eclesial que, para ser fiel a su meta, constantemente se adaptan a la realidad.
- Los Movimientos están en la línea de los dones del Espíritu, son transitorios y complementarios; han tenido un fundador o fundadora.

V. Imágenes

Algunas imágenes relacionadas a las CEBs que ayudan a entenderlas: Son como la *semilla*, que contiene en potencia todo un árbol. Ellas se mezclan con la tierra, trabajan en silencio, en la oscuridad, forman pequeños brazos de contacto para penetrar el ambiente donde encuentran agua, nutriente, vida… comunican todo a un pequeño arbusto que va desarrollándose (aire, sol). Las primeras raíces cuando salen de la tierra, se transforman en tronco, dejan de ser lo que eran y son sustituidas por una nueva generación abajo, en la tierra que no puede ser abandonada.

Otras imágenes: – las CEBs son *como un ser humano (un embrión) en su primer momento de vida*, no camina, no habla, no genera otros seres humanos; pero todo eso ya está en su ADN, y un día va a hablar, caminar, trabajar y hasta tendrá posibilidad de generar otros seres humanos. Las CEBs son la *levadura*, no la masa. También se comparan a la *brújula*, que indica y ayuda a la pequeña Iglesia a mantener la ruta segura, con la gracia del Espíritu. Así como los *racimos* de uva, los dedos de la mano son una figura de la propuesta de las CEBs – los dedos son todos diferentes unos de otros, pero permanecen unidos en la mano – cuestión de sobrevivencia vital; cada uva y cada dedo gozan de su propia identidad pero formando un conjunto: el racimo, como los dedos, son todos diferentes, pero trabajan en equipo unidos, primero, como mano (parroquia segundo nivel eclesial), y por la mano, al brazo, y por él, a todo el cuerpo.

VI. Cuadro general

- La *meta* del proceso de CEBs, es el REINO de Dios.
- Los *nuevos sujetos*, son el Pueblo de Dios, no el clero.
- El *método* es el famoso de la Juventud Obrera Católica de Cardijn: *Ver, juzgar y actuar…* al que las CEBs latinoamericanas agregaron otros dos pasos: *Celebrar* y *Evaluar constantemente*.
- El *punto de partida* de las CEBs es la vida, la misma realidad, la propia cultura.

- Las *referencias* fundamentales son la Palabra de Dios y el Magisterio eclesial, con la religiosidad popular (*"Sensus fidelium"*, mencionado por el Vaticano II).
- Aunque la comunidad se dirige a todos y con todos, la *prioridad* evangélica es dada a los más necesitados. La comunidad de base, como toda la Iglesia es "samaritana".

Además:

- Las CEBs son aptas para desarrollarse en el *mundo urbano* porque ellas no tienen límites aunque se encuentren en una área, pero pueden estar actuando donde sea más urgente. El modelo de las parroquias es todavía medieval, cada una de ellas es, prácticamente, una isla en la ciudad, sea por su edificio, sea por la mentalidad de límites locales. No puede ver la ciudad como un todo. En ese sentido, ellas se adaptan a la situación urbana con más facilidad.
- Las CEBs *no son* para los servicios parroquiales como el Bingo, el Diezmo, la limpieza del templo, y otros por el estilo. Las CEBs son *fundamentalmente misioneras*, llegando allí donde la organización eclesial no llega de manera sistemática y significativa (periferia de las grandes ciudades, región de las selvas de la Amazonia, y otras). Vale conocer el ejemplo de la Isla de Marajó-Brasil, donde el presbítero llega una vez al año, donde los pastores de otras tradiciones cristianas no tienen que venir, porque residen en ella. Las CEBs no surgieron para servir a los presbíteros, sino que cuentan con ellos para la presidencia eclesial amplia, la ayuda en la formación, la atención sacramental.

  Las CEBs han buscado, con mucha persistencia, la *formación bíblica*, particularmente del Nuevo Testamento (Evangelios, Hechos y Cartas de los Apóstoles, Apocalipsis). Del Antiguo Testamento han tenido contacto sobre todo con Isaías y los Salmos). Han desarrollado también un *método de oración bíblica*, sin olvidar la religiosidad popular del pueblo latinoamericano.

VII. Cristología (presencias de Jesús)

1. Eucaristía – *(Mt 26,26)*.
2. Comunidad – *(Mt 18,20)* *(Sensus fidelium)*.
3. Los que sufren (los pobres) – *(Mt 25,25-39)*.
4. La Palabra – *(Jn 1,1-4)*.
5. Misión – *(Mt 28,20)*.
6. Mártires
7. Confesores, Testigos – *(Hch 11,27)*.

Las comunidades reencuentran una fuerte inspiración en las diferentes formas de presencia de Jesús. La presencia Eucarística en el pan y en el vino, teniendo como gesto primero el lavatorio de los pies hecho por Jesús en la última cena celebrada con los suyos. Pero son también verdaderas y anunciadas por Jesús sus otras presencias (que no piden necesariamente la presencia de un ministro ordenado para que puedan acontecer... como se nos ha venido enseñando).

Las CEBs encuentran las presencias del Señor en diferentes lugares y situaciones. Lo vamos a representar gráficamente con el dibujo de una estrella de cinco puntas: cada una de ellas indica una de las presencias del Señor:

1. En la *Eucaristía* *(Mt* 26,26) – "Esto es mi cuerpo, esta es mi sangre" (de esa verdad de fe, surgen entonces las catedrales, los santuarios, basílicas, capillas...).
2. En la *comunidad* *(Mt* 18,20) – "Dos o tres reunidos en mi nombre (con o sin un presbítero presente), yo estaré en medio de ellos";
3. En *los que sufren* *(Mt* 25,25,39ss) – "Yo estaba con hambre, desnudo, perseguido... y ustedes me socorrieron";
4. En la *Palabra de Dios* *(Jn* 1,1-4) – "El Verbo era Dios...";
5. En la *misión* *(Mt* 28,20) .... "Vayan por todo el mundo... yo estaré con ustedes todos los días hasta el fin del mundo".

VIII. Gracias - originalidad

Las CEBs buscan servir a todos, pero se preocupan prioritariamente por los más necesitados (pobres). No se reducen únicamente al aspecto devocional, sino que procuran comprometer a sus miembros urgidos por las grandes necesidades sociales, económicas. No forman partidos políticos, pero como ciudadanos saben que deben comprometerse también con la lucha de denunciar las injusticias, las opresiones, las enormes carencias de salud, alimentación, educación, trabajo, habitación... Es normal que sus preferencias se manifiesten más por los partidos políticos de los pobres.

También se educan para cuidar de la Casa Común, o sea la ecología, para salvar el planeta con tareas sencillas de proteger a los animales, las plantaciones, el agua no contaminada, favorecer el reciclaje de latas, papeles, etc.

En las décadas después del Concilio y de cierto modo en consecuencia de lo enseñado por nuestra fe, la Iglesia (consecuentemente las CEBs) sufrieron las mismas persecuciones que finalmente crucificaron a Jesús: decir la verdad, luchar contra las injusticias, amar y ayudar a los que sufren, no permitir que se use la religión en propio provecho económico, social, político, defender a los inocentes, hablar por los que fueron acallados.

Es considerable, en los últimos cincuenta años de América Latina, el número de cristianos torturados, perseguidos, desaparecidos, calumniados, asesinados, no por tener una fe Trinitaria o por venerar a la Virgen María y a los santos... sino por las consecuencias de proclamar y vivir su fe en los valores por los cuáles también Jesús fue martirizado. En nuestros países no se mata porque alguien fue a una misa, sino porque aplica en la vida las enseñanzas y valores anunciados en una celebración Eucarística. Se mata por desconfiar, porque alguien está defendiendo a los que no tienen cómo protegerse, cómo comer, cómo vivir, cómo tener un mínimo de dignidad humana. Entre los mártires, contamos con dos obispos "del Vaticano II": uno canonizado (Mons. Óscar Arnulfo Romero), y otro beatificado (Mons. Enrique Angelelli), además del proceso de canonización de Juan Gerardi, en camino... Más de 70 presbíteros, 23 religiosas, no solo varios centenares sino miles de laicos... en Argentina, Guatemala, El Salvador, Chile, Paraguay, Brasil, Bolivia, Uruguay, Paraguay, Perú, Panamá, Colombia... y no hemos mencionados a todos.

Gracia de las pequeñas comunidades

Ya ha pasado más de medio siglo del Vaticano II. En este período, las CEBs han llegado de manera constante hasta donde nadie de la Iglesia había llegado. Aprendieron que no se trata de pescar en la arena de la playa, sino de hacerlo en alta mar. Ellas son el más nuevo y más antiguo modo de ser Iglesia. Viven con un mínimo de estructuras y máximo de vida, son descentralizadoras, son Iglesia en salida para llegar a las periferias. El pueblo sencillo tiene poca teoría. Se manifiestan con hechos, que para ellos son más importantes que las ideas. El modo como viven su fe en más concreto que el modo como intentan explicarla. No entienden todo lo que los teólogos dicen y para actuar no pueden esperar a que las autoridades eclesiásticas se pongan todas de acuerdo. Las urgencias a veces imponen riesgos. El ecumenismo se va realizando cuando juntos procuramos ayudar a los más necesitados. La Eucaristía viene siendo un sacramento unificador y no solo una celebración de la unidad. El Reino de Dios ya comenzó.

IX. Plagas

Existen siete plagas que impiden o anulan la acción de las CEBs, cuando:

a) Las parroquias forman muchedumbres anónimas.

b) Se vive un pretendido cristianismo individualista, dejando de ser un Pueblo de Dios.

c) Los edificios pasan a ser más importantes que las comunidades (enormes templos, bancos que obligan a estar horas y horas viendo solamente la espalda de los que están adelante).

d) El número de los ministros extraordinarios aumenta más y más, ocupando el centro del altar. La comunidad eclesial era sujeto de la evangelización, ahora se volvió objeto de ella.

e) El clericalismo de ministros ordenados machistas anula la participación del Pueblo de Dios. Los seminarios preparan administradores de parroquias, pequeños profesores de catequesis, pero no misioneros. Muchas veces las personas que frecuentan las parroquias son las que menos desean la conversión misionera. Será necesario apelar a los que no frecuentan a la parroquia, unidos en pequeños grupos de convertidos. Los otros van a continuar con las mismas actividades de siempre, ahora dándoles el título de misioneras.

f) Lo emocional, lo raro, lo mágico, lo impactante, lo extraordinario, copa la celebración. Acaban confundiendo la emoción religiosa con la fe; el número con el Pueblo de Dios; los eventos con el proceso; la responsabilidad del Pueblo de Dios de asumir los caminos de la Iglesia; por el culto a los líderes, mucho sobre el Cristo de la fe y casi nada sobre el Jesús histórico; adoración de Jesús más que el seguimiento de Jesús.

g) La liturgia queda dominada por reverencias, ropas vistosas y caras, desfiles de velas, con cánticos que sólo el coro conoce y nadie participa[6].

X. Profético

Las CEBs no tienen que ser un *éxito resonante*. No aseguran resultados inmediatos.

Extraordinario aporte de Teilhard de Chardin: [7]

"Confía, especialmente en el lento trabajo de Dios. Por nuestra propia naturaleza, somos impacientes. Queremos que todo lo que es nuestro alcance pronto su respectivo objetivo. Quisiéramos saltear las etapas intermedias. Somos inquietos. Queremos despejar lo desconocido e inaugurar algo nuevo. La ley de todo progreso, sin embargo, im-

---

[6] Los Obispos brasileños, a partir del mes de mayo, han definido las directrices generales de la acción evangelizadora de la Iglesia en Brasil (2019-2023):
  a) Evangelizar (en un país cada vez más urbanizado),
  b) Por el anuncio de la Palabra de Dios,
  c) Formando discípulos y discípulas de Jesucristo EN COMUNIDADES ECLESIALES (misioneras).
  d) A la luz de la evangélica opción preferencial por los pobres.
  e) Cuidando de la Casa común (ecología).
  f) Dando testimonio del Reino de Dios, rumbo a su plenitud.
[7] Washington, DC, Periódico católico, Jesuitas, 1950.

pone etapas de inestabilidad y de inseguridad. Esto exige tiempo...
Muchas experiencias maduran gradualmente. Hay que dejarlas crecer
sin precipitación, para que encuentren su propia forma. De nada vale
querer imponer, acelerar, como si fuera posible ser hoy lo que el tiempo (es decir, la gracia de Dios y las circunstancias, que actúan para
nuestro propio bien) ... Solo Dios puede decir cómo será (la pequeña
comunidad en el futuro) ...

Entonces, permite a Dios concluir su obra, agárrate de su mano,
aunque muchas veces te sientas en el aire, ansioso y como perdido".

Cuarta parte

La herencia de Puebla

14

TEOLOGÍA DE LA LIBERACIÓN Y TEOLOGÍA DEL PUEBLO DESDE PUEBLA

P. Juan Carlos Scannone S.I. (Argentina)
Teólogo

Introducción

Según mi concepción, que vengo exponiendo desde 1982, la teología del pueblo (TP) es "una corriente con características propias dentro de la teología de la liberación" (TL), según lo reconoció el padre de ésta, Gustavo Gutiérrez. Se diferencia tanto de la corriente principal de la misma como también de la más radicalizada, que adopta el análisis sociológico marxista como científico, para "ver" la realidad. Pero, en forma semejante a las otras corrientes, pone su punto de partida y lugar hermenéutico en la *praxis* histórica interpretada y criticada a la luz de la Palabra de Dios, utiliza el método "ver, juzgar, actuar", y emplea no solamente la mediación de la filosofía, sino también la de las ciencias humanas y sociales tanto para el "ver" como para el "actuar".

Los inicios de la TL se ubican poco antes de la Segunda Conferencia del Episcopado Latinoamericano en Medellín (1968), y los de la TP, en la Comisión Episcopal de Pastoral (COEPAL), creada por el episcopado argentino a su regreso del Concilio Vaticano II (fines de 1965). Con todo, ambas tienen como antecedente común a éste y al encuentro de expertos conciliares latinoamericanos en

Petrópolis (Brasil, 1964), en el cual se propuso la necesidad de una teología planteada en perspectiva latinoamericana. Allí se encontraron el mismo Gutiérrez, del Perú, Joseph Comblin, belga, trabajando entonces en Brasil, Juan Luis Segundo, de Uruguay, y Lucio Gera, argentino, principal referente futuro –junto con Rafael Tello– de la TP. Más tarde, los primeros van a adoptar en forma crítica y desde un horizonte cristiano de comprensión, categorías provenientes del marxismo, como la de "lucha de clases", aunque Gutiérrez luego la sustituirá. Gera, por lo contrario, bajo el influjo de las "cátedras nacionales" de sociología de la Universidad de Buenos Aires, en especial, del presbítero Justino O'Farrell, rechazará el empleo tanto de categorías liberales como marxistas, buscándolas –en cambio– en la historia y la cultura latinoamericanas y argentinas, como son las de "pueblo" y "antipueblo".

En esta exposición estudiaré primeramente la novedad del Documento de Puebla con respecto al de Medellín, gracias a los aportes recibidos de la TP, pues eso influyó en la relación de ésta con la corriente principal de la TL durante el post-Puebla, período en el que me centraré. En segundo lugar, abordaré el acercamiento cada vez mayor entre ambas corrientes, tratando –en paralelo– del correspondiente influjo del magisterio mediante las dos Instrucciones de la Congregación de la Doctrina de la Fe (1984 y 1986). Para mostrar dicho acercamiento aludiré a tres acontecimientos en los que tuve la dicha de participar, a saber: 1) el segundo encuentro de El Escorial (1992), a 20 años del primero, en el cual también había yo participado (1972); 2) la reunión tenida en Schönstatt (Vallendar, Alemania), en setiembre de 1996, en el que ambas tendencias teológicas dialogaron con las autoridades de la mencionada Congregación y las del CELAM. Fue una especie de coronación del proceso teológico y eclesial del que estoy tratando; 3) éste se confirmó en noviembre de ese mismo año gracias al Congreso en la Universidad Católica de Lovaina (Löwen), el cual se preguntaba sobre un eventual cambio de eje de la TL hacia lo cultural, no en último lugar, a causa de la TP. Por último, la Tercera parte esbozará varios componentes de la situación actual de florecimiento teológico latinoamericano, gracias a dichas teologías.

1. Puebla reafirma y enriquece Medellín

Se dijo que Puebla era "la serena reafirmación de Medellín", habiendo significado esta Conferencia un nuevo Pentecostés para América Latina. Ambas afirmaciones son verdaderas, pero la primera queda corta, porque Puebla, gracias a la TP y a las intervenciones de Gera –en la sección dedicada a la "Evangelización de la cultura"–, y del padre chileno de Schönstatt, Joaquín Alliende, en "Evangelización y Religiosidad Popular", avanza con respecto a Medellín, sin dejar de reafirmarla. Es de notar que Alliende adscribía fundamentalmente a los enfoques de la que él denominaba "pastoral popular" argentina. No se puede entender el post-Puebla –del que debo tratar– si no se tiene en cuenta ese avance con respecto a Medellín. Aquí sólo señalaré cuatro avances metodológicos, que implican consecuencias en los contenidos.

1.1. La especificidad cristiana de la opción preferencial por los pobres

Después de Puebla, el entonces Secretario General del CELAM, Monseñor Antonio Quarracino, reunió en Buenos Aires (julio, 1969) a un grupo de expertos para considerar la recepción de la Conferencia. Los frutos se publicaron en Reflexiones sobre Puebla (Bogotá, CELAM, 1969). Uno de los puntos clave es el papel articulador que se le confiere a la Segunda Parte del documento, sobre todo, su función de vínculo entre la Primera ("Visión Pastoral de la realidad Latinoamericana") y las tres últimas. De ese modo, las opciones preferenciales –en especial la opción por los pobres– se especifican como cristianas –y no marxistas o de otra índole–, porque responden, en el orden de la acción, no sólo a la opción de fe (pues se había partido de una visión pastoral de la realidad), sino también a la opción por la evangelización de la cultura, uno de cuyos frutos es la piedad popular latinoamericana. Justamente esa especificidad cristiana de la opción por los pobres, fue un caballito de batalla de la teología de Gera.

1.2. Relevancia teológico-pastoral de la historia y la cultura, y de sus respectivas ciencias

Según mi opinión, otro influjo de la TP en Puebla, más allá de Medellín, se dio en la relevancia que tomaron la historia y la cultura. Pues la TP, sin dejar de lado el análisis socio-estructural (preferido por Medellín), pone un especial acento en el análisis histórico-cultural, a fin de "ver" la realidad social, y para transformarla. Así es como Puebla, para considerarla, narra, en su Primera Parte, la historia de la evangelización: y recurre a la historia en otras de sus partes, por ejemplo, cuando esboza una historia de la cultura en nuestra América (en la Segunda Parte).

En cuanto a la cultura, Puebla le confiere especial importancia a ésta y a *las* culturas, como destinatarias de la evangelización, según ya las habían tratado *Gaudium et spes* (*GS*) 53, y *Evangelii nuntiandi* (*EN* 18-20).

Además, Puebla (DP, 386), asume y relee el texto conciliar sobre la cultura en la perspectiva de la TP, como "estilo de vida de un pueblo" (Thomas Elliot). Pues añade tres palabras, a saber: "en un pueblo", cuando cita libremente los párrafos 53a y 53b de *GS*, donde el Concilio expone la noción humanista de cultura. Al agregar esas tres palabras, reinterpreta esos dos primeros párrafos desde el tercero de *GS*, es decir, desde el párrafo 53c, cuyo sentido de "cultura" es, según ahí se dice; "sociológico y etnológico". En esa relectura se nota la mano de Gera. En su momento le pregunté si lo había hecho conscientemente y me contestó que no. Tampoco los obispos pusieron objeción al texto y el Papa Francisco retomó esa perspectiva de interpretación en *EG* 115. Concluyo que todos ellos coincidieron en releer el Concilio en perspectiva latinoamericana.

Ello se confirma con el papel relevante que Puebla da a la religiosidad popular, que no había sido abordada por el Concilio. En el catolicismo popular latinoamericano encuentra la encarnación cultural del Evangelio en nuestra América, que más tarde se denominará "inculturación". Su revaloración pastoral y teológica había surgido en la TP –no sin el influjo de Paul Tillich, quien considera a la religión como la base de la cultura–, luego fue llevada por obispos latinoamericanos al Sínodo de 1974 sobre la evangelización y, según parece, gracias a la mediación del que luego fue el Cardenal Eduardo Pironio –influido por la TP–, fue asumida por Pablo VI como "religión del pueblo" y "piedad popular", propia sobre todo "de los pobres y sencillos" (*EN* 48). Su estima fue creciendo hasta Aparecida, que la menciona como "espiritualidad popular" y "mística popular" (Documento de Aparecida, DA 258 ss.). Vuelve luego a Roma y al magisterio universal, a través de Francisco.

Finalmente, para completar lo que he tratado en este apartado, añadiré dos contribuciones de Gera, que aparecen en Puebla. Por un lado, al recurso metodológico propio de la corriente principal de la TL, la mediación de las ciencias sociales –más analíticas y estructurales– para el "ver" y el "actuar", Gera y la TP lo complementan con la mediación de ciencias humanas más hermenéuticas y sintéticas, como son las de la historia, la cultura y la religión. Y, por otro lado, reconocen la importancia metodológica del conocimiento sapiencial "por connaturalidad", a fin de enraizar culturalmente y orientar rectamente el de las ciencias.

2. Hacia la mutua fecundación entre la corriente principal de la TL y la TP

2.1. Acercamiento de ambos enfoques

Ya antes de Puebla, cuando Gutiérrez y Leonardo Boff criticaron el correspondiente Documento de Consulta, redactado por Alberto Methol Ferré y Gera, sus críticas se dirigieron explícitamente al primero, pero no al segundo. Gutiérrez afirmó entonces que éste, con su concepto de anti-pueblo, no eludía el conflicto.

Un factor importante del acercamiento de ambas corrientes se dio mediante la participación de teólogos latinoamericanos de la liberación en los Congresos Internacionales de la Asociación Ecuménica de Teólogos del Tercer Mundo, desde el primero, realizado en Dar Es Salam (Tanzania) en 1976. Pues los teólogos africanos y asiáticos les movieron a valorar tópicos clave para la TP, a saber, los de la cultura y la que luego se llamará "inculturación" de la teología –sobre todo los africanos–; y, respectivamente, los de la religión y la religiosidad popular, los asiáticos, para quienes el diálogo con las grandes religiones de Asia, su mística, su teología, sus expresiones populares, tiene un valor insoslayable. Además, no debemos olvidar que Gutiérrez, desde el comienzo, fue influido por el gran novelista peruano José María Arguedas y su visión pluricultural del Perú, y, más tarde, a través de discípulos comunes, como José Luis González, por los trabajos antropológico-culturales de Manuel Marzal.

Esos distintos lazos, tanto de amistad personal como científicos y teológicos, impidieron que tuvieran éxito quienes –como Mons. Alfonso López Trujillo, primeramente Secretario y, luego, Presidente del CELAM– pretendieron usar a la TP contra la TL, confundiendo, según mi opinión, posiciones matizadas como la de Gutiérrez con otras más radicales, como la del teólogo brasileño Hugo Assmann.

Sin embargo, con dolor debo decir que no prosperaron intentos como el del P. Pierre Bigó, jesuita francés trabajando en Chile, de hacer un discernimiento espiritual en común entre las autoridades del CELAM (en esos momentos Mons. Pironio era su Presidente, y López Trujillo, su Secretario) y por obispos y teólogos representantes de ambas corrientes. Fui testigo de esa propuesta en Lima, en los años 70, planteada en el plano espiritual, no solamente intelectual. Tampoco el importante discernimiento teológico hecho en Bogotá a fines de 1973 por la Comisión Teológico-Pastoral del CELAM, llegó a un acuerdo, de modo que, más tarde, los teólogos de la corriente principal no pudieron participar oficialmente en la Conferencia de Puebla, sino en forma casi clandestina.

2.2. El problema del empleo teológico de aportes marxistas

Algo más tarde, a comienzos de 1981, el Padre Pedro Arrupe, General de los jesuitas, publicó en La Civiltá Cattolica, periódico oficioso de la Santa Sede, una carta sobre el empleo de elementos del marxismo por la teología, ofreciendo valiosas clarificaciones y distinciones para ese eventual uso crítico, que, por estar publicadas en dicha revista, habían pasado antes por la supervisión vaticana. Luego, en 1982, en un artículo que fue retomado después por otros, yo mismo distinguí varias corrientes en la TL, que le sirvieron al entonces Secretario del CELAM, Mons. Quarracino, para ilustrar por qué la Instrucción Libertatis nuntius (LN, 1984), de la Congregación para la Doctrina de la Fe, habla en plural de teologías de la liberación y por qué su fuerte crítica no abarca a todas ellas. Pues la Instrucción condena las que adoptan a priori "el punto de vista de clase" "como principio hermenéutico determinante" (*LN* X-2) para interpretar la sociedad y la historia, aun la misma realidad de la Iglesia.

Dos años más tarde (1986), una segunda Instrucción, *Libertatis conscientia* (*LC*), completó la anterior, mostrando más bien los elementos positivos aportados por la TL, en continuidad con el amor preferencial de Jesús y de la Iglesia por los pobres. Un importante complemento lo dio San Juan Pablo II en su carta del 9 de abril de 1986 a los obispos del Brasil, en la cual afirma que en la medida en que se empeña en encontrar respuestas justas –penetradas de comprensión de la rica experiencia de la Iglesia en [vuestro] país, tan eficaces y constructivas cuanto sea posible, y al mismo tiempo consonantes y coherentes con las enseñanzas del Evangelio, de la tradición viva y del Magisterio de la Iglesia–, estamos convencidos Nosotros y Ustedes, que la teología de la liberación no sólo es oportuna, sino útil y necesaria" (párrafo 5).

E inmediatamente continúa diciendo: "Ella debe constituir una nueva etapa de aquella reflexión teológica iniciada con la tradición apostólica y continuada con los grandes Padres y Doctores, con el Magisterio ordinario y extraordinario y, en una época más reciente, con el rico patrimonio de la Doctrina Social de la Iglesia, expresada en documentos que van desde *Rerum novarum* a *Laborem exercens*" (ibid.).

Según mi opinión, la crítica de la primera Instrucción apunta de lleno a la corriente más radical de la TL, representada entonces por Assmann, quien defendía la cientificidad del análisis social marxista y pretendía poder separarlo de la ideología. Por supuesto, dicha condena no toca a la TP, la cual, desde el principio, evitó categorías liberales y marxistas. Y, en cuanto a la corriente principal de la TL, pienso que, en general, ella no adopta la lucha de clases como "principio hermenéutico determinante", sino que toma elementos del marxismo –pero críticamente– desde un horizonte cristiano de comprensión, de modo que hay que discernir el asunto en cada caso. En el de Gutiérrez, me queda claro que –como él mismo me lo dijo en

Münster (1987)–, nunca fue marxista. Por ello le resultó congruente el retoque de su principal libro desde la sexta edición (1988), en la cual –gracias a la sugerencia del entonces arzobispo de Lima, Cardenal Vargas Alzamora– retocó su obra, quitó el apartado acerca de "Fraternidad y lucha de clases" y lo reemplazó por otro titulado: "Fe y conflicto social". Así adoptó entonces el enfoque y la terminología de Juan Pablo II en *Laborem exercens* (*LE*, 1981), sobre "el gran conflicto, que en la época del desarrollo industrial y junto con éste se ha manifestado entre 'el mundo del capital' y el 'mundo del trabajo', es decir, entre el grupo restringido, pero muy influyente, de los empresarios, propietarios o poseedores de los medios de producción y la más vasta multitud de gente que no disponía de esos medios, y que participaba, en cambio, en el proceso productivo exclusivamente mediante el trabajo" (*LE* 11). No se elude el conflicto, sino que se lo reconoce y asume, pero para superarlo en un plano superior, como actualmente lo enseña el Papa Francisco.

2.3. El testimonio de tres acontecimientos teológicos

Tres eventos eclesiales y teológicos de los que tomé parte evidencian el cada vez mayor acercamiento de ambas corrientes y su fecundación mutua, de modo que la principal de ellas se fue librando de posibles "conflictivismos", y la TP, de eventuales "culturalismos" sin efectividad histórica. Me refiero, en primer lugar, al segundo Encuentro de El Escorial (1992), a 20 años del primero; algo más tarde, a la reunión sobre la teología latinoamericana en el tercer milenio, organizada en Schönstatt (Alemania) por el CELAM y la Congregación para la Doctrina de la Fe (septiembre de 1996); y por último, a un Congreso en Lovaina (Löwen) acerca de la pregunta sobre un nuevo paradigma en la TL (noviembre de ese mismo año). De esos tres eventos, pienso que el segundo tuvo una especial relevancia eclesial, aunque para muchos pasó inadvertido.

Ya la presentación de la TL en Europa, acaecida en El Escorial, en 1972, no había querido prescindir de la TP. Pues, como Lucio Gera, por razones de salud no podía viajar, casi a último momento se me encomendó a mí, que iba a ser un mero participante, exponer al plenario un artículo que había publicado en favor de la naciente TL, pero criticando el empleo sin más del análisis marxista; además tuve que asumir la dirección de un Seminario durante todo el encuentro. Pues bien, veinte años después, en 1992, las intervenciones de politólogos como Manuel Garretón, y de teólogos y pastoralistas como Pedro Trigo, Víctor Codina, Diego Irarrázabal, Antonio González, etc., evidenciaron entonces el fuerte acercamiento de la corriente principal de la TL a la TP, de modo que el editor italiano Rosino Gibellini me lo hizo notar explícitamente.

Pero dicha confluencia se notó aún más, llegando como a una especie de coronación, en el encuentro celebrado en setiembre de 1996 sobre "El futuro de la reflexión teológica en América Latina", convocado por el CELAM y con participación de las autoridades de éste y de la Congregación para la Doctrina de la Fe. Fuera de los temas introductorios, se expusieron y discutieron cuatro centrales, a saber: *la TL* (a cargo de Gustavo Gutiérrez), *la Doctrina Social de la Iglesia* (expuesta por Ricardo Antoncich, del Perú), *el Comunitarismo* como alternativa viable (presentado por mí mismo) y *la Teología latinoamericana de la cultura* (otro nombre de la TP), a cargo de Carlos Galli, con el pedido de que expusiera sobre todo la teología de Gera, quien –por su salud– no pudo viajar. Pregunté a los organizadores el porqué de esa selección temática, y me contestaron que, a su parecer, eran los temas más relevantes para la teología latinoamericana del Tercer Milenio. Notemos que, entre ellos, se hallan las dos corrientes de la TL tratadas por mí en la presente intervención. Y los otros dos, están íntimamente relacionados con ambas.

Entre los tres representantes de la Congregación estaba su entonces Prefecto, Cardenal Joseph Ratzinger, quien alabó cálidamente la conferencia de Gutiérrez, sobre todo por su cristocentrismo y por su sentido de la gratuidad. Más tarde, el entonces teólogo napolitano y actual obispo, Monseñor Bruno Forte, en una reunión de la Sociedad Argentina de Teología, nos confió que Ratzinger, cuando regresó a Roma, le dijo que adscribía a todo lo afirmado en Schönstatt por Gutiérrez. Este positivo encuentro del futuro Papa Benedicto XVI con Gutiérrez y su teología, y el lugar conferido a ésta y a la TP de Gera en el futuro teológico de nuestra América, me parecen muy significativos para el tema que hoy estoy tratando y para su desarrollo posterior.

La relevancia del tercer evento, ocurrido en noviembre de ese mismo año 1996, viene de que confirma lo anterior. Pues, en el Seminario dirigido en Lovaina (Löwen), en inglés, "Theology of liberation" por el jesuita Georg De Schreijver, éste interpretaba que se había dado un cambio de eje en la TL, que la hubiera ido asimilando a la TP, es decir, el reemplazo de un eje sociopolítico hacia otro sociocultural. Por ello organizó un Congreso sobre el tema. Pero prácticamente todos los representantes de la TL allí presentes (latinoamericanos, caribeños, asiáticos y africanos) no estuvieron de acuerdo en que se hubiera producido dicho cambio axial. Más bien concordaron con la respuesta que unos meses antes Gutiérrez me había dado en Schönstatt, a dicha pregunta: no hubo una sustitución de eje, sino una mutación de acento, en primer lugar, porque el tema de la cultura nunca había estado ausente, y, sobre todo, porque, sin dejar de lado la importancia de la liberación política, social y económica, se había enfatizado el rol de lo cultural en función de una liberación integral. Ello confirma el acercamiento de las dos corrientes, pero, guardando cada una su propia idiosincrasia.

3. Ambas corrientes teológicas en el Tercer Milenio

3.1. *Desde antes del papado de Francisco*

La TL, en sus distintas vertientes, incluida la TP, a partir de Puebla a Aparecida, fue floreciendo desde dentro e interconectándose hacia fuera con otros movimientos teológicos. Cada fruto de esa vitalidad merecería una conferencia por separado. Ahora sólo me referiré brevemente: a las *teologías india, afroamericana, feminista*, la *eco-teología* y al *diálogo con la teología hispana o "latina" en los Estados Unidos*.

3.1.1. Teologías india y afroamericana

Ya he notado la importancia de la problemática de la cultura, las culturas y de lo que luego se llamó inculturación, en Puebla y el post-Puebla, tanto en la TP como en la corriente principal de la TL. Con respecto a la primera, el Congreso de Teología sobre "Evangelización de la cultura e inculturación del Evangelio", organizado en 1985 por la Facultad de Teología de San Miguel en la Argentina (cuando Jorge Mario Bergoglio era su Rector), trató de la historia de la inculturación del Evangelio en las culturas de nuestros pueblos originarios, pero todavía no explícitamente de teología india o afroamericana. Con todo, fueron invitados especialmente al Congreso, tanto el teólogo "chicano" norteamericano Virgilio Elizondo, como el afrobrasileño Antonio Aparicio da Silva: ese fue un signo del aprecio que ya se tenía en Argentina a sus respectivos planteos de inculturación de la teología.

Sobre todo la celebración de los 500 años de la evangelización americana puso sobre el tapete la cuestión de la teología india. Con todo, ya el encuentro sobre TL, tenido en Münster en 1987, organizado por la cátedra de Johann Baptist Metz, había contado con una exposición del teólogo indio Aiban Wagua, quien planteó la posibilidad de una teología kuna (etnia indígena panameña). Por otro lado, el volumen sobre *El rostro indio de Dios*, en portugués, había aparecido en 1989 dentro de la colección "Teología y Liberación", destinada a publicar la TL sistemáticamente. Pues bien, en esa obra se trata de la teología india de distintas etnias: quechua, aymara, guaraní, rarámuri, etc. Asimismo, en 1990 se había celebrado en México el Primer Encuentro Taller Latinoamericano de Teología India, al que aludiré enseguida. Y, en El Escorial II, de 1992, Diego Irarrázabal había abordado la sabiduría popular india (en este caso, andina) como mediación para una teología inculturada.

En general se puede decir que la teología india, en sus distintas vertientes, fue promovida desde la TL y nació a partir de la pastoral indígena. Aunque cuenta con teólogos importantes, indios y no indios, como son, entre otros: Eleazar López Hernández (zapoteca, México), Paulo Suess (alemán, activo en el Brasil), Roberto Tomichá (chiquitano, Bolivia), su teología es más bien comunitaria y se ha mostrado en numerosos Congresos y encuentros generales y regionales (v.g. mesoamericanos). Algunos interrogantes allí planteados pusieron en alerta a la Congregación para la Doctrina de la Fe, como se manifestó en distintas ocasiones. Yo lo viví personalmente en el Seminario del CELAM sobre el método teológico en América Latina, realizado en Bogotá, a fines de octubre de 1993, tanto en las

332 CUARTA PARTE. LA HERENCIA DE PUEBLA

prevenciones oralmente manifestadas por el Cardenal brasileño Lucas Moreira Neves como en la ponencia del obispo mexicano Mons. Javier Lozano Barragán, más tarde Cardenal. Por ello, para que no se repitieran malentendidos, el CELAM organizó 6 simposios, desde 1997 al 2017, con muy buenos frutos, y prepara otro para 2020.

Uno de los temas candentes, que había aparecido, por ejemplo, en una contribución sobre teología maya presentada en el Primer Encuentro Taller Latinoamericano de Teología India (México, 1990), es el de las relaciones entre la teología "india-india" y la teología india cristiana, entre el Antiguo Testamento y los mitos ancestrales de esos pueblos, y entre la autoridad del Magisterio de la Iglesia y la de los sabios de los mismos.

Además, una contribución importante a la teología universal y aun al magisterio pontificio, ha sido la valoración, a la luz de la fe cristiana, del "buen vivir" (en quechua: sumak kawsay; en aymara: suma gamaña) de los pueblos originarios, en armonía consigo mismos, con los otros, con la naturaleza y con Dios.

Aunque, probablemente con menor fuerza, también ha surgido en nuestra América y el Caribe la teología afroamericana, sobre todo en el Brasil, gracias tanto a los impulsos liberadores provenientes de la TL como a la revaloración teológica de la cultura, las culturas y la inculturación. Otras de sus fuentes fueron la teología africana y la teología negra en los EE. UU., aunque probablemente las principales hayan sido experiencias espirituales afro, tanto la positiva de la fuerza vital divina –al mismo tiempo inmanente y trascendente– como la dolorosa de la esclavitud –con su mezcla de indignación y de perdón–, vividas a la luz del Evangelio.

Últimamente se ha planteado la teología intercultural –nacida primeramente en Europa– como la otra cara de la inculturación de la teología en las culturas latinoamericanas. Ella no se opone a las teologías inculturadas, sino que, por lo contrario, promueve el diálogo teológico entre éstas y entre sus respectivas culturas.

3.1.2. Teología feminista

Las problemáticas teológicas de la liberación y la cultura desembocaron también en las de la liberación de la mujer y de su particular contribución cultural, a la vez que se interconectaban con movimientos nacidos en otras latitudes, como el feminista, hasta cobrar una relevancia teológica de primera importancia en América Latina.

Esa teología se caracteriza:

1) por un momento crítico –o de hermenéutica "de sospecha"– a interpretaciones y estructuras androcéntricas y patriarcales tanto en la Iglesia y la sociedad como en la teología, aun bíblica.

2) Positivamente se trata de enriquecer la reflexión desde la perspectiva propia de la mujer latinoamericana, en especial, de la pobre y discriminada por su raza (negra, india, mestiza). Entre las consecuencias de esa hermenéutica femenina pueden enumerarse la reinterpretación de la actitud de Jesús ante las mujeres y su "discipulado de iguales", la importancia teológica conferida a la vida cotidiana, la reafirmación holística de que todo está interconectado, una mayor integralidad de los enfoques y el valor teológico de la "praxis del cariño", que parece haber anticipado la "revolución de la ternura" del Papa Francisco.

3) Además de la contribución de la experiencia vivida, de los testimonios de vida y de las ciencias, la teología feminista usa como instrumento de análisis aportes de la teoría de género, que tiene en cuenta los aspectos de construcción socio-cultural que éste tiene, además de los fundamentos biológicos. En este último punto se da el riesgo tanto del influjo negativo de esa ideología, como el de que, por rechazo de ésta, no se tengan en cuenta sus aportes válidos. Así es como, según mi parecer, la teología feminista está dando novedosas contribuciones tanto a la TL en general, como también a la TP. Y, por supuesto, a la Iglesia y la sociedad latinoamericanas.

Hay numerosos nombres relevantes de teólogas latinoamericanas que contribuyeron o contribuyen a la TL y TP. Entre ellas se destacan: Ana María Tependino, Yvone Gebara, María Clara Lucchetti-Bingemer (las tres, de Brasil), María Pilar Aquino (México, trabajando en San Diego, California), Elsa Támez (presbiteriana, de México, viviendo en Costa Rica), Virginia Azcuy (Argentina), etc.

3.1.3. Ecoteología

Según mi parecer, la eco-teología en América Latina –cuya máxima expresión se manifestará más tarde, en un nivel universal, con la encíclica *LS*–, fue un fruto maduro de la TL en su intersección con la grave problemática ecológica y el movimiento ecologista mundial. Un modelo ejemplar de ese encuentro se dio en la evolución de Leonardo Boff, para lo cual lo habían preparado su formación y espiritualidad franciscanas. Así es como, sobre todo al dejar el ministerio sacerdotal y al consagrarse más de lleno a la temática ética sin abandonar la teológica, tanto su enfoque liberador como su práctica interdisciplinar del método teológico contribuyeron para que se dedicara, en forma fecunda, a la eco-teología. Un desarrollo parecido se dio también, por ejemplo, en la teología feminista, en cuanto ha planteado una eco-teología feminista holística.

No constaté una evolución semejante en la TP. Con todo, creo que ésta preparó al Papa Francisco, para que, habiendo llegado al papado, desplegara un enfoque cultural integral de la amenaza al medio ambiente, penetrando hasta sus raíces humanas en el paradigma tecnocrático moderno. Así llegó no sólo a propiciar un nuevo paradigma sociocultural global, sino también a discernir los signos actuales de su emergencia realmente posible, la cual desafía hoy a nuestra libertad.

3.1.4. La teología "latina" en los Estados Unidos

Hay un consenso en que su padre fue Virgilio Elizondo, nacido en Texas de padres mexicanos, quien ya en 1971 había fundado en San Antonio el *Mexican American Cultural Center*. Él veía como categoría futura clave la del "mestizo", y comparaba su situación en los Estados Unidos, con la de Jesús en Galilea, zona fronteriza. Luego, un paso importante se logró con la fundación de la Academia de Teólogos Hispanos Católicos de los Estados Unidos, la cual fue co-organizadora del Simposio ecuménico de teología hispana celebrado en 1991 (Nueva York).

Tres elementos se conjugaron para que surgiera dicha teología hispano-norteamericana: 1) la reflexión, a la luz de la fe, sobre la situación de discriminación injusta vivida por los chicanos y otros latinos, debido a su lengua, clase social, color de la piel, y en las mujeres, a su sexo; 2) su condición de "puente", dentro de Iglesia y sociedad, entre dos culturas y modos de vivir la religión y la fe, así como por el uso de ambos idiomas para teologizar; 3) un diálogo fecundo con la TL latinoamericana, en especial, con su corriente principal y, en algunos teólogos –como Allan Figueroa Deck y Peter Casarella–, también con la TP.

De aquí que importantes teólogos latinos como éstos, o Roberto Goizueta (nacido en Cuba), constataron luego explícitamente su fuerte cercanía con la TP, dadas sus posiciones semejantes acerca de la cultura, la inculturación y la piedad popular. La devoción a Cristo Crucificado (y su "epistemología del sufrimiento": Orlando Espín), así como a la Virgen, en especial a la Guadalupana, son como el símbolo de esa teología, de la cual se ha llegado a afirmar que su "corazón" es el catolicismo popular. Así es que asume teológicamente no solamente planteos éticos como la opción por los pobres y la lucha contra la discriminación, sino también estéticos, vividos y compartidos en la fiesta popular, en la cual la fe se integra con la vida, la cultura y la liberación integral.

Después de la elección de Francisco al papado, se están dando en EE. UU. movimientos teológicos latinos, que no sólo continúan esa breve tradición, sino que apoyan la orientación y la teología del Papa. Merece especial atención el surgido en la Universidad jesuita Boston College, liderado por teólogos laicos como Rafael Luciani (Venezuela) –de quien tuve la ocasión de ser profesor en la Pontificia Universidad Gregoriana– y Hoffman Ospina (Colombia). Ese grupo ha ampliado el diálogo a toda la teología post-conciliar en español, lo que está produciendo un fecundo intercambio entre la teología latina norteamericana, la latinoamericana y la española. Se trata de un nuevo fruto de la TL y la TP en el post-Puebla.

3.2. El papado de Francisco

La Iglesia latinoamericana se trasformó, desde Medellín, en fuente, también de teología, para la Iglesia universal. Karl Rahner, sin conocer América Latina, con el olfato teológico que lo caracterizaba, percibió en esa fuente dos corrientes de agua viva interconectadas, y coordinó sendas publicaciones acerca de las mismas, a saber: 1) la liberación (en relación con los pobres), y 2) la religión del pueblo. Ambas corresponden a la TL en todas sus vertientes, y a la TP.

Ya ambas habían influenciado positivamente el magisterio papal postconciliar, de Pablo VI a Benedicto XVI, y últimamente se logró un nuevo ápice con el primer Pontífice latinoamericano. Francisco evidenció su valoración de la TL –cuando no está contaminada por la ideología marxista–, recibiendo al padre de la misma, Gutiérrez, en setiembre de 2013; y en su carta, al cumplir éste 90 años, en la que le agradece "por cuanto has contribuido a la Iglesia y a la humanidad, a través de tu servicio teológico y de tu amor preferencial por los pobres y los descartados de la sociedad".

Por otro lado, cuando era Cardenal Arzobispo de Buenos Aires ya había mostrado su estima por los dos principales promotores de la TP: Gera y Tello. Cuando el primero falleció en 2012, lo hizo enterrar en la catedral porteña como teólogo del Concilio y de las Conferencias de Medellín y Puebla. En el mismo año, con ocasión de un libro sobre la teología de Tello, no solamente le escribió el prólogo, sino que reivindicó su persona y su teología en la Facultad donde aquél había enseñado (y de la cual había sido removido y suspendido *a divinis* por el antecesor no inmediato de Bergoglio, el Cardenal Aramburu).

Por otra parte, sobre el influjo general de la TP en Francisco, remito a mi libro: *Teología del pueblo. Raíces teológicas del Papa Francisco*, Santander, Sal Terrae, 2017, del que existen traducciones al francés y al italiano. Ahora solamente tocaré algunos puntos importantes en los cuales el Papa avanza teológicamente con respecto a la TP en su misma orientación. Entre otros, escojo dos temas clave para ésta: los conceptos de *pueblo* y de *mística popular*.

Por último, antes de una breve conclusión, constataré la vitalidad actual tanto de la TL en general, como de la TP, las cuales están brindando su apoyo teológico explícito al gobierno y a la teología del actual Pontífice.

3.2.1. Algunas contribuciones teológicas de Francisco

a) Enriquecimiento de la noción de "pueblo"

Al menos en dos puntos he observado que Francisco precisó y completó el concepto de "pueblo", referido al Pueblo de Dios y a los pueblos de la tierra. En primer lugar, contra todo populismo –que lo piensa como homogéneo y manipulable por un líder–, no solamente lo opone a una masa manejada ideológicamente desde fuera, sino que le atribuye una armonía pluriforme, como la de una orquesta. Por ello afirma:

"El modelo no es la esfera, que no es superior a las partes, donde cada punto es equidistante del centro y no hay diferencias entre unos y otros. El modelo es el poliedro, que refleja la confluencia de todas las parcialidades que en él conservan su originalidad" (*EG* 236).

Más tarde, en *LS*, el Papa va a fundar esa comunión una en irreductibles diferencias, en la "estructura propiamente trinitaria" de toda realidad (*LS* 239-240), en especial, la de la Iglesia.

Un segundo punto de su avance en la comprensión del "pueblo", él mismo reconoce que se lo debe al filósofo argentino Rodolfo Kusch, en cuanto éste lo concibe como "mítico". Por su parte, Francisco asevera que "pueblo" no es un concepto lógico –como el de "ciudadano"–, sino que es "histórico-mítico": "histórico" porque implica una historia y memoria comunes, un estilo común de vida y un proyecto común de futuro, pero "mítico", porque responde a otra lógica que la formal, a la del símbolo. Así converge con la afirmación de Ricoeur acerca de las culturas nacionales, que se caracterizan por un núcleo ético-mítico: ético porque involucra valores, mítico porque se expresa en símbolos.

b) Avance en la comprensión de la mística popular

Ya Gutiérrez había hablado de "espiritualidad popular" y le había dedicado su libro *Beber en su propio pozo. En el itinerario espiritual de un pueblo* (Lima, CEP, 1983), en el que valora la vivencia comunitaria (eclesial) de las virtudes teologales. De paso, es interesante remarcar que también Tello –en escritos inéditos que se están ahora publicando– se refiere a la fe popular como virtud teologal cuyo sujeto es colectivo.

Pero, según mi conocimiento, el primero que habla de "mística popular" y le dedica un libro, fue el jesuita argentino Jorge Seibold, atribuyéndola a un sujeto, ya no sólo individual sino comunitario. Luego, gracias a esa obra, el tema es llevado a la conferencia de Aparecida –según parece, por Mons. Sergio Fenoy, entonces obispo de San Miguel y hoy arzobispo de Santa Fe, en Argentina– y así es asumido por la Quinta Conferencia junto con el de "espiritualidad", enriqueciendo la expresión "piedad popular", introducida en el magisterio por Pablo VI en *EN*.

Pues bien, en su exhortación *EG*, el Papa Francisco emplea dos veces la nueva expresión "mística popular". La primera es una cita de Aparecida; pero en la segunda, avanza en la interpretación de esta formulación, haciéndole abarcar no sólo un momento contemplativo de plegaria, sino toda la vida cristiana activa y contemplativa. Pues declara: "La mística popular acoge a su modo el Evangelio entero, y lo encarna en expresiones de oración, de fraternidad, de justicia, de lucha y de fiesta" (*EG* 237). Son cinco manifestaciones del mismo "*in actione contemplativus*" de un sujeto colectivo, simultáneamente comunitario y personal: el Pueblo fiel de Dios.

3.2.2. La TL y la TP en la actualidad

La TL en general, y la TP, permanecieron vivas, vigentes y fructíferas aun en momentos de sospecha e incomprensión, y son testimonio de que la Iglesia latinoamericana es hoy una Iglesia fuente (antes una Iglesia reflejo). Lo mostraron, sobre todo, cuando Francisco retomó con fuerza –en el nivel universal– los planteos de Medellín a Aparecida, así como la agenda inacabada del Concilio. Sólo aportaré algunos ejemplos.

Así es como Amerindia, que ya en Aparecida (2007) había podido colaborar abiertamente con los obispos, organizó dos Congresos Continentales de Teología, el primero en UNISINOS (Sao Leopoldo, Brasil), en 2012 –aun antes del pontificado actual–, y la segunda, en Belo Horizonte (2015). Esos encuentros y los trabajos que los acompañaron, mostraron no solamente la autoridad de los autores clásicos de la TL, sus avances teológicos (como ejemplos, de Víctor Codina en pneumatología, o de Pedro Trigo, en la lectura teológica de las culturas populares, en especial, la suburbana), el surgimiento de numerosos jóvenes teólogos y teólogas como el dominico mexicano Carlos Mendoza, el brasileño Fernando de Aquino Junior o el argentino, que trabaja en Chile, Carlos Schickendantz, etc.

Asimismo, la TP no solamente ha alcanzado ya varias generaciones teológicas (desde Gera y Tello, pasando por Galli hasta hoy), en especial, en la Facultad de Teología de la UCA, en Buenos Aires, sino que ha logrado que organizaciones laicas como CLACSO acepten un Grupo de Trabajo interreligioso sobre Ética, Política y Teología –coordinado por la teóloga argentina Emilce Cuda–, el cual llevó los planteos de la TP y su relación con la teología de Francisco hasta el Centro de Estudios Latinoamericanos de la Universidad de Cantón (campus de Zuhai), en la República Popular China.

Todos ellos son signos visibles de la vitalidad y la proyección universal de la teología latinoamericana después de Puebla.

A modo de breve conclusión

El post-Puebla continúa dando frutos teológicos. Pues la fecundidad de la TL y, dentro de ella, de la TP, no se ha agotado. Es de esperar que sigan siendo manantiales de agua viva de pastoral, misión, espiritualidad y teología, que mana de la Iglesia latinoamericana, como Iglesia fuente, para acrecentar el caudal de la Iglesia universal en su servicio a la humanidad.

15

NOVEDADES TEOLÓGICO-PASTORALES DE PUEBLA EN LA IGLESIA ACTUAL

P. Carlos María Galli (Argentina)
Pontificia Universidad Católica Argentina

A Juan Carlos Scannone sj
+ *In memoriam*

Este ensayo analiza la vigencia de algunas novedades teológico – pastorales del *Documento de Puebla* en la Iglesia actual y el pontificado del Papa Francisco a cuarenta años de la celebración de la III Conferencia General del Episcopado de América Latina en Puebla de los Ángeles, México.

Los criterios que nos guían son: señalar la novedad de la Iglesia latinoamericana en el Pueblo de Dios que ya transita el siglo XXI; hacer una hermenéutica histórica y teológica de los textos, dado que muchos desconocen la riqueza de la enseñanza de Puebla; mostrar la fidelidad creativa al Concilio Vaticano II y a las conferencias de Medellín (1968) y Puebla (1979) por parte del magisterio pontificio y episcopal latinoamericano y caribeño; estudiar algunos procesos de continuidad en el cambio y de cambio en la continuidad en línea con aportes de la teología sistemática y pastoral contemporánea.

El itinerario discursivo sigue seis grandes pasos: la novedad histórica de la Iglesia latinoamericana como símbolo del Pueblo de Dios en el sur del mundo (I); la centralidad de una eclesiología centrada en la Iglesia evangelizada y evangelizadora según el paradigma de la conversión misionera (II); la maduración de la figura sinodal desde las conferencias y los sínodos de los Obispos a una sinodalidad en el estilo, las estructuras y los procesos de toda la Iglesia sinodal (III); el desarrollo de una teología pastoral que pasa de evangelizar la cultura de los pueblos a inculturar el Evangelio de forma intercultural en la ciudad global (un tema que se me confió porque no es desarrollado en otras colaboraciones) (IV); la originalidad de una evangelización liberadora que realiza la opción por los pobres desde las periferias generadas por los sistemas de descarte (V); la profundización del cristocentrismo trinitario en el *kerygma* de la ternura misericordiosa de Dios y en la promoción de una cultura del encuentro (VI); el paso continuo de la alegría de creer en el Evangelio a la dulce alegría de evangelizar (VII).[1]

---

[1]   Las abreviaciones utilizadas en este ensayo son: (*A*) V Conferencia General del Episcopado Latinoamericano en Aparecida, Brasil (2007), (*AG*) Decreto Conciliar *Ad Gentes,* sobre la actividad misionera de la Iglesia, (Concilio Vaticano II, 1965), (*ChL*) Exhortación Apostólica Postsinodal *Christifideles laici,* sobre la vocación y misión de los laicos en la Iglesia y en el mundo (Papa Juan Pablo II, 1988), (*DA*) Documento final de Aparecida, (*DCE*) Carta Encíclica *Deus Caritas est,* sobre el amor cristiano *(Papa Benedicto XVI, 2005),* (DCG) Directorio General de la Catequesis (Juan Pablo II, 1997), (*DP*) Documento final de Puebla, (*EiA*) Exhortación Apostólica Post-sinodal *Ecclesia in Africa,* sobre la Iglesia en África y su Misión Evangelizadora hacia el año 2000 (Papa Juan Pablo II, 1995), (*EE*) Ejercicios Espirituales de San Ignacio de Loyola, (*EG*) Exhortación Apostólica *Evangelii gaudium,* sobre el Anuncio del Evangelio en el mundo actual (Papa Francisco, 2013), (*EN*) Exhortación apostólica *Evangelii nuntiandi,* acerca de la Evangelización en el mundo contemporáneo (Papa Pablo VI, 1975), (*GEE*) Exhortación Apostólica *Gaudete et exultate,* sobre el llamado a la santidad en el mundo actual (Papa Francisco, 2018), (*GS*) Constitución Pastoral *Gaudium et spes,* sobre la Iglesia en el mundo actual (Concilio Vaticano II, 1965), (*LG*) Constitución Dogmática *Lumen gentium,* sobre la Iglesia (Concilio Vaticano II, 1964), (*LF*) Carta Encíclica *Lumen fidei,* sobre la fe, (Papa Francisco, 2013), (*LS*) Carta Encíclica *Laudato si´,* sobre el cuidado de la Casa Común (Papa Francisco, 2015), (*M*) II Conferencia General del Episcopado Latinoamericano en Medellín, Colombia (1968), (*NMI*) Carta Apostólica *Nuovo millenio ineunte,* al concluir el Gran Jubileo del año 2000 (Papa Juan Pablo II, 2001), (*OA*) Carta Apostólica *Octagesima adveniens,* en ocasión del LXXX Aniversario de la Encíclica *Rerum novarum* (Papa Pablo VI, 1971), (*RMi*) Carta Encíclica *Redemptoris missio,* sobre

I. Novedad histórica

1. Del primer Papa que vino a América Latina al primer Papa latinoamericano

1. De 1968 a 2018 la Iglesia de América Latina ha completado su ingreso inicial y progresivo en la historia mundial. San Pablo VI fue el primer sucesor de Pedro que visitó América Latina. Su viaje a Colombia fue un gesto profético. El 22 de agosto de 1968 llegó a Bogotá para inaugurar la II Conferencia General del Episcopado Latinoamericano. Produjo un hecho inédito: bajó del avión, se arrodilló y besó la tierra. En 1974, confesó su cercanía a nuestra iglesia: "Nuestra solicitud pastoral por todas las iglesias se reviste de una especial atención cuando se proyecta hacia América Latina".[2]

Medellín fue el inicio efectivo de la renovación conciliar en nuestra región. En esa asamblea se comenzó a "latinoamericanizar" el Concilio Vaticano II. En el inmediato postconcilio el llamado "mayo francés" golpeó a parte de la Iglesia en Europa; entre nosotros, "el 68 latinoamericano" o "el agosto de Medellín" –sólo dos semanas– fue un hito que configuró la Iglesia católica regional.

2. En 2013 Francisco fue elegido Obispo de Roma cuando las periferias del orbe aparecieron en el corazón de la urbe. Él es el primer rostro latinoamericano que confirma en la fe y preside en la caridad a todas las iglesias. Su pontificado reformador arraiga en el estilo de nuestra Iglesia y en el proyecto misionero de la V Conferencia General del Episcopado de América Latina y El Caribe, celebrada en Aparecida, Brasil, en 2007 (A). Francisco, nacido en la Argentina, se

---

la Permanente Validez del Mandato Misionero (Papa Juan Pablo II, 1990), (SD) IV Conferencia General del Episcopado Latinoamericano en Santo Domingo, República Dominicana (1992), (SIN) La Sinodalidad en la Vida y en la Misión de la Iglesia, Comisión Teológica Internacional (2018), (SRS) Carta Encíclica *Sollicitudo rei socialis*, en el Aniversario XX de la *Populorum progressio* (Papa Juan Pablo II, 1987), (TMA) Carta Apostólica *Tertio millennio adveniente*, como preparación del Jubileo del año 2000 (Papa Juan Pablo II, 1994), (UR) Decreto *Unitatis redintegratio*, sobre el Ecumenismo (Concilio Vaticano II, 1964).

[2] PABLO VI, "Homilía en la Misa de clausura de la XV asamblea ordinaria del CELAM 3/11/1974. *La XV assemblea ordinaria del Consiglio Episcopale Latinoamericano*", en: *Insegnamenti di Paolo VI*, XII (1974), TPV, 1975, 1042.

refiere a América Latina como "su amado continente" (*EG* 124). El Papa representa la llegada del sur al corazón de la Iglesia y hace oír las voces del sur global en los foros del mundo entero. Esta novedad produce una gran conmoción.

"Francisco es el primer Papa que procede del hemisferio Sur o del fin del mundo. El encuentro de la recepción conciliar del Sur con la de Occidente ocasionó, al igual que ocurre con los desplazamientos subterráneos de placas tectónicas, un terremoto. Algunas cosas que estaban mal construidas se derrumbaron casi de la noche a la mañana. Los cimientos sólidos resistieron; sobre estos se puede acometer una nueva edificación".[3]

3. El 14/10/18, el primer Papa latinoamericano canonizó al primer Papa que vino a América Latina. En 2014 Francisco canonizó a los papas Juan XXIII y Juan Pablo II y beatificó a Pablo VI, mostrando su fina sabiduría del amor para equilibrar tensas polaridades eclesiales. En 2018 canonizó a dos figuras emblemáticas que marcan la Iglesia latinoamericana. Uno es Giovanni Battista Enrico María Montini (1897-1978); el otro es Óscar Arnulfo Romero y Galdámez (1917-1980). El primero fue Obispo de Roma de 1963 a 1978; el segundo fue arzobispo de San Salvador de 1977 a 1980. El primero murió crucificado a su lecho de dolor el 6 de agosto de 1978, en la fiesta de la Transfiguración del Señor; el segundo, nombrado obispo en 1970, fue asesinado el 24 de marzo de 1980, mientras celebraba la Eucaristía en el hospital Divina Providencia. Ambos se asociaron a la Pascua de Cristo y sufrieron la incomprensión. De ambos era amigo el obispo argentino Eduardo Pironio, quien, según Carlo María Martini, ha sido "una de las mayores personalidades de la Iglesia del final del milenio".[4]

---

[3] W. KASPER, "El Vaticano II: intención, recepción, futuro", *Teología* 117 (2015) 95-115, 113.

[4] C. MARTINI, "Presentación", en: AA. VV., *Cardenal Eduardo Pironio. Un testigo de la esperanza. Actas del Simposio Internacional realizado en Buenos Aires del 5 al 7 de abril de 2002*, Buenos Aires, Paulinas, 2002, 7.

2. De la Iglesia latinoamericana a la Iglesia católica en y desde el sur del mundo

La Iglesia católica latinoamericana afianzó su figura regional desde mediados del siglo XX.[5] Las cinco conferencias episcopales latinoamericanas ayudaron a madurar nuestro camino colegial y sinodal. Se celebraron en Río de Janeiro; Medellín; Puebla de los Ángeles; Santo Domingo; Aparecida. Sus textos contienen una valiosa teología pastoral de cuño conciliar y latinoamericano.[6]

A través de nuestras conferencias la Iglesia de América Latina hizo *una recepción original de la enseñanza del Concilio Vaticano II y de los documentos de los papas postconciliares.*[7] Medellín hizo la primera recepción del Concilio, sobre todo de la Constitución *Gaudium et spes*, y de la encíclica *Populorum progressio.*[8] Luego Puebla, a la luz de la exhortación *Evangelii nuntiandi*, reasumió todo el Vaticano II en clave evangelizadora y manifestó una renovada autoconciencia histórica. Santo Domingo releyó la propuesta de una nueva evangelización lanzada por Juan Pablo II para el V Centenario de la Fe en América. Ésta se prolongó, a su modo, en el Sínodo continental para América celebrado en Roma (1997) y en la posterior exhortación pontificia *Ecclesia in America* (1998).

Después del Jubileo de 2000, Juan Pablo II llamó a recomenzar el camino de la santidad misionera en la Carta *Novo millennio ineunte* (2001). Benedicto XVI, en su encíclica *Deus caritas est* (2005), convocó a centrar la mirada en Dios – Amor revelado en Cristo. Aparecida fue una novedad regional en diálogo con el testamento pastoral de Juan Pablo II y la encíclica programática de Benedicto XVI.

---

[5]   Cf. E. CÁRDENAS, "La Iglesia latinoamericana en la hora de la creación del CELAM", en: CELAM, *CELAM: elementos para su historia 1955-1980*, Bogotá, CELAM, 1980, 27-110.

[6]   Cf. A. BRIGHENTI; J. PASSOS (orgs.), *Compêndio das Conferências gerais dos bispos da América Latina e Caribe*, São Paulo, Paulinas, 2018.

[7]   Cf. C. M. GALLI, "Kirche - Evangelisierung - kulturelle Identität. Einleitung", en: P. HÜNERMANN; J. C. SCANNONE; C. M. GALLI (Hg.) *Lateinamerika und die katholische Soziallehre* I, Mainz, Grünewald, 1993, 229-243.

[8]   Cf. C. SCHICKENDANTZ, "Único ejemplo de una recepción continental del Vaticano II", *Teología* 108 (2012) 25-53.

Nuestras conferencias fueron pioneras en generar instituciones regionales y, al mismo tiempo, fomentar la integración latinoamericana (*A* 1-18, 520-528). El itinerario recorrido ha modelado *el rostro latinoamericano y caribeño* de esta Iglesia (*A* 100). Nuestro "regionalismo" se anticipó a los otros continentes. Pablo VI invocó el ejemplo del CELAM cuando surgió la idea de formar el Consejo de Conferencias Episcopales de Europa. En 1991, después de la caída del Muro de Berlín, se celebró la primera asamblea del Sínodo de los Obispos para Europa. Esta práctica se universalizó con los sínodos jubilares que dieron origen a las exhortaciones pontificias para los continentes.

La comunión sinodal y colegial en la región contribuye a formar una nueva figura eclesial,[9] configurada por los rasgos culturales de nuestros pueblos y por su inserción en una región multifacética, que es una y plural, tradicional y moderna, occidental y sureña. Este subcontinente integra *occidente* con sus tradiciones y es parte del *sur* signado por las desigualdades, siendo la región más desigual del planeta. Siendo parte del continente americano, es la única zona homogéneamente cristiana del sur y aún está impregnada fuertemente por la tradición católica.

En el inmediato postconcilio Pablo VI invitó a esta Iglesia a forjar una nueva síntesis cultural desde la propia originalidad para integrar valores cristianos y aportes modernos: "*asumir una vocación a aunar, en una síntesis nueva y genial, lo antiguo y lo moderno, lo espiritual y lo temporal, lo que otros nos entregaron y nuestra propia originalidad*". Las conferencias de Medellín y de Puebla recogieron ese desafío histórico (*M* Intr 7; *DP* 4), pero no se ha avanzado en esa línea. Puebla señaló claramente el camino: "De tal modo tradición y progreso, que antes parecían antagónicos en América Latina, restándose fuerzas mutuamente, hoy se conjugan buscando una nueva síntesis que aúne posibilidades del porvenir con las energías provenientes de nuestras raíces comunes" (*DP* 12).

Hoy la Iglesia crece en el sur.

---

    [9] Cf. M. DA FRANCA MIRANDA, *A Igreja que somos nós*, Sao Paulo, Paulinas, 2013, 148-156.

En el sur, América Latina es la Iglesia con más historia, población e integración. No es casual que el primer Papa sureño saliera de allí. En 100 años se invirtió la composición geocultural del catolicismo. En 1910 el 70% de los bautizados católicos vivía en el norte (65 en Europa) y el 30% en el sur (24 en América Latina). En 2010 apenas el 32% vivía en el norte (24 en Europa, 8 en Norteamérica) y el 68% en los continentes del sur: 39 en América Latina, 16 en África, 12 en Asia, 1 en Oceanía. O sea, *dos de cada tres*. Hoy el catolicismo crece en África y Asia.

Después de un primer milenio signado por las iglesias orientales y de un segundo dirigido por la iglesia occidental, se avizora un tercer milenio revitalizado por las iglesias del sur en una catolicidad intercultural, presidida en el amor por la sede de Roma y animada por una dinámica espiritual y pastoral *policéntrica*. La iglesia "sureña" ya está en el corazón de la casa de Dios.[10] Las decisiones del nuevo pontificado reconocen el protagonismo de las periferias y los "periféricos".[11] Esto refleja la crisis del euro-centrismo eclesial y llama a evitar la tentación de un latinoamericano-centrismo. Con Francisco la Iglesia latinoamericana, siendo periferia, se torna un centro sin pretender centralizar.

II. Centralidad de la evangelización

3. *De Iglesia evangelizada y evangelizadora a discipular y misionera*

La exhortación *Evangelii nuntiandi* (8/12/1975), es "el testamento pastoral de Pablo VI".[12] Centra a la Iglesia en su misión y abre una nueva etapa pastoral. Refleja el pensamiento maduro del Papa sobre los nexos entre Cristo, Evangelizador y Evangelio, la Iglesia y la evangelización. Es el mejor documento pastoral de la historia de la Iglesia y un jalón decisivo hacia una nueva evangelización.

---

[10] Cf. W. BÜHLMANN, *La tercera iglesia a las puertas*, Madrid, Paulinas, 2ª, 1977, 157-196.

[11] Cf. A. RICCARDI, *Periferie. Crisi e novitá per la Chiesa*, Milano, Jaca Book, 2016, 7-29.

[12] Cf. L. MOREIRA NEVES, "La exhortación apostólica 'Evangelii nuntiandi', testamento pastoral de Pablo VI", *L'Osservatore romano* 19/1/2001, 9; del mismo autor cf. *Pablo VI, perfil de un Pastor*, Valencia, Edicep, 1991, 77-84.

La III asamblea del Sínodo de los Obispos se celebró en 1974 con el tema *De evangelizatione mundi huius temporis*. Un fruto fue la exhortación *Evangelii nuntiandi*, publicada en 1975, a diez años de la clausura del Concilio, el final del Año Santo y un cuarto de siglo antes del nuevo milenio (*EN* 3, 81). En ella Pablo VI hizo una excelente síntesis de la mejor teología pastoral. El prólogo vinculó el Concilio, el impulso a una renovada evangelización y el horizonte del tercer milenio (*EN* 2-4). Allí afirmó que "la cuestión fundamental" era si la Iglesia, gracias al Vaticano II, era más apta para anunciar el Evangelio e insertarlo en el corazón del hombre contemporáneo. Así situó la evangelización en el centro de la conciencia y la *praxis* de la Iglesia postconciliar.[13] En 1991 decía Lucio Gera:

> "la Iglesia ha situado en forma creciente la cuestión de la evangelización en el centro de su conciencia… Pablo VI es el gran iniciador de este despertar de la vocación evangelizadora de la Iglesia".[14]

Pablo VI promovió un nuevo impulso evangelizador para crear tiempos nuevos de evangelización. En su discurso final al Sínodo de 1974, dijo que en la asamblea tuvo la voluntad unánime de infundir en la Iglesia un nuevo impulso generoso, a la acción evangelizadora. En su exhortación posterior recogió aquella enseñanza en dos frases magistrales. "Evangelizar constituye la dicha y vocación propia de la Iglesia, su identidad más profunda. Ella existe para evangelizar" (*EN* 14). Esta conciencia renovada de la propia identidad y misión se corresponde con el perfil de una Iglesia *evangelizada y evangelizadora* (*EN* 13-16).[15] En la Conferencia

---

[13] Cf. G. COLOMBO, "I 'Colloqui' dell'Istituto Paolo VI", en: ISTITUTO PAOLO VI, *L'Esortazione apostolica di Paolo VI 'Evangelii nuntiandi'*. Colloquio internazionale di Studio, Brescia, 22-24/9/1995, Brescia, Istituto Paolo VI, 19, 1998, 20.

[14] L. GERA, "Evangelización y promoción humana. Una relectura del Magisterio latinoamericano preparando Santo Domingo", en: C. GALLI; L. SCHERZ (comps.), *Identidad cultural y modernización*, Buenos Aires, Paulinas, 1992, 23.

[15] Cf. L. GERA "Comentarios introductorios a los capítulos de *Evangelii nuntiandi*", en: V. R. AZCUY; C. M. GALLI; M. GONZÁLEZ (Comité Teológico Editorial), *Escritos teológico-pastorales de Lucio Gera. I. Del Preconcilio a la Conferencia de Puebla (1956-1981)*, Buenos Aires, Agape - Facultad de Teología UCA, 2006, 745-813.

de Aparecida esa convicción se tradujo con la expresión *Iglesia discipular y misionera*, o "comunidad de discípulos misioneros" (*A* 364). Más allá de los enunciados, sólo una Iglesia evangelizada y discipular puede ser una comunidad evangelizadora y misionera.

Para dar un nuevo impulso Pablo VI llamó a la conversión al Evangelio y la renovación de la Iglesia. "...evangelizadora, la Iglesia comienza por evangelizar a sí misma... siempre (*semper*) tiene necesidad de ser evangelizada, si quiere conservar su frescor, impulso y fuerza para anunciar el evangelio. El Concilio Vaticano II ha recordado y el Sínodo de 1974 ha vuelto a tocar insistentemente este tema de la Iglesia que *se evangeliza* a través de una *conversión* y una *renovación* constantes, para *evangelizar* el mundo de manera creíble" (*EN* 15).

En 1994, en el libro-entrevista *Cruzando el umbral de la esperanza*, san Juan Pablo II hizo dos afirmaciones que entrelazan al Concilio y a Pablo VI en clave evangelizadora. Por un lado, expresó que "con el Vaticano II tuvo su comienzo la nueva evangelización".[16]. Por el otro, puso de relieve el valor magistral de la *Evangelii nuntiandi* porque ella es "la interpretación del magisterio conciliar sobre lo que es tarea esencial de la Iglesia".[17] Luego, en continuidad creativa, cuando convocó al Gran Jubileo de 2000, Juan Pablo II hizo una relectura de la historia postconciliar en clave evangelizadora.

"En el camino de preparación a la cita del 2000 se incluye la serie de Sínodos iniciada después del Concilio Vaticano II: Sínodos generales y Sínodos continentales, regionales, nacionales y diocesanos. *El tema de fondo es el de la evangelización, mejor todavía, el de la nueva evangelización*, cuyas *bases* fueron fijadas por la Exhortación Apostólica *Evangelii nuntiandi* de Pablo VI, publicada en el año 1975 después de la tercera Asamblea General del Sínodo de los Obispos. Estos Sínodos ya forman parte por sí mismos de la nueva evangelización: nacen de la visión conciliar de la Iglesia, abren un amplio espacio a la participación de los laicos, definiendo su específica responsabilidad en la Iglesia, y son expresión de la fuerza que

---

[16] JUAN PABLO II - V. MESSORI, *Cruzando el umbral de la esperanza*, Barcelona, Plaza Janés, 1994, 166.

[17] Cf. JUAN PABLO II; MESSORI, *Cruzando el umbral de la esperanza*, 126.

Cristo ha dado a todo el Pueblo de Dios, haciéndolo partícipe de su propia misión mesiánica: profética, sacerdotal y real. Muy elocuentes son a este respecto las afirmaciones del segundo capítulo de la Constitución dogmática *Lumen gentium*. La preparación del Jubileo del Año 2000 se realiza así con toda la Iglesia, a nivel universal y local, animada por una conciencia nueva de la misión salvífica recibida de Cristo" (*TMA* 21).

Este texto marca una constante de la Iglesia contemporánea y conciliar. Los dos papas coinciden en afirmar que la evangelización es la gran cuestión. Si Pablo VI la llama "*la cuestión fundamental*" (*EN* 4), su sucesor la denomina "*el tema de fondo*" (*TMA* 21). La búsqueda de una nueva evangelización, denominada con diversas frases, es una línea de fondo del postconcilio.[18]

La recepción de la exhortación Evangelii nuntiandi fue muy importante en nuestro continente.

No hubo otro documento "que haya sido más relevante y que haya tenido más intensa y extensa repercusión en la Iglesia en América Latina".[19] Se lo recibió con entusiasmo y se lo estudió con profundidad porque dio un marco de referencia y una fuente de inspiración para la reflexión y la acción. La *Evangelii nuntiandi* fue recibida y trabajada por el magisterio y la teología de Argentina.[20] Esta acogida favorable dependió, entre otras razones, del aprecio por Pablo VI y su enseñanza, y del hecho que el texto completó el intercambio entre la iglesia latinoamericana y el magisterio universal dado desde 1968 a 1975, devolviendo aportes de nuestras iglesias en una reflexión autorizada y articulada.

La exhortación fue la base de la convocatoria a la Conferencia de Puebla, única recepción de ese documento que hizo una iglesia de escala continental. La preparación de la III Conferencia dio el marco

---

[18] Cf. C. M. GALLI, "La teología latinoamericana de la cultura en las vísperas del tercer milenio", en: CELAM, *El futuro de la reflexión teológica en América Latina*, Bogotá, CELAM, 1996, 242-362, esp. 323-347.

[19] Cf. G. CARRIQUIRY, "La exhortación apostólica *Evangelii nuntiandi* en la Iglesia en América Latina", en: ISTITUTO PAOLO VI, *L'Esortazione apostolica di Paolo VI 'Evangelii nuntiandi'*, 259.

[20] Cf. A. GRANDE, *Aportes argentinos a la teología pastoral y a la nueva evangelización*, Buenos Aires, Ágape, 2011, 67-137 y 917-954.

para hacer esa recepción regional y capilar. Por eso aquella tuvo una amplia acogida en sus documentos preparatorios.[21] Pablo VI exhortó a los obispos a dar *un nuevo impulso a la evangelización en nuestro continente latinoamericano*, como decía la oración que envió para preparar Puebla.

4. De la misión de evangelizar a la salida misionera

El tema de Puebla fue *La evangelización en el presente y en el futuro de América Latina*. En su Discurso inaugural Juan Pablo II dijo que Medellín había recogido los planteos esenciales del Concilio para dar un impulso de renovación pastoral y social, y resumió sus líneas en una opción por el hombre latinoamericano, el amor preferencial por los pobres y el aliento a una liberación integral. Exhortó a los obispos a ser maestros de la verdad acerca de Cristo, la Iglesia y el hombre, constructores de la unidad y defensores de los derechos humanos. Llamó a asumir la *Evangelii nuntiandi* como un punto de referencia de la asamblea. De hecho, ella fue ampliamente citada por el documento.

Puebla se convirtió en una "gran suma pastoral" que centró a la Iglesia en Jesucristo y en la misión de evangelizar. [22] Reafirmó la identidad cristiana en la cultura latinoamericana. Recreó las enseñanzas de Pablo VI sobre las relaciones entre la evangelización, la cultura (*EN* 18-20, 60-65) y la liberación (*EN* 29-39). El trípode *evangelización, cultura y liberación* expresa acentos notorios de Puebla.

El decisivo capítulo *Evangelización de la cultura* (*DP* 385-443) recibe el tema de la cultura y la propuesta de evangelizarla del Papa Montini. Es la clave de articulación entre lo doctrinal y lo pastoral,

---

[21] Cf. CELAM, *Documento de Consulta a las Conferencias Episcopales. III Conferencia General del Episcopado Latinoamericano*, Buenos Aires, Universidad del Salvador, 1978; CELAM, *III Conferencia General del Episcopado Latinoamericano. Documento de Trabajo*, Buenos Aires, Universidad del Salvador, 1979.

[22] Cf. EQUIPO DE REFLEXIÓN TEOLÓGICO-PASTORAL DEL CELAM, *Reflexiones sobre Puebla*, Buenos Aires, Universidad del Salvador, 1979; H. ALESSANDRI, *El futuro de Puebla*, Buenos Aires, Paulinas, 1980; J. B. LIBANIO, "O significado e a contribuição da Conferência de Puebla à pastoral na América Latina", *Medellín* 80 (1994) 71-107.

y el punto neurálgico dentro del clímax de Puebla. Tal recepción interpretativa produjo la opción poblana: *"opción pastoral de la iglesia latinoamericana: la evangelización de la propia cultura en el presente y hacia el futuro"* (*DP* 394). En este marco se ubican la piedad popular (*DP* 396) y la opción preferencial por los pobres (*DP* 1134), destacando el potencial evangelizador del pueblo bautizado y humilde (*DP* 450, 1147). *La opción preferencial por los pobres contra la pobreza*, que surge del amor gratuito de Dios por los hijos más pequeños, se constituyó en otra marca registrada de Puebla.

La relación entre la evangelización y la liberación recibió una clarificación importante por parte de Pablo VI, quien mostró sus nexos teológicos, antropológicos y evangélicos (*EN* 31). Puebla, en su capítulo *Evangelización, liberación y promoción humana* (*DP* 470-506), retomó el "proceso dinámico de liberación integral" (*DP* 480) desplegado por Medellín y recibió de forma creativa la enseñanza de la *Evangelii nuntiandi* (*DP* 479-490). Así elaboró fórmulas integradoras como las de "evangelización liberadora" (*DP* 485, 488) y "liberación cristiana" e "integral" (*DP* 475, 481, 489).

Puebla, a la luz del Concilio (*AG* 6), de *Evangelii nuntiandi* y de Medellín, invitó a realizar *una nueva evangelización*. Afirmó que las "situaciones nuevas que nacen de cambios socioculturales requieren una nueva evangelización" (*DP* 366). Y reconoció que, en la gran ciudad, "la Iglesia se encuentra ante el desafío de renovar su evangelización" (*DP* 433). Meses después de Puebla, en su primera visita pastoral a Polonia, el 9 de junio de 1979, Juan Pablo II empleó la expresión "nueva evangelización" al bendecir una cruz en el santuario Santa Cruz de la ciudad industrial de Nowa Hutta. A partir de 1983 la usó reiteradamente para América Latina. Hizo su primera convocatoria en una asamblea del Consejo Episcopal Latinoamericano - CELAM celebrada en Haití el 12 de octubre de 1983. Allí consagró la frase *evangelización nueva en su ardor, en sus métodos y en su expresión*. Un año después, en Santo Domingo, al iniciar la novena de años preparatoria al V Centenario de la fe cristiana en América, expuso una comprensión histórica de la nueva evangelización. Invitó a seguir la huella de los evangelizadores asumiendo el presente desde el pasado y dirigiendo la mirada al futuro.[23]

La convocatoria a la nueva evangelización de Juan Pablo II nació "en" América Latina y no sólo se hizo "para" este continente (EiA 6). A partir de 1985 el Papa Wojtyla extendió la propuesta a Europa, señalando como sus destinatarios concretos a los pueblos marcados por la tradición cristiana tanto en los países de antigua cristiandad europea como en las jóvenes iglesias americanas (*RMi* 33).

El 12 de diciembre de 1992, al inaugurar la Conferencia en Santo Domingo, presentó el significado de una nueva evangelización como la respuesta a las nuevas interpelaciones de América Latina (*SD* 24).

En mayo de 2007 tuve la gracia de participar como perito teológico en la V Conferencia general celebrada en el santuario de *Nossa Senhora da Imaculada Conceição Aparecida*. Ella reflejó el acontecimiento religioso, eclesial y evangelizador que tuvo lugar en el santuario mariano nacional del Brasil (*A* 1-3, 547) y se comprendió a sí misma como un jalón decisivo en nuestro camino pastoral, en continuidad con las conferencias anteriores (*A* 9, 16). El tema de la asamblea fue *Discípulos y misioneros de Jesucristo para que nuestros pueblos en Él tengan vida*, junto con el lema: *Yo soy el Camino, la Verdad y la Vida (Jn* 14,6).[24] Este acontecimiento del Espíritu renovó la figura discipular y misionera de nuestra Iglesia para compartir la Vida plena de Jesucristo con nuestros pueblos.[25]

El cardenal Jorge Bergoglio participó en Aparecida como presidente de la Conferencia Episcopal Argentina –CEA– y allí fue elegido presidente de la Comisión de Redacción del Documento. En esa función condujo un amplio proceso de discernimiento comunitario, que es el método propio de la Iglesia en sus asambleas. *Ayer Bergoglio contribuyó con Aparecida; hoy Aparecida ayuda a Francisco porque*

---

[23] Cf. Juan Pablo II, "Las coordenadas de la evangelización en el pasado y en el futuro de América Latina. Discurso a los Obispos del CELAM en el Estadio Olímpico del 12/10/1984", *L'Osservatore Romano* 21/10/1984, 11-14.

[24] Cf. CELAM - Secretaría General, *Testigos de Aparecida* I-II, Bogotá, CELAM, 2008.

[25] Cf. C. M. Galli, "La teología pastoral de Aparecida, una de las raíces latinoamericanas de la *Evangelii gaudium*", *Gregorianum* 96 (2015) 25-50.

él relanza creativamente sus grandes líneas en su programa misionero. Con él, la dinámica de la conversión misionera impulsada desde la periferia latinoamericana enriquece a la Iglesia entera.

Aparecida fue un acontecimiento animado por la dinámica colegial y sinodal latinoamericana. En 2013, ante la directiva del CELAM, Francisco señaló cuatro de sus características originales. La Conferencia comenzó recogiendo los aportes de los episcopados y las preocupaciones de los pastores; se desarrolló en un ambiente de oración junto con el pueblo católico brasileño; no se limitó a elaborar un Documento, sino que asumió el compromiso de impulsar un estado de misión permanente; fue acompañada por la presencia maternal de la Virgen Negra en el santuario brasileño.[26] La comunión con el pueblo peregrino fue una clave que dio vitalidad y frescura a la Conferencia.

Para la teología de Aparecida la evangelización es *la comunicación de la Vida plena en Cristo* (*A* 386). La misión es una dimensión de la vida cristiana porque el discipulado es misionero. "Discipulado y misión son como las dos caras de una misma medalla" (*A* 146). Francisco resumió esa propuesta en una consigna eclesiológica y pastoral: "*todos somos discípulos misioneros*" (*EG* 120).

Aparecida asumió la línea de la conversión pastoral, otra constante del magisterio latinoamericano con influjo mundial. Medellín llamó a "purificarnos en el espíritu del Evangelio a todos los miembros e instituciones de la Iglesia Católica" (*M* Men). Puebla llamó a "la conversión de toda la Iglesia para una opción preferencial por los pobres en miras a su liberación integral" (*DP* 1134). Santo Domingo urgió "la conversión pastoral de toda la Iglesia para una nueva evangelización" (*SD* 30). Quince años después, Aparecida convocó a *la conversión pastoral y la renovación misionera* (*A* 365-373).

"Esta firme decisión misionera debe impregnar todas las estructuras eclesiales y todos los planes pastorales de diócesis, parroquias, comunidades religiosas, movimientos y cualquier institución de la Iglesia. Ninguna comunidad debe excusarse de entrar decididamente, con todas sus fuerzas, en procesos constantes de

---

[26] Cf. FRANCISCO, "Encuentro con el Comité de Coordinación del CELAM", en: *La revolución de la ternura. XXVIII Jornada Mundial de la Juventud Río 2013*, Buenos Aires, PPC Cono Sur, 2013, 59.

renovación misionera, y de abandonar las estructuras caducas que ya no favorezcan la transmisión de la fe" (*A* 365).

La peregrinación misionera marca a una Iglesia en salida, centrada en Cristo y vertida al mundo. El permanente movimiento de misión (*motus missionis*) surge de la naturaleza peregrina de la Iglesia, siempre en proceso de renovación (*LG* 8: *ecclesia semper reformanda*), conversión y evangelización. Estar en movimiento (*in motu*) implica generar procesos temporales y desplazamientos espaciales para tratar de llegar a todos. La concepción de una *pastoral misionera* se opone a una *pastoral conservadora* que sólo mantiene lo existente. "La conversión pastoral de nuestras comunidades exige que se pase de una pastoral de mera conservación a una pastoral decididamente misionera" (*A* 370).

5. Francisco: la Iglesia en proceso de conversión o reforma misionera

Francisco quiere una Iglesia centrada en la misión. Su eclesiología pastoral sigue a Pablo VI: *la Iglesia existe para evangelizar* (*EN* 14). Propone "la transformación misionera de la Iglesia" (*EG* 19-51). "Una Iglesia en salida" (*EG* 20-24) se centra en Cristo por la conversión y en el ser humano mediante la misión. Mirando a san Pedro Fabro, el Papa jesuita dijo: "sólo si se está centrado en Dios es posible ir hacia las periferias del mundo".[27] Su proyecto desea centrarnos en anunciar el Evangelio. El proyecto de Francisco se puede resumir en estas tres frases motivadoras: *la salida misionera es el paradigma de toda la Iglesia* (*EG* 15); *espero que todas las comunidades procuren poner los medios necesarios para avanzar en el camino de la conversión pastoral y misionera, que no puede dejar las cosas como están* (*EG* 25); *sueño con una opción misionera capaz de transformarlo todo* (*EG* 27).

El Papa invita a "la reforma de la Iglesia en salida misionera" (*EG* 17). Emplea la frase "*conversión misionera*" (EG 30), que sintetiza y recrea la propuesta de Aparecida sobre la conversión pastoral y la renovación misionera (*A* 365-372). Asume la letra y el espíritu de aquella Conferencia. Llama a reformar las estructuras eclesiales "para

---

[27] FRANCISCO, "La compañía de los inquietos", *L'Osservatore romano*, 10/1/2014, 2.

que se vuelvan más misioneras" (*EG* 27). Esta conversión debe darse en las iglesias particulares y en sus planes pastorales (*EG* 30-31). También incluye la conversión del Papado y de las estructuras centrales de la Iglesia, como la Curia romana (*EG* 32).

La reforma es "en" y "para" la misión. Solo una *Ecclesia in statu conversionis* o *in statu renovationis* puede ser una *Ecclesia in statu missionis.* Una nueva etapa evangelizadora requiere la conversión de toda la Iglesia y de todos en la Iglesia porque ella fue enviada por Cristo para continuar su misión en el marco de la historia trinitaria de la misión. Lo enseña un texto decisivo de *Ad gentes*, preparado con la ayuda de Congar y Ratzinger,[28] que el Papa recordó en 2007.[29] Aparecida cita ese texto:

> "'La Iglesia peregrinante es por naturaleza misionera' (*Ecclesia peregrinans natura sua missionaria est*) porque toma su origen de la misión del Hijo y del Espíritu Santo, según el designio del Padre' (*AG* 2). Por eso, el impulso misionero es fruto necesario de la vida que la Trinidad comunica a los discípulos" (*A* 347).

Francisco recuerda que "el Concilio Vaticano II presentó la conversión eclesial como la apertura a una permanente reforma de sí por fidelidad a Jesucristo" (*EG* 26; *UR* 6). La reforma propende su renovación espiritual y estructural para ser más fiel a Cristo y a la misión de evangelizar. En una entrevista dada en 2014 el Papa dijo "Para mí, la gran revolución es ir a las raíces, reconocerlas y ver lo que esas raíces tienen que decir para el día de hoy".[30] Aquí se nota el doble sentido de la reforma eclesial según el Vaticano II: es *ressourcement* por la vuelta a las fuentes y *aggiornamento* por la puesta al día.[31]

---

[28] Cf. Y. CONGAR, "La Missione e le missioni nelle pospettive del Concilio Vaticano II", *Sacra Doctrina* 11 (1966) 5-13; J. RATZINGER, "La mission d'après les autres textes conciliaires", en: J. SCHÜTTE (ed.), *L'activité missionnaire de l'Église. Decret 'Ad gentes'*, Cerf, Paris, 1967, 121-147.

[29] Cf. BENEDICTO XVI, "Tal vez, el mejor recuerdo del Concilio", *L'Osservatore romano*, 15/7/2012, 7.

[30] H. CYMERMAN, "Entrevista al Papa Francisco", *L'Osservatore romano* 20/6/2014, 6.

[31] Cf. CH. THEOBALD, *La réception du concile Vatican II. I. Accéder a la source*, Paris, Cerf, 2009, 697-699.

En la encíclica *Laudato si'* Francisco afirma que dirigió la *Evangelii gaudium* "a los miembros de la Iglesia en orden a *movilizar un proceso de reforma misionera todavía pendiente*" (*LS* 3). Su proyecto nace de la fuente del Evangelio y quiere completar las reformas del Vaticano II. Con él la reforma de la Iglesia –no sólo de la Curia romana– ingresó en una nueva fase. Le interesa *la continuidad de la reforma conciliar*. Su pontificado puede ser visto como un desarrollo original de ese acontecimiento.[32] Para el Papa el Concilio hizo una relectura del Evangelio y generó una dinámica irreversible.

"El Vaticano II supuso una relectura del Evangelio a la luz de la cultura contemporánea. Produjo un movimiento de renovación que viene sencillamente del mismo Evangelio. Los frutos son enormes. Basta recordar la liturgia. El trabajo de reforma litúrgica hizo un servicio al pueblo, releyendo el Evangelio a partir de una situación histórica concreta. Sí, hay líneas de hermenéutica de continuidad y de discontinuidad, pero una cosa es clara: *la dinámica de lectura del Evangelio actualizada para hoy, propia del Concilio, es absolutamente irreversible*".[33]

La conversión o reforma misionera realiza el dinamismo móvil y movilizador de una Iglesia en salida. Actualiza el envío evangelizador de Jesús –"vayan... y evangelicen" (*Mc* 16,15)– y genera una comunidad discipular centrada en el éxodo evangelizador a los pueblos. La vocación misionera implica salir, ir y llegar con Jesús a todas las periferias, como en 2017 expresó Francisco al CELAM en Bogotá.

"Mucho se ha hablado sobre la Iglesia en estado permanente de misión. *Salir con Jesús es la condición para tal realidad. Salir, sí, pero con Jesús*. El Evangelio habla de Jesús que, habiendo salido del Padre, recorre con los suyos los campos y los poblados de Galilea. No se trata de un recorrido inútil del Señor. Mientras camina, encuentra; cuando encuentra, se acerca; cuando se acerca, habla; cuando habla, toca con su poder; cuando toca, cura y salva. Llevar al Padre a cuantos encuentra es la meta de su permanente salir,

---

[32] G. LAFONT, *Petit essai sur le temps du pape Francois*, Paris, Cerf, 2017, 26.
[33] A. SPADARO, "Intervista a Papa Francisco", *La Civiltá Cattolica* 3918 (2013) 467.

sobre el cual debemos reflexionar continuamente y hacer un examen de conciencia. La Iglesia debe reapropiarse de los verbos que el Verbo de Dios conjuga en su divina misión. Salir para encontrar, sin pasar de largo; reclinarse sin desidia; tocar sin miedo".[34]

III. Iglesia sinodal

6. De los sínodos y las conferencias de Obispos a una Iglesia sinodal en todos los niveles

Las conferencias latinoamericanas son una forma sinodal de asamblea episcopal que expresa la colegialidad de un modo diferente a los sínodos continentales y los concilios regionales. El camino de su preparación, su celebración y su recepción ayudó a fijar líneas comunes que, con variada intensidad, marcaron la fisonomía regional. Esa sinodalidad se expresó en *una dinámica de participación capilar* hecha por las diversas consultas y los documentos previos. Las conferencias, convocadas y aprobadas por el Obispo de Roma, han generado sus propios documentos conclusivos. Aquellas fueron posibles, entre otras cosas, porque los latinoamericanos nos entendemos conversando en español, portugués o *portuñol*. El castellano es la lengua más hablada en el catolicismo y la segunda en Occidente. El 90% de los hispanohablantes vivimos en América y el 95% de los que hablan *portugués* viven en Brasil.

La configuración de esta Iglesia regional es una novedad histórica, que adquiere un nuevo relieve con el pontificado de Francisco. Puebla y las otras conferencias episcopales latinoamericanas colaboraron a gestar un modo latinoamericano de sinodalidad. En su reciente documento *La sinodalidad en la vida y en la misión de la Iglesia* (SIN), la Comisión Teológica Internacional se refiere a la sinodalidad como el modo de vivir y actuar del Pueblo de Dios que peregrina hacia el Reino conducido por el Señor.[35]

---

[34] FRANCISCO, "Encuentro con el Comité Directivo del CELAM", en: *Discursos y homilías en Colombia. Septiembre 2017*, Bogotá, Arquidiócesis de Bogotá, 2017, 59.

[35] Cf. COMISIÓN TEOLÓGICA INTERNACIONAL (CTI), *La sinodalidad en la vida y en la misión de la Iglesia*, Buenos Aires, Ágape, 2018 (*SIN*). Texto original:

Este neologismo no designa un mero procedimiento operativo ni una ambigua ingeniería institucional, sino la forma de vivir el misterio de comunión en el caminar juntos, el reunirse en asambleas y el participar en la misión. El estilo sinodal actualiza la naturaleza y misión de la Iglesia.

La Iglesia es comunidad en camino y asamblea congregada por Dios. El *caminar juntos* incluye el *reunirse juntos* bajo la acción del Espíritu Santo y con la guía del ministerio apostólico. Las asambleas, en especial los concilios ecuménicos y las conferencias episcopales, son momentos privilegiados de apertura al Espíritu Santo y de discernimiento en común. La nueva vitalidad sinodal que el Obispo de Roma está dando a toda la Iglesia es inescindible de su experiencia latinoamericana.[36]

La experiencia colegial y sinodal vivida en las Conferencias latinoamericanas y el servicio de comunión y coordinación prestado por el CELAM ayudó a generar diferentes organismos de comunión episcopal entre las iglesias particulares de otros continentes. De este modo, la experiencia latinoamericana está contribuyendo a pensar la sinodalidad intermedia a escala regional.[37]

"Las mismas razones que presidieron el nacimiento de las Conferencias Episcopales a nivel nacional han contribuido a la creación de Consejos a nivel macro-regional y continental de diversas Conferencias Episcopales y, en el caso de las Iglesias católicas de rito oriental, de la Asamblea de los Jerarcas de las Iglesias *sui iuris* y del Consejo de los Patriarcas de las Iglesias católicas de Oriente. Estas estructuras, prestando atención al desafío de la globalización, favorecen la inculturación del Evangelio en los diversos contextos, y contribuyen a manifestar «la belleza de este rostro pluriforme de la Iglesia» en su unidad católica" (SIN 93).

"La sinodalità nella vita e nella missione della Chiesa", *Il Regno* 1281 (2018) 329-356.

[36] Cf. C. M. GALLI, "Synodalität in der Kirche Lateinamerikas", *Theologische Quartalschrift* 196 (2016) 75-99.

[37] Cf. S. SCATENA, "De Medellín a Aparecida: la 'lección' de una experiencia regional para una búsqueda de formas y estilos de colegialidad efectiva", en: A. SPADARO; C. M. GALLI; (eds.), *La reforma y las reformas en la Iglesia*, Santander, Sal Terrae, 2016, 273-293.

En ese contexto se comprende *la sinodalidad entre las Iglesias particulares a nivel regional.*

"El nivel regional en el ejercicio de la sinodalidad es el que se da en los reagrupamientos de Iglesias particulares presentes en una misma región: una Provincia –como sucedía sobre todo en los primeros siglos de la Iglesia– o un País, un Continente o parte de él. Se trata de reagrupamientos orgánicamente unidos, en unión de fraterna caridad para promover el bien común», movidos «por el celo amoroso por la misión universal" (SIN 85).

Pablo VI y Francisco han promovido *una renovación de la sinodalidad.* En la beatificación del primero, durante la asamblea del Sínodo de 2014, Francisco recordó las palabras con las que el Papa Montini instituyó el Sínodo: "Después de haber observado atentamente los signos de los tiempos, nos esforzamos por adaptar los métodos de apostolado a las múltiples necesidades de nuestro tiempo y las nuevas condiciones de la sociedad". Pablo VI fue fiel al Concilio en la voluntad de auscultar los signos de los tiempos a la luz del Evangelio (*GS* 4-11). Percibió que el Sínodo era una forma de continuar la dinámica conciliar y responder colegialmente a los desafíos de la interdependencia global.

En 2015, en el *Discurso en la Conmemoración del 50 Aniversario de la institución del Sínodo de los Obispos*, Francisco dio un paso hacia adelante, que venía siendo preparado por la praxis eclesial y la doctrina eclesiológica. Se refirió a la sinodalidad como una *dimensión constitutiva de la Iglesia.*

La Iglesia sigue a Jesús, "el Camino, la Verdad y la Vida" (*Jn* 14,6), y es la comunidad "del Camino del Señor" (*Hch* 9,2; 18,25). Este *caminar juntos* alcanza momentos culminantes cuando los discípulos de Jesús se *reúnen juntos* para discernir la marcha evangelizadora bajo el impulso del Espíritu y la guía de los pastores. Las asambleas son tiempos y espacios privilegiados de comunión para descubrir el paso de Dios auscultando los signos de los tiempos. La reunión de Jerusalén, que resolvió la crisis judaizante (*Hch* 15,4-29), se expresó con la fórmula: "El Espíritu Santo, y nosotros mismos, hemos decidido…" (*Hch* 15,28). En ella participaron, de forma diversa, "los apóstoles, los ancianos y la Iglesia entera" (*Hch* 15,22). Esta asamblea fundante ha sido el paradigma del discernimiento espiritual y apostólico en toda la historia eclesial. El Papa jesuita, en la escuela ignaciana, invita a la Iglesia a discernir juntos la voluntad de Dios para caminar y evangelizar hacia la plenitud del Reino de Dios.

"'Sínodo' es una palabra antigua muy venerada por la Tradición de la Iglesia, cuyo significado se asocia con los contenidos más profundos de la Revelación. Compuesta por la preposición σύν (con), y el sustantivo ὁδός, (camino) indica el camino que recorren juntos los miembros del Pueblo de Dios. Remite por lo tanto al Señor Jesús que se presenta a sí mismo como «el camino, la verdad y la vida» (*Jn* 14,6), y al hecho de que los cristianos, sus seguidores, en su origen fueron llamados «los discípulos del camino» (*Hch* 9,2; 19,9.23; 22,4)" (SIN 3).

A partir de ese primer significado, hoy la palabra "sínodo" expresa el estilo, el proceso y la asamblea sinodal. Ante todo, designa un *estilo* que califica el modo ordinario de vivir y de obrar la comunión misionera del Pueblo de Dios. En segundo lugar, incluye las *estructuras* y los *procesos* que expresan la comunión a nivel institucional en la Iglesia local, regional y universal. Por fin, integra la celebración de *acontecimientos* en los cuales la Iglesia actúa sinodalmente. En este ámbito se ubican las *asambleas* sinodales desde los concilios ecuménicos con todos los obispos convocados por el obispo de Roma, hasta los sínodos diocesanos con los fieles reunidos por el obispo en una iglesia local. Para distinguir y unir estos sentidos, hablamos de *estilo sinodal, proceso sinodal, asamblea sinodal* (SIN 6, 70).

La enseñanza sinodal del Papa argentino está acompañada por el testimonio de los procesos de participación, escucha, consulta y libertad que impulsó en las asambleas del Sínodo de los Obispos dedicadas al amor en la familia, los jóvenes y la región amazónica. Ya en la exhortación *Evangelii gaudium* había puesto las bases para pensar la sinodalidad del Pueblo de Dios en camino.[38]

---

[38] Cf. D. VITALI, *Un Popolo in cammino verso Dio. La sinodalitá in Evangelium gaudium*, Milano, San Paolo, 2018.

7. De la comunión y la participación a la sinodalidad misionera del Pueblo de Dios

En *Medellín* la Iglesia latinoamericana comenzó a hacer una recepción situada de la enseñanza conciliar y pontificia. El texto emanado de las dieciséis comisiones tiene 293 citas de documentos eclesiales. 191 son del Concilio Vaticano II, de las cuales 47 pertenecen a la *Gaudium et spes* y 36 a la *Lumen gentium*. 64 citas son tomadas de documentos de Pablo VI, de las cuales 32 son de la Encíclica *Populorum progressio* y 11 del Discurso del Papa al inaugurar la asamblea en Bogotá.

Medellín hizo una recepción de la *Lumen gentium* animando un estilo eclesial más comunitario. La dinámica que generó acentuó el sentido de comunidad y el compromiso con el pueblo. Desde entonces la reflexión sobre el Pueblo de Dios fue asumida desde la experiencia latinoamericana. De Medellín a Puebla hubo una revalorización teológica y pastoral de la experiencia y la noción del Pueblo de Dios.[39] En torno a la noción se ha ido esbozando un capítulo importante de nuestra teología (*DP* 233).

Puebla desarrolló la teología del Pueblo de Dios desde la comprensión bíblica, histórica y conciliar de la Iglesia y desde varias experiencias típicas de la piedad católica popular. Por eso presentó al Pueblo peregrino de Dios a través de la imagen plástica y móvil de las peregrinaciones a los santuarios.

"Nuestro pueblo ama las peregrinaciones. En ellas el cristiano sencillo celebra el gozo de sentirse inmerso en medio de una multitud de hermanos, caminando juntos hacia el Dios que los espera. Tal gesto constituye un signo y sacramental espléndido de la gran visión de la Iglesia ofrecida por el Vaticano II: la Familia de Dios, concebida como Pueblo de Dios, peregrino a través de la historia, que avanza hacia su Señor" (*DP* 232).

La V Conferencia de Aparecida enseña que las peregrinaciones a los santuarios son gestos espirituales que expresan el amor teologal

---

[39] Cf. C. M. GALLI, "Il Popolo di Dio missionario: la ricezione della "*Lumen gentium*" in America Latina da Medellín a Francesco", en: G. TANGORRA_(ed.), *La Chiesa mistero e missione. A cinquant'anni dalla "Lumen gentium" (1964-2014)*, Vaticano, Lateran University Press, 2016, 251-290.

y la comunión de los santos. El peregrino parte movido por la fe, camina animado por la esperanza y, al llegar contempla con amor. "La mirada del peregrino se deposita sobre una imagen que simboliza la ternura y la cercanía de Dios. El amor se detiene, contempla el misterio, lo disfruta en silencio... Un breve instante condensa una viva experiencia espiritual" (*DA* 260).

He dedicado una buena parte de mi vida a meditar sobre el Pueblo de Dios. Por eso considero que la llamada "teología del pueblo" comprende dos sentidos análogos del concepto pueblo, uno eclesial y otro civil. Me gusta decir que Francisco asume, enriquece y universaliza la teología argentina del Pueblo de Dios, los pueblos y la pastoral popular porque esta corriente incluye una eclesiología, una teología de la cultura y la historia, y una teología pastoral que considera la misión de la Iglesia en los pueblos y une la piedad popular con la opción por los pobres en la teoría y en la práctica.[40]

La Conferencia de *Puebla*, desde su Documento de Consulta, comprendió la forma y el espíritu de esa asamblea a la luz de la enseñanza conciliar acerca de *la comunión y la participación* en la Iglesia (*DP* 563-566), adelantando la eclesiología de comunión de los años ochenta y la reciente eclesiología sinodal. El Pueblo de Dios es el sujeto del estilo sinodal de vivir la comunión y la participación.

La eclesiología de la sinodalidad es una teología del Pueblo de Dios en camino. La sinodalidad es una dimensión constitutiva de la Iglesia que la configura como Pueblo de Dios evangelizador y Asamblea convocada por el Señor. *El Pueblo de Dios peregrino es el sujeto de la comunión sinodal.*

En su teología de la sinodalidad, Francisco supera la tradicional figura piramidal de la Iglesia, propia de la jerarcología previa al Vaticano II, que todavía sigue vigente en cierto imaginario público. Y propone la figura de *una Iglesia sinodal* empleando la sugestiva imagen de *una pirámide invertida*.

"Jesús ha constituido la Iglesia poniendo en su cumbre al Colegio apostólico, en el que el apóstol Pedro es la «roca» (cf. *Mt* 16,18),

---

[40] Cf. C. M. GALLI, "*El 'retorno' del 'Pueblo de Dios'*", en: V. R. AZCUY; J. C. CAAMAÑO; C. M. GALLI, *La Eclesiología del Concilio Vaticano II*, Buenos Aires, Agape – Facultad de Teología UCA, 2015, 405-471.

aquel que debe «confirmar» a los hermanos en la fe (cf. *Lc* 22,32). Pero en esta Iglesia, como en *una pirámide invertida*, la cima se encuentra por debajo de la base. Por eso, quienes ejercen la autoridad se llaman «ministros»: porque, según el significado originario de la palabra, son los más pequeños de todos".[41]

Esta *reinversión de la figura de la Iglesia* ya fue realizada por el Vaticano II y ahora es confirmada por la obra y la palabra de Francisco. Su pontificado es un desarrollo original del acontecimiento conciliar y de su doctrina eclesiológica. Esta inversión surge de la "revolución copernicana" producida por la Constitución *Lumen gentium*. Al poner el capítulo segundo *De Popolo Dei* entre el primero, dedicado al misterio de la Iglesia, y el tercero, dedicado a su constitución jerárquica, se introdujo una novedad doctrinal en la historia del magisterio y de la teología. "*Pueblo de Dios*" designa el conjunto de los fieles cristianos, la Iglesia en la totalidad de sus miembros, la vocación universal a la santidad y la misión. Afirma la igualdad bautismal fundamental de todos los miembros del Pueblo de Dios –previa a toda diversidad– por la inserción en el misterio de Cristo y de la Iglesia.

Francisco repiensa y reformula el *orden paradojal de la sinodalidad*, según el cual la base del Pueblo de Dios es situada en la cúspide de la nueva figura piramidal, y el vértice petrino del ministerio apostólico se coloca abajo, dando un nuevo punto de apoyo. Este orden invertido mira el ministerio jerárquico –colegial y primacial– como un servicio o una diaconía a la comunión del Pueblo de Dios (*LG* 18). Ghislain Lafont hace una aguda observación sobre esta teología desarrollada por Francisco que vincula el primado del Amor de Dios y la primacía del Pueblo de Dios: "*el orden sinodal es una manera de expresar el primado del Amor – Misericordia (de Dios) en el nivel de la Iglesia*".[42] Esta teo-lógica se expresa en las respectivas figuras del poliedro y de la pirámide invertida.

---

[41] FRANCISCO, "Discurso en la Conmemoración del 50 Aniversario de la institución del Sínodo de los Obispos" (17/10/2015), *L'Osservatore romano*, 23/10/2015, 9.

[42] LAFONT, *Petit essai sur le temps du pape Francois*, 138; cf. 190. 194, 202, 252, 268.

Una Iglesia sinodal busca renovar las actitudes de escucha, diálogo, discernimiento, iniciativa, recepción, intercambio, cooperación y, sobre todo, una renovada praxis de participación. Francisco convoca a una *escucha recíproca* entre todos según los carismas de cada uno y cada una. A nivel mundial se refiere al Pueblo de Dios, el Colegio episcopal y el Obispo de Roma. La sinodalidad es la raíz de una nueva forma de articular armónicamente los dones del pueblo cristiano, el episcopado y el primado.[43] La circularidad virtuosa entre la profecía de los fieles (todos), el discernimiento del colegio de los obispos (algunos) y el gobierno del Papa (uno) enriquece la vida sinodal a escala mundial.[44]

La doctrina del *sensus fidei* del Pueblo de Dios expresa el carácter de *sujeto activo* que tienen todos los bautizados y las bautizadas ungidos por el Espíritu de Cristo. El *sensus fidei* del pueblo cristiano es una fuente de discernimiento y una vertiente de la sinodalidad. Se expresa diversamente en la práctica de la consulta a los fieles y en la piedad católica popular, como ya subrayó la teología argentina presente en Puebla (*DP* 373). La piedad popular es un lugar teológico desde donde se puede celebrar, pensar y comunicar la fe de forma inculturada. La escucha del *sensus fidei fidelium* marca un modo sinodal de hacer teología y no sólo una teología de la sinodalidad. Los laicos participan de la función profética de Cristo y deben ser consultados para hacer aportes desde sus carismas y competencias.

La sinodalidad expresa la condición de sujeto de toda la Iglesia y de todos en la Iglesia. Los Bautizados somos compañeros de camino del Señor y estamos llamados a ser sujetos activos en el itinerario hacia la santidad. Por eso Francisco, completando una expresión del Vaticano II (*LG* 12), se refiere a la Iglesia como el *santo Pueblo fiel de Dios.* La Unción del Espíritu en el sentido de la fe de hace a los fieles sujetos de iniciativa en la "pirámide invertida" de la Iglesia. El Sínodo

---

[43] Cf. L. BALDISSERI (ed.), *Il Sinodo dei Vescovi al servizio di una Chiesa sinodale. A cinquant'anni dall'Apostolica Sollicitudo*, Città del Vaticano, LEV, 2016.

[44] Cf. D. VITALI, "Piú sinodalitá. La Chiesa di papa Francesco", *La Rivista del Clero Italiano* 1 (2016) 21-35.

para los Jóvenes mostró la correlación entre sinodalidad y misión hablando de *la sinodalidad misionera de la Iglesia*.[45]

IV. Evangelización inculturada

8. De la teología de la cultura a la evangelización de la cultura en América Latina

La *Evangelii nuntiandi* planteó *el horizonte teológico y pastoral de evangelizar la/s cultura/s* (*EN* 18-20). Su recepción latinoamericana en Puebla produjo un desarrollo novedoso sobre la cultura y su evangelización, que pasa por la mediación de la religión, e incluye evangelizar la ciudad moderna.[46] El capítulo *Evangelización de la cultura* (*DP* 385-443),[47] fue el texto más votado y es la clave de la articulación de Puebla. Su redacción se debió a Lucio Gera,[48] quien escribió el capítulo a partir de las reflexiones de la subcomisión respectiva, que luego lo enriqueció con sus enmiendas. Puebla dice:

> "con la palabra 'cultura' se indica el modo particular como, en un pueblo, los hombres cultivan su relación con la naturaleza, entre sí mismos y con Dios (*GS* 53b) de modo que puedan llegar a 'un nivel verdadera y plenamente humano' (*GS* 53ª)" (*DP* 386).[49]

Este texto destaca la relación entre *el pueblo –sujeto*, y *la cultura– actividad*. Según la enseñanza del Concilio, la persona humana es el sujeto propio de la cultura (*GS* 53ª) y los pueblos son

---

[45] Cf. SÍNODO DE LOS OBISPOS, *Los jóvenes, la fe y el discernimiento vocacional*, Buenos Aires, Agape, 2019, 118.

[46] Cf. J. C. SCANNONE, "Diversas interpretaciones latinoamericanas del Documento de Puebla", en: *Evangelización, Cultura y Teología*, Buenos Aires, Guadalupe, 1990, 39-58.

[47] Este capítulo es "la" clave del Documento (SCANNONE, *Evangelización, Cultura y Teología*, 55).

[48] Sobre el aporte de Gera al tema cf. C. M. GALLI, "Epílogo. Interpretación, valoración y actualización del pensamiento teológico de Lucio Gera", en: AZCUY; GALLI; GONZÁLEZ, *Escritos teológico-pastorales* I, 867-924, esp. 901-924.

[49] Cf. L. GERA, "Evangelización de la cultura", en: AZCUY; GALLI; GONZÁLEZ, *Escritos teológico-pastorales* I, 817-839; "Fe y cultura en el Documento de Puebla", en: AZCUY; GALLI; GONZÁLEZ, *Escritos teológico-pastorales* I, 841-851.

los sujetos de sus culturas (*GS* 44b, 53b). Los hombres conviven formando pueblos; los pueblos están formados por personas y son sujetos concretos de la cultura en sus culturas. Así Puebla integra los dos sentidos conciliares. Esta descripción combina el término en singular, referido a la cultura que tiene por sujeto a la persona, y el sentido plural que indica las culturas que tienen por sujetos a los pueblos. También Juan Pablo II consideró a la persona y al pueblo como el/los sujeto(s) de la(s) cultura(s) en distintos sentidos, y enseñó que "la cultura debe considerarse como *el bien común de cada pueblo*" (*ChL* 44).

El texto poblano presenta a la cultura como la forma peculiar con que las Personas, en el seno de un pueblo y con su idiosincrasia peculiar, cultivan las relaciones con Dios, con los otros y con las cosas, para alcanzar la plenitud de su vida humana (*DP* 386). Lejos de formulaciones dicotómicas, muestra que los sujetos concretos de la cultura son los hombres reunidos "en un pueblo" (*DP* 386). El mismo texto desarrolla una compresión *relacional* de la persona y de la cultura, que incluye la relación hombre-naturaleza, la relación hombre-hombre (familia y política), y la relación hombre–Dios.

Para Puebla la cultura es una "realidad histórica y social" (*DP* 392). Esta afirmación ayudó a interpretar el proceso histórico-cultural latinoamericano, que oscila entre lo tradicional y lo moderno (*DP* 3-14 y 408-443), y reconoció a la religión católica como un factor configurador de la identidad de nuestros pueblos (*DP* 412-413, 445-446).[50] La Iglesia latinoamericana se ha enriquecido mucho con los aportes de esta línea teológico-pastoral centrada en la cultura y en la "evangelización liberadora" (*DP* 485) de la cultura, junto con el redescubrimiento de la historia secular y eclesial del subcontinente y la revalorización positiva, crítica y creativa de la fe vivida en la religiosidad popular católica.[51]

---

[50] Esta sección histórica-cultural de Puebla es decisiva para mostrar la identidad latinoamericana, la cual, junto con la identidad cristiana provista por el trípode doctrinal del primer capítulo de la segunda parte (Cristo, Iglesia / María, hombre), son características originales del Documento (cf. SCANNONE, *Evangelización, Cultura y Teología*, 53, 57).

[51] Cf. A. METHOL FERRÉ, "El resurgimiento católico latinoamericano", en: CELAM, *Religión y Cultura*, Bogotá, CELAM 47, 1981, 63-124, A. METHOL

Puebla destaca la dimensión religiosa de la cultura, situada en "la zona de sus valores fundamentales" (*DP* 388). Esta expresión alude al *fondo ético-cultural* de un pueblo, el cual incluye una jerarquía de valores en la que se destacan preferencias axiológicas. Lo más profundo de la cultura es el ámbito en el que se desenvuelven las grandes imágenes rectoras, los símbolos más sensibles del alma de un pueblo y que define el origen que nutre el imaginario colectivo, configurando así las representaciones básicas del propio mundo junto con sus preferencias axiológicas. En las últimas décadas se acudió, para expresar esa realidad fundante, a la conocida expresión de Paul Ricoeur sobre el "núcleo ético-mítico" de la cultura de un pueblo.[52] Yo prefiero hablar del *núcleo ético-religioso de las culturas*. Hoy se vuelve a hablar del lenguaje religioso –mítico y simbólico– de la cultura urbana.

La *religión* es su "zona más profunda, donde el hombre encuentra respuestas a las preguntas básicas y definitivas que lo acosan" (*DP* 389). Esta idea es afín al pensamiento de Lucio Gera, quien ve la religión como la zona escatológica de lo humano,[53] y explica la relación entre ambas realidades con frases similares a las que usaba Paul Tillich, pero con un enfoque distinto.[54] Para este teólogo protestante la religión tiene carácter de *ultimidad* y es "sustancia última" de la cultura.[55] Yo matizaría diciendo "es como la sustancia…", para respetar la legítima secularidad de la cultura (*GS* 36).

Puebla afirma una relación intrínseca entre la religión y la cultura más allá de sus configuraciones históricas. Sin esbozar una teoría de la religión y siguiendo a Juan Carlos Scannone, señalo que ésta es

---

FERRÉ; A. METALLI, *La América Latina del siglo XXI*, Buenos Aires, Edhasa, 2006, 59-82.

[52] Cf. P. RICOEUR, "Civilización universal y culturas nacionales", en: *Ética y Cultura*, Docencia, Buenos Aires, 1986, 43-56.

[53] Cf. GERA, *Evangelización de la cultura*, 832.

[54] Cf. L. GERA, "La Iglesia frente a la situación de dependencia", en: AZCUY; GALLI; GONZÁLEZ, *Escritos teológico-pastorales* I, 661-716, 713.

[55] TILLICH, *Teología de la cultura y otros ensayos*, 45. También para Luckmann la religión es "la *fuente última* (*ultimate*) del sentido global de la existencia" (T. LUCKMANN, *La religión invisible. El problema de la religión en la sociedad moderna*, Salamanca, Sígueme, 1973, 13).

la dimensión de la vida del hombre y de la cultura de un pueblo que, por mediación de lo sagrado (*ordo ad sanctum*), tiene *relación con Dios o lo divino* (*ordo ad Deum*). Se constituye a partir de un valor original e irreductible; no es un subproducto de la conciencia, como afirman teorías reduccionistas que la hacen derivar de factores no religiosos, como proyección, alienación, ilusión o ideología.[56]

La religión es un factor decisivo en la configuración de la identidad cultural de un pueblo y, por eso, una clave para penetrar en el ámbito profundo de su corazón, conciencia o imaginario. En el siglo XX, este vínculo intrínseco de la religión con la cultura fue confirmado por las modernas ciencias de la religión que, con sus límites epistemológicos, aportaron a pensar la *religión viva y vivida*. La religión y las religiones, en cuanto sucesos culturales, tienen proyecciones en otros ámbitos de la vida personal y social. Sin generalizar, pienso que la cultura ofrece a la religión sus lenguajes expresivos y las religiones ofrecen a las culturas sus contenidos últimos. Juan Pablo II enseñó que *"el corazón de cada cultura está constituido por su acercamiento al más grande de los misterios: el misterio de Dios"*.[57]

Puebla asume, como un horizonte pastoral (*DP* 385), la propuesta de Pablo VI de *evangelizar la cultura* (*EN* 20), y la convierte en *la gran opción pastoral de la Iglesia latinoamericana* (*DP* 394-396).[58]

"La transformación evangélica de la cultura, es decir, la penetración por el Evangelio, de los valores y criterios que la inspiran, la conversión de los hombres que viven según esos valores y el cambio que, para ser más plenamente humanas, requieren las estructuras en que aquellos viven y se expresan" (*DP* 395).

Para fundamentar esta opción, Puebla hace un desarrollo antropológico y teológico sobre la cultura (*DP* 386-393) considerando a la religión como su "zona más profunda" (*DP* 389-390). La proyección

---

[56] Cf. H. DE LIMA VAZ, "Religiao e Modernidade Filosófica", *Síntese* 18 (1991) 147-165.

[57] JUAN PABLO II, "Discurso ante la Asamblea General de las Naciones Unidas", Nueva York, 5 de octubre de 1995, 10, en: *L'Osservatore romano* 27 (1995) 564.

[58] El título de los números 394 a 396 es: *Opción pastoral de la Iglesia latinoamericana: la evangelización de la propia cultura, en el presente y hacia el futuro.*

pastoral de esta última frase lleva a afirmar que: "es de primera importancia atender a la religión de nuestros pueblos... como fuerza activamente evangelizadora" (*DP* 396).

9. *De evangelizar la cultura a la piedad popular y la opción por los*
   pobres

La parte doctrinal del capítulo se titula *Iglesia, Fe y Cultura*
(*DP* 397-407). Da los principios básicos que guían la relación pastoral entre la fe del Pueblo de Dios y las culturas de los pueblos: el
conocimiento y el amor a los pueblos (*DP* 397-399) y el encuentro
por la vía de la encarnación (*DP* 400-407). El *principio pastoral de
la encarnación* surge de una analogía fundada con la doctrina del
Concilio de Calcedonia acerca de la dualidad de naturalezas en la
única Persona de Cristo. El texto dice: "la Iglesia, Pueblo de Dios,
cuando anuncia el Evangelio y los pueblos acogen la fe, se encarna
en ellos y asume sus culturas. Instaura así no una identificación sino
una estrecha vinculación con ella" (*DP* 400).

Este encuentro entre la fe y la cultura se presenta a partir de la
encarnación del Pueblo de Dios en los pueblos debido a la identificación de la fe con su sujeto comunitario o eclesial, el Pueblo de
Dios, y de las culturas con sus sujetos colectivos, los pueblos, excluyendo tanto la confusión monista como la separación dualista. Este
proceso por el que el Pueblo de Dios se encarna en ellos y asume
sus culturas es visto como una asunción redentora de las culturas,
porque "permanece válido, en el orden pastoral, el principio de encarnación formulado por San Ireneo: 'Lo que no es asumido no es
redimido'" (*DP* 400). Antes de Puebla, el Concilio había rescatado
ese lema patrístico en clave misionera: "Los Santos Padres proclaman constantemente que no está sanado lo que no ha sido asumido
por Cristo" (*non esse sanatum quod assumptum a Christo non fuerit*:
AG 3b). Sin negar que esa idea aparezca en la doctrina de San Ireneo, la formulación se debe a San Gregorio de Nacianzo, quien dijo:
"Lo que no es asumido no es redimido".[59] En el decreto conciliar

---

[59] SAN GREGORIO DE NACIANZO escribió: *To gar aproslêpton atherapeuton*
(*Epist* 101, PG 37, 181). Éste es uno de los textos citados por *Ad Gentes* 3
n.15. Tomo la cita de aquel axioma de H. U. VON BALTHASAR, *Theodramatik*

Ad gentes la relación entre las iglesias locales y las culturas de los pueblos es pensada "a semejanza de la economía de la Encarnación" (*AG* 22a: *ad instar oeconomiae Incarnationis*). Desde que el Hijo de Dios "marchó por los caminos de la verdadera Encarnación" (*AG* 3b), el *principio de encarnación* es un decisivo criterio eclesiológico y misionero.

Al reflexionar sobre el Evangelio y la cultura, Puebla aprovechó la revalorización de la religiosidad popular católica hecha en el post-Medellín.[60] El capítulo *Evangelización y Religiosidad Popular* (*DP* 444-469) se convirtió en un clásico de lo que puede aportar América Latina a la Iglesia. En 1992, la *Conferencia de Santo Domingo* (*SD* 36) y el *Catecismo de la Iglesia Católica* (*CCE* 1674-1676) asumieron sus enseñanzas para interpretar teológica y pastoralmente la piedad popular católica.

Puebla afirma que "la religión del pueblo latinoamericano, en su forma cultural más característica, es expresión de la fe católica" (*DP* 444), y que, "en cuanto contiene encarnada la Palabra de Dios, es una forma activa con la cual el pueblo se evangeliza continuamente a sí mismo" (*DP* 450). En la esfera religiosa de la cultura integra dos acepciones –global y sectorial– de la noción de lo popular. Por eso dice que la cultura popular es "conservada de un modo más vivo y articulador de toda la existencia en los sectores pobres" (*DP* 414), y que la piedad popular es "vivida preferentemente por los 'pobres y sencillos' (*EN* 48), pero también abarca todos los sectores sociales y es, a veces, uno de los pocos vínculos que reúne a los hombres de nuestras naciones políticamente tan divididas" (*DP* 447).

Una hermenéutica integradora de Puebla requiere leer en forma correlativa los capítulos *Evangelización de la cultura* (*DP* 385-443), *Evangelización y religiosidad popular* (*DP* 444-469) y *Opción preferencial por los pobres* (*DP* 1134-1165).[61] Este último renueva la

---

II/2, Einsiedeln, Johannes, 1987, 219: *Was nicht übernommen wird, wird nicht gerettet.*

[60] Cf. J. ALLIENDE LUCO, "Religiosidad popular en Puebla: La madurez de una reflexión", en: CELAM, *Puebla: grandes temas*, I, Bogotá, Paulinas, 1979, 235-266; CH. JOHANSONN FRIEDEMANN, *Religiosidad popular entre Medellín y Puebla: antecedentes y desarrollo*, Santiago de Chile, Anales de la Facultad de Teología 41, 1990.

[61] Cf. G. GUTIÉRREZ, "Pobres y liberación en Puebla", *Páginas* 4 (1979) 1-32.

"clara y profética opción preferencial y solidaria por los pobres" (*DP* 1134) ya hecha en Medellín, reconociendo que "la inmensa mayoría de nuestros hermanos siguen viviendo en situación de pobreza y aun de miseria que se ha agravado" (*DP* 1135). La predilección de la misericordia gratuita de Dios, manifestada en la identificación de Jesús con los pobres (*DP* 1143), motiva "el compromiso evangélico de la Iglesia, (que) como ha dicho el Papa (Juan Pablo II), debe ser como el de Cristo: un compromiso con los más necesitados" (*DP* 1141). Los pobres, "primeros destinatarios de la misión" (*DP* 1142), deben ser considerados, por su fe, como sujetos evangelizadores activos. Por esta razón, la Iglesia debe asumir

"el *potencial evangelizador de los pobres* en cuanto la interpelan constantemente, llamándola a la conversión y por cuanto muchos de ellos realizan en su vida los valores evangélicos de solidaridad, servicio, sencillez y disponibilidad para acoger el don de Dios" (*DP* 1147).

Puebla fijó los principios para *integrar teórica y prácticamente* temas complejos como los del Pueblo de Dios, la evangelización de la cultura, la religiosidad popular, la promoción humana, la liberación integral, la opción por los pobres, la opción por los jóvenes y la pastoral orgánica. Después de Puebla hubo varios aportes teológicos para incorporar los valores destacados por distintas líneas pastorales.[62]

La Conferencia de Santo Domingo incluyó en su doctrina de la nueva evangelización tanto la promoción integral del hombre en la opción por los pobres como la inculturación del Evangelio en la

---

[62] Entre Puebla y Santo Domingo hubo aportes integradores de varios teólogos y pastoralistas argentinos: J. C. SCANNONE, "Pastoral de la cultura hoy en América Latina", *Stromata* 41 (1985) 355-375; C. GIAQUINTA, "Principios teológicos para la nueva etapa", *Criterio* 1978/9 (1986) 681-684; G. FARRELL, *La Argentina como cultura. Reflexiones sobre modernización y liberación*, Buenos Aires, Docencia, 1988, 20-27; C. M. GALLI, "Teología de la liberación y doctrina social de la Iglesia", *Stromata* 46 (1990) 187-203; I. PÉREZ DEL VISO, "Meditación de los 500 años", *CIAS* 408 (1991) 517-535; L. GERA, "Evangelización y promoción humana. Una relectura del Magisterio latinoamericano preparando Santo Domingo", en: GALLI; SCHERZ, *Identidad cultural y modernización*, 23-90.

cultura moderna y postmoderna vivida, sobre todo, en las grandes ciudades del continente. Siguiendo la teología de la inculturación de Juan Pablo II, allí la Iglesia latinoamericana terminó de formular el proceso de evangelizar la cultura como una *nueva evangelización inculturada* (*SD* 15, 243, 297, 302).

Francisco señala "*la importancia de la evangelización entendida como inculturación*" (*EG* 122). En 1985, siendo Rector de las Facultades de Filosofía y Teología de San Miguel, Bergoglio organizó el primer Congreso sobre inculturación en América Latina. Allí recordó la tradición misionera jesuítica y la intervención del Padre Pedro Arrupe en el Sínodo de 1974 usando el neologismo inculturación,[63] luego adoptado por Juan Pablo II en analogía con el misterio de la encarnación (*RMi* 52).

10. De la inculturación intercultural a la piedad popular

El Papa argentino muestra la íntima compenetración entre la Iglesia y las culturas porque el Pueblo de Dios está presente en todos los pueblos de la tierra (*LG* 13). Su teología de la evangelización inculturada y de la piedad popular parte de una eclesiología que piensa la relación entre el Pueblo de Dios y las culturas. "Este Pueblo de Dios se encarna en los pueblos de la tierra, cada uno de los cuales tiene su cultura propia" (*EG* 115). La sección titulada "*un pueblo con muchos rostros*" (*EG* 115-118) desarrolla una imagen ya empleada por Juan Pablo II para fundamentar una inculturación intercultural: "En los distintos pueblos, que experimentan el don de Dios según su propia cultura, la Iglesia expresa su genuina catolicidad y muestra '*la belleza de este rostro pluriforme*'" (*EG* 116; *NMI* 40).

La historia muestra que el cristianismo, constituido según la lógica de la Encarnación del Hijo de Dios, adquiere variados rostros culturales. "No haría justicia a la lógica de la encarnación pensar en un cristianismo monocultural y monocorde" (*EG* 117). El Evangelio, de sí transcultural, puede hacerse cultura en cada pueblo sin imponer formas determinadas tomadas de otros. Todo proceso de

---

[63] Cf. J. SCANNONE, *Evangelización de la cultura e inculturación del Evangelio,* Buenos Aires, Guadalupe, 1986, 15-19.

inculturación genera nuevas expresiones de fe y de Iglesia según la idiosincrasia de cada pueblo. La Iglesia crece por "los distintos pueblos en los que se ha inculturado el Evangelio" (*EG* 122)

"Es imperiosa la necesidad de evangelizar las culturas para inculturar el Evangelio" (*EG* 69). Francisco alienta la inculturación del Evangelio en todas las culturas, aunque reconoce que algunas están ligadas a la predicación del Evangelio y al desarrollo del pensamiento cristiano. Al mismo tiempo, recuerda que el mensaje revelado no se identifica con ninguna cultura y que la misión no debe imponer una determinada forma cultural por más antigua y valiosa que sea. El rostro pluriforme del Pueblo de Dios expresa la *interculturalidad* del cristianismo. El *poliedro* (*EG* 236) se puede referir a la pluralidad de los pueblos tanto en la Iglesia como en el mundo. *Es una metáfora de la interculturalidad.*

Buscar nuevas formas de inculturación del Evangelio genera diferentes expresiones religiosas y culturales de la fe y la religión católicas. "Los distintos pueblos en los que ha sido inculturado el Evangelio son sujetos colectivos activos, agentes de la evangelización. Esto es así porque cada pueblo es el creador de su cultura y el protagonista de su historia" (*EG* 122). El Papa reconoce en los pueblos no cristianos *semillas del Verbo* presentes en los valores humanos de verdad, bondad y belleza, y en los pueblos cristianos valora *los frutos del Evangelio* que se descubren en las culturas históricamente evangelizadas. "Las formas de la religiosidad popular son encarnadas, porque han brotado de la encarnación de la fe cristiana en una cultura popular" (*EG* 90). Por eso, su situación no debe asimilarse a la *missio ad gentes* sino que debe ser concebida como *una nueva evangelización* que asume y renueva la memoria cristiana trasmitida por la fe popular. El principio pastoral de *partir "de lo que ya existe"* (*EG* 69) incluye potenciar la fe de tantos fieles cristianos que viven un cristianismo popular en las periferias pobres y están desatendidos por la pastoral parroquial ordinaria.

La sección de la *Evangelii gaudium* sobre la piedad católica popular cita dos veces el Documento de Puebla (nota 98) y el Documento de Aparecida en seis notas (nn. 98, 102, 103, 104, 106, 107). *EG* 124 se refiere a la bella página de aquel Documento sobre la espiritualidad o mística popular (*A* 258-265). Doy fe que el cardenal

Bergoglio cuidó especialmente de la redacción de la sección, en la que intervinieron cinco manos argentinas. En 2008 la comentó en una obra colectiva del CELAM.[64]

La revalorización de la piedad popular comenzó en Medellín y tuvo eco en un valioso texto de Pablo VI (*EN* 48) que, a su vez, tuvo su reflujo en la Iglesia latinoamericana.[65] La teología de Gera tuvo un rol preponderante en el camino a Puebla, especialmente por su ponencia "Pueblo, religión del pueblo e Iglesia" en un encuentro del CELAM y su posterior documento sobre "Iglesia y religiosidad popular en América Latina".[66] Puebla valora la piedad católica popular, que es "la expresión religiosa más numerosa de América Latina" y "un componente de la cultura suburbana contemporánea".[67]

Esta línea pastoral colaboró a revalorizar la piedad popular como *una expresión de la fe católica inculturada* (*DP* 444; *SD* 36). En América Latina se dio un círculo hermenéutico entre la noción de Pueblo de Dios y la realidad de la piedad popular, religiosidad que se manifiesta, por ejemplo, al pedir y celebrar el bautismo, o al peregrinar a los santuarios. La piedad popular expresa una experiencia viva del Pueblo de Dios y el concepto conciliar Pueblo de Dios le ofrece una iluminación eclesiológica.

Esta convicción impulsa a hacer teología tratando de asumir el *sensus fidei fidelium* del pueblo cristiano, lo que juega un rol en la relectura latinoamericana de la doctrina conciliar. La expresión religiosa de la fe católica es un signo de pertenencia a la Iglesia y testimonia que la visión católica de la comunidad cristiana quiere una Iglesia de y para todos, una Iglesia del sencillo pueblo cristiano.

---

[64] Cf. J. M. Bergoglio, "La religiosidad popular como inculturación de la fe", en: CELAM - Secretaría General, *Testigos de Aparecida*, II, Bogotá, CELAM, 2008, 281-325.

[65] Cf. Ch. Johansonn, *Religiosidad popular entre Medellín y Puebla: antecedentes y desarrollo*, Santiago de Chile, Anales de la Facultad de Teología 41, 1990; J. Allende Luco, "Religiosidad popular en Puebla: La madurez de una reflexión", en: CELAM, *Puebla: grandes temas. I*, Bogotá, Paulinas, 1979, 235-266.

[66] Cf. CELAM, *Iglesia y Religiosidad Popular en América Latina*, Buenos Aires, Patria Grande, 1976.

[67] P. Trigo, *En el mercado de Dios, un Dios más allá del mercado*, Santander, Sal Terrae, 2003, 164-165.

Francisco parte de una eclesiología que piensa la relación Iglesia-Mundo como el admirable intercambio entre el Pueblo de Dios y las culturas de los pueblos.[68] La piedad popular es *la forma peculiar de vivir la fe por parte de una mayoría de los católicos en una determinada modalidad cultural.*

"Cada porción del Pueblo de Dios, al traducir en su vida el don de Dios según su genio propio, da testimonio de la fe recibida y la enriquece con nuevas expresiones que son elocuentes. Puede decirse que «el pueblo se evangeliza continuamente a sí mismo». (*DP* 450; *A* 264).

Francisco cita el texto de Aparecida que afirma que es "una verdadera espiritualidad encarnada en la cultura de los sencillos" (*EG* 124, cf. *A* 262). Asevera que, en el acto de fe de los fieles, hay que acentuar más "el *credere in Deum* que el *credere Deum*" (*EG* 124). Esto significa, según la teología agustiniana y tomista del acto de la fe (*ST* II-II, 2, 2), que el *credere in Deum* –o sea, la orientación o tendencia hacia Dios como fin último y sentido supremo de la vida, sostenido en el *credere Deo* o creerle a Dios como testigo y garante con una adhesión confiada– tiene prioridad sobre el *credere Deum* o conocimiento creyente de la revelación de Dios y de su plan salvador. La fe por la que nos abandonamos a Dios (*fides qua*) tiene prioridad sobre la comprensión refleja de sus contenidos (*fides quae*). El *credere in Deum* se perfecciona en el *amare Deum*, en el amor de caridad que une a Dios y al prójimo en Dios. Esta interpretación es común a varios teólogos y pastoralistas argentinos.[69]

El cristianismo popular *es una fuerza activamente evangelizadora*. La pastoral popular latinoamericana afirma el potencial misionero del pueblo bautizado y pobre porque su fe hecha piedad es "una poderosa confesión del Dios vivo que actúa en la historia y un canal de transmisión de la fe" (*A* 264). Francisco no sólo califica a la piedad popular como una fuerza misionera, sino que también la

---

[68] Cf. C. M. GALLI, "La fuerza evangelizadora de la piedad católica popular en la exhortación *Evangelii gaudium*", *Phase* 54 (2014) 269-298.

[69] Cf. R. TELLO, *La nueva evangelización*, Buenos Aires, Ágape, 2008, 47-52; E. BIANCHI, *Pobres en este mundo, ricos en la fe. La fe de los pobres de América Latina según Rafael Tello*, Buenos Aires, Ágape, 2012, 167-232.

considera *un lugar teológico para pensar la fe*. "Las expresiones de la piedad popular tienen mucho que enseñarnos y, para quien sabe leerlas, son un lugar teológico al que debemos prestar atención, particularmente a la hora de pensar la nueva evangelización" (*EG* 126). Desde 1974 Bergoglio expone la doctrina conciliar del *sensus fidei fidelium* y la infalibilidad *in credendo* del Pueblo santo de Dios (*LG* 12a). Muestra que, si el magisterio y la teología exponen el *contenido* de lo que creemos, por ejemplo, acerca de la Madre de Dios, la piedad popular manifiesta de *una forma viva* como la Iglesia cree y ama a la Virgen.[70] Francisco valora la sabiduría de la fe de todos los bautizados y bautizadas (*EG* 119).

Una teología inculturada busca concretar el desafío lanzado por el Concilio Vaticano II al pedir que en las iglesias locales se indague "por qué caminos puede llegar la fe a la inteligencia teniendo en cuenta la filosofía o la sabiduría de los pueblos" (*AG* 22b). El saber teológico arraiga en la sabiduría teologal del Pueblo de Dios y busca una inteligencia inculturada de la fe. En 1996, en una reunión convocada por el *Consejo Episcopal Latinoamericano* y la *Congregación para la Doctrina de la fe*, presidida por el Card. Joseph Ratzinger, los dieciséis participantes suscribimos varias proposiciones programáticas. Una de ellas es esta proposición: "se debe proseguir en el camino de la inculturación de la reflexión teológica para que sea plenamente católica y sea plenamente latinoamericana".[71]

11. De evangelizar la ciudad latinoamericana a una pastoral urbana global

La doctrina sobre la evangelización de la cultura se concreta y expresa en una línea pastoral que traza aquel capítulo del Documento de Puebla: *la ciudad* (*DP* 429-433). Ubica el tema en la sección dedicada a cuatro grandes desafíos pastorales: la cultura universal, la gran ciudad, el secularismo moderno, las estructuras injustas (*DP* 420-443). La Conferencia presenta el advenimiento progresivo

---

[70] Cf. J. M. Bergoglio, *Meditaciones para religiosos*, Buenos Aires, Ediciones Diego de Torres, 1982, 47.

[71] CELAM, *El futuro de la reflexión teológica en América Latina*, Bogotá, Documentos CELAM 141,1996, 367.

de la civilización urbano-industrial, con su creciente universalización (*DP* 415, 428), y afirma que la ciudad es su motor propulsor: "En el tránsito de la cultura agraria a la urbano-industrial, la ciudad se convierte en motor de la nueva civilización universal" (*DP* 429). Puebla fue el primer documento de la Iglesia latinoamericana que analizó específicamente el desafío pastoral de la ciudad. Pasó de emplear el término "urbanización", usado en Medellín, a las expresiones "cultura urbano-industrial" (*DP* 421, 429) y "vida urbana" (*DP* 431), aunque todavía no empleó "cultura urbana".[72] El texto poblano sobre la ciudad moderna emplea, sin explicitarlo, *el método ver / juzgar / obrar* que atraviesa el documento en su estructura general y sus capítulos particulares. Hace una mirada pastoral a la realidad de la ciudad (*DP* 429-430), un discernimiento teológico (*DP* 431-432) y una orientación pastoral (*DP* 430, 433).

La *mirada a la realidad* muestra que en las ciudades se expresan nuevos rasgos que marcan los signos de los tiempos. Comprende la magnitud del cambio cultural y las exigencias de brindar nuevas respuestas. La gran ciudad moderna, con problemas inesperados, provoca desorientación, pero, también, excita la imaginación creadora. La Iglesia profundiza en la conciencia, vislumbrada en el inicio de la revolución industrial y la urbanización moderna, de que no alcanzan las respuestas que se daban en ciudades de mundo rural. Aquellas estaban caracterizadas por mucho sedentarismo y poca movilidad, gran estabilidad cultural y cierta homogeneidad religiosa, en áreas que se podían recorrer a pie, marcadas por relaciones de parentesco y vecindad, y con fuertes tradiciones identitarias y locales. En la senda abierta por el Concilio y Pablo VI, Puebla expresa con claridad los nuevos desafíos.

"La vida urbana y el cambio industrial ponen al descubierto *problemas hasta ahora no conocidos*. En su seno se trastornan los modos de vida y las estructuras habituales de la existencia: la familia, la vecindad, la organización del trabajo. Se trastornan, por lo mismo, las condiciones de vida del hombre religioso, de los fieles y de la

---

[72] Este hito no fue suficientemente valorado en la historia del tema que hacen D. Lara Barbosa; J. Portella Amado, "Viver e transmitir a Fé no mundo urbano", en: CELAM, *Testigos de Aparecida*, II, Bogotá, CELAM, 2008, 363-389.

comunidad cristiana (*OA* 10). Las anteriores características constituyen rasgos del llamado *proceso de secularización* ligado evidentemente a la emergencia de la ciencia y la técnica y a la urbanización creciente" (*DP* 431).

Puebla invita a asumir el desafío de la cultura urbana con sus aspectos negativos y sus elementos positivos. Para realizar esa tarea invita a hacer un *discernimiento* de las luces y las sombras de la ciudad, a los que ordena según la triple coordenada relacional del ser humano y de su cultura.

"La Iglesia se encuentra así ante el desafío de renovar su evangelización de modo que pueda ayudar a los fieles a vivir su vida cristiana en el cuadro *de los nuevos condicionamientos que la sociedad urbano-industrial crea* para la vida de santidad; la oración y la contemplación; para las relaciones entre los hombres, se tornan anónimas y arraigadas en lo meramente funcional; para una nueva vivencia del trabajo, la producción y el consumo" (*DP* 433).

Puebla fija como criterio de discernimiento la *ambivalencia* de la concepción bíblica de la ciudad.

"Este hecho requiere un nuevo discernimiento por parte de la Iglesia. Globalmente, debe inspirarse en la visión de la Biblia, la cual a la vez que comprueba positivamente la tendencia de los hombres a la creación de ciudades donde convivir de un modo más asociado y humano, es crítica de la dimensión inhumana y del pecado que se origina en ellas" (*DP* 429).

Puebla introduce otro principio que distingue entre la urbanización, la modernización y la secularización, porque el hombre es un ser religioso también en medio de la cultura de las ciudades:

"No hay por qué pensar que las formas esenciales de la conciencia religiosa están exclusivamente ligadas con la cultura agraria. Es falso que el paso a la civilización urbano-industrial acarrea necesariamente *la abolición de la religión*. Sin embargo, constituye un evidente desafío, al condicionar con nuevas formas y estructuras de vida, la conciencia religiosa y la vida cristiana" (*DP* 432).

De este modo cuestiona los pronósticos hechos por cierta sociología de la modernización, asociada a una teología de la secularización, que auguraban la desaparición definitiva de la religión con la civilización urbana. El testimonio de las personas y las sociedades muestra que a dimensión religiosa es un factor fundante de su configuración cultural. Frente a las profecías de una ciudad totalmente secular, los pueblos atestiguan *el sentido de lo sagrado* como una realidad primaria de la vida humana y de la identidad cultural,[73] y se asiste a nueva presencia de la religión en la vida privada y pública.[74] La orientación poblana conduce a asumir el desafío de la pastoral de la ciudad.

"La Iglesia se encuentra así ante el desafío de renovar su evangelización, de modo que pueda ayudar a los fieles a vivir su vida cristiana en el cuadro de los nuevos condicionamientos... para las relaciones entre los hombres, que se tornan anónimas y arraigadas en lo meramente funcional" (*DP* 433).

Luego Puebla señaló "la necesidad de trazar criterios y caminos, basados en la experiencia y la imaginación, para *una pastoral de la ciudad*, donde se gestan los nuevos modos de cultura..." (*DP* 441).

Así, la propuesta de una evangelización de la ciudad se fue convirtiendo, lentamente, en la necesidad de *una pastoral urbana global*. Juan Pablo II lo vio con claridad y en la encíclica *Redemptoris missio* señaló *la perspectiva del sur*. Ese texto, de 1990, desplazó decisivamente el centro de gravedad de la Iglesia hacia nuevos horizontes. "Con sus viajes, el papa Wojtyla acompañó ese desplazamiento de la acción evangelizadora a lo largo del eje norte-sur".[75] Allí vinculó una renovada pastoral urbana con la gestación de nuevas formas de cultura y la opción por los últimos del sur del mundo (*RMi* 37).

Las ciudades más grandes del mundo están creciendo en el sur. En 1800 sólo Londres superaba el millón de habitantes; hoy son más de quinientas ciudades. Hay cien mega-ciudades con más de cinco

---

[73] Cf. J. C. SCANNONE, *Religión y nuevo pensamiento. Hacia una filosofía de la religión para nuestro tiempo desde América Latina*, Barcelona, Anthropos, 2005, esp. 13-76, 271-288, "Historia, situación actual y características de la filosofía de la religión en América Latina", *Stromata* 65 (2009) 21-43.

[74] Cf. CH. PARKER, *Religión y Postmodernidad*, Santiago de Chile, Kairós, 2001, CH. TAYLOR, *Las variedades de la religión hoy*, Buenos Aires, Paidós, 2004; J. M. MARDONES, *La vida del símbolo*, Santander, Sal Terrae, 2003.

[75] S. DZIWISZ, *Una vida con Karol*, Madrid, La Esfera de los Libros, 2007, 184.

millones de personas que forman regiones metropolitanas o complejos de ciudades. La mayoría está en el sur, donde la población crece más, sobre todo en Asia y en América Latina.

América Latina es la región más urbanizada del mundo. En 1940 sólo 29 millones de latinoamericanos vivían en ciudades (25%), en 2000 ya eran 391 millones (75,4%) y en 2010 alcanzó la cifra de 470 millones (79%). Hoy, casi 8 de cada 10 vivimos en las ciudades. Las mayores megalópolis son México, San Pablo, Buenos Aires, Río de Janeiro y Bogotá. Esto motiva a nuestras Iglesias latinoamericanas a procurar *una nueva pastoral urbana* (*A* 509-519). Esta no se limita a plantear la misión 'en' la ciudad, sino que mira *la evangelización 'de' la ciudad* en su totalidad y su singularidad. La teología pastoral latinoamericana está pensando la evangelización urbana, mi libro *Dios vive en la ciudad.*[76]

La lógica de la encarnación conlleva un cristianismo intercultural y poliédrico (*EG* 68-70). En este contexto Francisco sitúa *los desafíos de las culturas urbanas* (*EG* 61-75). La expresión comprende los imaginarios sociales y estilos de vida que hay en centros urbanos, periferias suburbanas, redes metropolitanas y, también, el influjo mediático y virtual en los ámbitos rurales (*EG* 73). El Papa toma la expresión "Dios vive en la ciudad" de Aparecida (*A* 514) y la reexpresa en esta frase: "Dios vive entre los ciudadanos" (*EG* 71). Hace falta una mirada creyente y contemplativa para descubrir las presencias reales por las que Dios, animado por su amor, nos sale al encuentro por Cristo en la vida ciudadana.

"Necesitamos reconocer la ciudad desde una mirada contemplativa, esto es, una mirada de fe que descubra al Dios que habita en sus hogares, en sus calles, en sus plazas... Él vive entre los ciudadanos promoviendo la solidaridad, la fraternidad, el deseo de bien, de verdad, de justicia. Esa presencia no debe ser fabricada sino descubierta, develada" (*EG* 71).

---

[76] Cf. C. M. GALLI, *Dios vive en la ciudad. Hacia una nueva pastoral urbana a la luz de Aparecida y del proyecto misionero de Francisco,* Buenos Aires, Ágape / Herder, 2014, 4ª. edición corregida y aumentada.

V. Evangelización liberadora

12. De la evangelización liberadora a la dimensión social del Evangelio y la evangelización

Los papas del último siglo han desarrollado la Doctrina social de la Iglesia procurando un diálogo entre las exigencias del Evangelio y las nuevas realidades de los pueblos. En 1987, dos años antes de la caída del Muro de Berlín, la encíclica *Sollicitudo rei socialis* (*SRS*) de Juan Pablo II enseñó que aquella no es una tercera vía entre el capitalismo liberal y el colectivismo marxista ni debe ser vista como una ideología intermedia, sino que "pertenece al ámbito de la teología y especialmente de la teología moral" y su enseñanza "forma parte de la misión evangelizadora de la Iglesia" (*SRS* 44). Ella es un discurso teológico-social en diálogo interdisciplinario para anunciar el Evangelio y dar criterios de discernimiento, principios de reflexión y orientaciones para la acción. Pablo VI expuso el impacto que produce el Evangelio en las variadas dimensiones de la vida personal y social (*EN* 29) y los múltiples vínculos que hay entre el mensaje salvífico de Cristo y la liberación integral del hombre (*EN* 31).

La Iglesia latinoamericana hace un aporte original al tema. Ha pensado la integración de la promoción humana, el desarrollo integral y la liberación histórica en el mensaje del Evangelio porque la Buena Noticia es un mensaje de libertad y una fuerza de liberación. Este proceso va desde los documentos Justica, Paz y Pobreza de la Iglesia de la Conferencia de Medellín (*M* I, II, XIV) al capítulo VIII del Documento de Aparecida sobre "El Reino de Dios y promoción de la dignidad humana" (*A* 380-430).

En esa tradición, el capítulo IV de la *Evangelii gaudium* presenta las repercusiones comunitarias y sociales del *kerygma* acerca del Reino de Dios (*EG* 177-185). Francisco afirma que la misión incluye "la íntima conexión que existe entre evangelización y promoción humana, que necesariamente debe expresarse y desarrollarse en toda acción evangelizadora" (*EG* 178). En el plano institucional ha propuesto crear un nuevo dicasterio vaticano *Para la evangelización* y ya ha instituido el dicasterio *Para el servicio del desarrollo humano integral*. Ambos concentran organismos ya existentes.

Desde el corazón palpitante del Evangelio del amor misericordioso, el Papa argentino expone la Doctrina social de la Iglesia como una profecía acerca de la justicia, la paz y el cuidado de la casa común, que conduce a la integración entre las personas y los pueblos.[77] Desde la mirada gozosa del amor de Dios, revelado en Cristo, desciende a la "mística de vivir juntos" (*EG* 87, 272). De ahí deriva la "dimensión social de la evangelización", que incluye escuchar la voz de Dios en el clamor de los pobres y en el grito de la tierra (*LS* 2, 12, 49). Francisco afirma que "*Dios, en Cristo, no redime solamente la persona individual, sino también las relaciones sociales entre los hombres*" (*EG* 178).

Nomen est omen. Nombre es misión. El primer papa jesuita eligió el nombre del *Poverello* al escuchar el consejo del Cardenal Claudio Hummes, quien le recordó la frase que los apóstoles dijeron a san Pablo: *no te olvides de los pobres* (*Ga* 2,10; *EG* 193-196). Ningún predecesor suyo tomó el nombre *Francisco*, cuya figura tiene una potencia renovadora permanente.[78] En Asís el Papa recordó la unión de san Francisco con Jesús, que lo convirtió en un *alter Christus*, y su entrega a la misión recibida para reformar la Iglesia: *repara mi casa*. Comentó tres rasgos franciscanos: el amor a los pobres desde su abrazo a *la Señora Pobreza*; el carisma pacificador cifrado en el lema *Paz y Bien*; la fraternidad con todo lo creado expresada en la alabanza del *Canto de las creaturas*.[79] El nombre "Francisco" expresa la comunión con Cristo, impulsa la renovación misionera de la Iglesia, brinda una respuesta simbólica y efectiva a tres grandes dramas que afligen al mundo actual: la pobreza, la paz, la creación.

La *Evangelii gaudium* formula la dimensión social del Evangelio y afronta las cuestiones urgentes de los pobres (*EG* 186-2016) y la paz (*EG* 217-258) por su relación con el futuro (*EG* 185). La encíclica socioambiental *Laudato si'* recogió el carisma de san Francisco que

---

[77] Cf. C. M. GALLI, "El magisterio social del Papa Francisco", *L'Osservatore romano* (Argentina) 11/3/2017, 12-14, 26.

[78] Cf. G. GRIECO, *La Chiesa 'francescana' di Papa Francesco*, Assisi, Cittadella, 2016, 9-34.

[79] Cf. FRANCISCO, "Homilía en la plaza de San Francisco", *L'Osservatore romano*, 11/10/2013, 5.

articula el clamor de los pobres y el grito de la tierra (*LS* 2, 12). Su figura expresa "la armonía con Dios, con los otros, con la naturaleza y consigo mismo. En él se nota hasta qué punto son inseparables la preocupación por la naturaleza, la justicia con los pobres, el compromiso con la sociedad y la paz interior" (*LS* 10).

Una línea convergente se encuentra en la enseñanza sobre la santidad que el Papa latinoamericano expone en su exhortación *Gaudete et exsultate* (*"Alégrense y regocíjense"*). La santidad es el estilo de vida centrado en las Bienaventuranzas de Jesús (*Mt* 5,3-12) y en el protocolo sobre el cual seremos juzgados en el amor a sus hermanos más pequeños (*Mt* 25,31-46) (*GEE* 63-109). Ambas perícopas del Evangelio de san Mateo, junto a otros textos de san Lucas –como el *Magníficat* de María, la homilía de Jesús en Nazaret o la parábola del buen samaritano– están entre los textos más citados por la Iglesia latinoamericana en el último medio siglo. El capítulo 25 de Mateo ha ayudado a mirar la realidad desde el Evangelio y desde el pobre ya desde los comienzos de la evangelización en el siglo XVI, como se puede leer en textos de Bartolomé de las Casas y Guamán Poma de Ayala. Gustavo Gutiérrez ha dicho:

> "Si hubiera que encontrar una fórmula breve para hablar de la teología hecha en Latinoamérica y el Caribe, podríamos decir que es una reflexión que quiere hacer vida una bienaventuranza inspirada en el conjunto del Evangelio de Mateo: *felices los pobres de espíritu (Mt 5,3) porque cuanto hicieron por mis hermanas y mis hermanos más pequeños, a mí me lo hicieron (Mt 25,40). De ellos es el Reino de los cielos (Mt 5,3)"*.[80]

13. De la opción por los pobres a una Iglesia pobre en, desde y para las periferias

En el contexto de la renovada comprensión conciliar de las nociones eclesiológicas Pueblo de Dios y comunidad cristiana, una frase del documento sobre *La Juventud* de la Conferencia de Medellín

---

[80] Cf. G. GUTIÉRREZ, "La teología latinoamericana: trayectoria y perspectivas", en: CONGRESO CONTINENTAL DE TEOLOGÍA, UNISINOS – BRASIL, *50 años del Vaticano II. Análisis y perspectivas*, Bogotá, Paulinas, 2013, 83-125, 125.

expresa de forma concisa el estilo querido en 1968 para nuestra Iglesia regional.

"De allí que esta Conferencia Episcopal recomiende: a) Que se presente cada vez más nítido en Latinoamérica el rostro de una Iglesia auténticamente pobre, misionera y pascual, desligada de todo poder temporal y audazmente comprometida en la liberación de todo el hombre y de todos los hombres" (*M* V, 15).

El contenido evoca el pensamiento del obispo argentino Eduardo Pironio, entonces secretario general del CELAM y de Medellín. Él se refería a la fisonomía de la comunidad eclesial latinoamericana con la expresión "Iglesia de la Pascua". [81] Medellín la presenta con tres rasgos: *pobre, misionera y pascual*. Desde entonces se perfiló esta figura original. Por ejemplo, la primera carta pastoral de monseñor Óscar Romero en 1978 se titula "Iglesia de la Pascua". En ella cita textos del Vaticano II, Pablo VI, Medellín y Pironio. En la biblioteca de su antigua casa se hallan los *Escritos pastorales* de Pironio.

La Iglesia pascual es, y debe ser, una Iglesia pobre. Medellín dedicó su documento XIV al tema *Pobreza de la Iglesia*. Iluminada por las enseñanzas del Concilio (*LG* 8c) y de Pablo VI, expresó su compromiso de ser una Iglesia más pobre y de dar preferencia a los pobres en su misión: "El particular mandato del Señor de 'evangelizar a los pobres' debe llevarnos a una distribución de los esfuerzos y del personal apostólico que dé preferencia efectiva a los sectores más pobres y necesitados" (*M* XIV, 9). Medellín se comprometió a vivir la humildad, la austeridad y el compromiso con los más vulnerables.

"Por todo esto queremos que la Iglesia de América Latina sea evangelizadora de los pobres y solidaria con ellos, testigo de los bienes del Reino y humilde servidora de todos los hombres de nuestros pueblos" (*M* XIV, 8).

Medellín sitúo la solicitud por los pobres en el marco teologal de la misión de la Iglesia.[82] Después de Medellín la teología de la liberación respondió a la interpelación de Cristo en el pobre, contempló

---

[81] Cf. PIRONIO, *Escritos pastorales*, Madrid, BAC, 1972, 3-10, 51-65 y 205-227.

[82] Cf. C. M. GALLI, "Los pobres en el corazón de Dios y del Pueblo de Dios", en: X. PIKAZA; J. ANTUNES, *El Pacto de las Catacumbas y la misión de los pobres en la Iglesia*, Estella, Verbo divino, 2015, 259-296.

el amor gratuito de Dios y potenció el compromiso profético por la justicia. Una nota de la teología latinoamericana ha sido y es su *dimensión pastoral*, que se combina con el rigor científico y la hondura espiritual de saber teológico. Otro rasgo es asumir *la interpelación de Dios en el rostro del pobre*. En una carta del argentino Lucio Gera al peruano Gustavo Gutiérrez por sus ochenta años, aquel manifiesta ese acento común a distintas corrientes de la teología latinoamericana. Escribió Gera:

> "He experimentado una afinidad contigo también en el hecho de que tu reflexión teológica ha surgido de la experiencia y práctica pastoral, y se ha orientado hacia ella… Te debemos el agradecimiento por haber introducido y mantenido en la reflexión teológica y en la pastoral de la Iglesia la afirmación de la prioridad de los pobres".[83]

La opción por los pobres marca "la fisonomía de la Iglesia latinoamericana y caribeña" (*A* 391). Ella anuncia el hecho inaudito de que Dios, en Cristo, se hizo pobre para enriquecernos con su pobreza (*2 Co* 8,9; cf. *A* 31, 52, 392). Cristo está presente en el pobre y el pobre está presente en Cristo (*A* 391-398). En Jesucristo Dios, el Máximo, se hizo Mínimo. La opción por los pobres es un nexo profundo que une diversas corrientes de la teología latinoamericana, incluyendo la llamada teología argentina o conosureña del pueblo –simbolizadas en las palabras fe, liberación, pueblo y cultura–.

Francisco presenta la fe en Cristo pobre y el lugar privilegiado de los pobres en el corazón de Dios (*EG* 186-216). "De nuestra fe en Cristo hecho pobre y siempre cercano a los pobres y excluidos, brota la preocupación por el desarrollo integral de los más abandonados de la sociedad" (*EG* 186). Los pobres tienen un lugar privilegiado en el corazón misericordioso del Dios "que se hizo pobre' (*2 Co* 8,9). Conociendo la tradición y el magisterio me animo a decir que ese texto es la mejor exposición de la enseñanza pontificia sobre Cristo, la Iglesia y los pobres. Con estos fundamentos, el Papa sueña:

---

[83] L. GERA, "Carta a Gustavo Gutiérrez", en: C. DE PRADO; P. HUGHES (coords.), *Libertad y esperanza. A Gustavo Gutiérrez por sus 80 años*, Lima, CEP - Instituto Bartolomé de Las Casas, 2008, 548.

"Por eso *quiero una Iglesia pobre para los pobres*. Ellos tienen mucho que enseñarnos. Además de participar del *sensus fidei,* en sus propios dolores conocen al Cristo sufriente. Es necesario que todos nos dejemos evangelizar por ellos. La nueva evangelización es una invitación a reconocer la fuerza salvífica de sus vidas y ponerlos en el centro del camino de la Iglesia. Estamos llamados a descubrir a Cristo en ellos, prestarles nuestra voz en sus causas, ser sus amigos, escucharlos, interpretarlos y recoger la misteriosa sabiduría que Dios quiere comunicarnos por ellos" (*EG* 198).

Francisco promueve una reforma de la Iglesia y la transformación del mundo desde las periferias a la luz de la fe. Al visitar la parroquia Santos Zacarías e Isabel en su nueva diócesis afirmó que *la realidad se comprende mejor desde las periferias*.[84] Siendo arzobispo de Buenos Aires, Bergoglio acompañó la vida pastoral en barrios periféricos.[85] Las periferias no son sólo lugares privilegiados de la misión sino también horizontes hermenéuticos que ayudan a conocer la realidad. Bergoglio sostiene esta mirada al proceso mundial desde la emergencia de la periferia latinoamericana en la historia. Hoy mira la situación mundial desde los pueblos pobres y los pobres de los pueblos. Desde allí denuncia la desigualdad estructural que genera tanta inequidad social y asume la causa de los excluidos por la cultura del descarte (*EG* 53, 195). La misericordia tiene fuerza para inspirar cambios inclusivos desde las nuevas periferias mundiales e iluminar los desafíos desde el Reino de justicia, amor y paz.[86]

---

[84] Cf. J. C. SCANNONE, "'La realtà si capisce meglio guardandola non dal centro, ma dalle periferie'", en: FRANCESCO, *Evangelii gaudium. Testo integrale e Commento de "La Civiltà Cattolica"*, Milano, Ancora, 2014, 183-196.

[85] Cf. M. DE VEDIA, *Francisco, El Papa del pueblo*, Buenos Aires, Planeta, 2013, 129-149.

[86] Cf. A. SPADARO, "La diplomazia di Francesco. La misericordia come processo politico", *La Civiltá Cattolica* 3975 (2016) 209-226; M. LARRAQUY, *Código Francisco*, Buenos Aires, Sudamericana, 2016, 13-131.

VI. Cristocentrismo trinitario

14. De la triple verdad de la fe al encuentro con el amor de Dios misericordioso

La fe cristiana se puede sintetizar en dos textos neo-testamentarios que hablan de Dios y del hombre revelados en Cristo, y están centrados en el amor. El primero, de san Juan, anuncia: *Dios es Amor* (*1 Jn* 4,8). El segundo, de san Pablo, enseña: *lo más importante es el amor* (*1 Co* 13,13). Cristo revela que Dios es Trinidad, misterio de amor y comunión, y que el ser humano está llamado a la comunión del amor. El cristianismo está centrado en Cristo y, por Él, con Él y en Él, en Dios y el hombre. El cristocentrismo trinitario sigue las huellas de Pablo VI (*EN* 26), Juan Pablo II (*DCG* 99-100) y Benedicto XVI (*DCE* 1). La cristología de Puebla, anticipándose a la teología trinitaria de los últimos 40 años, contempla a *la Trinidad como el misterio fontal de comunión y participación* (*DP* 211-219). El Documento de Puebla profesó la fe centrada en la triple verdad sobre Cristo, la Iglesia y el hombre.

Cristo y la Trinidad son el único y doble centro bipolar de la fe y la evangelización. El Pueblo de Dios expresa esta fe en la profesión litúrgica del *Credo*, cuyo contenido es trinitario y cristocéntrico. También la hace de forma sencilla y profunda al hacer *la señal de la cruz*. Cuando la palabra invoca al Padre, al Hijo y al Espíritu Santo, el gesto confiesa a Cristo, quien nos salva en la cruz pascual.

La Iglesia está llamada a una evangelización kerigmática. El *kerygma* proclama el amor misericordioso y salvador de Dios por su Hijo y en el Espíritu. "El kerygma es trinitario. Es el fuego del Espíritu que se dona en forma de lenguas y nos hace creer en Jesucristo, que con su muerte y resurrección nos revela y nos comunica la misericordia infinita del Padre" (*EG* 164). La Iglesia existe para "dar testimonio, de una manera sencilla y directa, de Dios revelado por Jesucristo mediante el Espíritu Santo" (*EN* 26). Proclama la feliz noticia de que Dios es comunión entre el Padre, el Hijo y el Espíritu.

Lo primero y principal es *proclamar y testimoniar la presencia de Dios-Amor en Cristo*. El *kerygma* del amor gratuito del Padre "es lo primero que necesitamos anunciar y también escuchar" (*A* 348).

Una *pastoral kerigmática* se orienta a hacer un "primer anuncio" a muchas personas de países sin tradición cristiana. Además, invita a hacer un "segundo anuncio" a los pueblos que ya han recibido el Evangelio, aprovechando las huellas de la memoria del proceso evangelizador precedente.

   Dios tiene muchos nombres. Los últimos papas nos recuerdan que Dios es Amor y Misericordia. El joven Montini escribió: "No basta decir: Dios es Amor, Dios ha amado el mundo; es necesario agregar: Dios es Misericordia, Dios ha amado un mundo pecador".[87] Pablo VI invocaba la *dolcissima misericordia* y recordaba el binomio agustiniano: *miseria hominis plena est terra, misericordia Domini plena est terra.* Francisco comenta la relación entre la miseria humana y la misericordia divina. En la entrevista titulada *El nombre de Dios es misericordia* recuerda que Pablo VI, en las notas para su testamento, escribió que su vida espiritual se podía resumir con la frase de San Agustín: *Miseria y misericordia; miseria mía y misericordia de Dios.* En el proceso de beatificación del Papa bresciano, Bergoglio leyó que Pablo VI, comentando ese axioma, había confesado a su secretario, el P. Juan Macchi, que consideraba un gran misterio el hecho que, siendo miserable, pudiera vivir delante de la misericordia de Dios.[88] La misericordia se expresa, singularmente, en el amor que perdona.

   Dios es "rico en misericordia" (*Ef* 2,4). Juan Pablo II tituló su segunda encíclica *Dives in misericordia.* En 2005 Benedicto XVI publicó su encíclica programática *Deus caritas est.* Francisco dice que el nombre de Dios es misericordia. Así asume la antigua cuestión de los nombres divinos. Dios es Amor misericordioso, como muestran con la doctrina de sus vidas santa Teresita del Niño Jesús y santa Teresa de Calcuta. Dios es *excessus amoris.* Su misericordia va más allá. El excesivo Amor de Dios se dirige a todos los que sufren las miserias del mal, el pecado, la violencia, el dolor y la muerte.

   El Papa argentino está trasmitiendo a la Iglesia una espiritualidad, una pastoral y una teología centradas en la revolución de la ternura de Dios, Padre rico en misericordia, manifestada en el rostro de su

---

   [87] Cf. L. EUSEBI, "Dio é Misericordia", en: *Istituto Paolo VI. Notiziario* 71 (2016) 7-13, 7.
   [88] Cf. FRANCISCO, *El nombre de Dios es misericordia* (edición de A. Tornielli), Barcelona, Planeta, 2016, 27, 55.

Hijo Jesucristo, muerto y resucitado, el único Salvador, y comunicada en el don del Espíritu Santo, Amor y Don, que une en comunión al Pueblo de Dios. Este acontecimiento expresa el primado teologal de la caridad a través de la lógica paradojal de la misericordia pastoral que acompaña, discierne e integra las pobrezas y heridas humanas desde todas las periferias existenciales.

Francisco proclama *la revolución de la ternura iniciada con la Encarnación del Hijo de Dios.* Esa expresión tiene fundamentos trinitarios, cristológicos, mariológicos y eclesiales. En sus mensajes navideños como arzobispo de Buenos Aires Bergoglio afirmaba, contemplando la imagen del Niño Jesús, que Dios es Ternura. La revolucionaria "lógica de la Encarnación" (*EG* 262) expresa la Bondad de Dios en la carne porque Él se aproxima a tocar las heridas de la humanidad doliente (*EG* 3, 44).[89]

"La verdadera fe en el Hijo de Dios hecho carne es inseparable del don de sí, de la pertenencia a la comunidad, del servicio, de la reconciliación con la carne de los otros. El Hijo de Dios, en su encarnación, nos invitó a la revolución de la ternura" (*EG* 88).

15. *De la revolución de la ternura a la cultura del encuentro*

La Misericordia es el principio hermenéutico de este pontificado. La revolución de la ternura tiene una fuerza inclusiva e incluyente. Se expresa de muchas formas: en los rostros de Cristo, María y los santos; en el símbolo del abrazo fraterno; en la consiga *construir puentes y derribar muros*; en las figuras de la pirámide invertida y del poliedro; en las celebraciones del Jubileo de la Misericordia y en las Jornadas anuales dedicadas a los pobres, los migrantes y el cuidado de la casa común.

La Iglesia desea comunicar el amor del corazón de Dios reflejado en el rostro y en la carne de Cristo.[90] La ternura alivia las heridas de nuestra frágil humanidad y llama a tocar "la carne sufriente de los demás" (*EG* 270). La misericordia es la *forma histórica del amor* que

---

[89] Cf. FRANCISCO, "Tiempo de misericordia", *L'Osservatore romano*, 14/3/2014, 4-5.

[90] Cf. C. M. GALLI, "Revolución de la ternura y reforma de la Iglesia", *Medellín* 170 (2018) 73-108.

se compadece y remedia los sufrimientos ajenos. La Iglesia samaritana se acerca a las víctimas de la injusticia, la explotación, el descarte, el tráfico y la trata. Francisco presenta la santidad como un camino de amor misericordioso a partir de las Bienaventuranzas (*Mt* 5,3-12) y el protocolo del juicio final (*Mt* 25,31-46).

"En el capítulo 25 del evangelio de Mateo (vv. 31-46), Jesús vuelve a detenerse en una de estas bienaventuranzas, la que declara felices a los misericordiosos. Si buscamos esa santidad que agrada a los ojos de Dios, en este texto hallamos precisamente un protocolo sobre el cual seremos juzgados: «Porque tuve hambre y me disteis de comer, tuve sed y me disteis de beber, fui forastero y me hospedasteis, estuve desnudo y me vestisteis, enfermo y me visitasteis, en la cárcel y vinisteis a verme» (*Mt* 25,35-36)". (*GEE* 95).

Francisco integra toda verdad y toda virtud en un orden armónico centrado en *el Evangelio de la caridad* (EG 34-40). "En este núcleo fundamental lo que resplandece es la belleza del amor salvífico de Dios manifestado en Jesucristo muerto y resucitado" (*EG* 36). El *kerygma* proclama ese núcleo del mensaje evangélico desde el cual cada componente de la vida halla "una adecuada proporción" (*EG* 38). La praxis cristiana, la enseñanza moral y la espiritualidad pastoral surgen de la vitalidad del Espíritu que orienta las iglesias (*Ap* 3,6) y de la conversión al Evangelio sin glosa para vivir, con la gracia del Espíritu, la libertad para el amor (*Gal* 6,5). El sucesor de Pedro enseña:

> "Santo Tomás de Aquino destacaba que los preceptos dados por Cristo y los Apóstoles al Pueblo de Dios «son poquísimos». Citando a san Agustín, advertía que los preceptos añadidos por la Iglesia posteriormente deben exigirse con moderación «para no hacer pesada la vida a los fieles» y convertir nuestra religión en una esclavitud, cuando «la misericordia de Dios quiso que fuera libre». Esta advertencia, hecha varios siglos atrás, tiene una tremenda actualidad. Debería ser uno de los criterios a considerar a la hora de pensar *una reforma de la Iglesia y de su predicación* que permita realmente llegar a todos" (*EG* 43).

En 2015 celebramos el Centenario de la Facultad de Teología de Buenos Aires. El Papa, que fue Gran Canciller de la Facultad de 1998 a 2013, envió una carta a su sucesor por la cual invitó a la comunidad

CUARTA PARTE. LA HERENCIA DE PUEBLA

académica a buscar *la unión entre la teología, la espiritualidad y la pastoral a la luz de la misericordia en la senda del Vaticano II*.[91] Estamos llamados a hacer una teología de la misericordia.

El mensaje del amor que se hace justicia y misericordia inspira "una cultura del encuentro en una plural armonía" (*EG* 220). El obispo de Roma desarrolla cuatro principios que ayudan a desarrollar *una cultura del encuentro*: el tiempo es superior al espacio; la unidad prevalece sobre el conflicto; la realidad es más importante que la idea; el todo es superior a la parte. Ellos orientan a armonizar las diferencias para forjar proyectos comunes y contribuir a buscar la paz en cada nación y en el mundo.

La encíclica *Laudato si'* se dirige a cada persona que vive en este planeta para "*entrar en diálogo con todos acerca del cuidado de nuestra casa común*" (*LS* 3).[92] Ella brinda un nuevo aporte a la Doctrina social de la Iglesia, madurado en el corazón de Bergoglio. En la Conferencia de Aparecida, él y muchos otros tomamos una mayor conciencia de la crisis ecológica al conocer el impacto continental y global de la depredación que sufre el Amazonas. Los obispos brasileños nos ayudaron a descubrirlo. Por eso el documento incluyó la sección "Biodiversidad, ecología, Amazonia y Antártida" (*A* 83-87). En la misma línea, el Papa convocó y presidió la Asamblea especial del Sínodo de los Obispos en 2019 con el tema *Amazonia: nuevos caminos para la Iglesia y para una ecología integral*. En el cuidado de la casa común se nota que Bergoglio cooperó con Aparecida y que Aparecida coopera con Francisco.

En 2020 se cumplirán cinco años de la *Laudato si'*, la que expone una teología de la creación y la sociedad en un vivo intercambio entre la fe cristiana y las ciencias de la materia, la vida y la sociedad. Muestra la interrelación entre la inclusión, la paz y la ecología. La encíclica es como una nueva *Rerum novarum* porque plantea las cosas nuevas de la sociedad en el marco civilizatorio del siglo XXI y,

---

[91] Cf. FRANCISCO, "Saludo del Papa Francisco al Cardenal Mario A. Poli con motivo del Centenario de la Facultad de Teología", *Teología* 117 (2015) 9-11.

[92] Cf. A. SPADARO (a cura di), *Laudato si', Lettera enciclica sulla cura della casa comune. Testo integrale e commento de 'La Civiltá Cattolica'*, Roma, Ancora, 2015.

como una nueva *Populorum progressio* por la prioridad dada a los más pobres a escala internacional.

El Papa resalta la correlación entre el clamor de los pobres y el grito de la tierra (*LS* 2) y entre el cuidado del ambiente natural, o ecología ambiental, y el cuidado de los seres humanos, en especial de los más frágiles, o ecología social (*LS* 16). No son dos problemas separados sino dos dimensiones de *la única crisis socio-ambiental* que pone en peligro a nuestra familia humana.

Aquí se manifiesta el potencial semántico del título del documento: *el cuidado de nuestra casa común*. Eco-logía y eco-nomía provienen del término griego *oikos*, que designa tanto el edificio de la casa como la familia que la habita. La familia y la casa constituyen el hogar, que se amplía al pueblo y a la ciudad, a la sociedad nacional e internacional. La "casa común" incluye la humanidad y la tierra en sus múltiples interconexiones. La conversión a una *ecología integral* incluye aspectos personales, familiares, ambientales, económicos, sociales, políticos, culturales, urbanísticos. A pesar de todo, la encíclica anima la esperanza fundada en el amor de Dios y en que "las cosas pueden cambiar" (*LS* 13).

VII. Alegría

16. De la dulce alegría de evangelizar...

Desde la *Evangelii nuntiandi*, los documentos de los papas y obispos insisten en la necesidad de una mística evangelizadora animada por el Espíritu Santo, el gran protagonista de la misión. Francisco presta una atención especial a la mística de la alegría con una fidelidad creativa al magisterio de sus predecesores (*EN* 74-80; *RMi* 87-91; *NMI* 38-45) y de los obispos latinoamericanos (*A* 240-285). Traza una espiritualidad evangelizadora para alentar a los agentes pastorales (*EG* 79-106, 259-283).

En el corazón de la propuesta de Francisco late la alegría de evangelizar. En su exhortación invita a los fieles cristianos "a una nueva etapa evangelizadora marcada por esa alegría e indicar caminos para la marcha de la Iglesia en los próximos años" (*EG* 1). Así sale al paso a las tentaciones de tristeza, desolación y miedo que afectan a muchos cristianos. "Cuando la vida interior se clausura en los propios intereses ya no hay espacio para los demás, ya no entran los pobres, ya no se escucha la voz de Dios, ya no se goza la dulce alegría de su amor, ya no palpita el entusiasmo por hacer el bien" (*EG* 2).

Una constante de la Iglesia conciliar es *la renovación de la alegría evangélica y evangelizadora*. Si el gozo siempre late en la comunidad cristiana, en este momento de gracia hay una mayor conciencia de la alegría. El inicio simbólico de este *kairós* fue el discurso "Se alegra la madre Iglesia" (*Gaudet Mater Ecclesia*) de Juan XXIII al abrir el Vaticano II en 1962. La Constitución conciliar "Gozo y esperanza" (*Gaudium et spes*), aprobada en 1965, es la Carta Magna sobre la alegría de la esperanza. El Mensaje del Concilio a los Jóvenes afirmó que, durante cuatro años, la Iglesia hizo una "impresionante reforma de vida" para "rejuvenecer su rostro" y responder al plan de "Cristo, eternamente joven". Medellín lo citó y recordó que la juventud tiene "la facultad de alegrarse con lo que comienza" (*M* V, 11). Diez años después la voz del Concilio resonó fuerte en dos exhortaciones de Pablo VI en el Año Santo de 1975. Su eco espiritual sonó en la exhortación "Alégrense en el Señor" (*Gaudete in Domino*: *GD*); su eco pastoral en la exhortación postsinodal "El anuncio del Evangelio" (*Evangelii nuntiandi*: *EN*). Luego del "Papa de la sonrisa", los sucesores hicieron reiterados llamados a vivir la alegría de la fe.

Pablo VI repetía que el cristianismo es alegría. Su documento *Gaudete in Domino* fue "un himno a la alegría divina" y celebró "la alegría sobreabundante, que es un don del Espíritu Santo". Realizó una peregrinación a las fuentes bíblicas y espirituales de la alegría cristiana para responder al deseo contemporáneo de felicidad. Enseñó que raíz profunda de la alegría es el amor de Dios entregado en su Hijo y donado en su Espíritu porque "*en el mismo Dios, todo es alegría porque todo es don*".

La *Evangelii nuntiandi* es otro testamento pastoral de Pablo VI. En el último número de su último capítulo el Papa bresciano llamó a conservar la alegría de Cristo, *la dulce alegría de evangelizar*.

"Conservemos la dulce y confortadora alegría de evangelizar, incluso cuando hay que sembrar entre lágrimas [...]. Sea ésta la mayor alegría de nuestras vidas entregadas. Y ojalá que el mundo actual [...] pueda así recibir la Buena Nueva, no a través de evangelizadores tristes y desalentados, impacientes o ansiosos, sino a través de ministros del Evangelio, cuya vida irradia el fervor de quienes han recibido, ante todo en sí mismos, la alegría de Cristo, y aceptan consagrar su vida a la tarea de anunciar el reino de Dios e implantar la Iglesia en el mundo" (*EN* 80).

Luego nos presentaba a María como la *Estrella de la evangelización siempre renovada* (*EN* 81).

Jorge Bergoglio meditó, predicó y escribió mucho sobre la alegría de evangelizar. Ya lo hizo al abrir la XV Congregación provincial de los jesuitas argentinos (8/2/1978).[93] En los Ejercicios espirituales que predicó en distintas épocas dedicó meditaciones al "gozo" del encuentro con Cristo y vinculó la alegría con la consolación de san Ignacio de Loyola (*EE* 316) y con el fervor apostólico deseado por Pablo VI (*EN* 80), Entonces gestó la frase: "*nuestro gozo en Dios es misionero*".[94]

17. ... a la alegría de evangelizar con María

Una clave hermenéutica del pontificado de Francisco está en la alegría de anunciar el Evangelio. En 2013 dio su exhortación programática "La alegría del Evangelio" (*Evangelii gaudium*. Este título reúne dos palabras centrales de aquellos dos documentos de Pablo VI de 1975. En su discurso a la 36ª Congregación general de la Compañía de Jesús en 2016, dijo: "En las dos Exhortaciones Apostólicas –*Evangelii gaudium* y *Amoris laetitia*–, y en la Encíclica *Laudato si'*, he querido insistir en la alegría".[95] Esta opción continúa en la Constitución Apostólica "La alegría de la verdad" (*Veritatis gaudium)* y la Exhortación Apostólica "Alégrense y regocíjense" (*Gaudete et exsultate*).

---

[93] Cf. J. M. BERGOGLIO, *Meditaciones para religiosos*, San Miguel, Diego de Torres, 1982, 63-65.

[94] Cf. BERGOGLIO, *Meditaciones para religiosos*, 212.

[95] Cf. FRANCISCO, "Libres y obedientes", *L'Osservatore romano* (edición semanal en lengua española), 28/10/2016, 7.

Al finalizar su testamento pastoral Pablo VI llamó a conservar *la dulce y confortadora alegría de evangelizar* (*EN* 80). Como perito en Aparecida doy testimonio de que Bergoglio quiso citar ese párrafo al concluir el Documento (*A* 552). El 7 de marzo de 2013 expresó esa mística del gozo en la reunión cardenalicia previa al Cónclave. Tres veces citó la frase "la dulce alegría de evangelizar".

Francisco muestra que la misión surge de la lógica del amor que da vida y es fruto de la memoria de la Iglesia. "La alegría evangelizadora siempre brilla sobre el trasfondo de la memoria agradecida: es una gracia que necesitamos pedir" (*EG* 13). La gratitud cordial por el don recibido genera la entrega gratuita y dichosa del don la fe a otros. El Papa alienta "la alegría evangelizadora" (*EG* 83). "La alegría del Evangelio que llena la vida de la comunidad de los discípulos es una alegría misionera" (*EG* 21).

La alegría de la Iglesia nace de la fe en Jesucristo, "la gran alegría para todo el pueblo" (*Lc* 2,10). La alegría perfecta surge de la comunión con el Padre y el Hijo en el Espíritu (*1 Jn* 1,4). El Papa argentino continúa al Papa alemán, quien presentaba el Evangelio como un feliz sí de Dios al ser humano y la fuente de la felicidad de creer, esperar y amar.[96] En la encíclica sobre la luz de la fe mostró que ella, "*como una lámpara, guía nuestros pasos en la noche, y esto basta para caminar*" (*LF* 57). A veces la fe se parece a la luz radiante de un gran faro que cubre desde lo alto el cielo, la tierra y el mar. Habitualmente se asemeja a la luz de una pequeña antorcha que acompaña y alumbra cada paso. Cuanto más oscura está la noche, más se nota el brillo de la pequeña llama de "la alegría de la fe" (*LF* 47).

La alegría misionera "siempre tiene la dinámica del éxodo y del don, del salir de sí, del caminar y sembrar siempre de nuevo, siempre más allá" (*EG* 21). La esperanza sostiene a quienes siembran entre lágrimas para que otros cosechen entre cantares (*Sal* 125,5). El que cosecha lo sembrado debe sembrar generosamente. "*Así, el que siembra y el que cosecha comparten una misma alegría*" (*Jn* 4,36).

En la exhortación *Gaudete et exsultate* (*GEE*) Francisco vuelve sobre las dos actitudes espirituales que asocia desde hace cuatro

---

[96] Cf. BENEDICTO XVI, "El camino de la alegría para evangelizar", *L'Osservatore romano*, 1/4/2012, 18-20.

décadas de la mano de la tradición de san Ignacio de Loyola y del magisterio de san Pablo VI. En el capítulo cuarto desarrolla cinco notas del estilo de vida al que Cristo nos llama hoy. En ese contexto se refiere a la alegría y el sentido del humor (*GEE* 122-128), y a la audacia y el fervor (*GEE* 129-139). Cita explícitamente al número 80 de la *Evangelii nuntiandi* dedicado al fervor apostólico y señala que allí Pablo VI "une íntimamente la alegría a la *parresía*" y "la alegría de evangelizar" con "un ímpetu interior que nada ni nadie sea capaz de extinguir" (*GEE* 130).

María, feliz por haber creído, es causa de nuestra alegría. Ella alegra la vida de tantos hermanos y hermanas del Pueblo de Dios peregrino en nuestro continente. La alegría de la fe nace de que Cristo nos da a su Madre como Madre y María conduce a Cristo su Hijo. Cristo es el Centro, centrado en el Padre por el Amor del Espíritu, y María, por la gratuidad del amor, está y estará en el centro.[97]

María y sus misterios pertenecen a la fe de nuestros pueblos. El teólogo argentino Rafael Tello repetía que "Dios le dio América Latina a la Virgen", y lo que completaba diciendo: "Dios le dio la Virgen a América Latina". *La Iglesia latinoamericana tiene una original piedad mariana,* como mostró la excelente sección del Documento de Puebla sobre *María, Madre y Modelo de la Iglesia* (*DP* 282-303).

Cristo, María, la fe, la alegría, la misión y los pobres son tesoros de nuestra Iglesia regional. El Papa comparte el amor a la Virgen que identifica al Pueblo de Dios, en especial en América Latina. En su primera exhortación citó el relato *Nican Mopohua* (*EG* 286) e invitó a contemplar a Nuestra Señora de Guadalupe. En México no sólo miró a *la Morenita*, sino que se puso bajo su tierna mirada.[98]

En 1992, celebrar el V Centenario de la fe en América ayudó a asumir una nueva evangelización. En el año 1531, cuatro décadas

---

[97] Cf. C. M. GALLI, *Cristo, María, la Chiesa e i popoli. La mariología di papa Francesco*, Vaticano, LEV, 2017; *La mariología del Papa Francesco. Cristo, María, la Iglesia y los pueblos*, Buenos Aires, Agape, 2018.

[98] Cf. A. AWI MELLO, *María – Iglesia: Madre del Pueblo misionero. Papa Francisco y la piedad popular mariana a partir del contexto teológico-pastoral latinoamericano*, Dayton, Marian Library / International Marian Research Institute, University of Dayton, Ohio - Pontifical Theological Faculty Marianum, Rome, Italy, 2018.

después de 1492, se produjo el acontecimiento guadalupano, a través del cual "María, la gran misionera, continuadora de la misión de su Hijo y formadora de misioneros... trajo el Evangelio a nuestra América" (*A* 269). ¿Orientaremos la mirada pastoral hacia 2031?

La Virgen de Guadalupe, Madre de Dios y Madre del Pueblo de Dios, es un modelo de evangelización inculturada e intercultural. Mirándola aprendemos "el estilo mariano en la actividad evangelizadora de la Iglesia... lo revolucionario de la ternura y del cariño" (*EG* 288). María es "vida, dulzura y esperanza nuestra". Con la historia y la teología pastoral recapitulada en estas líneas decimos que ella es la Aurora de la mañana del Evangelio y la Estrella de la noche en la evangelización (*EN* 81; *EG* 287).

16

DE PUEBLA A APARECIDA

Gianni La Bella (Italia)

*Profesor de Historia contemporánea de la Università
di Modena e Reggio Emilia*

El pontificado de Pablo VI marca la entrada de la Iglesia del Nuevo Mundo en las preocupaciones centrales de la Iglesia católica. Montini traslada el centro dinámico de la Iglesia hacia la periferia, inaugurando una nueva etapa de geopolítica eclesial, convencido, como escribió en aquellos años el misionólogo Walbert Bühlmann, de que «la Tercera Iglesia ya está a las puertas»[1]. Un continente y una Iglesia desde los que espera que se realice aquella regeneración vital entre fe y modernidad por él mismo definida como «civilización del amor». El pontífice ve en el catolicismo sudamericano una Iglesia capaz de conjugar, en una nueva síntesis vital, *nova et vetera*, un laboratorio de renacimiento postconciliar[2].

Puebla: la madura implementación del Concilio

Si la Conferencia de Medellín de 1968 marcó la adolescencia del catolicismo latinoamericano, el inicio de su «americanización» en la

---

[1]   W. Bühlmann, *La Terza Chiesa alle porte*, Edizioni Paoline, Alba 1976.

[2]   Pablo VI, *Sacra Ordinazione di settanta sacerdoti destinati ai popoli dell'America Latina*, en *Insegnamenti di Paolo VI* (de ahora en adelante *Insegnamenti*), IV, Libreria Editrice Vaticana, Città del Vaticano 1966, pp. 351-352.

periferia del mundo, «entre los condenados de la tierra», con el ambicioso proyecto de descolonizar la Iglesia continental de sus connotaciones europeas, la de Puebla de 1978 representó la «madurez», la «edad adulta» de ese «resurgimiento católico latinoamericano». Medellín indica sin duda «un *antes* y un *después*» en la historia de la Iglesia del Nuevo Mundo, expresión de una recepción «creativa», pero también «selectiva», de la actualización del Concilio, que será completada en Puebla, donde se definirán sistemáticamente los rasgos característicos que guiarán el camino de esta Iglesia en las siguientes décadas: la opción preferencial por los pobres, la reivindicación de una liberación integral de los hombres y de los pueblos, la relación entre fe y cultura y la centralidad de la religiosidad popular, como trasfondo creativo y generativo del rostro de esta porción particular del pueblo de Dios: rasgos de identidad que marcarán su estilo eclesial, la práctica pastoral, el pensamiento teológico y la predicación[3]. Pablo VI, con la *Evangelii nuntiandi,* ofrece a la Iglesia del continente un puente teológico y doctrinal para conjugar Medellín con lo que será Puebla, para pasar del ciclo hermenéutico, codificado en el esquema «opresión-liberación», que domina los trabajos de aquella primera conferencia, al de «liberación-evangelización». Con la Conferencia de Puebla, adquiere su debida centralidad la comprensión del Concilio, en la lógica íntima de la percepción de la Iglesia latinoamericana, por primera vez en su situación histórica y cultural. No es casualidad que sea en esta asamblea de la jerarquía latinoamericana donde nazca la teología del pueblo, gracias a las aportaciones de Lucio Gera, el intérprete más importante de la llamada escuela de Buenos Aires[4].

El producto del primer fecundo *commercium*-contaminación, del intercambio entre centro y periferia, entre el catolicismo latinoamericano y el universal, es la *Evangelii nuntiandi*, que para Bergoglio representa «una enseñanza sobre la evangelización aún no superada»

---

[3]   S. Scatena, *In populo pauperum. La Chiesa latinoamericana dal Concilio a Medellin (1962-1968)*, il Mulino, Bologna 2007; G.Carriquiry Lecour, *En camino hacia la V Conferencia de la Iglesia Latinoamericana. Memoria de los 50 años del Celam*, Editorial Claretiana, Buenos Aires 2006.

[4]   III Conferencia General del Episcopado Latinoamericano, *Puebla, la Evangelización en el presente y en el futuro de América Latina*, Biblioteca de Autores Cristianos, Madrid 1979.

y «el mayor documento pastoral escrito hasta la fecha». Esta exhortación apostólica es tan importante para el catolicismo latinoamericano y para Bergoglio porque incorpora los contenidos ofrecidos a la Iglesia universal por este catolicismo durante el Sínodo de 1974. La *Evangelii nuntiandi* universaliza esa propuesta para toda la Iglesia. Las intervenciones de los delegados de las Iglesias sudamericanas, encabezados por el cardenal Eduardo Pironio, se centraron unánimemente en los mismos temas: las relaciones entre evangelización y promoción humana, la religiosidad popular, el papel de las comunidades de base como agentes de evangelización y los jóvenes[5]. Una historia que el papa reconstruyó, incluyendo apuntes biográficos, en su discurso de apertura de la conferencia eclesial de la diócesis de Roma, el 16 de junio de 2014. Ningún documento del magisterio pontificio, después del Concilio, ha tenido tal eco y repercusión en América Latina como la exhortación apostólica *Evangelii nuntiandi*. El documento de Puebla la menciona 103 veces, considerándola el telón de fondo de esta conferencia. El *Documento de Aparecida* menciona veinte veces a la *Evangelii nuntiandi*, mientras que la *Evangelii gaudium* menciona veinte veces a Aparecida y veintinueve veces a Pablo VI. A sus hermanos jesuitas que se encontraban en Roma para la XXXVI Congregación, Francisco les dijo: «La *Evangelii gaudium* es un marco, no es el original. Quiero ser muy claro al respecto. Aúna la *Evangelii nuntiandi* y el documento de Aparecida... He intentado retomar esos dos documentos y refrescarlos para volver a ofrecerlos en un plato nuevo»[6]. Al recibir a los participantes en el Congreso Internacional *A los cuarenta años de la Conferencia de Puebla,* el 3 de octubre de 2019, el papa habló de «plagio elegante» con respecto a la *Evangelii gaudium*[7].

---

[5] G. Caprile, *Il Sinodo dei vescovi 1974*, «La Civiltà Cattolica», Roma 1975, pp. 352-358 e 581-590. La delegación latinoamericana al Sínodo confía en un grupo de representantes muy competentes, entre los que se encuentran Avelar Brandão Vilela, Aloisio Lorscheider, Alfonso López Trujillo, Raul Primatesta, Samuel Ruiz, Arturo Rivera y Damas, Eduardo Pironio, Román Arrieta.

[6] *«Avere coraggio e audacia profetica». Dialogo di papa Francesco con i gesuiti riuniti nella 36ª Congregazione Generale*, en «La Civiltà Cattolica», IV, 2016, p. 428.

[7] Audiencia a los ponentes del Congreso: *A los 40 años de Puebla*, 3 de octubre de 2019, en www.vatican.va

La Iglesia latinoamericana es la única comunidad pluralista de Iglesias que vive una peculiar recepción regional, colegial y creativa del Vaticano II, a escala continental, gracias al Celam, un *unicum* en la historia de la Iglesia contemporánea[8]. En pocos años este catolicismo, descentralizado con respecto al corazón de la cristiandad, al cual se le considera inmóvil y desprovisto de iniciativa histórica, vuelve a ocupar los titulares. Conquista progresivamente el respeto internacional, ejerciendo un peso y un ar cada vez más importantes en la vida religiosa, social y política del continente e incluso más allá. Es un catolicismo que despierta curiosidad y admiración, por su fuerza evangélica, por la radicalidad de su carga profética. Ya no se encuentra al margen de la historia, sino repentinamente el resto de los católicos lo percibe como moderno, actual, capaz de responder a las necesidades, ansiedades, aspiraciones del hombre latinoamericano y, al mismo tiempo, de suscitar la esperanza y la alegría de los católicos europeos. A finales de los años Setenta, Alberto Methol Ferré, aquel «genial rioplatense que nos enseñó a pensar», como lo llamaba el cardenal Bergoglio, y el filósofo jesuita brasileño Henrique Claudio de Lima Vaz[9] hablaban de América Latina como de una «Iglesia fuente», cuya originalidad radica en su capacidad de vivir y configurar lo universal[10]. El cardenal Eduardo Pironio, artífice de Medellín, figura clave en la historia de las relaciones entre la Iglesia latinoamericana y Roma, a la muerte de Pablo VI se encuentra entre los candidatos más acreditados para sucederle, en los sondeos previos al cónclave. Pero aún no ha llegado el momento, habrá que esperar a la elección del papa Bergoglio para consagrar esa metamorfosis de la Iglesia latinoamericana de «reflejo» a «fuente».

---

[8] Sobre la novedad institucional y canónica de Celam véase: G.Feliciani, *Le Conferenze episcopali*, il Mulino, Bologna 1974.

[9] H. C. De Lima Vaz, *Escritos de filosofía*, VII, *Raízes da modernidade*, Loyola, São Paulo 2002.

[10] A. Methol Ferré, *De Rio a Puebla. Etapas históricas de la Iglesia en América Latina (1945-1980)*, Celam, Bogotá 1980.

Juan Pablo II y América Latina

Con Juan Pablo II los escenarios cambian. Wojtyła dio sus primeros pasos en América Latina para inaugurar la Conferencia de Puebla. A los obispos progresistas les preocupa que el papa apoye la llamada «colombianización del Celam», que comenzó con el nombramiento de Alfonso López Trujillo, enemigo irreductible de la teología de la liberación. Hay una gran expectación. ¿De qué lado tomará partido el papa? Refiriéndose a la *Evangelii nuntiandi*, Wojtyła se distancia de la primacía de la praxis, no reconociéndose en la tradicional metodología *jocista* latinoamericana de «ver-juzgar-actuar», sino partiendo de la «verdad de Dios sobre el hombre»[11]. No cree que la verdadera liberación venga de la revolución y reafirma que la primera tarea de la Iglesia no es la liberación política, sino la creación de hombres libres. Teme una Iglesia reducida a una agencia político-social, a remolque de los movimientos marxistas. El papa se enfrenta a la crisis del catolicismo latinoamericano tratando de fortalecer su identidad eclesial, sin negar su compromiso social. Dibuja un espacio de la Iglesia no uniformada a regímenes conservadores, pero tampoco favorable al uso de la violencia, en especial relanza la evangelización, para hacer frente al avance de las sectas. El discurso de Juan Pablo II al episcopado latinoamericano es uno de los más importantes del pontificado y es fruto de la reflexión personal de un hombre que ha meditado desde muy joven sobre los aspectos morales de la violencia revolucionaria, como respuesta a la injusticia social. El viaje a México y el discurso de Puebla no representan, como a menudo ha mantenido cierta historiografía ideológica, el inicio de la normalización-restauración católica de la Iglesia latinoamericana, su «romanización». Wojtyla en Puebla desplaza el centro de gravedad de la Iglesia católica hacia el Sur, afirmando con fuerza su opción por el tercer mundo: «La Iglesia quiere permanecer libre frente a los sistemas opuestos, para optar sólo por el hombre». Pero será el viaje a Brasil, en julio del año siguiente, el que represente para el papa una

---

[11] Juan Pablo II, *Discurso inaugural de la III Conferencia General del Episcopado Latinoamericano*, 28 de enero de 1979, en *Acta Apostolicae Sedes*, (AAS), LXXI, Libreria Editrice Vaticana, Città del Vaticano 1979.

oportunidad de «conversión» personal, con respecto a la pobreza y las tragedias de la injusticia social. Él mismo lo reconoció al declarar a Jerzy Turowicz, redactor jefe del *Tygodnik Powszechny* de Cracovia: «Gracias al contacto con la realidad viva de esa Iglesia, todos los problemas que conocía sólo de la manera que acabo de explicar en detalle, han tomado una nueva dimensión para mí»[12]. Los días brasileños representan a nivel humano un verdadero choque para el pontífice. El momento culminante de la visita fue el encuentro, de cuatro horas y a puerta cerrada, con todos los obispos del país. El discurso del papa al episcopado carioca constituye una especie de Carta Magna de la visión no violenta del cristianismo cultivada por el papa. Buscar el perdón y el amor, éste es el camino cristiano, según el mandamiento evangélico de «volver a enfundar la espada». Ésta es la crítica más firme que el papa dirige al catolicismo latinoamericano, indicando la no-violencia como un ideal profundamente cristiano y al hombre pacificador como un modelo antropológico y espiritual del creyente. No un cristiano «combatiente», sino «resistente» hasta el martirio. El compromiso del papa es transformar la religión en una fuerza al servicio de la paz y la justicia, sin comprometerla en una política partidista o bajo una bandera ideológica. Confiar en medios violentos, con la esperanza de establecer justicia, significa cultivar una ilusión mortal, ya que la violencia siempre genera otra violencia y degrada al hombre.

Bajo su pontificado la Santa Sede asume con éxito la mediación entre Chile y Argentina en la guerra por el Canal de Beagle y trata de evitar el enfrentamiento entre Gran Bretaña y Argentina, por las Islas Falkland. En Chile, Argentina, Guatemala, Paraguay, Panamá y Haití la Iglesia emerge como un factor positivo y decisivo en la transición democrática, en busca de una solución negociada que permita el fin incruento de los distintos regímenes militares. Tras el Concilio, la Iglesia latinoamericana desempeña un papel importante y decisivo para garantizar el retorno a los sistemas democráticos, la defensa de los derechos humanos, la resolución de los conflictos políticos o étnicos internos, la protección jurídica de las minorías, la acogida y la protección de los pobres y perseguidos. Esta obra de «diaconía

---

[12] Cfr. "L'Osservatore Romano" (ed. francesa) 12 de agosto de 1980.

continental», que los historiadores tendrán que reconstruir en detalle en el futuro, ha sido acompañada por una multitud de mártires que han caído por la justicia y la defensa de los pobres, y cuyo testimonio ha hecho fecunda la Iglesia de estas naciones. Obispos, hoy beatos y santos, como Enrique Angelelli, Óscar Arnulfo Romero y mártires como Juan José Gerardi Conedera, Juan Jesús Posada Ocampo o Isaías Duarte Cancino, junto a decenas de sacerdotes, religiosos y cientos de laicos y catequistas[13].

La teología de la liberación

El papa se opuso firmemente a las corrientes de la teología de la liberación por considerarlas contaminadas por el marxismo y la violencia. Ésta, como sabemos, es un fenómeno teológico, político y eclesial complejo que tiene su primigenia estructuración en el volumen publicado en diciembre de 1971 por Gustavo Gutiérrez, titulado *Teología de la Liberación*[14]. Este complejo fenómeno no es sólo el resultado de Medellín, de la interpretación radical del Vaticano II o de la fascinación ejercida por el marxismo, sino que es también, en parte, una expresión de esa continuidad «genética» entre catolicismo intransigente y liberacionista, sobre la que ha escrito Jean Meyer[15]. No es posible aquí reconstruir todas las fases evolutivas de este complejo movimiento, ni describir en detalle las tendencias de las distintas corrientes, desde las más moderadas hasta las más extremas. Ciertamente, la teología de la liberación ha sido una de las principales causas de conflicto, así como la más famosa controversia religiosa que haya surgido entre la Santa Sede y el catolicismo del Nuevo Mundo, y Roma la ha percibido como una amenaza a la ortodoxia de la fe católica. Alrededor de este fenómeno teológico se desencadena una especie de referéndum planetario: *Concilium* contra *Communio*. Las dos Instrucciones de la Congregación para la Doctrina de la Fe, la primera de 1984, más orientada a la crítica del marxismo, y la segunda de 1986, atenta a la liberación,

---

[13] A.Riccardi, *Il secolo del martirio*, Milano 2000.

[14] G.Gutiérrez, *Teologia della Liberazione*, Brescia 1972.

[15] J. Meyer, *Les Chrétiens d'Amérique Latine. XIX et XX siècles*, Paris 1991, pp. 259-264.

CUARTA PARTE. LA HERENCIA DE PUEBLA

tienen la función de limitar la influencia del marxismo en la teología cristiana y de realzar la dimensión de liberación inherente al pensamiento cristiano. En las dos instrucciones coexisten dos perspectivas: por un lado, una *pars destruens*, dedicada a demostrar cómo esta nueva teología llega a una interpretación heterodoxa del cristianismo, a una lectura esencialmente política de la Escritura, favoreciendo, como consecuencia, la formación de un magisterio paralelo; por otro lado, una *pars construens*, dirigida a reconocer los méritos que esta nueva forma de hacer teología tiene en la vida del catolicismo sudamericano, históricamente poco inclinado a defender a los pobres porque durante mucho tiempo ha estado vinculado a los privilegios de la oligarquía. La defensa de la teología de la liberación asume, en muchos componentes de la Iglesia latinoamericana, un carácter antirromano, identificando en las decisiones del papa una acción de represión de la libertad de pensamiento y de la originalidad latinoamericana. Muchos comentaristas juzgaron la actitud adoptada por Juan Pablo II como contraria a cualquier forma de pluralismo ideológico, preocupada únicamente por reprimir de raíz una nueva imagen de Iglesia comprometida con los pobres. Numerosos componentes de la historiografía internacional se han reforzado al transmitir la imagen del papa polaco como «el sepulturero» de la teología de la liberación. Una idea precipitada y falta de una perspectiva histórica equilibrada y documentada. Juan Pablo II rechazó algunas formulaciones de la teología de la liberación, pero nunca condenó al movimiento como tal, su preocupación era limitar la influencia del marxismo en la teología y reafirmar fuertemente el valor liberador del cristianismo, reconociendo la fuerza y la capacidad liberadora del nuevo camino teológico. Como demostrará todo el magisterio subsiguiente, el papa hizo suyas muchas de las cuestiones de este movimiento teológico, como se ve, por ejemplo, en la *Novo millennio ineunte*, donde se señala claramente la opción preferencial por los pobres como algo irreversible. Una teología, como diría a los obispos de Brasil, el 13 de marzo de 1986, no sólo ortodoxa, sino necesaria. El magisterio wojtiliano se mueve desde el inicio del pontificado totalmente a contracorriente. El papa estaba convencido de que la experiencia latinoamericana había demostrado el fracaso de los dos sistemas ideológicos: el liberal y el colectivista, y por eso vuelve a proponer la doctrina social de la Iglesia como reflexión de teología moral. Ése es el camino para que se produzca un encuentro renovado entre la fe en Jesucristo y las exigencias de la razón, para provocar la síntesis vital entre el anuncio cristiano y la auténtica realidad del hombre, y para reafirmar que dentro del mensaje cristiano se pueden interpretar y comprender el hombre y su historia. El papa desea promover una cultura de la solidaridad para establecer un orden económico «en el que –como escribirá en la exhortación apostólica *Ecclesia in America*– no sólo predomine el criterio del lucro, sino también los de la búsqueda del bien común nacional e internacional, de la distribución equitativa de los bienes y de la promoción integral de los pueblos»[16]. La difusión de esta doctrina es, por tanto, una auténtica prioridad pastoral. La doctrina social es la manera en que la Iglesia humaniza el mundo. A los obispos del Perú en visita *ad limina* el 20 de octubre de 1979 y a los de Argentina, Colombia y México, recibidos pocos días después, el papa reafirma con vigor que «forma parte de vuestra misión como maestros prestar la debida atención a una adecuada difusión del pensamiento social de la Iglesia...»[17].

A la reducción materialista producida por el marxismo y a la exaltación economicista teorizada por el liberalismo, Juan Pablo II contrapone el humanismo cristiano entendido como la verdad completa sobre el ser humano, fundamento de la doctrina social de la Iglesia. Es el mismo papa quien define claramente la naturaleza, el propósito y la utilidad de la doctrina social de la Iglesia para el catolicismo contemporáneo. La Iglesia no necesita «recurrir a sistemas e ideologías para amar, defender y colaborar en la liberación del hombre». El objetivo de la Iglesia es la liberación global e integral de la familia humana, porque por ella murió Cristo. Ningún papa en la época contemporánea se ha dedicado tanto a dar a la Iglesia católica un perfil social y político fuerte, acreditado y visible en todo el mundo. Creo que ha llegado el momento de afrontar con una

---

[16] *Ecclesia in America*, 1999, n. 55. Sobre la celebración de este sínodo y sobre los contenidos teológicos eclesiológicos de la encíclica, cfr. J.García González, *Historia del Sínodo de América. Asamblea Especial para América*, México 1999.

[17] Pontificia Comisión para América Latina, *Documentos del Santo Padre Juan Pablo II*, Città del Vaticano, 1994.

perspectiva histórica equilibrada este complejo asunto, que ha marcado profundamente la vida del catolicismo latinoamericano de los últimos treinta años.

A finales de los años Ochenta, las relaciones entre Roma y América Latina se deterioran, también como resultado de la controversia sobre el unilateralismo en la política de nombramientos episcopales, cuya dirección supervisaba el «Pentágono latinoamericano» compuesto por los cardenales Angelo Sodano, López Trujillo, Darío Castrillón Hoyos, Jorge Medina y Javier Lozano Barragán, y por las fricciones y malentendidos sobre la gestión de la reestructurada Pontificia Comisión para América Latina. Juan Pablo II, el 18 de junio de 1988, con la carta apostólica *Decessores Nostri*, fusionó la Comisión Pontificia para América Latina. Juan Pablo II, el 18 de junio de 1988, con la carta apostólica *Decessores Nostri*, fusionó la Pontificia Comisión para América Latina con el Consejo General de la Pontificia Comisión, instituido por Pablo VI el 30 de noviembre de 1963, vinculando el nuevo organismo, de una manera más orgánica, a la Congregación para los Obispos. Es un papel que el episcopado latinoamericano siente como una limitación adicional de sus espacios de autonomía, a través de la extensión de una vigilancia más rígida por parte de Roma[18]. A los ojos de los latinoamericanos, el Vaticano asume el rostro y las funciones del «controlador».

La crisis en Santo Domingo

En este contexto se celebra en Santo Domingo, en octubre de 1992, la IV Conferencia General del Episcopado, con ocasión del quinto centenario del «descubrimiento» de las Indias Occidentales. Los obispos latinoamericanos se sienten bajo «vigilancia especial», en una conferencia blindada que, debido a una serie de controversias endógenas y exógenas, no consigue encontrar un punto de equilibrio. La invitación del papa a «escudriñar los signos de los tiempos» lleva a los obispos a ver en la «interrelación planetaria» una de las principales perspectivas también para América Latina. Pero en

---

[18] Pontificia Comisión para América Latina, *Documentos del Santo Padre Juan Pablo II (1988-1993)*, Libreria Editrice Vaticana, Città del Vaticano 1994.

Santo Domingo el episcopado está más inclinado a celebrar los cinco siglos del descubrimiento de América que a entender el nuevo orden unipolar que se está consolidando. En esta fase, «globalización» sigue siendo un término sin precedentes para la Iglesia latinoamericana. La Conferencia no se desarrolla en absoluto con tranquilidad, el debate es bastante tumultuoso y en más de una ocasión corre el riesgo de fracasar. En los discursos emergen las diferentes almas y las diferentes sensibilidades que recorren el catolicismo latinoamericano. Para animar el debate está ante todo la cuestión de la conmemoración del quinto centenario. Las posiciones son variadas pero, simplificando, se pueden reducir a dos lecturas fundamentales: por un lado, hay un primer grupo que apoya la necesidad de enfatizar más claramente cómo la evangelización se desarrolló paralelamente a la conquista, y opina que, aun admitiendo la presencia de figuras proféticas, es necesario denunciar la violencia de los invasores y las connivencias de la Iglesia con ese proyecto colonizador. Y después están los que, aun reconociendo una parte de verdad en estas afirmaciones, tratan de discernir las luces y sombras de esos acontecimientos lejanos, prefiriendo hablar de encuentro antes que de choque, de fusión de culturas antes que de opresión. Quedan abiertas una serie de cuestiones importantes: los contenidos y metodologías de la nueva evangelización, el papel de las comunidades de base, la cuestión indígena, la inculturación, la opción preferencial por los pobres, la unidad y pluralidad de las culturas, la integración latinoamericana y las relaciones con otras presencias cristianas[19]. La mayoría considera que el documento final es una síntesis algo inconexa, resultado de demasiados compromisos y ajustes. Muchos obispos regresan a sus diócesis bastante decepcionados por la experiencia, juzgando el texto como apresurado y poco representativo de la vida real del catolicismo latinoamericano. No faltan las polémicas y desde muchos sectores se afirma que realmente la Conferencia ha ignorado

---

[19] Sobre la Conferencia de Santo Domingo cfr. J.Alliende Luco, *Santo Domingo: una moción del Espíritu para América Latina*, Patris, Santiago de Chile 1993; AA. VV. *Santo Domingo. Análisis y comentarios*, Vida y Espiritualidad, Lima 1994; A. Tornos, *El catolicismo latinoamericano. La Conferencia de Santo Domingo*, Sal Terrae, Santander 1993.

las cuestiones clave que atraviesan la vida de la Iglesia. El catolicismo latinoamericano sale de Santo Domingo cansado y desorientado, desgarrado por las controversias y la incapacidad de ir más allá de las polémicas y las contraposiciones[20]. La «evaporación» de la teología de la liberación contribuye de manera significativa a reducir el impulso del conjunto de la Iglesia latinoamericana para seguir asumiendo con valentía la condición de los pobres. El Celam parece haber perdido su capacidad propulsora, incapaz de elaborar una estrategia adecuada en relación con la invitación expresada por Juan Pablo II, en su famoso discurso del 9 de marzo de 1983, a los obispos reunidos en Puerto Príncipe, sobre la necesidad de una «nueva evangelización», «nueva en su ardor, nueva en sus métodos y nueva en sus expresiones»[21]. La polarización que divide a los católicos latinoamericanos entre conservadores y progresistas, por decirlo brevemente, paraliza la vida de la Iglesia, haciéndola, por un lado, auto-referencial, introvertida, prisionera de dialécticas intraeclesiales, de nostalgias de restauración y, por otro, prisionera de un reduccionismo socializante. Wojtyła intenta en varias ocasiones poner freno a la división del episcopado y a los contrastes entre la jerarquía y los religiosos, considerados por el papa como el elemento de debilidad estructural de esa Iglesia, su enfermedad endémica. Wojtyła repite a los obispos: «Mejor dar un paso juntos que diez solos».

Desde finales de los años Setenta, el catolicismo latinoamericano vive un proceso progresivo de descatolización, en parte ligado al crecimiento de un nuevo movimiento religioso plural y diversificado, que para sintetizar se suele denominar pentecostalismo. Mientras que, por un lado, estalla la moda *new age* y neoindianista, por el otro, una parte de los católicos se adhiere masivamente a las Iglesias evangélicas de nueva generación, gracias también al fenómeno mediático del tele-evangelismo. La Iglesia latinoamericana vive con

---

[20] V. Codina, J.Sobrino, *Santo Domingo '92: crónica testimonial y análisis contextual*, Sal Terrae, Santander, 1993; C. Mendes, *Dom Luciano o Irmão do Outro*, Paulinas, Rio de Janeiro-Petrópolis 2004.

[21] *I documenti di Santo Domingo. Vangelo e cultura della vita*, a cura di A.Palmese e P.Vanzan, Leumann, Torino 1993, p. 42. Sobre la preparación de la Conferencia cfr. C.Donegana, *Le molte anime del continente cattolico*, en «Il Regno - Attualità», 2, 1992, pp. 49-66.

sufrimiento y a veces con incomodidad la «conversión» a la nueva perspectiva ecuménica propuesta por el Concilio. Una actitud que se refleja bien en las palabras con las que el cardenal Lucas Moreira Neves inaugura la Asamblea de Obispos Brasileños en los años noventa: «Que la primavera de las sectas no se convierta en un invierno de la Iglesia». Durante mucho tiempo la Iglesia latinoamericana demoniza el pentecostalismo denunciando su lógica sectaria y algunas de sus prácticas dudosas, mientras que algunos movimientos pentecostales, por su parte, no dudan en profanar lugares y objetos de culto católico. Es una época en la que prevalece una lógica competitiva y conflictiva. En el documento final de Puebla, el término que se utiliza más de diez veces para representar este fenómeno es el de «sectas».

Ecclesia en América

En los años del cambio de milenio, América Latina sufre una transformación radical caracterizada por fracasos económicos, frustraciones sociales y desilusiones políticas. En una década, el Nuevo Mundo se convierte en el símbolo más evidente de las recetas económicas neoliberales.

Muchos países experimentan una grave inestabilidad. Basta pensar en la grave crisis institucional en Venezuela, en el continuo clima de violencia y terrorismo que reina en Colombia, en la gravísima situación económica, social y política en Bolivia, o en la enorme tragedia humanitaria en la maltrecha isla de Haití. América Latina se convierte en el espejo de los límites y contradicciones de una globalización esencialmente económica y financiera. Los acontecimientos del 11 de septiembre han cambiado radicalmente el escenario mundial y, en consecuencia, han modificado la naturaleza de la relación entre los Estados Unidos y lo que, a partir de la enunciación de la doctrina Monroe (1823), se ha considerado como su «patio trasero». La administración Bush ha movido claramente el fiel de la balanza de la geopolítica tradicional estadounidense, dividida entre la interferencia y la indiferencia hacia América Central y América del Sur. Este enorme desinterés ha reducido drásticamente la importancia de la región, relegando América Latina a una especie de limbo, excluida de las prioridades de la política exterior de Estados Unidos y también de la política europea. El nuevo continente corre el riesgo de convertirse en una especie de *ghost continent*. Por el contrario, la Iglesia en América del Sur, tanto dentro del continente como en el ámbito de la Iglesia universal, adquiere cada vez mayor prestigio y protagonismo. Para responder a estos nuevos desafíos, pocos años después de Santo Domingo, el papa decide convocar en Roma al episcopado latinoamericano a un sínodo especial que se celebrará del 16 de noviembre al 12 de diciembre de 1997. Asistirán 233 padres sinodales, acompañados por un gran número de expertos, secretarios, consejeros y auditores.

El tema elegido es: «El encuentro con Jesucristo vivo, camino de conversión, comunión y solidaridad en América». 500 años después del descubrimiento-conquista del subcontinente y en el umbral del nuevo milenio, el papa considera oportuno, como él mismo dirá durante la celebración de la apertura del Sínodo, «no separar la historia cristiana de América del Norte de la de América Central y del Sur». Debemos considerarlas juntas, salvaguardando la originalidad de cada una». La convocatoria de un sínodo tan anómalo suscita un gran asombro entre los propios protagonistas. Para Juan Pablo II el final del conflicto entre Este y Oeste representa el amanecer de una nueva era, en la que todos los obispos del nuevo continente se unen en la promoción de la cooperación entre las Iglesias, para trabajar todos en el ámbito de esa nueva evangelización, que en la visión del papa es el objetivo prioritario del tercer milenio. Hay que mirar al nuevo continente en su conjunto, sin contraponer o separar el Norte del Sur. Esta perspectiva es una expresión del nuevo enfoque que la Santa Sede pretende tener con los desafíos pastorales, sociales y eclesiales de esos países. El papa no niega la diversidad, pero siente que el desafío decisivo para la Iglesia es el paso de la cultura de las Américas a la de la América cristiana. La globalización económica aumenta la interdependencia continental entre las dos Américas y también crea una nueva comunión de las desigualdades. *Ecclesia in America* es sin duda la síntesis más avanzada del magisterio social del papa Wojtyla, madurado en la primera década del postcomunismo. Todo el documento está dedicado a cuestiones sociales: el problema de la deuda externa, la corrupción, el comercio y el consumo de drogas, el desequilibrio ecológico y el empobrecimiento del continente, como consecuencia de la creciente urbanización.

La encíclica denuncia los nefastos efectos causados por la aplicación dogmática del neoliberalismo y de las leyes del mercado «aplicadas según la conveniencia de los poderosos». El consumismo y la idolatría del mercado son para la Iglesia adversarios aún más peligrosos que el marxismo, porque son mucho más antirreligiosos. El papa denuncia los pecados sociales que claman al cielo, esboza una nueva globalización basada en la solidaridad y pide a las Iglesias latinoamericanas que se comprometan para que «se acabe la marginación». Señala el amor preferencial por los pobres como el terreno preferido de la acción cristiana.

Se estigmatizan no sólo los efectos económico-financieros negativos de la globalización, sino también el proceso de homologación cultural que «impone nuevas escalas de valores... ante las cuales es difícil mantener vivas las del Evangelio». La opción democrática, junto con el amor preferencial por los pobres, constituye la mayor acogida y la confirmación del magisterio social del pontificado. «La Iglesia en América debe encarnar en sus iniciativas pastorales la solidaridad de la Iglesia universal con los pobres... Su actitud debe incluir la asistencia, la promoción, la liberación y la acogida fraterna».

América Latina acompaña los últimos años del ministerio pastoral de Juan Pablo II. Durante 2001, 2002 y gran parte de 2003, recibe la visita *ad limina* de todos los obispos de América del Sur, con excepción de Colombia y México. Se reúne personal y colegialmente con todos los obispos, tratando con ellos temas y problemas del continente. Este magisterio «de última hora» es el legado particular que Karol Wojtyla deja a las Iglesias de esos países. Todos los discursos están impregnados de lo que, en cierto sentido, ha sido la pasión de toda su vida: la comunicación del Evangelio. Se dedicó a este sueño con pasión y generosidad, derribando muros psicológicos, perturbando la rutina de las oficinas eclesiásticas, haciendo de «esta debilidad» su fuerza, como caudillo de la fe.

Wojtyła viajará frecuentemente al continente. Para él, la cuestión latinoamericana no se puede tratar de forma separada a la norteamericana. América es única: ésta es la originalidad geopolítica de su visión, que encontrará su codificación en el documento *Ecclesia in America*.

El laboratorio argentino

La nueva identidad cristiana latinoamericana que ofrecerá la Conferencia de Aparecida madura, en gran parte, en ese laboratorio teológico-pastoral singular y original que caracteriza a la Iglesia argentina después de Puebla. Durante mucho tiempo el catolicismo argentino no tuvo buena reputación en la historiografía militante latinoamericana. Es una vulgata mediática que se fundamenta en los escritos de Horacio Verbitsky, transmitiendo la iconografía de un catolicismo monolíticamente reaccionario, favorable a la represión militar en virtud de la defensa de los valores del Occidente cristiano[22]. Esto oscurece la realidad de este particular laboratorio de experiencia eclesial constituido por la Iglesia argentina y, en especial, por la Iglesia porteña. Un halo de opacidad pretende desacreditar también la figura del arzobispo de Buenos Aires, mostrándolo como un hombre cercano a las jerarquías militares, reaccionario y no alineado proféticamente. A Bergoglio no le faltan enemigos. Es poco querido por los jesuitas argentinos, que transmiten el retrato de un hombre autoritario, «más salesiano que jesuita», que dirige la Compañía como «una empresa familiar». El futuro papa, según el historiador de la Compañía latinoamericana Jeffrey Klaiber, habría devuelto «la provincia a los valores y modelos de vida anteriores al Concilio Vaticano II... Los jesuitas argentinos no marchaban al unísono con el resto de la Compañía de Jesús en América Latina... y no todos compartían sus ideas conservadoras»[23].

La versión más acreditada en los medios de comunicación internacionales, tras la caída del régimen militar y las revelaciones de

---

[22] H. Verbitsky, *L'isola del silenzio. Il ruolo della Chiesa nella dittatura argentina*, Fandango Libri, Roma 2006.

[23] J. Klaiber, *Los jesuitas en América Latina, 1549-2000*, Fondo Editorial de la Universidad Antonio Ruiz de Montoya, Lima 2007, pp. 327.

la comisión dirigida por el escritor Ernesto Sábato, con su informe titulado *Nunca Más*, transmite en la opinión pública internacional la imagen de una Iglesia inerte, cómplice de la junta militar, corresponsable del asesinato de inocentes. Una idea también compartida por Emilio Mignone quien, en su libro *Iglesia y Dictadura*, acusa a Bergoglio de no haberse comprometido con la defensa de los derechos humanos. Este libro tiene un efecto devastador dada la credibilidad de su autor: Mignone es un activista de los derechos humanos profundamente católico, con importantes conexiones internacionales, cuya hija desaparece mientras enseña catecismo en un barrio de chabolas. Su reconstrucción corresponde al clima ideológico de aquellos años, en los que la historia se divide entre buenos y malos, entre derecha e izquierda, entre cómplices y héroes. Toda la Iglesia argentina, según afirma este best-seller de la época, fue culpable de connivencia al coquetear con el régimen, acusación que también implica al presbítero Jorge Mario Bergoglio[24]. Problemas similares volverán a aparecer años más tarde, pero de signo contrario, cuando su nombramiento como arzobispo coadjutor de Buenos Aires se ve obstaculizado, en esta ocasión, por los círculos conservadores, que lo consideran un hombre poco fiable y tratan de impedir que sea elegido. La elección de Bergoglio no es apreciada por el asesor del presidente Carlos Menem, Esteban Caselli, apodado «el obispo» por sus estrechos vínculos con el Vaticano, que, como sucesor de Antonio Quarracino, tenía en mente otra candidatura, la de Héctor Aguer, uno de los auxiliares de Buenos Aires.

El catolicismo argentino es una realidad compleja, abierta a lo universal, marcada por una profunda contaminación con la cultura y el pensamiento filosófico y teológico europeos. Ya en los años posteriores a la Segunda Guerra Mundial, la revista «Criterio», órgano de información y formación para los católicos argentinos, publica las obras de Jacques Maritain y Emanuel Mounier. Los principales exponentes de la teología del pueblo, Lucio Gera, Rafael Tello, Fernando Boasso, Justino O'Farrel –por nombrar sólo algunos– entre 1948

---

[24] E. F. Mignone, *Iglesia y Dictatura. El papel de la Iglesia a la luz de sus relaciones con el régimen militar*, Ediciones del Pensamiento Nacional, Buenos Aires 2006, p. 98.

y 1956 estudian en el extranjero y se doctoran en las universidades alemanas y en el Angelicum de Roma, entrando en contacto con los fermentos que animan el catolicismo europeo, como la *nouvelle théologie*. Gera se gradúa en 1956 en Bonn con el teólogo dogmático Johann Auer, más tarde colega de Joseph Ratzinger en Regensburg, en un clima espiritual marcado por las obras de Romano Guardini y Max Scheler. Es una Iglesia puente, al otro lado del océano, con un pensamiento occidental pero «latino-americanizado», que relee el humanismo cristiano y la doctrina social de la Iglesia a través de la nueva hermenéutica de quien, como escribe Bergoglio, «piensa en América a partir de América y como latinoamericanos».

En el siglo XX, escribió Carlos María Galli en 2015, la teología católica se pensó, dijo y escribió en latín y después en francés, alemán, italiano... hasta que llegó el momento de conocer la reflexión teológica argentina, subyacente a la figura de Francisco. Durante décadas era imposible encontrar los libros de teólogos argentinos en las librerías europeas[25]. Bergoglio conoce por primera vez al teólogo que quizás más le haya influido, Rafael Tello, a los 17 años, en un retiro predicado para jóvenes. «Una persona admirable, un hombre de Dios –dirá de él–, enviado a abrir caminos... Como todo profeta, fue incomprendido por muchos de su tiempo. Él, que sufrió recelos, calumnias, castigos, y exclusión, no escapó al destino de la cruz con el que Dios marca a los grandes hombres de la Iglesia... De ese modo, abrió muchos de los caminos que hoy recorremos en nuestro trabajo pastoral, y supo hacerlo combinando el impulso profético con la firme adhesión a la sana doctrina eclesial»[26]. Algunas palabras de Tello, poco antes de su muerte, en una carta al cardenal Bergoglio en 2001, arrojan luz sobre el extraordinario legado que dejó a la Iglesia argentina y sobre su contribución a la visión personal del papa Francisco: ««Para mí, el mayor problema de la Iglesia argentina es cómo llegar a esta inmensa mayoría de cristianos que no se sienten

---

[25] C. M. Galli, *Il ritorno del popolo di Dio. Ecclesiologia argentina e riforma della Chiesa*, en «Il Regno-Attualità», 5, 2015, p. 295.

[26] J. M. Bergoglio, *Prefazione* en E. Ciro Bianchi, *Introduzione alla teologia del popolo. Profilo spirituale e teologico di Rafael Tello*, EMI, Bologna 2015, pp. 20-21.

atraídos por la Iglesia institucional. Creo que tienes la misión providencial de iniciar una reforma de la Iglesia (¿Buenos Aires? ¿Argentina? ¿Más allá? No lo sé.). Le pido a Dios que puedas cumplirla»[27]. El pensamiento de Lucio Gera y Rafael Tello demuestra cómo hoy, bajo el ministerio petrino del papa Francisco, las «periferias teológicas» están comprometiendo el centro como nunca antes lo habían hecho.

Las raíces de Aparecida se hunden en el *humus* de este catolicismo en movimiento. Reflejan las transformaciones históricas, sociales y culturales de la realidad latinoamericana, que en la primera década del nuevo milenio ya no se pueden leer a través de estereotipos como la dependencia, la inestabilidad, el «continente deducido» o la periferia de Occidente. La brecha entre las oligarquías y los excluidos no sólo se ha mantenido, sino que se ha ampliado. En Argentina, la brecha entre ricos y pobres se ha incrementado en un 40%, según estimaciones del Barómetro de la Deuda Social Argentina, el instituto para el estudio de la pobreza, fundado en su momento por el cardenal Bergoglio. Es una América Latina más plural, globalizada, laica y secularizada, en la que han crecido movimientos sociales, a veces sólidos y duraderos, otras veces efímeros y espontáneos, que representan una nueva generación de derechos y demandas sociales, como los Cocaleros bolivianos y los *Sem Terra* brasileños. En el terreno cultural, los desafíos al catolicismo, provenientes de las sociedades latinoamericanas, se asemejan cada vez más a los del Occidente rico. Me refiero sobre todo a las cuestiones éticas relativas al aborto, la familia, las cuestiones de género y la eutanasia. Hasta hace diez años ningún país del hemisferio permitía el aborto. Desde 2011, las uniones homosexuales están reconocidas legalmente en Brasil y Argentina. Es un escenario inédito para un catolicismo que siempre ha confiado en la simbiosis con el Estado.

El catolicismo latinoamericano es un mosaico multifacético y complejo, surcado por luces y sombras. La misión continental deseada por Aparecida no acabó nunca de despegar y no llegó a término

---

[27] A. Figueroa Deck, *Rafael Tello. Pensatore creativo del cristianesimo popolare*, en «La Civiltà Cattolica», IV, 2016, p. 89.

alguno. «Vamos con retraso», dijo Bergoglio en su reunión con la presidencia del Celam el 28 de julio de 2013, durante su viaje a Brasil. Algunos problemas son de larga duración, como la falta de clero y la inadecuación de las estructuras eclesiales; otros son más recientes, como la ausencia de figuras carismáticas a nivel continental, como lo fueron en el pasado Hélder Câmara, Aloisio e Ivo Lorscheider, Óscar Romero y Raúl Silva Henríquez. La crisis de la vida religiosa también pesa mucho, con la variante de que en la última década muchos religiosos han abandonado sus instituciones, no para dejar el hábito, sino para hacerse diocesanos, despidiéndose de un ideal misionero demasiado revolucionario e incómodo.

Pero los mayores desafíos son los que plantean fenómenos como el indigenismo, el neopentecostalismo y la violencia, que en esta parte del mundo busca cada vez más la legitimidad religiosa, como es el caso del culto a la *Santa Muerte*, hoy difundido no sólo en México (una especie de Virgen de los desamparados, de los prisioneros y de los bandoleros, que fascina y seduce a un mundo heterogéneo de personas entregadas a la violencia y al coqueteo con la muerte[28]). O en el caso de los Caballeros Templarios, un grupo delincuente con ambiciones místicas, vinculado al poderoso cártel de Sinaloa. Mientras la negación de la muerte impregna la cultura europea, el pueblo mexicano cultiva desde hace siglos una familiaridad con la muerte casi jovial, una intimidad que se ha convertido en un rasgo de su identidad nacional[29]. Desde la década de los Noventa, la violencia se ha trasladado de la política a la criminalidad, y en ello ha tenido mucho que ver el narcotráfico, lo que ha dado lugar a una violencia generalizada,

---

[28] La Santa Muerte es una figura de culto mexicana, representada por un esqueleto con haz y velo que recuerda a la Virgen cristiana. Según los estudiosos, aúna características de los cultos paganos tradicionales precolombinos (mayas y aztecas) al catolicismo de matriz hispánica, centrado en el culto a la Virgen de Guadalupe. La leyenda popular cuenta la aparición de la "Virgen Muerte" a un hombre, para que empezara su devoción, explicando que era en virtud de los sacrificios hechos por todo el pueblo mexicano que ella les concedía una especial gracia y protección. Sobre este tema, véase F. Lorusso, *NarcoGuerra. Cronache dal Messico dei cartelli della droga*, Odoya, Bologna 2015.

[29] C. Lomnitz, *Idea de la muerte en México*, Fondo de Cultura Económica, México 2006.

no sólo espontánea, sino también organizada: mafias, narcotraficantes, *maras*[30]... Esta violencia es también el producto de una cultura del enriquecimiento fácil, a la que tantos se muestran sensibles y vulnerables hasta a la corrupción y el delito.

En la Iglesia de principios del tercer milenio, junto al cambio geográfico-demográfico, ha jugado un papel crucial el paso del modelo «intransigente» al de «cohabitación»[31]. En América Latina, el hecho de vivir con los demás pasa por la confrontación, especialmente en las dos últimas décadas, con esa «religión secular» representada por la ideología indigenista. Se trata de un variado cóctel de tradiciones y cultos de la madre tierra, la *Pachamama*, que exalta polémicamente las tradiciones precristianas –en un sincretismo religioso que ve a la Iglesia Católica como heredera de los conquistadores– y que se combina con el magmático movimiento neo-protestante, en crecimiento impetuoso, fundado en la teología de la prosperidad. Desde la era apostólica, el cristianismo convive con el pluralismo religioso, pero para el catolicismo latinoamericano, a principios del siglo XXI, esta convivencia es difícil de gestionar. Es un escenario religioso sin precedentes para un catolicismo aún prisionero del mito del continente católico. El debilitamiento de la identidad católica no conduce en América Latina, a diferencia de Europa, a un abandono de la Iglesia, a un secularismo sin religión, sino a la expansión del pluralismo religioso, que multiplica los cultos y los movimientos. Las estadísticas de esta *débâcle* son conocidas. Según la última encuesta sobre la religiosidad de los latinoamericanos, realizada por el *Pew Research Center* de Washington, los católicos han pasado del 92% al 69% entre 1970 y 2014. Una caída media de medio punto al año[32]. El caso más marcado quizás sea el de Brasil. Una encuesta del Instituto Datafolha afirma que, a finales de 2016, los evangélicos representaban el 29%

[30] Un panorama de los principales cárteles criminales y de la que se define una *industrie lourde*, en A.Delpirou y E.Mackenzie, *Les cartels criminels. Cocaïne et héroïne: une industrie lourde en Amérique latine*, Presses universitaires de France, Paris 2000.

[31] A. Riccardi, *Lezioni dalle riforme del XX secolo*, en *La riforma e le riforme nella Chiesa*, a cura di A.Spadaro, C. M.Galli, Queriniana, Brescia 2016, p.116.

[32] Pew Research Center, *Religión en América Latina. Cambio generalizado en una región históricamente católica*, noviembre de 2014, Washington.

de los fieles brasileños, siete puntos más que en el censo de 2010. La misma encuesta indica que el 44% de los evangélicos se declaran ex católicos[33].

Este veloz avance de las nuevas Iglesias ha tenido y sigue teniendo consecuencias importantes en la política del país. En Brasilia, 100 de los 594 parlamentarios se declaran evangélicos. El protestante sudamericano, por un lado moralmente conservador y por otro seducido por el evangelio de la abundancia no es un estereotipo, hecho de riqueza y salud, sino el producto de una demanda de salvación que también afecta la salud física y emocional y la prosperidad material. El tema de la corporeidad, interpretado erróneamente como una especie de neopaganismo, que incluye la curación de enfermedades, todavía es un campo poco cultivado por la práctica pastoral y la teología de la Iglesia católica sudamericana. Las investigaciones de Danielle Levine y José Casanova, que han estudiado las transformaciones religiosas en América Latina durante las últimas décadas, subrayan la particular importancia que asume la diáspora católica femenina[34]. Los hombres que abandonan la Iglesia tienden con mayor frecuencia a convertirse en a-religiosos, mientras que las mujeres tienden a adherirse a otras denominaciones cristianas o a religiones no cristianas. Muchos se preguntan si los fieles migrantes provienen verdaderamente de la Iglesia católica, o si, lo cual es más probable, los movimientos evangélicos y pentecostales no estarán en realidad llenando un vacío. Según Jean-Pierre Bastian, los pentecostalismos se identifican con la cultura popular, definiéndose como «religiones populares latinoamericanas»[35]. Las sociedades pentecostales, según el historiador francés, no corresponden ni a una reforma del catolicismo popular, ni a una renovación del protestantismo. «Más bien, –escribe– se trata de una transformación de la religión popular en el sentido de una bajada de los protestantismos a los valores y prácticas de la cultura católica popular».

---

[33] Instituto Datafolha, *Perfil e opinião dos evangélicos no Brasil*, diciembre de 2016.

[34] Cfr. J.Casanova, *Fenomeno globale. Secolarizzazione, risveglio religioso, fondamentalismo* en «Il Regno – Attualità», 10, 2013, pp. 317-329.

[35] J.-P. Bastian, *De los protestantismos históricos a los pentecostalismos latinoamericanos. Análisis de una mutación histórica*, in «Revista de Ciencias Sociales» (Iquique), 16, 2006.

Aparecida

Este es el contexto en el que se sitúa la V Conferencia del Episcopado Latinoamericano. Su convocatoria resulta muy azarosa dado que Roma considera que el modelo de los sínodos continentales iniciados por Juan Pablo II en 1991 puede sustituir a este tipo de asamblea, considerada ya obsoleta. El Cardenal Angelo Sodano se opone a su celebración. Según él, no es la conferencia prevista por la legislación eclesiástica, es decir, por el nuevo *Codex Iuris Canonici* de 1983, el error de Santo Domingo no debe repetirse. Pero al final Juan Pablo II da luz verde: «Mantened vuestro formato». La Conferencia se celebra en el santuario de Aparecida, en Brasil, del 13 al 31 de mayo de 2007 y reúne a 160 obispos, 80 invitados entre sacerdotes, religiosos y laicos, 15 expertos y 8 observadores. Pasa bastante desapercibida en los medios de comunicación europeos, que se limitan a la cobertura rutinaria del primer viaje intercontinental de Benedicto XVI. El documento «de participación» elaborado por el Celam recibe numerosas críticas porque se considera inadecuado y a-histórico y porque abandona el método de «ver-juzgar-actuar», muy apreciado en la tradición teológica del continente. Entre los obispos hay mucho escepticismo[36]. Durante la asamblea plenaria de la Conferencia Episcopal Argentina, celebrada del 8 al 13 de mayo de 2006, convocada para evaluar el documento de participación, los obispos expresan sus reservas temiendo que se repita una situación similar a la de Santo Domingo. «¿Habrá posibilidad de diálogo? ¿Y la libertad necesaria? –se preguntan– ¿No vendrá como la última vez, mucha gente de Roma?»[37]. De ahí la decisión, firmemente apoyada por Bergoglio, de volver a empezar de cero. No debemos frenar nuestra reflexión, dice, en un «documento *totalizador y omnicomprensivo*»[38]. Según

[36] La bibliografía crítica en relación al *Documento de participación* es muy amplia. Sobre algunas contribuciones véase: P.Trigo – V.Codina, *Elementos teológico pastorales que no pueden estar ausentes en la V Conferencia*, en «Revista Latinoamericana de Teología», 23, 2006, pp. 286-297.

[37] Verbal de la reunión de la Conferencia Episcopal argentina, 8-13 de mayo de 2006, copia en poder del autor.

[38] Ibidem.

el testimonio de Víctor Manuel Fernández, rector de la Universidad Católica y escritor en la sombra del arzobispo de Buenos Aires, Bergoglio «fue a Aparecida preocupado, pero lleno de sueños».

La Conferencia se abre en un marco dominado por los reflejos sociales de una globalización excluyente y por una grave crisis medioambiental. Muchos misioneros laicos y religiosos, como la hermana Dorothy Stang, se oponen a la explotación indiscriminada de los recursos naturales, incluso a costa de la vida[39]. Aparecida enfrenta bajo una nueva luz la cuestión ecológica de los recursos naturales y la biodiversidad de la Amazonia y la Antártida, demasiado a menudo puestos a prueba por un sistema económico depredador. Se habla de la protección de la madre tierra y de una ecología trascendente que sepa reconocer a Dios en la vida que nos rodea. Existe una continuidad genética entre Aparecida y la *Laudato si'*. Algunas de las decisiones iniciales de la conferencia provocan sorpresa, como la de admitir en los trabajos a un grupo de teólogos de *Amerindia* –asociación considerada en los límites de la ortodoxia– como colaboradores externos de los obispos, así como a representantes de movimientos alternativos de base[40].

Bergoglio es elegido presidente de la Comisión encargada de redactar el documento final. Los delegados piden un texto breve, aunque hay más de 2.400 observaciones y contribuciones de los distintos comités que deben tenerse en cuenta en el proyecto final. Pero en Aparecida «algo se mueve». Víctor Manuel Fernández, en una entrevista en «Clarín», el 27 de octubre de 2013, lo describe de la siguiente manera: «Era un espectáculo ver cómo se movía en Aparecida, percibir su capacidad de recibir consensos, de crear un ambiente, de generar confianza. Ahí se muestra su convicción de que, más que obtener resultados inmediatos, era necesario poner en marcha dinámicas y relaciones». El documento final es un poderoso

---

[39] Véase sobre este tema R.Murphy, *Martire dell'Amazzonia. La vita di Suor Dorothy Stang*, EMI, Bologna 2009; E.Kräutler, *Ho udito il grido dell'Amazzonia. Diritti umani e creato. La mia lotta di vescovo*, EMI, Bologna 2009.

[40] S. Scatena, *Da Medellin ad Aparecida: la «lezione» di un'esperienza regionale per una ricerca di forme e stili di collegialità effettiva,* en A.Spadaro, C. M. Galli, *La riforma e le riforme nella Chiesa,* cit., p. 263.

volumen de 312 páginas, dividido en 573 capítulos, un compendio histórico, teológico y pastoral en el que se abordan una gran diversidad de temas, a través de los cuales los obispos intentan iluminar los rasgos sobresalientes de un «cambio epocal»[41]. Según Bergoglio, hay cuatro características que confieren una particular originalidad a Aparecida: un debate libre de los vínculos impuestos por un *instrumentum laboris*, a diferencia de Medellín, Puebla y Santo Domingo; un ambiente de oración diaria con el pueblo de Dios; un documento que se amplía en un compromiso: la misión continental; la presencia de Nuestra Señora Madre de América[42]. En Aparecida, para Jorge Bergoglio, destacan dos categorías pastorales que deben servir de criterio de evaluación del discipulado misionero: la cercanía y el encuentro. Al llamar a la «conversión pastoral», él denuncia unos riesgos, que identifica en la ideologización del mensaje evangélico, en el «funcionalismo», en la reducción de la Iglesia a ONG y, sobre todo, en el clericalismo, fenómeno endémico, según Bergoglio, en la Iglesia latinoamericana, debido a la falta de madurez y libertad cristiana, tanto por parte de los laicos como de los clérigos.

Finalmente, Aparecida vuelve a poner en el centro del continente latinoamericano la irresoluta cuestión social, releída a través del binomio inclusión-exclusión, la cultura de los desechos y la estructura fundamental del ser «periferia»[43]. Muchos exponentes históricos de la teología de la liberación, como Juan Libanio, Clodovis Boff, Joseph Comblin y José Marins, han visto en Aparecida «el punto álgido del magisterio de la Iglesia latinoamericana, el mejor documento producido... que ha sanado un inmenso trauma pastoral». El centro de la reforma propuesta por Aparecida es, como sabemos,

---

[41] Documento final de Aparecida, *Discípulos y misioneros de Jesucristo para que nuestros pueblos en Él tengan vida*, Libreria Editrice Vaticana, Città del Vaticano 2012. Véase también V. M.Fernández, *Aparecida. Guía para leer el documento y crónica diaria*, San Pablo, Buenos Aires 2007.

[42] Discurso del papa Francisco a los responsables del Celam, 28 de julio de 2013, en "Il Regno–Documenti", 15, 2013, p. 468.

[43] Se trata de temas que Francisco desarrollará más tarde en su apoyo a las propuestas de los movimientos populares enfocadas sobre las tres T, *Trabajo, Techo, Tierra*, a las que añadirá democracia y pueblo, cuidado del medioambiente, migrantes y refugiados.

el de la conversión pastoral: «Un sueño misionero –como escribirá Bergoglio en la *Evangelii gaudium*– capaz de transformarlo todo...». Los elementos que muestran la continuidad creativa entre Aparecida y lo que la historiografía actual define como «el código Francisco» están bien representados en algunos de los pasajes nodales del documento final, donde se lee: «La Iglesia está llamada a replantearse profundamente y a relanzar su misión con fidelidad y audacia... no puede replegarse frente a quienes sólo ven confusión, peligros y amenazas, o frente a quienes pretenden cubrir la variedad y complejidad de situaciones con una capa de ideologismos gastados o de agresiones irresponsables. Es necesario confirmar, renovar y revitalizar la novedad del Evangelio, arraigada en nuestra historia, a partir de un encuentro personal y comunitario con Jesucristo, que atraiga a discípulos y misioneros... No resistirá los embates del tiempo una fe católica reducida a bagaje de conocimiento, a una lista de algunas normas y prohibiciones, a prácticas de devoción fragmentadas, a una adhesión selectiva y parcial a las verdades de la fe, a una participación ocasional en algunos sacramentos, a la repetición de principios doctrinales, a moralismos blandos o crispados...»[44]. La *Evangelii gaudium* asumirá las líneas de Aparecida, relanzándolas creativamente y universalizando su proyecto misionero, sin por ello exportar un modelo latinoamericano.

El bagaje argentino

De su bagaje argentino, Francisco ha extraído en primer lugar la llamada *teología del pueblo*, que alimenta la reflexión y la visión del papa, desconocida hasta su elección y observada con recelo por los teólogos de la liberación porque carece de filo sociopolítico. Como explica Juan Carlos Scannone, esta corriente teológica nace en el marco de la Coepal (Comisión Pastoral Episcopal), establecida en 1966 por los obispos argentinos que regresaban del Vaticano II, para estudiar cómo recibir en Argentina, contextualizándolos, el espíritu y las enseñanzas del Concilio. Eran miembros de esta comisión

---

[44] Documento final de Aparecida, *Discípulos y misioneros de Jesucristo para que nuestros pueblos en Él tengan vida,* cit.

algunos obispos, como Manuel Marengo, Vicente Zaspe y Enrique Angelelli, teólogos y pastoralistas, entre ellos Lucio Gera y Rafael Tello –ambos profesores de la facultad de Teología de Buenos Aires y conocidos por el joven Bergoglio–, así como Justino O'Farrell, Guillermo Sáenz, Gerardo Farrell, Juan Bautista Capellaro, Fernando Boasso, Alberto Sily, Mateo Perdía y las hermanas Aída López, Laura Renard y Esther Sastre[45]. Este es el contexto en el que nació la *teología del pueblo*, cuya huella ya es visible en la declaración del episcopado argentino de 1966, conocida como *Documento de San Miguel*. Más que de una teología, se trata de una eclesiología inclusiva, según su premisa fundamental: «La Iglesia es toda pueblo» y también «El pueblo es la Iglesia». Surge de la iniciativa de los obispos argentinos, superando inesperadamente el conflicto secular entre las dos cátedras: la episcopal y la teológica. La teología del pueblo es el trasfondo que permitirá a Francisco archivar de una vez por todas, cincuenta años después del Vaticano II, la eclesiología piramidal de la Iglesia, prefiriendo la que él insiste en presentar en sus escritos como una eclesiología poliédrica. La Iglesia no debe ser una pirámide verticalmente planificada, construida como una superposición de capas de sus diversos componentes. Esta teología piensa en el pueblo como sujeto colectivo y lugar hermenéutico en el que leer los signos de los tiempos, y en la piedad popular como lugar teológico para pensar la fe.

Un segundo elemento importante de este pontificado arraigado en el bagaje argentino es la experiencia de Bergoglio como obispo residente, yo diría tridentino, por la fidelidad a su diócesis, de la que procura no alejarse nunca. «Amo Buenos Aires», confía en el libro-entrevista *El Jesuita*. De esta ciudad lo conoce todo, incluso los rincones más remotos, donde vive el ejército de los *cartoneros* que salen de noche a recoger las sobras en las avenidas de la opulencia. La llama «mi esposa». La metrópolis porteña es un caleidoscopio a través del cual Bergoglio lee el mundo. Es un arzobispo *glocal*, que sintetiza de una manera nueva la tensión bipolar entre globalización y localización. La Conferencia de Aparecida hace de la centralidad de la

---

[45] J. C. Scannone, *Quando il popolo diventa teologo*, EMI, Bologna 2016, pp. 8-10.

cuestión urbana el centro de la misión católica. «La fe –leemos en el documento en el párrafo 514– nos enseña que Dios vive en la ciudad, tanto en medio de sus alegrías, deseos y esperanzas, como entre sus dolores y sufrimientos». América Latina es la región más urbanizada del planeta. Ocho de cada diez habitantes viven en zonas urbanas, de las cuales la mayoría de los nuevos barrios son mestizos y pobres. Seis de las mayores regiones metropolitanas del mundo son latinoamericanas: Ciudad de México, São Paulo, Buenos Aires, Río de Janeiro, Bogotá, Lima. Penetrar en estas enormes geografías humanas, dominadas por un conjunto de nuevas orientaciones de vida, no siempre en armonía con el Evangelio, es un objetivo en el que Bergoglio ha meditado. En la ciudad se juega el papel de la teología argentina, capaz de unir la piedad popular –como lugar teológico para pensar la fe– y la opción por los pobres.

Una de las experiencias más innovadoras en las que Bergoglio se centra en su ministerio como obispo es en el esfuerzo por abolir la «aduana pastoral» creada por los sacerdotes que niegan los sacramentos. En 2009 publica un *vademecum* en el que invita a todos a bautizarse y a bautizar a sus hijos. El propio arzobispo explica las razones en una larga entrevista concedida a la revista mensual «30Giorni» el 1 de agosto de 2009. Con esto Bergoglio cuestiona una convicción teológica arraigada en la Iglesia Católica, según la cual «donde no hay práctica de la fe, tampoco se puede administrar el sacramento»[46]. Su experiencia innovadora se encuentra en su apoyo a la nueva práctica pastoral de los *curas villeros*, sacerdotes inicialmente vinculados al *Movimiento de Sacerdotes para el Tercer Mundo*, que optan por trabajar en barriadas urbanas de chabolas, construyendo capillas y organizando servicios sociales: una experiencia inédita de pastoral urbana.

Un tercer elemento del episcopado de Bergoglio, que más tarde

---

[46] Benedicto XVI, durante una conversación informal con los sacerdotes de la diócesis de Bressanone, contó haber cambiado de postura al respecto. «Cuando era más joven, era bastante severo y cuando era arzobispo de Múnich discutía siempre con mis párrocos: había dos bandos, uno severo y el otro más blando. Y yo también en el transcurso del tiempo he entendido que tenemos que seguir más bien el ejemplo del Señor, padre de la misericordia».

confluye en su pontificado, es su sensibilidad hacia el tema de la inculturación del Evangelio. Como Pablo VI, Bergoglio está convencido de que la ruptura entre Evangelio y cultura representa «el drama de nuestro tiempo». En un artículo publicado más tarde bajo el título *Criterios de acción apostólica*, derivado de la recopilación de las actas del último encuentro de los superiores jesuitas (2 y 3 de mayo de 1979) que presidió como provincial, Bergoglio habla del pueblo «como una reserva», argumentando que la inculturación del Evangelio tiene como objetivo el proceso de cambio de las estructuras y «debe esforzarse por la justicia para no traicionar la cultura de nuestro pueblo, sus valores y sus legítimas aspiraciones, evitando filtrarlos a través de nuestra mentalidad de iluminados»[47]. Y continúa: «Son los pueblos mismos los que hacen avanzar la historia, y la Iglesia debe influir en ellos para evangelizar su cultura». Diego Fares, alumno del entonces provincial jesuita, escribe que respeto al famoso Decreto IV de la XXXII Congregación General de los jesuitas titulado *Nuestra misión hoy: diaconía de la fe y promoción de la justicia*, Bergoglio siempre ha mantenido que no le interesaba «la controversia entre fe y justicia, sino los párrafos sobre inculturación»[48]. Se trata de un aspecto crucial en su experiencia porteña. En el período comprendido entre la publicación de las dos instrucciones de la Congregación para la Doctrina de la Fe sobre la teología de la liberación, en septiembre de 1985, Bergoglio celebra en el Colegio Máximo una conferencia para conmemorar el 400 aniversario de la llegada de los jesuitas a Argentina con la participación de 120 teólogos de 23 países, sobre el tema *Evangelización de la cultura e inculturación del Evangelio*. Su discurso de apertura sigue los pasos de Puebla, identificando tanto la fe como la cultura como «lugares privilegiados donde se manifiesta la sabiduría divina»[49].

Finalmente, el bagaje teológico-cultural argentino es también la

---

[47] Cfr. J. M. Bergoglio, *Reflexiones espirituales*, Diego de Torres, San Miguel 1987, pp. 285 ss.

[48] D. Fares, *Papa Francesco è come un bambù. Alle radici della cultura dell'incontro*, Ancora, Milano 2014, p. 30.

[49] Las actas del Congreso del 2-6 de septiembre de 1985 se han publicado en la revista «Stromata», XLI, julio-diciembre de 1985.

base de la original política ecuménica desarrollada en los años en los que está a la cabeza de la archidiócesis de Buenos Aires. El Cardenal Jean-Louis Tauran, presidente del Pontificio Consejo para el Diálogo Interreligioso, describió el modelo argentino como «único en el mundo», basado en la amistad, más que en el intento de alcanzar un acuerdo teológico[50]. El diálogo no es entre representantes de las religiones, sino entre líderes de diferentes confesiones y creencias que se hacen amigos y reconocen de forma recíproca sus intereses, sin cuestionar nunca su propia identidad; es un modelo que refleja en parte el escenario en el que nació, el de la crisis de 2001-2002, en el que la gente perdió toda confianza en las instituciones del Estado y comenzó a recurrir a los líderes religiosos.

El catolicismo latinoamericano en la época de Francisco

Con el papa Francisco, la Iglesia ha vuelto al centro del tablero geopolítico latinoamericano, convirtiéndose en destinataria de un ansia de paz generalizada por parte de protagonistas y países en conflicto. Bolivia ha pedido apoyo para resolver su disputa con Chile para volver a tener salida al mar. Venezuela, sumida en una crisis, ha visto en la Santa Sede un posible mediador para la convivencia pacífica. La Colombia de Manuel Santos ha visto en el papa ese valor añadido que podría salvar una negociación estancada, en riesgo de hundirse. Francisco mira a América Latina a través de los ojos de la Patria Grande. Su visión neo-bolivariana conlleva el sueño de una unión sudamericana, no como un ideal romántico y utópico, como una nostalgia del pasado, sino como una *conditio sine qua non* para su futuro, el camino para liberar al continente de su autorreferencialidad, de su repliegue en estrechas perspectivas nacionalistas, falsamente soberanas, para no ser arrollada por los vientos de la globalización. En la visión del papa que vino del fin del mundo, el continente sudamericano puede representar un nódulo geopolítico, un puente cultural entre las diferentes lenguas, perspectivas y anhelos del Norte y del Sur. Durante su viaje a La Habana y Washington, Bergoglio se presentó

---

[50] A.Ivereigh, *Tempo di misericordia. Vita di Jorge Mario Bergoglio*, Mondadori, Milano 2014, p. 367.

como un líder «panamericano», pero de un nuevo tipo, demostrando simbólicamente, a través de su persona, la necesidad de una nueva interconexión entre América del Norte y América del Sur.

El episcopado latinoamericano parece no estar preparado para hacer frente a los desafíos de la paz que surgen del continente, poco convencido de que éste sea también su trabajo y poco inclinado a utilizar la autoridad de que dispone en actividades pacificadoras. Un ejemplo de esto es la actitud de la jerarquía colombiana hacia el referéndum que obtuvo un resultado sorprendentemente negativo, al rechazar el acuerdo de paz. Los obispos no tuvieron peso alguno en este asunto, mientras que el papa Francisco captó el valor histórico de ese acuerdo y se implicó personalmente, utilizando los medios a su disposición, para facilitarlo. Una fuerte y popular intervención de los obispos habría determinado quizás la victoria del «sí». El presidente de la Conferencia Episcopal, Luis Augusto Castro Quiroga, arzobispo de Tunja, declaró: «La Iglesia colombiana no se comporta como Poncio Pilato», mostrando su indignación por la opción adoptada por sus hermanos, la de «"quedarse en la ventana». La mediación para Venezuela, liderada por los tres presidentes, ya había fracasado, pero se salvó *in extremis* gracias a la intervención personal del papa, que consiguió que Maduro volviera a la mesa de negociaciones. La decisión de la Santa Sede de asumir la responsabilidad de esta difícil mediación no encontró, sin embargo, el apoyo de la jerarquía eclesiástica local. El arzobispo de Mérida, Baltazar Enrique Porras Cardozo y otros obispos creen que el pueblo no confía en este diálogo, que consideran un acto de ingenuidad. Otro ejemplo, finalmente, es el caso de México, un país que no está en guerra civil sino que está devastado por una violencia sin fin. Aquí el papa, en el encuentro con los obispos, durante su estancia en el país del 12 al 18 de febrero de 2016, no fue suave. Los invitó a no ser príncipes, a vivir desprendidos del poder, de los planes de hegemonía, del clericalismo y «de los clubs de intereses o de consorterías». «Vigilen para que sus miradas no se cubran de las penumbras de la niebla de la mundanidad; no se dejen corromper por el materialismo trivial ni por las ilusiones seductoras de los acuerdos debajo de la mesa; no pongan su confianza en los «carros y caballos» de los faraones actuales»[51]. Son afirmaciones que han impresionado a la opinión católica mundial, pero que han sido acogidas con «frialdad devota» y, en cierto sentido, relativizadas por la justificación de que «ya se sabe que el papa ha sido y sigue siendo mal aconsejado»[52].

Son acontecimientos en los que se cruzan dos problemas: la relación del papa con los episcopados nacionales, pero también la dificultad de las Iglesias locales para interpretar la situación histórica en la que viven y encontrar la energía para mantener la confrontación tal como ocurrió en el pasado. Baste pensar en cuál fue, por ejemplo, el papel de la Iglesia en Chile, en la transición de la dictadura a la democracia, o en Guatemala y El Salvador. Francisco ha invitado enérgicamente a los cristianos a participar de forma activa en un cambio que parta desde abajo, de los pobres, de la gente. Una fe que no se hace solidaridad es para el papa una fe muerta, una fe falsa. Durante sus viajes por Sudamérica, el papa sugirió al episcopado latinoamericano una nueva forma de diálogo para afrontar el surgimiento de la más importante corriente carismática cristiana, invitando a los obispos a mirar al Movimiento pentecostal como hermanos y hermanas en Cristo con quien establecer relaciones fraternas, inaugurando una nueva práctica pastoral y teológica, la del «ecumenismo en el Espíritu»[53].

Al despedirse de Francisco, al final de su viaje a Paraguay, el arzobispo de Asunción, Edmundo Valenzuela, dijo: «Rogamos al Espíritu Santo que nos ayude a sintonizarnos con sus palabras evangélicas... Prometemos no quedarnos quietos en nuestros despachos parroquiales, encerrados en nuestras iglesias, prometemos... estar disponibles para una conversión misionera». Esta sintonía es la que parece necesitar hoy el pontificado de Jorge Mario Bergoglio – Francisco.

---

[51] Encuentro del papa con los obispos de México, 13 de febrero de 2016, en *Osate sognare!*, Libreria Editrice Vaticana, Città del Vaticano 2016, p. 33.

[52] Véase a tal propósito la Relación publicada por la Arquidiócesis de México en el Semanario «Desde la fe», Ciudad de México, marzo de 2016.

[53] P. Naso, *L'onda pentecostale e la scogliera cattolica*, en *Francesco e lo stato della Chiesa*, en «Limes», n. 6, pp. 169-176, 2018.

17

LA NOVEDAD HISTÓRICA
DE UN PAPA LATINOAMERICANO

Austen Ivereigh (Inglaterra)
Escritor y periodista

Cuando el cardenal Jorge Mario Bergoglio pronunció una homilía en el santuario de Aparecida, Brasil, el 16 de mayo de 2007, dejó convencidos a un gran número de los presentes en la V Conferencia General del Consejo Episcopal Latinoamericano de que el arzobispo de Buenos Aires era el ungido del Espíritu Santo. En su famoso breve discurso en vísperas del cónclave de marzo de 2013, Bergoglio compartió a los cardenales el mismo discernimiento en palabras casi idénticas. La intervención tuvo el mismo efecto: Bergoglio fue elegido pocos días después, lo que confirmaba para los latinoamericanos que el soplo de Pentecostés que habían sentido en el santuario había llegado ahora a la Iglesia universal.[1]

El pontificado de Francisco representa un cambio de época eclesial suscitado por el Espíritu Santo en respuesta a un cambio de época en la historia de la humanidad. En el desplazamiento del centro dinámico de la Iglesia desde el centro (Europa) hacia la periferia (América Latina), existe una nueva opción de la Iglesia universal, que seguramente la conformarán para la próxima generación. Significa, en esencia, la opción de Aparecida re-expresada en *Evangelii*

---

[1]   Jorge Mario Bergoglio, homilía, santuario de Aparecida, 16 de mayo, 2007.

gaudium: una conversión pastoral y misionera, un recentramiento en Cristo y un descentramiento hacia las periferias, una iglesia pobre para los pobres, una eclesiología que toma en serio el pueblo de Dios como sujeto evangelizador, una Iglesia samaritana que busca ofrecer el encuentro personal con el Cristo misericordioso. De la «misión continental» de Aparecida se siguen las reformas de estructura y de gobierno de Francisco: una conversión sinodal y colegial, pasando de una mentalidad institucional de *potestas* a otra de *ministerium*, de una teología deductiva a una inductiva, de la legalidad a la pastoralidad.[2]

Sin embargo, hay que tener cuidado de que "la novedad histórica de un papa latinoamericano" no sea vulnerable a una hermenéutica de ruptura y varios reduccionismos. Hay dos peligros en particular.

Primero, los historiadores sabemos que el año Cero es una fantasía jacobina; no hay siglos nuevos, sino siglos largos en los que los cambios se entremezclan dentro de un contexto global de continuidad. Del mismo modo no existen, *in sensu stricto*, pontificados nuevos. Es obvio que muchas de las reformas de Francisco –sus novedades– están edificadas sobre fundamentos cimentados por Benedicto XVI, que conservaba el legado doctrinal y unificador de San Juan Pablo II, pero sabía mejor que nadie los problemas legados por el pontificado anterior, y actuaba para afrontarlos.

Como el mito de un Benedicto "intelectual" y un Francisco "pastoral", la leyenda de un Benedicto conservador y un Francisco renovador tiene que enfrentarse con el obstáculo de los hechos históricos. Uno es el evidente protagonismo del papa alemán en abrir la Iglesia a la era franciscana. Al convocar, abrir y acoger Aparecida, Benedicto actuaba directamente en contra de los esfuerzos por parte del entonces Secretario de Estado Cardenal Angelo Sodano y sus aliados en la curia romana de suprimir la actividad del CELAM. Y al renunciar cinco años después, consciente (como él mismo ha dicho) del probable advenimiento de un papa

---

[2] Un intento ambicioso de resumir esta transición utilizando una óptica lonerganiana es Gerard Whelan SJ, *A Discerning Church: Pope Francis, Lonergan, and a theological method for the future* (New York: Paulist Press, 2019).

latinoamericano, Benedicto se convirtió en el puente entre lo viejo y lo nuevo, el que clausura la época europea y abre la Iglesia a la época latinoamericana.[3]

Y no sólo en cuanto a reformas prácticas. Cuando Francisco dice en *Evangelii gaudium* que nunca se cansa de repetir la frase de Benedicto que el cristianismo nace no de una idea ni una propuesta ética sino de un encuentro personal que te cambia el horizonte, nos recuerda que el diagnóstico de los signos de los tiempos –y la necesidad de que la Iglesia cambie para poder evangelizar la nueva era– fue compartido tanto por Benedicto como por Francisco. Es decir, si es verdad que Francisco es responsable de la implementación de la visión evangelizadora descifrada con tanta claridad en Aparecida y las reformas que implica, el camino fue preparado y facilitado por Benedicto.

El segundo peligro es el mito del papa *Superman,* que corresponde a otra óptica historiográfica muy débil, en la que una figura dotada de poderes celestiales aparece en un momento de crisis para resolverla. Confieso que en mi biografía de Francisco, *El Gran Reformador,* sucumbí a esta mitificación. En *Wounded Shepherd* lo reconozco, y por eso di al libro sobre el pontificado un título más humilde. Lo que el título mejor refleja es el liderazgo de Francisco como un ejemplo de *discerning leadership,* que se puede asemejar al director de los ejercicios espirituales de San Ignacio. O sea, que no es el director quien te cambia, sino el Espíritu Santo. Claro, el director es clave: provee la oportunidad, el espacio y las estructuras que facilitan la conversión; conduce el proceso, y con su sabiduría identifica los obstáculos y las tentaciones que impiden la conversión. Pero al final es Dios el autor del cambio. Francisco, en esta nueva narrativa, se parece más al director de retiro de la Iglesia universal, no imponiendo los cambios sino conduciendo un proceso que la abre a un terremoto santo como consecuencia del recentramiento eclesial.[4]

---

[3] Este es el argumento de mi *Wounded Shepherd: Pope Francis and his struggle to convert the Catholic Church* (New York: Henry Holt, 2019). El ahora papa emérito, Benedicto XVI, habla de prever un papa latinoamericano en su *Benedict XVI, with Peter Seewald, Last Testament: In His Own Words* (Londres: Bloomsbury, 2016).

[4] A. Ivereigh, *Wounded Shepherd*, caps 3 y 4.

Esto no quita, ni mucho menos, la importancia vital del papel de Francisco en este proceso de cambio. Romano Guardini lo anticipa en el *Ocaso del Mundo Moderno*, el libro más citado en *Laudato Sí*. Ya en 1950 Guardini prevé el cambio de época identificada en Aparecida: la tecnocracia globalizada, la masificación de la sociedad, la subordinación de la humanidad al dominio de las corporaciones y los poderes anónimos, las migraciones masivas, y la disolución de los vínculos de pertenencia. Pero el teólogo alemán también prevé un nuevo florecimiento cristiano, consecuente de la liberación de la Iglesia del apego al poder. La secularización, dice Guardini, permitiría que la Iglesia se separara del *ethos* prevalente, y ofreciera un testimonio de la cercanía y la concretes de Dios a través de un cristianismo renovado, kerigmático y humilde que ofrece una clara alternativa santa a la tecnocracia prevalente. Y en el ensayo breve que acompaña *El Ocaso*, con el título de *Poder y Responsabilidad*, Guardini cierra con una intuición de la llegada de un hombre nuevo capaz de liderar esta transición. Es un líder contemplativo, uno que sabe subordinar el poder al verdadero significado de la vida humana, capaz de establecer una autoridad que respeta la dignidad humana, de crear un nuevo orden social. Tal líder, dice, sería capaz de entender el secreto al interior del cristianismo, la humildad. ¿Cuál es el signo de esta humildad...? Jorge Mario Bergoglio lo expresa mejor que nadie cuando habla del líder o el pastor no sólo *del* pueblo y *para* el pueblo, sino *con* el pueblo[5].

Siguiendo a Guardini, uno podría argumentar que la época moderna es consecuencia del dominio de la tecnología, y los cambios rápidos que han resultado de la globalización. Contemplada con el corazón del Buen Pastor, se observa que, junto con grandes beneficios materiales y oportunidades de movilidad y de desarrollo, la globalización ha producido una sensación generalizada de desorientación, de impotencia, de temores, y sobre todo de *angustia,* es decir, "un temor sin un objeto concreto", la consecuencia de "la multiplicidad de temores indefinidos". Al enfocar el temor in-

---

[5] Jorge Mario Bergoglio, "Criterios de acción apostólica", en *Reflexiones Espirituales sobre la Vida Apostólica* (Buenos Aires: Ed. Diego de la Torre, 1987; Bilbao: Ed Mensajero, 2013), p. 270.

definido en supuestos enemigos externos e internos, los nacional-populistas se ofrecen a sí mismos como salvadores y protectores, como muy bien ha analizado el cardenal Jean-Claude Hollerich en *La Civiltà Cattolica*[6].

A diferencia de la respuesta *ersatz* de los populistas, lo que responde Aparecida a esta angustia contemporánea es la respuesta de Dios en Cristo: la acogida, la misericordia, la hospitalidad, el santuario de la aceptación incondicional. La crisis actual es en el fondo una crisis existencial (con consecuencias psicológicas y culturales muy profundas) con su raíz en la disolución de los vínculos de pertenencia y de confianza bajo el impacto del paradigma tecnocrático. En este contexto la Iglesia está llamada a reconformar y recomponer los vínculos sociales y naturales, el *oikos* del Creador. *Evangelii gaudium*, *Laudato Sí* y *Amoris laetitia* conforman un tríptico de la ecología integral, una respuesta no sólo a la crisis ambiental sino a la disolución de los vínculos en nuestras familias y nuestra Iglesia. Si la tecnocracia disuelve con la lógica del poder, Francisco busca que el pueblo se recomponga desde abajo, desde las periferias, a través de los movimientos populares y la sinodalidad, según la lógica del don. El objetivo del proceso y el método son coherentes: no es un proceso de *haut en bas*, sino *desde* el pueblo, *con* el pueblo.[7]

Si tomo por sentado que no todo lo que ha hecho Francisco es novedoso, y no todo lo que es novedoso en el pontificado es fruto de la experiencia latinoamericana de Bergoglio, igualmente es difícil imaginar que esta respuesta a la crisis contemporánea pudiese haber salido de Europa o de los EE. UU., donde el avance de la tecnocracia ha debilitado tanto los vínculos de pertenencia y las tradiciones, que uno puede afirmar que el pueblo creyente como substrato casi ahora no existe. Pero en América Latina todavía persisten suficientes cultura y religiosidad populares como para sostener un proyecto de

---

[6] Jean-Claude Hollerich, "Verso le elezioni europee", en *La Civiltà Cattolica* n. 4052 (20 apr. a 4 mag. 2019).

[7] Ver Pontificia Comisión para América Latina, *La Irrupción de los Movimientos Populares: Rerum Novarum de nuestro tiempo*, G. Carriquiry y G. La Bella (eds.), (Ciudad del Vaticano: LEV, 2019).

recomposición desde abajo. América Latina todavía tiene pueblo, y el pueblo es todavía religioso.

En este sentido, se puede leer la novedad del pontificado de Francisco menos que como la llegada del Gran Hombre como el advenimiento del Gran Pueblo. Desde el primer momento del saludo de Francisco en el balcón de San Pedro, la Iglesia toda ha sentido ese "soplo del viento de Dios que trajo al Papa del Sur," en las palabras del padre Carlos Galli, que describe a Francisco como "un ícono pastoral representativo de la Iglesia encarnada en nuestra región"[8]. El ícono es el pastor junto con su pueblo, que huele a las ovejas que conduce y acompaña. Se aplican varios términos para captarlo: pastoral, popular, alegre, directo, humano. Pero Francisco utiliza a menudo dos adjetivos que resumen mejor la novedad del primer papa latinoamericano: *cercano* y *concreto*. Son las cualidades de la encarnación. Son adjetivos que comunican la misericordia de Dios. *Cercano y concreto* son un firme repudio a las tentaciones gnósticas y pelagianas que siempre amenazan a la Iglesia, y que en décadas recientes han distorsionado muy marcadamente el catolicismo del norte, fruto del temor, desconfianza y desolación de la Iglesia frente a la tribulación de la secularización.

Uno de los aportes más lúcidos de Aparecida, escribió Bergoglio en una carta a los catequistas poco después de volver a Buenos Aires, "ha sido tomar conciencia de que quizás el peligro mayor de la Iglesia no haya que buscarlo afuera sino dentro mismo de sus hijos, en la eterna y sutil tentación del abroquelamiento y encierro para estar protegidos y seguros". Pasó a citar el rechazo del documento de Aparecida a la respuesta de los que "sólo ven confusión, peligros y amenazas" en las nuevas circunstancias, o quienes "pretenden cubrir la variedad y complejidad de situaciones con una capa de ideologismos gastados o de agresiones irresponsables". El gran logro de Aparecida fue de resistir la tentación mundana del lamento y la condenación de ideas erróneas que tanto había afligido la Iglesia del norte, y en vez de ello optó por *discernir*, es decir, por preguntarse:

---

[8]   Carlos M. Galli, "La riforma missionaria della Chiesa secondo Francesco. L'ecclesiologia del popolo di Dio evangelizzatore", en A. Spadaro y C.M. Galli, *La Riforma e Le Riforme nella Chiesa* (Brescia: Ed Queriniana) 37-57.

"¿qué nos está pidiendo el Espíritu Santo en estas nuevas circunstancias?, ¿Cómo debemos cambiar para evangelizar?" El llamado de Aparecida fue de recuperar la gran invitación de Puebla: "Se trata de confirmar, renovar y revitalizar la novedad del Evangelio arraigada en nuestra historia, desde un encuentro personal y comunitario con Jesucristo, que suscite discípulos y misioneros"[9].

Signo de la consolación del encuentro con Jesucristo es la construcción del pueblo, una Iglesia radicada en el pueblo, que lo ayuda a crecer en unidad y protagonismo. La tradición pastoral y misionera de la Iglesia latinoamericana recuperada en Puebla, expresada en este pontificado, incluye la calidez del trato, la gramática de la sencillez, la opción por los pobres como sujetos de evangelización más que objetos de caridad, y un anuncio del Reino de Dios en el que prima la gracia. En esta visión la periferia es el *locus theologicus* de la acción divina en la historia, donde el pueblo evangeliza a sí mismo. Seguir a Jesús en la invitación del reino es responder al agotador pedido del pueblo fiel de Dios, es actuar dentro de los límites y la pobreza de la condición humana. Es sentir lo que Bergoglio ha llamado "la urgencia de lo concreto"[10]. Es reconocer que Dios está presente ya con su pueblo, que el pueblo está en relación con Dios, y que el grueso de la gente constituye el verdadero centro de la Iglesia.

En este sentido, el primer pontífice latinoamericano demuestra en su persona la llegada de la periferia al centro, de la identificación de Dios con la lucha del pueblo sencillo por los valores del Reino contra los criterios mundanos del Imperio. No es sólo un nuevo *papa* que ha llegado a Roma sino una nueva *Iglesia*. América Latina es ahora la fuente dinámica de la Iglesia universal, como lo eran España e Italia en el Concilio de Trento, y Francia y Alemania en la época del Concilio Vaticano Segundo. La Iglesia latinoamericana ha pasado de *Igreja reflexo* a *Igreja-fonte,* en los famosos términos eclesiológicos del pensador jesuita brasileño Henrique de Lima Vaz.

---

[9] J.M. Bergoglio, "Dignidad y plenitud de vida", en A. Spadaro (ed.) *En Tus Ojos Está Mi Palabra: Homilías y Discursos de Buenos Aires, 1999-2013* (Madrid: Claretianas, 2018) 692. Documento final de Aparecida no. 11-12. Ver también Austen Ivereigh, "Discernir y reformar: La «opción de Francisco para evangelizar a un mundo líquido", Revista *Humanitas* (Santiago de Chile) No. 90 (Año XXIV) 12-35.

[10] J.M. Bergoglio, "El reino de Cristo", en *Meditaciones para religiosos,* 154.

En la historia de la Iglesia, el advenimiento de una nueva *Igreja-fonte* ha sido siempre fruto de sínodos y concilios. No hubo ningún concilio ecuménico anterior al cónclave de 2013, pero sí un largo proceso sinodal regional –el más completo, por mucho, en la Iglesia universal– en América Latina en las conferencias generales del CELAM, sobre todo en Puebla y Aparecida.[11]

Pero hubo otro momento importante, poco comentado, unos meses antes de la renuncia de Benedicto: el sínodo sobre la nueva evangelización en Roma en 2012, cuando los vientos del sur se hicieron sentir en el Aula del Sínodo, y la iglesia misionera y alegre latinoamericana ofrecía un gran contraste con una Iglesia europea asediada, tímida y molesta[12].

Si la llegada de la Iglesia latinoamericana en 2013 es fruto de Puebla y Aparecida, es –al mismo tiempo– fruto de la recepción del Concilio Vaticano II por la Iglesia latinoamericana, un camino que –no obstante los obstáculos y los fracasos– ha emprendido desde Medellín en 1968. La llegada de Francisco a la sede de San Pedro aparece en un momento donde para muchos el fuego encendido por la Iglesia europea en el Concilio parece apagarse en el viejo continente. La llegada de la Iglesia latinoamericana, en este sentido, significa la recuperación para la Iglesia universal de su celo misionero, su pastoralidad, su fertilidad, su generatividad, su sencillez evangélica, y su pobreza, en el sentido no sólo de bienes materiales sino de su apego al poder. No es de extrañarse, por lo tanto, que haya tanta resistencia desde Europa y los Estados Unidos a esta llama traída desde Sudamérica: Una Iglesia que anda en busca de ovejas sangrientas perdidas tiene menos tiempo para peinar a las ovejas encerradas detrás de los muros.

---

[11] "Se puede decir que Puebla sentó las bases y abrió caminos hacia Aparecida. Curioso que de Puebla se salta a Aparecida. Santo Domingo, que tiene sus méritos, pero quedó ahí. Porque Santo Domingo estuvo muy condicionada por los compromisos… Puebla fue un pilar y salta a Aparecida". Papa Francisco, "Discurso del Santo Padre a los participantes en un congreso internacional con ocasión del 40 aniversario de la III Conferencia General del Episcopado Latinoamericano en Puebla", Roma, Jueves, 3 de octubre de 2019.

[12] A. Ivereigh, *El Gran Reformador. Francisco, retrato de un Papa radical,* (Barcelona: Ediciones B, 2015) cap. 8.

Lo que se desprende de esta historia es el fuerte vínculo entre sinodalidad y dinamismo evangelizador. No es de extrañarse que una de las novedades principales del pontificado de Francisco haya sido, precisamente, el desarrollo de la sinodalidad que va de la mano con una llamada a la misión y la evangelización. Lo que ha creado Francisco en el sínodo reformado es un mecanismo de discernimiento eclesial capaz de abrir nuevos horizontes y senderos, un modo de proceder que debe mucho a la experiencia del CELAM en América Latina, el único ejemplo exitoso moderno en la Iglesia universal de una estructura auténticamente colegial y sinodal.

Hasta aquí, pues, se puede afirmar que la novedad histórica del primer papa latinoamericano se manifiesta sobre todo en tres elementos que se refuerzan mutuamente: el *protagonismo del pueblo*, la *sinodalidad real y efectiva*, y el *ardor evangelizador y misionero*. Es reconocer que Dios está presente ya con su pueblo, que el pueblo está en relación con Dios, y que el grueso de la gente constituye el verdadero centro de la Iglesia. Este recentramiento tiene consecuencias eclesiológicas. *Christifidelis Laici* de san Juan Pablo II postulaba la comunión como la idea central y fundamental del Concilio Vaticano II, que necesariamente relegaba al segundo lugar la visión de la Iglesia como Pueblo de Dios, restando importancia a la visión sinodal y colegial de *Lumen gentium*. Para el teólogo Richard Gaillardetz, Francisco representa un nuevo *kairós* para la eclesiología católica en volver a centrarse en el pueblo como lugar teológico, y en expresar ese nuevo enfoque en mecanismos de colegialidad y sinodalidad[13]. Tal *kairós* sería impensable sin la tela de fondo latinoamericana: el reconocimiento de la eclesialidad de los estratos populares implícito en la opción por los pobres y en la experiencia de escucha y consulta del CELAM.

En su ahora famoso discurso de octubre 2015 sobre la sinodalidad, Francisco insistió que a causa de la infalibilidad *in credendo* de la totalidad de los fieles, "el *sensus fidei* impide separar rígidamente entre *Ecclesia docens* y *Ecclesia dicens*, ya que también la grey posee un instinto propio para discernir los nuevos caminos que el

---

[13] Richard R. Gaillardetz, "The 'Francis Moment': A New Kairos for Catholic Ecclesiology", *CTSA Proceedings* 69 (2014): 63–80.

Señor abre a la Iglesia". Los mecanismos de escucha y de participación en el sínodo reformado, descritos en *Episcopalis Communio*,
son intentos de dar expresión concreta a esta idea, que está en el
antiguo principio de *quod omnes tangit ab omnibus tractari debet.*
Esta escucha mutua, cuando es genuina, es un abrirse al Espíritu. En
la vigilia del sínodo de 2014, Francisco invocó "el Espíritu Santo
para que los Padres sinodales pidan, sobre todo, el don de la escucha: escucha de Dios, hasta escuchar con él el clamor del pueblo;
escucha del pueblo, hasta respirar en él la voluntad a la que Dios nos
llama"[14].

El discurso se pronunció en el 50 aniversario de la refundación
del sínodo por san Pablo VI, pero coincidió también con una fecha
especial en Argentina, el 17 de octubre de 1945, cuando los llamados
descamisados ocuparon la Plaza de Mayo para pedir la liberación del
Coronel Perón. A partir de ese momento, el pueblo se convirtió en
protagonista, en actor, en un punto de referencia política. Y la aristo-
cracia nunca perdonó a Perón.

A Francisco tampoco algunos le perdonan. En la lluvia de críticas al documento de trabajo del sínodo de Amazonía se vio un intento descarado de silenciar la voz del Pueblo de Dios, cuestionando
su ortodoxia. Los momentos que han suscitado mayor furia en este
pontificado han sido precisamente cuando, como resultado de los
sínodos, la prioridad pastoral del pueblo se ha puesto en el centro,
desalojando no las verdades doctrinales, pero sí la primacía de las leyes humanas como normas absolutas intocables. Para Francisco está
claro: lo que más importa ahora es el *salus animarum* del pueblo y
no la defensa de la ley como tal. Lo que prima ahora es el criterio de
la pastoralidad latinoamericana, el "deseo de salvar a los perdidos"
en vez del "miedo a perder a los salvados" que ha imperado mucho
en la Iglesia, un temor que, como dice P. Gustavo Gutiérrez, tiene
mucho de religión, pero poco del Evangelio.

Lo más bello de *Amoris laetitia* es este cambio de enfoque, el
discernimiento de casos concretos y situaciones complejas donde
el pastor busca entender las oportunidades para abrir a las personas a

---

[14] Papa Francisco, Discurso, Conmemoración del 50 aniversario de la
institución del sínodo de los obispos, Roma, 17 de octubre de 2015.

la gracia, para que puedan avanzar hacia vivir la plenitud de la doctrina. Es comprender la fragilidad, atento a la bondad que siembra el Espíritu Santo en medio de las debilidades humanas. Sólo un pastor que conoce las realidades de los pobres puede pensar y hablar así.

La Iglesia de Puebla y Aparecida es una Iglesia popular, no en el sentido de anti-jerárquico (ya que los obispos siguen siendo los auténticos custodios, intérpretes y testimonios de la fe de toda la Iglesia), sino en el sentido que reconoce la necesidad de una intensa escucha mutua a todos los niveles para discernir los nuevos senderos que el Espíritu Santo está abriendo. En la práctica esto significa un discernimiento apostólico común al estilo ignaciano, con la finalidad de lograr una presencia más cercana y más atenta al pueblo.

Una Iglesia sinodal desempeña el mecanismo divino de la salvación, es decir, la sincatábasis (συνκαταβασις) de Dios: su forma de bajarse y aproximarse. Este abajamiento se expresa en los sínodos de Francisco, cuyos modelos son las conferencias generales de Puebla y Aparecida. Ahí la Iglesia mira a la humanidad con ojos del Buen Pastor, según el método *ver-juzgar-actuar*, reformulado por Francisco como *contemplar-discernir-proponer*. Es un método que se expresa en la triple dinámica de la misericordia (*acoger/acercarse - acompañar/discernir - integrar/salvar*) que Francisco enseñaba a lo largo del Jubileo. El método es clave para una Iglesia misionera y evangelizadora, porque método y mensaje van unidos. Cuando Dios salva, es así; y cuando la Iglesia evangeliza así, comunica quién y cómo es Dios. *Misericordiando*, la Iglesia no enseña una idea, sino que ofrece una experiencia, que es al mismo tiempo un encuentro con Cristo.

Adoptando este método, el sínodo en Roma se ha convertido en un instrumento clave de la conversión pastoral y misionera, de tres maneras en particular.

• Primero, *es un mecanismo de discernimiento eclesial* capaz de realizar cambios no en la doctrina sino en la aplicación pastoral de ella, de tal forma que la Iglesia puede mejor superar las distancias entre su expresión institucional y su atención pastoral a las necesidades humanas. Es decir, puede identificar áreas en la vida de la Iglesia donde se han desarrollado trabas y obstáculos que dificultan el acceso del pueblo de Dios a los bienes de la Iglesia. El ejemplo obvio es el doble sínodo sobre la familia de 2014 y 2015, que tomó conciencia de las consecuencias pastorales de la creciente brecha entre sociedad contemporánea y la Iglesia. Se vio que no era ya posible promover y defender la indisolubilidad dependiendo sólo de una retórica anti-divorcio y la cada vez menos exitosa defensa de las leyes de matrimonio: había que facilitar la gracia por medio de una pastoral mucho más atenta a las realidades y las complejidades de la vida contemporánea, y recuperar la tradición del discernimiento de las situaciones particulares en la aplicación de la disciplina sacramental.[15]

- Segundo, el sínodo de la era Francisco *es un mecanismo por excelencia de la inculturación*, capaz de superar (o al menos, exponer para criticar) las actitudes homogeneizantes, colonialistas y centralistas. En su discurso de apertura del Sínodo de la Amazonía, Francisco advirtió que tales actitudes de superioridad hacen difícil el descubrir las semillas del Verbo que Dios ha sembrado en las culturas humanas, los *lógoi spermatikoí*. Habló de la necesidad de acercarse a los pueblos amazónicos «en punta de pie, respetando su historia, sus culturas, su estilo del buen vivir … porque los pueblos poseen entidad propia, (…) los pueblos tienen un sentir, una manera de ver la realidad, una historia, una hermenéutica y tienden a ser protagonistas de su propia historia con estas cosas, con estas cualidades». Cuando la Iglesia se olvidó de «cómo tiene que acercarse a un pueblo», prosiguió, «no se inculturizó, incluso

---

[15] "Durante mucho tiempo creímos que con sólo insistir en cuestiones doctrinales, bioéticas y morales, sin motivar la apertura a la gracia, ya sosteníamos suficientemente a las familias, consolidábamos el vínculo de los esposos y llenábamos de sentido sus vidas compartidas. Tenemos dificultad para presentar al matrimonio más como un camino dinámico de desarrollo y realización que como un peso a soportar toda la vida. También nos cuesta dejar espacio a la conciencia de los fieles, que muchas veces responden lo mejor posible al Evangelio en medio de sus límites y pueden desarrollar su propio discernimiento ante situaciones donde se rompen todos los esquemas. Estamos llamados a formar las conciencias, pero no a pretender sustituirlas", *Amoris laetitia*, n. 37.

llegó a menospreciar a ciertos pueblos». El sínodo de la Amazonía fue, justamente, un precioso ejemplo de inculturación, suscitando la oposición de los que veían en el catolicismo de la religión una forma de sincretismo, y en sus artesanías objetos de culto pagano.[16]

- Tercero, el sínodo de Francisco ha sido *un instrumento poderoso de unión*. Lo han testimoniado tantos de los presentes en las cuatro asambleas sinodales entre 2014 y 2019 (dos sobre la familia, uno sobre la juventud, uno sobre la Amazonia), sean padres sinodales o invitados especiales. Han llegado a través de la experiencia del sínodo a entender lo que Francisco en *Evangelii gaudium* 227 describe como la «tercera manera» de situarse ante el conflicto: «aceptar sufrir el conflicto, resolverlo y transformarlo en el eslabón de un nuevo proceso». No se trata de sincretismo ni de irenismo ni de la absorción de un polo en la tensión bipolar por el otro, sino de encontrar «la resolución en un plano superior que conserva en sí las virtualidades valiosas de las polaridades en pugna». Sin cambiar ni diluir nada de la doctrina ni la tradición católica, los sínodos han permitido que entren en tensión con la experiencia vivida y los signos de los tiempos presentes, y que se abran nuevos senderos para el futuro. De esta manera los sínodos edifican la unidad que es fruto del Espíritu Santo, una diversidad reconciliada en vez de fragmentación o uniformidad. Ayudan a edificar el pueblo de Dios.

Cuando uno entiende los efectos espirituales de la sinodalidad franciscana – discerniendo, acercando, unificando – es más fácil entender por qué la oposición feroz al pontificado se manifiesta precisamente en aquellos momentos en los que se permite al pueblo de Dios expresarse, y cuando el magisterio papal toca (en acciones y

---

[16] Papa Francisco, "Saludo del Santo Padre", en el Aula del Sínodo, en ocasión del Sínodo para la Amazonia, 7 de octubre de 2019. Para un resumen de lo acontecido en el Sínodo, ver A. Ivereigh, "When the Amazon meets the Tiber", *Commonweal*, 9 de octubre de 2019, y "Exposing the Spirits: what the Amazon synod decided and what it revealed", *Commonweal*, 1 de noviembre de 2019.

palabras) el centro del Evangelio: la cercanía divina.

En un escrito de jesuita, Bergoglio se preguntaba por qué Jesús evitaba las élites religiosas de su tiempo e iba directamente *ad gentes*. Su respuesta está en la comprensión de Jesús que el poder de Dios entra en la historia «para hacer de los hombres un único cuerpo» y que «en el fondo de la actitud farisaica, saducea y zelote frente a las instituciones, no hay voluntad de cuerpo. Hay una ambición sectorial, hay una afirmación de privilegio: privilegio de poder… ese poder es fracturante y no unitivo como el poder de Dios». Tales grupos pretenden robarle a Dios el poder y la gloria, y a sus hermanos la capacidad de decisión, «el derecho de gestar un proceso y organizarse en él, de institucionalizarse».[17]

La novedad de un papa latinoamericano es una Iglesia que opta por el pueblo, por estar con el pueblo, que asume su cultura, su religiosidad, sus necesidades pastorales y su proyecto histórico de vida y liberación por sobre otros intereses o presiones. Es una Iglesia que proclama el reino de Dios, que es por esencia anti-Imperio; una Iglesia que opta por liberar al pueblo de Galilea de la deformación mental y espiritual que conlleva la ocupación por la fuerza de una cultura ajena. Por eso Francisco se ha opuesto, desde el primer momento, a la cultura cortesana e imperial que implica la mentalidad aristocrática, además de asumir la resistencia de la Iglesia del Sur a la colonización ideológica de la globalización tecnocrática.

Los que más se oponen a este proyecto son los que sufren de lo que Bergoglio llamaba «la conciencia aislada». La conciencia está aislada en relación al pueblo de Dios; es una mentalidad *anti-pueblo*. «Nuestra identidad como hombres de fe está dada por la pertenencia a un cuerpo y no por la afirmación de nuestra conciencia aislada», escribió de jesuita. En otro escrito habló de la envidia de Saúl a David (*1 Sm 18,6-17*; *1 Sm 19, 8-18*), describiendo cómo Saúl «en vez de enrolarse en el pueblo alrededor de David, el ungido, prefiere aislar su conciencia y caer en la pertinacia de no reconocer al ungido de Dios». En la conciencia aislada hay siempre «algo mezquino que queremos conservar para nosotros", advirtió de provincial, una

---

[17] J.M. Bergoglio, "Formación permanente y reconciliación", en *Meditaciones para religiosos*, 88-9.

«*cosa adquisita*» como el espíritu de suficiencia, un deseo de poder, un orgullo apostólico, etcétera.[18]

Después de Aparecida, dio el ejemplo del profeta Jonás, que huye de la misericordia de Dios y se niega a evangelizar Nínive porque «había cercado su alma con el alambrado de esas certezas que, en vez de dar libertad con Dios y abrir horizontes de mayor servicio a los demás, terminan por ensordecer el corazón. ¡Cómo endurece el corazón la conciencia aislada! Jonás no sabía de la capacidad de Dios de conducir a su pueblo con su corazón de Padre... Quien aísla su conciencia del camino del pueblo de Dios no conoce la alegría del Espíritu Santo que sostiene la esperanza. Es el riesgo que corre la conciencia aislada. De aquellos que desde el mundo cerrado de sus Tarsis se quejan de todo o, sintiendo su propia identidad amenazada, emprenden batallas para sentirse más ocupados y autorreferenciales».[19]

El síntoma principal de la conciencia aislada es la autorreferencialidad aristocrática, identificada por Francisco con el clericalismo, la rigidez, el moralismo, la obsesión por las apariencias, la mentalidad de dominio y no de servicio, la falta de misericordia en el confesionario, la corrupción financiera y sexual, las ideologías en general. Es una Iglesia no mediadora sino intermediaria, una institución centrada en su propio prestigio, en sus relaciones con el poder y el dinero, en su éxito institucional. Incapaz de evangelizar, es una Iglesia que termina, irónicamente, en el escándalo y el colapso de la credibilidad. Es una Iglesia aislada de la marcha del pueblo de Dios, encerrada en sus "cómodos palacios de invierno", como tan memorablemente lo expresó Francisco en su primera carta a los obispos chilenos despues de visitar ese país en enero de 2018. Ahí ofreció un contraste con lo que era una Iglesia centrada en Cristo y no en sí misma: una Iglesia que –como Francisco dice en su segunda carta a los obispos chilenos– está siempre con el pueblo: levanta la voz en su defensa, hace fiesta,

---

[18] J.M. Bergoglio, "Nuestra fe", "Pecado y desesperanza", "Tres binarios", en *Meditaciones para religiosos*, 135, 145, 177.

[19] J.M. Bergoglio, "Lo que hubiera dicho en el consistorio", entrevista con Stefania Falasca, *30 Días* (octubre de 2007).

genera espacios para los marginados, confiesa sus pecados, es honesta y transparente, humilde, cercana. Es una Iglesia que sale, una madre fecunda evangelizadora, dulce y alegre[20].

Al comienzo de *Evangelii gaudium*, Francisco ofreció la misma oposición dialéctica entre la invitación de «a una nueva etapa evangelizadora marcada por esa alegría» y su tentación u obstáculo principal, «la conciencia aislada» donde «no hay espacio para los demás, ya no entran los pobres, ya no se escucha la voz de Dios, ya no se goza la dulce alegría de su amor, ya no palpita el entusiasmo por hacer el bien»[21].

El resultado de esta deformación es una Iglesia que, en su discurso a los cardenales anterior al cónclave, Bergoglio comparó con la mujer encorvada en el Evangelio de Lucas, paralizada y ensimismada, que no ve más allá de sí misma. Seis años antes, en su homilía en Aparecida, Bergoglio había hecho un diagnóstico casi idéntico, invocando el "Espíritu que nos libra de la suficiencia del propio conocimiento la que nos lleva a la gnosis. Un Espíritu que, al empujarnos a la evangelización, nos libra de constituirnos en una Iglesia autorreferencial, como la mujer encorvada del Evangelio que no hace más que mirarse a sí misma, y el pueblo de Dios por allá"[22].

La consecuencia de una Iglesia autoreferencial es la separación de la Iglesia institución y el pueblo de Dios. Una Iglesia en salida, que evangeliza siempre, va al encuentro de Cristo en el pueblo, no como idea (la gnosis) sino como experiencia; es una Iglesia que, evangelizando, es evangelizada. Como se dijo en Puebla, y se repitió en Aparecida y en *Evangelii gaudium*, «el pueblo se evangeliza continuamente a sí mismo», de donde se sigue la valoración a las expresiones de la religiosidad popular en la que «subyace una fuerza activamente evangelizadora que no podemos menospreciar (...) son

---

[20] Papa Francisco, "Carta a los obispos de Chile", 15 de mayo de 2018, en *Francisco, las cartas de la Tribulación*, A. Spadaro y D. Fares (eds.), (Barcelona: Herder, 2018).

[21] *Evangelii gaudium* n 1-2.

[22] J. M. Bergoglio, Homilía, Aparecida, 16 de mayo de 2007, en A. Spadaro (ed.), *En Tus Ojos Está Mi Palabra: Homilías y Discursos de Buenos Aires, 1999-2013* (Madrid: Claretianas, 2018) 673.

un lugar teológico al que debemos prestar atención, particularmente a la hora de pensar la nueva evangelización»[23].

La novedad de un papa latinoamericano está en este repensar de la evangelización como algo que se realiza siempre con y desde el santo pueblo fiel de Dios como lugar teológico de la acción divina en la historia. No es una receta pastoral ni una estrategia sino la consecuencia de seguir a Jesús del Evangelio, leído no desde los palacios de invierno del Imperio sino desde la pobreza y la concretes del pueblo. Es un intento latinoamericano de repensar la fe en la historia y la cultura del pueblo, cuyos vínculos se refuerzan con el constante encuentro con Cristo. Y ahora, como sucesor de San Pedro, Francisco busca universalizar esta refundación de los vínculos de pertenencia, tomando en serio la irrupción divina en la historia encarnada como medio de unión. Como el Buen Samaritano, la Iglesia salva a la humanidad dañada por la tecnocracia ayudando a las personas a reconectarse con la creación y el mundo como criaturas de Dios; a experimentar la familia y la comunidad, sobre todo los vínculos de la confianza y el amor incondicional que permitirán alcanzar la resiliencia, el carácter y la autoestima; y ayudar a las personas a encontrar santuarios: lugares de paz, de intimidad y de oración, protegidos de la incesante presión del paradigma tecnocrático, lugares donde puedan reconocer su valor intrínseco y descubrir la plenitud.

Las exhortaciones apostólicas *Evangelii gaudium, Amoris laetitia, Gaudete et exsultate* y *Laudato si'*, se preocupan por esta recuperación de las prioridades humanas de comunión y solidaridad dañadas por el egoísmo de la tecnocracia. Una Iglesia nuevamente misionera y en salida, atenta a los pobres y las periferias, humilde, alegre, kerigmática, que escucha, que pone a Jesús en el centro, que acoge; una Iglesia cercana y concreta, capaz de refundar los vínculos de confianza y de fraternidad; una Iglesia ecológica, que muestra a las personas a vivir como criaturas de Dios, en armonía con la Creación... sólo una Iglesia así será capaz de crear una modernidad alternativa a la existente, sin refugiarse en la conciencia aislada del progresismo o el tradicionalismo. Lo ha hecho antes y lo puede ha-

---

[23] *Evangelii gaudium* n 122, 126.

cer de nuevo, como recordó Francisco en Asunción, Paraguay, en julio de 2015, cuando habló de la experiencia de las reducciones jesuitas en las que el Evangelio era el alma y vida de las comunidades que no conocían hambre, desempleo, analfabetismo ni opresión. Demuestran, dijo, que "hoy, una sociedad más humana es posible"[24].

El gran despertar de la Iglesia pronosticado por Alberto Methol Ferré en su ensayo famoso de 1980, "El resurgimiento católico latinoamericano", se frustró en el momento. Methol imaginaba que en la era postmoderna, la Iglesia latinoamericana podía nuevamente trascender los polos del tradicionalismo y secularismo y generar una modernidad alternativa. Este resurgimiento, que vio Methol en 1983, sería a la larga vital para la Iglesia universal, por dos razones principales: la Iglesia era popular, y era moderna.

Pero a corto plazo, no ocurrió. Como nos recordó Guzmán Carriquiry, la promesa de Puebla quedó corta. Hacía falta la libertad eclesial de repensar Puebla y *Evangelii nuntiandi* a la luz de la postmodernidad, la muerte de las ideologías, la caída del muro de Berlín y la aceleración de la globalización. Se pudo realizar, finalmente, porque, después de su elección en 2005, Benedicto estaba dispuesto a ir contra la voluntad del Cardenal Sodano y sus aliados latinoamericanos en la Curia que se habían opuesto a una nueva Conferencia general en América Latina. Al aceptar el pedido de los cardenales latinoamericanos –entre ellos, Bergoglio– de la quinta Conferencia en Aparecida, Benedicto dejó soplar el nuevo aire austral de Pentecostés.

En Aparecida se vio que la disolución de los vínculos de la pertenencia, y el debilitamiento progresivo de las instituciones hacía difícil fiarse de las estructuras tradicionalmente católicas para la transmisión de la fe. Se entendió la necesidad de la conversión pastoral, en la que la Iglesia reforma sus modos de pensar y actuar para permitir el encuentro con Jesucristo y el recomenzar desde ese encuentro fundante. Y vieron que la conversión era urgente porque, como se desprendía de muchos estudios y reuniones previas a la conferencia general del

---

[24] Papa Francisco, Discurso, en el Encuentro con representantes de la sociedad civil, Estadio "León Condou" del colegio San José, Asunción (Paraguay), 11 de julio de 2015.

CELAM, las fuerzas de la tecnocracia y la globalización estaban barriendo con la débil pertenencia del cristianismo cultural, y a la vez fragmentando las instituciones, comenzando con la familia.

En Aparecida se comprendió que sólo una Iglesia samaritana, donde *evangelizar* y *misericordiar* van de la mano, era capaz de recomponer los vínculos, de abrir espacio para que Dios entrara en la historia para liderar y unificar su pueblo. La novedad latinoamericana era algo muy viejo, algo que venía de los primeros siglos del cristianismo, cuando los cristianos no tenían el apoyo de la cultura y de la ley pero tenían el testimonio del encuentro que había cambiado su forma de ser y de actuar. «Cuántas veces imaginamos la evangelización en torno a miles de estrategias, tácticas, maniobras, artimañas, buscando que las personas se conviertan en base a nuestros argumentos», dijo Francisco en Asunción, Paraguay. «Hoy el Señor nos lo dice muy claramente: en la lógica del Evangelio no se convence con los argumentos, con las estrategias, con las tácticas, sino simplemente aprendiendo a alojar, a hospedar. La Iglesia es madre de corazón abierto que sabe acoger, recibir, especialmente a quien tiene necesidad de mayor cuidado, que está en mayor dificultad. La Iglesia, como la quería Jesús, es la casa de la hospitalidad."[25]

Del mismo modo, la misión no es tanto una acción o actividad excepcional, separada de la actividad ordinaria de la Iglesia, sino que, según Aparecida, es una manera de ser: "permanente" y "paradigmática". No se distingue bien entre evangelizar *ad extra* y *ad intra*. Al salir en misión, la Iglesia se convierte y evangeliza: misionando, es misionada. Esta forma de evangelización, el testimonio y la santidad de la vida cotidiana, la transmisión de la fe no tanto a través de instituciones grandes y eficaces sino a través de la cultura y la religiosidad popular, es el gran aporte latinoamericano a la Iglesia universal transmitido a través del pontificado de Francisco. Si no depende del encuentro primario, la Iglesia no es misionera; y si la Iglesia no es misionera, no puede evangelizar; y si no evangeliza, deja de existir. Ese es el desafío; es también la invitación, el *kairós*. El llamado es a anunciar un reino, no una moralidad; una persona, no

[25] Francisco, Homilía, Campo grande de Ñu Guazú, Asunción (Paraguay), 12 de julio de 2015.

una ley; una experiencia, no una idea. Lo primario es el encuentro. La moral cristiana es una respuesta, la consecuencia del encuentro. Como bien dice Fernando Montes SJ, «el cristiano no es ante todo un profesor que enseña doctrina. Es un ser que se sabe amado y a la vez enviado por Dios para salvar al prójimo». La conversión moral es consecuencia, no precondición, del encuentro. Por eso, «la Iglesia no evangeliza moralizando, sino que moraliza evangelizando».[26]

En la visión de Aparecida y de Francisco, no hay miedo a la secularización. La expulsión del cristianismo de la esfera de la ley y de la cultura, el destronamiento de la Iglesia del poder, es una consecuencia inevitable de la tecnocracia, donde impera la lógica del poder, no del Evangelio. Pero paradójicamente, la secularización ofrece una oportunidad de hacer más clara la verdadera elección entre el poder real divino y el poder ilusorio y diabólico. Pero para que el mundo vea esa elección, es vital que la Iglesia no se confunda con la lógica del poder. Por eso Francisco advierte contra la tentación de buscar acuerdos clandestinos con aliados poderosos, o de actuar como una campaña política.

No es cuestión de intentar buscar recuperar espacios de poder perdidos, lamentando y condenando, sino crear nuevos espacios, discerniendo y reformando. Porque, como vio Guardini, una Iglesia humilde, desprovista de poder y prestigio, sería más capaz de mostrar el poder divino, que es el *syncatábasis*, el abajamiento de Dios. Sólo un cristianismo humilde, sin poder, misericordioso, orgánico, un cristianismo del *kenosis*, es capaz de ofrecerse como alternativa a la tecnocracia reinante, y de ese modo salvar la humanidad de su destrucción. Una Iglesia pobre, para los pobres, es, en este sentido, un signo del Reino, como es también una Iglesia samaritana.

No todo en este pontificado es novedad, y no todo lo que es novedad es latinoamericano. Pero la novedad histórica de un papa latinoamericano es real. Es el intento de superar los polos del tradicionalismo nostálgico y el progresismo gnóstico, anclando la institución en la cultura y la religiosidad del pueblo. Es estar con el pueblo, y no el Imperio. Es la recuperación de la primacía de la gracia. Es

---

[26] Fernando Montes SJ, *Amar y servir a Cristo con mirada ignaciana* (Santiago de Chile: Ed. Universidad Alberto Hurtado, 2014) 65.

entender la misión de la Iglesia en el mundo contemporáneo líquido en términos de ofrecer el encuentro con Cristo misericordioso, y de ahí refundar los vínculos sociales. Es rechazar, definitivamente, toda ilusión gnóstica, pelagiana y clericalista. Es encontrar la santidad en la vida cotidiana. Es la sinodalidad, donde se buscan nuevas formas de integrar las voces de las periferias, donde Dios va sembrando semillas. Es la alegría de la fiesta, donde lo que se festeja no es el dar de comer a los hambrientos sino la buena nueva de un lugar en la mesa para que coman como uno más de la familia. Es predicar la Buena Nueva que todo pecador perdonado está invitado a ser un discípulo misionero. Es salir al pueblo, y servirlo, es pertenecer a ello, renunciando toda pretensión aristocrática. Es dejar espacio para que Dios entre en la historia, y crear de misioneros discípulos amados un pueblo nuevo.

Anexos

SALUDO
DE S. Em. CARD. MARC OUELLET

Prefecto de la Congregación para los Obispos
Presidente de la Pontificia Comisión para América Latina

Las Conferencias Generales del Episcopado Latinoamericano –modalidad inédita de colegialidad– han sido jalones fundamentales en el camino de inculturación y actuación de las enseñanzas del Concilio Ecuménico Vaticano II en América Latina. Sabemos que la primera Conferencia General fue anterior al Concilio; tuvo lugar en Río de Janeiro en 1955 y fue en ella que se decidió la creación del Consejo Episcopal Latinoamericano, desde entonces encargado de la organización de las siguientes Conferencias.

En el año pasado fue conmemorado el cincuentenario de la realización de la II Conferencia General del Episcopado Latinoamericano en Medellín. Fue en esa ocasión que, por primera vez, un Sucesor de Pedro viajó al Nuevo Mundo para presidir el Congreso Eucarístico Internacional en Bogotá e inaugurar la Conferencia de Medellín reunida del 26 de agosto al 6 de setiembre de 1968 con el tema central: "La Iglesia en la actual transformación de América Latina a la luz del Concilio". Muchas actividades se promovieron para conmemorar ese importante aniversario y retomar su legado profético, entre ellas el Congreso sobre los 50 años de Medellín, convocado por el CELAM, la CLAR, el Secretariado Latinoamericano y del Caribe de Caritas y la Arquidiócesis de Medellín, que se realizó en esta ciudad del 26 al 29 de agosto de 2018.

La buena iniciativa que aquí nos reúne, gracias a la hospitalidad de la Compañía de Jesús, ha sido convocada y preparada por la

Comisión Pontificia para América Latina y el Comité Pontificio de Ciencias Históricas, teniendo como objetivo el de conmemorar los 40 años de la III Conferencia General del Episcopado Latinoamericano, en Puebla de los Ángeles. Este evento, que se realizó del 23 de enero al 13 de febrero de 1979, fue inaugurado por San Juan Pablo II durante su primer viaje apostólico a México, apenas tres meses después de comienzos de su pontificado.

En efecto, es bueno recordar –¡merece ser recordada!– pero también estudiar y celebrar esta Conferencia como memoria muy importante en el camino de la Iglesia de Dios en América Latina. Aquel discurso inaugural de San Juan Pablo II, articulado en torno a tres responsabilidades fundamentales de los Obispos –ser "maestros de la verdad", "signos y constructores de la unidad" y "promotores de la dignidad humana"– fue como un neto y claro preludio de los contenidos inseparables que estuvieron siempre presentes en su magisterio durante los largos años de su pontificado. El Episcopado Latinoamericano supo, en Puebla, tornar a Medellín como "'punto de partida", a la Exhortación apostólica *Evangelii nuntiandi*" de San Pablo VI como "referencia obligatoria e iluminadora" y al discurso papal como orientación y guía del desarrollo de la Conferencia. Su resultado –el documento final de Puebla– fue óptimo, dando "un gran paso adelante" en la misión de la Iglesia y proponiendo un denso y muy rico conjunto de "orientaciones pastorales y doctrinales" para esa "nueva evangelización" con que el papa Wojtyla convocará, años después, ante todo a la Iglesia latinoamericana.

No es el momento ni me toca ahora entrar en el examen de los contenidos que serán abordados en este Congreso por ilustres relatores a los que agradezco por la disponibilidad de sus estudios y su presencia. Sé que se trata de estudiosos que bien conocen la materia y, en el caso de algunos de ellos, que han sido participantes de la Conferencia o muy implicados en sus debates preparatorios. No dudo que nos enriqueceremos con conferencias e intervenciones de alto nivel.

No se me oculta que la preparación y realización de la Conferencia de Puebla fue acompañada por muy fuertes y apasionados debates, incluso muy polarizados. Es natural que todavía hoy se reflejen diferencias en las distintas conferencias e intervenciones. Pero la Providencia de Dios ha hecho que el camino de la Iglesia latinoamericana, con la V Conferencia General del Episcopado en Aparecida y la presencia del primer papa latinoamericano en la historia de la Iglesia, haya ido forjando hoy día una comunión y unidad que nos ayudarán a reconocernos cordialmente como hermanos en Cristo Jesús.

Permítanme, en fin, agradecer a los profesores Guzmán Carriquiry y Gianni La Bella que han estado a los orígenes de esta iniciativa y de su programación, así como a mis colaboradores de la Comisión Pontificia para América Latina por todos sus desvelos organizativos. Saludo también cordialmente a todos los participantes a este evento.

Doy, pues, por inaugurado este Congreso.

Sin embargo, me voy a permitir un breve apéndice. Quiso también la Providencia que este Congreso se concluya en víspera del Consistorio cardenalicio y, sobre todo, de la Asamblea del Sínodo para la Amazonia. Sabemos que este evento involucra especialmente a las Iglesias de 9 países latinoamericanos, pero que interesa especialmente, en primer lugar, a toda América Latina. Pues bien, en el número 139 del documento de Puebla se afirma que "si no cambian las tendencias actuales, se seguirá deteriorando la relación del hombre con la naturaleza por la explotación irracional de sus recursos y la contaminación ambiental, con el aumento de graves daños al hombre y al equilibrio ecológico". Y entre los objetivos para la acción de la Iglesia con los constructores de la sociedad, se propone en el número 1236 "preservar los recursos naturales creados por Dios para todos los hombres, a fin de transmitirlos como herencia enriquecedora para las nuevas generaciones".

Es bueno tenerlo presente en la próxima Asamblea, así como el ulterior desarrollo de esta preocupación en el documento de Aparecida.

¡Gracias!

SALUDO
DE S.E. MONS. MIGUEL CABREJOS
VIDARTE, OFM

Arzobispo Metropolitano de Trujillo
Presidente del CELAM

Emmo. Señor Cardenal Marc Ouellet, Prefecto de la Congregación para los Obispos y Presidente de la Pontificia Comisión para América Latina.
Señores Cardenales.
Señores Obispos.
Hermanos y hermanas.

El año pasado hemos vivido el Quincuagésimo aniversario de la Conferencia General del Episcopado de América Latina y el Caribe de Medellín. Hoy, celebramos los 40 años de la Conferencia General de Puebla y este Congreso Internacional es una brillante oportunidad para profundizar en su significado, sus desafíos y re-comprometernos con el futuro.

Puebla marca un hito importante en la Iglesia de América Latina y el Caribe, denominada por San Juan Pablo II, "el Continente de la Esperanza". Con la perspectiva de los 40 años, se puede decir que Puebla, en continuidad con el Concilio Vaticano II y Medellín, es también la "encarnación", de la Exhortación Apostólica de San Pablo VI, *Evangelii nuntiandi* (1975), porque desarrolla una profunda reflexión cristológica y eclesiológica sobre la evangelización, con una perspectiva y alma latinoamericana.

Este "rostro latinoamericano" de la evangelización, con los nuevos rostros del Cristo sufriente, se manifiesta en lo siguiente:

1) *Reafirmación de las líneas principales de Medellín.* En los años posteriores a Medellín, muchos de nuestros países estuvieron marcados por gobiernos militares y la lucha entre los dos bloques de poder en el mundo (capitalismo y comunismo), provocando en diversas partes de nuestro continente conflictos armados internos, donde hijos e hijas de la Iglesia sufrieron y murieron en defensa de los pobres y su dignidad.

Estas tensiones también se presentaron en la misma Iglesia, pero el documento de Puebla permitió reafirmar la continuidad de las principales orientaciones evangelizadoras de Medellín, como testimonio de un momento de gracia especial y un nuevo período de Vida en el seno de la Iglesia latinoamericana y caribeña.

2) *Evangelización desde tres grandes verdades.* Siguiendo las sugerencias del Papa San Juan Pablo II en su discurso inaugural, el Documento de Puebla examina la evangelización desde tres profundas verdades: la verdad sobre Cristo, la verdad sobre la Iglesia, y la verdad sobre el hombre latinoamericano y caribeño.

a) *La verdad sobre Cristo*, subraya su predilección por los pobres y describe los "rostros del Cristo pobre". Con esta reflexión, que va a ser retomada y ampliada en Santo Domingo y sobre todo en Aparecida, define con claridad quiénes son los pobres y da a luz la expresión: "la opción preferencial por los pobres", en alusión a todos los hermanos y hermanas a quienes les falta lo necesario para vivir dignamente. (Cf. DP n 31-39; 170-219) Ciertamente, dicha afirmación es uno de los principios más importantes de Medellín y se expresa con toda claridad en Puebla: *"Afirmamos la necesidad de conversión de toda la Iglesia para una opción preferencial por los pobres, con miras a su liberación integral"* (DP n 1134).

También, esta expresión se reafirma en el Magisterio del Papa San Juan Pablo II, en la Exhortación Apostólica *Familiaris consortio, n 47.*

b) *La verdad sobre la Iglesia*, subraya una Iglesia de "comunión y participación"; una Iglesia en comunión con el hombre y sus luchas y esperanzas; una Iglesia en comunión y diálogo con toda la sociedad; una Iglesia que clama por una mayor integración entre todos los países de América Latina y el Caribe. Esta eclesiología ha sido asumida vivamente por las siguientes Conferencias Generales del Episcopado de América Latina y el Caribe, y con justa razón, es parte sustancial del enfoque del presente Congreso, y más aún hoy, que la Iglesia se reafirma en caminar, en comunión y sinodalidad. (Cf. DP n 220-303)

c) *La verdad sobre el hombre*, enfatiza el valor de la dignidad humana como categoría clave en la visión cristiana del ser humano en su totalidad. Esta convicción permitió a la Iglesia, en medio de los conflictos, defender la vida y denunciar con voz clara y profética, la llamada "doctrina de seguridad nacional", utilizada por muchos regímenes políticos de aquel entonces, para justificar la matanza de civiles inocentes. (Cf. DP n 304 a 309)

3) *La Evangelización de la cultura y la religiosidad popular*. Puebla reconoce que la religiosidad popular es la expresión privilegiada de la fe de los más pobres y humildes de nuestros pueblos, y en ella se muestra su dignidad, su cultura y su protagonismo en el proceso de la evangelización; de esta manera, la Iglesia latinoamericana y caribeña ha ido contra la corriente de visiones que consideraban a los pobres como los "descartables" de la sociedad, para usar una frase muy actual del Papa Francisco (Cfr. *Evangelii gaudium* 5260, *Laudato si'* 49).

Estas afirmaciones hoy en día revisten especial importancia, considerando que estamos "*ad portas*" de la Asamblea Especial del Sínodo de los Obispos para la Región Panamazónica (Sínodo Panamazónico).

4) *La estrecha relación entre Evangelización, liberación y promoción humana*. En sintonía con la "evangelización integral" promovida por San Pablo VI, Puebla manifiesta la inseparabilidad de la vida socio-económico-política con la liberación integral cristiana. Así, Puebla declara que hay un hilo conductor que une la liberación del pecado, la liberación del hombre en su propio desarrollo personal y comunitario, con la liberación de la dependencia y esclavitudes socio-políticas; por tanto, una visión contraria, es una evangelización "mutilada". (Cf. DP n 482-485).

5) *El reconocimiento y valoración de las Comunidades Eclesiales de Base.* Puebla subraya que estas comunidades constituyen una riqueza de la Iglesia y ofrece una nueva dimensión de cómo expresar una eclesiología de comunión y participación, donde los laicos participan, guiados por la Palabra de Dios y las enseñanzas de sus obispos, para construir comunidades de fe más integradas y con una experiencia comunitaria que no siempre es posible lograr en las grandes parroquias.

Posteriormente, en Santo Domingo y en Aparecida se va a enfatizar la necesidad que nuestras parroquias sean "una comunidad de comunidades", para lograr una experiencia más personalizada de la fe.

Finalmente, en este Congreso Internacional tenemos oportunidad de reflexionar sobre el contexto de la realidad de América Latina y el Caribe de aquél entonces, el proceso previo a Puebla, la "agenda" como tal de la Conferencia General y el vivo legado o herencia que nos muestra el rostro de una Iglesia Latinoamericana y su misión de evangelizar.

Ciertamente, estimados hermanos y hermanas, no se puede abordar en poco tiempo toda la riqueza del documento de Puebla, y de Puebla como tal, porque tiene más de 1300 numerales, pero no cabe duda que sus enseñanzas siguen plenamente vigentes tanto para la teología como para la labor evangelizadora de la Iglesia hoy, y que entendemos es la razón de ser de este importante y valioso Congreso Internacional.

Paz y Bien.

SALUDO
DEL P. BERNARD ARDURA,
O. PRAEM

Presidente del Pontificio Comité de Ciencias Históricas

Cuarenta años después de la celebración en Puebla de la tercera Conferencia General del Episcopado Latinoamericano, gracias a la iniciativa de la Pontificia Comisión para América Latina, nos proponemos volver a este importante acontecimiento eclesial, no sólo para estudiar las circunstancias, los protagonistas o las enseñanzas, sino sobre todo porque este lapso de tiempo nos permite comprender cómo este acontecimiento puramente latinoamericano asume, después de casi medio siglo, un valor y una dimensión universales, que conciernen a la totalidad de la catolicidad.

De hecho, el tema mismo: "El presente y el futuro de la evangelización en América Latina" se ha convertido en un tema que concierne ahora a la Iglesia universal, llamada a afrontar retos considerables, presentes en los cinco continentes. La experiencia eclesial vivida en Puebla es rica en enseñanzas en un mundo cada vez más diverso, con diferentes grados de desarrollo y subdesarrollo, con nuevas formas de pobreza, con la interacción de países inmensos y otros muy pequeños, con historias comunes o diferentes, y con un proceso migratorio sin precedentes, en un contexto cultural dominado por las nuevas tecnologías de comunicación.

La realidad de América Latina presente en Puebla ha puesto de relieve el papel fundador de la evangelización que, asumiendo las diversas peculiaridades de carácter étnico y cultural, ha dado lugar a una entidad latinoamericana marcada por una vocación común y una impronta religiosa profundamente católica, que durante cinco siglos ha configurado una integración religiosa y cultural de alta calidad.

Volver a estudiar la Conferencia de Puebla significa adoptar una visión histórica de la evangelización y evaluar sus formas, sus métodos, su huella en la vida de los hombres y de las sociedades, generalmente profunda y, a veces, con rasgos más superficiales. Inauguremos esta Conferencia, no sólo para el conocimiento académico, sino para extraer de este acontecimiento las enseñanzas necesarias para el compromiso pastoral de la Iglesia en este primer cuarto del siglo XX.

Muchos de los desafíos analizados por la Conferencia de Puebla siguen presentes, ya sea la pobreza y los pobres, la evangelización según la Exhortación Apostólica de San Pablo VI, *Evangelii nuntiandi*, o el compromiso misionero, la fidelidad a la Iglesia y el desafío ahora universal de las sectas que han surgido de los llamados *Magisterios paralelos*, de los que San Juan Pablo II dijo en su discurso inaugural: "En esa línea grava sobre todos, en la comunidad eclesial, el deber de evitar magisterios paralelos, eclesialmente inaceptables y pastoralmente estériles" (II. 2.).

Volver a estudiar la Conferencia de Puebla significa, por tanto, contribuir a un nuevo impulso evangelizador de la Iglesia universal y renovar en la Iglesia de América Latina su propio compromiso y responsabilidad tanto en la construcción de la comunión eclesial como en la evangelización de las culturas, y en la promoción de una "liberación integral del ser humano, imagen de Dios, en cuyo rostro resplandece el esplendor de Cristo resucitado". (A. López Trujillo, *XXV aniversario de la III Conferencia general del Episcopado Latinoamericano*, Conclusión).

Índice de contenido

SEGUNDA PARTE
LA PREPARACIÓN DE LA CONFERENCIA

TERCERA PARTE
LA AGENDA DE PUEBLA